新世纪心理与心理健康教育文库
Xinshiji Xinli Yu Xinlijiankangjiaoyu Wenku

教育心理学
Jiaoyu Xinlixue

张大均 郭成 ◆ 主编
Zhang Dajun Guo Cheng

开明出版社

新世纪心理与心理健康教育文库

编 委 会

总 主 编 郑日昌

副总主编 沈 政　郭德俊　桑 标　王希永

编 委 会 （按姓氏笔画排列）

王 昕	王小明	王成彪	王建平
牛 勇	邓丽芳	叶浩生	田万生
朱新秤	任 苇	任 俊	刘视湘
刘翔平	刘惠军	许 燕	孙大强
杜毓贞	杨 波	杨忠健	汪凤炎
沈 政	张 驰	张大均	张志杰
陈永胜	陈安涛	邵志芳	庞爱莲
郑日昌	郑晓江	孟沛欣	赵世明
赵军燕	俞国良	殷恒婵	郭秀艳
郭德俊	桑 标	黄 蓓	崔丽娟
梁宁建	梁执群	董 妍	程正方
雷 雳	燕国材	魏义梅	

总 序
Sequence

早在上个世纪70年代就有专家预言：21世纪是心理学的世纪。21世纪人类所面临的最大挑战，不是其他，而是心理困惑和心理问题。

进入新世纪，我国社会主义物质文明、政治文明、精神文明建设不断加强，综合国力大幅度提高，人民生活显著改善。同时，我们也要看到，我国已进入改革发展的关键时期，经济体制深刻变革，社会结构深刻变动，利益格局深刻调整，思想观念深刻变化。这种空前的社会变革，给我国发展进步带来巨大活力，也必然带来这样那样的矛盾和问题。如：城乡、区域、经济社会发展很不平衡；就业、收入分配、社会保障、教育、医疗、住房等方面关系群众切身利益的问题比较突出；一些社会成员诚信缺失、道德失范；一些领域的腐败现象比较严重等。这些矛盾和问题让人们感到心理困惑，时刻冲击着人们的心理承受能力。

2006年，中共中央《关于构建社会主义和谐社会若干重大问题的决定》明确指出：我们必须坚持以人为本。要注重促进人的心理和谐，加强人文关怀和心理疏导，引导人们正确对待自己、他人和社会，正确对待困难、挫折和荣誉。要加强心理健康教育和保健，塑造自尊自信、理性平和、积极向上的社会心态。心理和谐是构建和谐社会的心理基础和重要标志。胡锦涛同志指出："科学发展观，第一要义是发展，核心是以人为本"。以人为本就必须重视人、尊重人、关心人、爱护人，就必须重视人的心理发展。加强心理健康教育和心理保健，不断提高人们的心理素质，帮助人们形成积极心理品质，为和谐社会建设奠定和谐的心理基础已经成为举国上下的共识。

促进人的心理和谐需要有科学心理学指引，加强心理健康教育需要有合适的教材。近年来，国内虽然也陆续出版了一些心理学或心理健康教育方面的图书，但不够系统，缺乏总体规划。正因为如此，我们组织了一批心理学专家、学者，编写了这套反映我国心理学发展及心理健康教育理论成果的"新世纪心理与心理健康教育文库"。

"新世纪心理与心理健康教育文库"具有系统性。文库参照心理学学科体系和我国现实需要，分为基础理论、应用理论和技术与实践三个系列。

"新世纪心理与心理健康教育文库"具有权威性。文库是国家出版基金资助项目；文库撰稿人的选择面向全国，每一本图书都由该领域的专家学者撰稿；文库的统稿工作由国内权威心理学家和心理健康教育专家负责完成。

"新世纪心理与心理健康教育文库"具有前沿性。文库在全国范围选聘心理学和心理健康教育领域的专家学者撰稿，既可以吸收心理学与心理健康教育的权威理论和最新研究成果，也可以保证所选内容资料贴近时代、贴近生活、贴近实际。

"新世纪心理与心理健康教育文库"具有实用性。文库在强调系统性、理论性、科学性的同时，更加强调实用性。力求做到理论联系实际，给出的理论实用，给出的技术可行，给出的方法可操作。

"新世纪心理与心理健康教育文库"理论性、实用性、资料性、工具性兼备，是心理学与心理健康教育的"百科全书"。可以做从事心理与心理健康教育工作的管理者和研究者的参考书、工具书；可以做心理健康教育教师继续学习、自我提高的自修图书；可以做心理健康教育教师培训用书；可以做师范院校心理与心理健康教育专业的教材或参考书。

我们相信，"新世纪心理与心理健康教育文库"对于从事心理与心理健康教育工作的人士会有所帮助；对于我国的心理与心理健康教育工作会起到推动促进作用；对于促进人的心理和谐、促进社会心理和谐会发挥一定作用。

我们希望，这套文库能够得到广大心理与心理健康教育工作者的认可、接纳。

郑日昌
于京师园

前言
Preface

　　教育和心理有着天然的联系。可以说，自从有人类的教育活动，就存在教育心理现象。因此，教育心理是伴随着教育的出现而产生的，教育心理学的思想可谓源远流长。但是作为一门独立的学科，教育心理学的发展"虽有一个漫长的过去，却只有一个短暂的历史。"1903年，美国心理学家桑代克出版了《教育心理学》一书，标志着教育心理学作为一门独立学科的正式诞生。至今，教育心理学已走过百余年的历程。在这百年的发展过程中，教育心理学家们为了揭示教育情境中的心理现象、规律和机制，进行了大量的理论探索和实证研究，不断丰富和完善着教育心理学的学科体系，使教育心理学逐渐成为心理科学和教育科学中最具影响力的学科之一，并对教育理论和实践产生着日益重要的指导作用。

　　教育的本质是塑造人的"灵魂"与开启智慧的活动，其最终效应表现为促进个体的心理和谐健康发展。教师正是基于并促进人的心灵成长和发展的神圣职业，了解学校教育教学情境中学生心理活动的特点和规律，对于教师有效教育教学至关重要。教育心理学是基于教育情境中的心理科学，是教师专业性知识的重要组成部分，对于提高教师的专业素质，促进教师专业成长都十分重要。面对我国基础教育课程改革的实际需要和教师教育迅猛发展的新形势，教育心理学作为一门兼具理论性和实践性并重的学科，在促进教师专业发展中的价值日益凸显并得到教育理论界和实践界的认同。为了适应我国当前教师教育发展的需要，帮助广大中小学教师更好地系统掌握教育心理学的基本知识和方法，我们结合国内外教育心理学研究的新成果，编写了这本《教育心理学》。本书在编写中坚持"科学性、简明性、实用性"兼顾的原则，在内容上，从教师教育的现实需要出发，突出本学科的"基础性和前沿性"，精选了本学科最基础、最实用的基本内容；在结构上，将教育心理学的基本结构概括为"基本理论"、"学习心理"、"教学心理"和"制约条件"四个基本组块；同时，在有限的篇幅内仍力求推陈出新，注重理论联系现实教育教学实际，突出教育心理学的实用性和本土化特色（如第10、11章）。本书系重庆市高等教育教学改革项目"基于教师教育的教育心理学课程与教学改革研究"（0812005）的主要成果。

  本书由张大均、郭成任主编，负责确定全书的结构体例，拟定编写提纲要求，对编写全程进行指导。参与编写的成员均系本学科专业工作者且具有本学科教学经历。本书各章执笔人为：第一章，张大均、刘衍玲；第二章，郭成；第三章，陈曦、李翔；第四章，赵润平、刘杨；第五章，卢慕雪、刘杨；第六章，胡韬；第七章，刘靖姝、卢慕雪；第八章，魏晓燕、王杨、郭成；第九章，雷浩、刘衍玲；第十章，谷萌、郭成；第十一章，高田田、郭成。全书由张大均、郭成负责统稿、定稿。

  在本书的编写过程中，我们参考和引用了国内外大量的文献资料，借鉴和吸收了国内外同行的最新研究成果，除已在书中注明出处外，在此谨对这些文献的作者再次表示衷心感谢。由于各种条件和编者水平所限，本书疏漏之处在所难免，欢迎学界同行和广大读者批评指正。

编者
于西南大学

目 录
Contents

第一章 绪 论 ········· 1
第一节 研究对象 ········· 1
第二节 研究方法 ········· 5
第三节 历史发展 ········· 10

第二章 教育心理学的基本理论 ········· 18
第一节 心理发展理论 ········· 18
第二节 学习的基本理论 ········· 29
第三节 教学的基本理论 ········· 36

第三章 学习动机的激发与培养 ········· 54
第一节 学习动机的内涵及其作用 ········· 54
第二节 学习动机理论 ········· 60
第三节 学习动机的培养与激发 ········· 73

第四章 知识学习与教学 ········· 85
第一节 知识学习概述 ········· 85
第二节 陈述性知识的学习与教学 ········· 90
第三节 程序性知识的学习与教学 ········· 95
第四节 策略性知识的学习与教学 ········· 104

第五章 问题解决教学与创造性培养 ········· 111
第一节 问题解决概述 ········· 111
第二节 影响问题解决的因素 ········· 117
第三节 提高问题解决能力的教学策略 ········· 125
第四节 创造性培养 ········· 131

第六章　规范学习与教育 …… 142
第一节　规范学习概述 …… 142
第二节　规范学习的影响因素 …… 150
第三节　规范教育的策略 …… 158

第七章　教学设计 …… 166
第一节　教学设计概述 …… 166
第二节　教学目标设计 …… 174
第三节　教学内容设计 …… 184
第四节　教学手段设计 …… 189

第八章　教与学的策略 …… 197
第一节　教与学的策略概述 …… 197
第二节　有效教的策略 …… 202
第三节　有效学的策略 …… 216

第九章　教与学的评价 …… 225
第一节　教与学的评价概论 …… 225
第二节　学习评价的常用策略 …… 230
第三节　教学评价的通用策略 …… 240

第十章　学校心理素质教育与学生心理健康 …… 256
第一节　心理素质与心理健康概述 …… 256
第二节　学校心理素质教育的基本理论 …… 262
第三节　学校心理素质教育的实施途径与策略 …… 267

第十一章　教师心理健康及维护技巧 …… 279
第一节　教师心理健康概述 …… 279
第二节　教师心理健康的影响因素 …… 284
第三节　教师心理健康的维护技巧 …… 291

第一章 绪 论

【本章提要】

　　任何一门学科都有自己诞生、发展和成熟的历程。历经百年沧桑的教育心理学现已发展成为一门由心理科学和教育科学交叉形成的独立学科,有比较完整的学科体系和研究方法。本章主要介绍教育心理学的研究对象、研究方法和发展历程,并对教育心理学的未来发展趋势进行了展望。

【学习重点】

1. 理解教育心理学的含义,了解教育心理学的研究对象和内容体系。
2. 了解教育心理学的研究方法,并懂得如何在实践中进行有效运用。
3. 了解教育心理学的发展阶段,掌握教育心理学的发展趋势。

【重要术语】

　　教育心理学　方法论原则　描述性研究方法　实验性研究方法

第一节　研究对象

　　一位工程师和一位哲学家一起旅行。一天,工程师独自逛街时,看见一位老妇人身旁摆着一只黑色的玩具猫,标价500美元出售。老妇人说,它是祖传宝物,只因孙子病重才不得已卖之以作住院治疗费。工程师用手掂量这只猫,感到猫身很重,看起来像是黑铸铁的。不过,那一对猫眼则是一对珍珠,于是工程师以300美元买下了那对猫眼。他回到宾馆,高兴地对哲学家说:"我只花了300美元竟然买下了两颗硕大的珍珠!"哲学家一看这两颗珍珠至少要值上千美元,忙问是怎么回事。待工程师说完缘由,哲学家忙问:"那位妇人是否还在原处?"工程师答道:"她还坐在那里,想卖掉那只没有眼珠的黑铁猫。"听完,哲学家忙跑到街上,用200美元买下了铁猫。工程师见后,嘲笑道:"你呀,花200美元买个没眼珠的铁猫!"哲学家找来一把小刀,用小刀刮猫脚,当黑漆脱落之后,露出的是黄灿灿的一道金色的印迹。他高兴地大叫:"正如我所料,这猫是纯金的!"原来,当年铸造这只金猫的主人怕金身暴露,便把金猫涂上黑漆,变成了"黑铁猫"。现在该哲学家来嘲笑后悔不已的工程师了。

这个故事要求我们必须透过现象认识事物的本质和规律。对一门学科而言同样如此，我们要运用科学的思维方法，透过现象抓住事物的本质和规律，客观认识一门学科的研究对象。

一、教育心理学的含义

国内外的研究者都对教育心理学的含义有众多论述。国外研究者比较流行的观点有：

1. 教育心理学是研究教育教学过程中的行为的科学，如美国的《教育百科全书》（1971）；

2. 教育心理学是研究教育教学情境下教与学的心理学问题的科学，如美国林格伦（H. C. Lindgren）的《课堂教育心理学》（1976）；

3. 教育心理学是研究教育教学的心理学规律的科学，如苏联加梅佐（М. В. Гамезо）等主编的《年龄和教育心理学》（1988）；

4. 教育心理学是对教与学的技能（广义的——笔者注）的理解和发展，如美国当代著名教育心理学家斯滕伯格等（R. J. Sternberg & W. M. Williams）的《教育心理学》（2002）。

国内的研究者对教育心理学是什么也提出了各种看法，比较权威性的观点有：

1. 教育心理学是研究整个教育过程中的种种心理现象和发展规律的科学。如潘菽的《教育心理学》（1980）、韩进之的《教育心理学纲要》（1990）；

2. 教育心理学是研究学校情境中教与学的基本心理规律的科学。如邵瑞珍的《教育心理学》（1988）；

3. 教育心理学是促成教育目的之实现的科学。如张春兴的《教育心理学——三化取向的理论与实践》（1998）；

4. 教育心理学是研究学校教与学情境中人的各种心理活动及其交互作用的运行机制和基本规律的科学。如张大均的《教育心理学》（2005）。

虽然国内外对教育心理学含义的看法不尽相同，但概括起来这些界定揭示出了教育心理学所具有的基本含义：（1）教育心理学的研究对象是教与学情境中人的各种心理活动的机制和规律；（2）教与学情境中施教者（教师）和受教者（学生）都是活动的主体；（3）教育心理学不但应揭示教与学情境中主体心理活动特征和规律，而且应该有效探索促进主体心理和谐发展的教与学策略。综上所述，本书将教育心理学定义为：研究教与学情境中主体心理活动及其发展变化的机制和规律，探讨促进主体心理和谐发展的教与学策略的科学。

二、教育心理学的学科特点

(一) 心理科学与教育科学的交叉

教育心理学既有心理科学的特点又有教育科学的特点。教育心理学是心理学的一个分支学科，具有心理科学的特点和规范。但教育心理学又是教育与心理有机结合产生的交叉学科，具有指导教育教学实践的作用，所以教育心理学又具有教育科学的某些特点。

(二) 基础科学与应用科学的交叉

教育心理学既有基础性学科的特点又有应用性学科的特点。相对于教育科学中的应用学科如课程论、教学论而言，教育心理学具有基础学科性质，是一门理论性学科。如教育心理学需要研究教育教学情境中主体的心理活动特点及规律，为解决教育、教学中的理论问题提供科学依据。相对于基础心理学、教育学原理等学科而言，教育心理学又是一门应用性较强的学科。如它关注与教育教学情境有直接关系（诸如学生的学习心理、教师的教学心理等）的问题，承担着指导教学有效进行、促进主体健康发展的实践任务。

(三) 自然科学与人文社会科学的交叉

教育心理学既有社会科学的特点又有自然科学的特点。教育心理学作为心理科学的分支学科，一方面具有自然科学特点，它需要运用自然科学的研究方法和手段开展教育教学情境中的心理现象的研究，并在其理论构建和技术开发中吸收自然科学的相关成果；另一方面，教育心理学研究人的发展问题，具有鲜明的人文社会学科的特点，如教育心理学重视教育、教学情境中作为社会主体的人与人之间的交互影响以及人与环境的交互作用，这又带有明显的人文社会科学的色彩。

三、教育心理学的研究对象

根据上面对教育心理学的界定，我们将教育心理学的研究对象概括如下：

(一) 探索构建教育心理学的理论体系

首先，教育心理学是促进人性发展之科学。因此，教育心理学需要探讨如何有效改善和促进人性的积极发展，开发人的潜能；其次，教育心理学是一门相对独立的心理学分支，有本身的学科理论，包括对学科性质、研究对象、任务内容、学科价值、历史发展和研究方法等方面的基本认识和观点；再次，教育心理学作为一门运用性较强的学科，必须探讨教与学的心理学理论。

(二) 揭示教与学情景中主体心理发展的规律和机制

教与学是教育心理学研究的两大基本领域，揭示教与学情境中主体心理发展的规律和机制，就是要研究学生如何科学高效地学习、教师如何科学有效地教学的心理机制和规律。主要包括：1. 揭示教与学的一般规律和心理机制；2. 研究学习情境中促进学生心理变化、发展的规律和机制；3. 探讨教学情境中教师促进学生发展的心理规律和机制。

（三）探讨促进主体心理和谐发展的教与学策略

教育心理学又是一门应用性较强的学科，无论是教的主体还是学的主体，他们的心理变化和发展规律都和学校教育密不可分。学校教育中的目标系统、内容系统、教与学的活动系统、教育成效的考核系统等都需要教育心理学为其解决"教学有效性"的问题，即探索如何促进主体心理和谐发展的教与学策略问题。例如关于教育心理学中有效教学策略的研究会指导教师的教学行为；关于师生认知风格的研究有助于教师的有效教学和学生的高效学习。

四、教育心理学的内容体系

根据前面探讨并考虑教育心理学的基础性、科学性、前沿性与实用性，本书将教育心理学的基本内容体系概括为以下知识组块。

（一）基本理论

教育心理学的基本理论主要是教育学的科学问题及其基本理论，包括研究对象、学科特点、内容体系、研究方法和发展历史等问题。着重回答教育心理学是什么、如何学习和把握教育心理学理论体系等问题。

（二）学习心理

自教育心理学作为一门独立的学科诞生之日起，学习心理就是教育心理学最核心的内容。学习心理包括学习理论、学习动机、学习策略、知识学习、规范学习等与学习心理相关的规律和方法问题。着重回答学生如何掌握知识技能、学习的一般规律是什么、学生如何习得学习策略、学习中的心理机制等问题。目的是为了揭示学习的特点和规律，为科学有效的学习提供心理科学依据。

（三）教学心理

教学心理是传统教育心理学长期忽视而又十分重要的内容。在教育教学情境中，教与学的目标从根本上看是一致的，教是为了促进学、帮助学，教与学的矛盾是教学过程的基本矛盾，学是矛盾的主要方面。基于这一认识，教育心理学把学生的学习心理作为研究的主要领域是自然的、应当的。教学心理主要探讨教学设计、教学策略、问题解决教学、创造性培养、教师心理等直接影响教与学效率的心理学问题。现代教育心理学非常重视教学心理的研究，因为教与学是学校教育中两个最基本的方面，从而使教育心理学内容体系更加完善。

（四）教与学的条件

教育心理学有效的教学和高效的学习会受到多种内外因素和条件的制约。因此，教育心理学除探讨教与学本身的心理活动的特征和规律外，还必须探讨对教与学产生直接或间接影响的诸多相关因素。主要包括教师的人格特质、课堂管理、教学互动、测量评价等，学生的个体差异、人格因素、心理健康状况、人际关系等。

第二节 研究方法

根据大部分权威的说法，心理学诞生于1879年12月的某一天。这天，在莱比锡大学一栋叫做孔维特（寄宿性的招待所）的破旧建筑物三楼的一间小屋子里，冯特教授和他的两位年轻学生正张罗着一些器具准备实验。他们在一张桌子上装了一台微时测定器、"发声器"和报务员的发报键、电池及一台变阻器。然后，他们把这五件东西用线连接起来。他们要用这些设备研究"知觉的长度"——即受试者感知到他已经听到球落在平台上的时候，到他按动发报键之间的时间。随着那只球砰地一声落在平台上，随着发报键喀地一响，随着微时测定器记录下所耗费的时间，现代心理学的时代就到来了。因为科学的实验研究，冯特被认为是现代心理学的创始人。正是在这里，他进行了自己的心理学研究，并以他的实验室方法和理论培训了许多研究生，在很长一段时间里引导着整个心理学的发展。

科学的研究方法是推进学科发展的重要基础，稳定而明确的研究方法也是一门学科成熟的标志之一。教育心理学在百多年的发展中已逐渐形成了适合研究对象的研究方法。

一、方法论原则

（一）客观性原则

客观性原则是指教育心理学的研究要按照实事求是的精神，根据教育教学情境中心理现象的本来面目来研究其本质、规律和机制。任何个体的心理现象都是由客观刺激所引起的，所以可以考察引起心理现象的客观刺激。而个体对客观刺激的行为反应也是外显直观可观察的，因此可以通过考察个体最终的行为反应来探索各种心理现象的特点和本质规律。例如，要观察学生的课堂学习行为，可以事先准备课堂学习行为观察表，按照事先设计的内容、步骤详细客观地记录下学生在课堂上的学习行为，并通过课后的学生口头报告、教师判断和行为编码等方法使收集的数据尽可能全面、客观、准确；对收集到的数据进行统计分析的时候也要尽可能按照客观的标准进行；最后，对数据结果进行讨论分析的时候也要在允许的范围内作出合乎逻辑的推论或得出结论，而不要作过分的推论。遵循客观性原则是进行科学研究的前提条件。

（二）系统性原则

系统性原则是指教育教学情境中主体的心理现象或者心理功能不是孤立的，

而是彼此之间相互联系的。虽然人的心理现象是复杂多变的，但这些心理现象的出现并不是孤立的，采用孤立、分离的方式来研究心理现象，可能无法理解这些心理现象的特性及其相互制约关系。人的心理是具有各种机能的一个有机的整体。因此，我们进行教育心理学研究时，应该从教育系统的整体出发，上下联系，全方位探讨主体心理发生发展的机制和规律。例如，必须通过揭示研究对象心理系统（结构）的要素（成分），了解各成分之间的关系以及每一成分与心理结构之间的关系，才能全面、清晰地认识心理结构；要认识主体的心理功能，则需要研究主体的心理系统与外界环境的关系，因为人的心理功能是在生理、环境刺激、行为活动、神经系统的交互作用之下形成的。系统性原则的使用要注意分析和综合相结合。

（三）教育性原则

教育性原则是指在教育心理学的研究过程中，所采用的研究手段与方法应能促进学习主体心理的良性发展，这是进行教育心理学研究不容违背的基本原则。由于心理学的研究大多基于对外显行为表现和言语表现的测量，然后再推论个体内在的心理过程，而行为表现和言语表现是可以受到主体控制的。如果研究者透露了研究的目的，就可能导致被试隐藏自己的行为而不把真实的心理表现出来，从而使收集的数据失去意义。因而在心理学研究中，采用适当的手段获取真实的数据应该是一个无可厚非的事情，但在这里存在着一个度的问题。在心理学的研究历史中，曾有破坏教育性原则的例子，例如当年华生（J. B. Watson，1878—1958）为了研究儿童的恐惧心理，对儿童心理进行了损伤性实验，使这个儿童出现对白色物体的恐惧泛化，实验在某种程度上伤害了儿童的正常心理发展，教育心理学研究应该竭力避免这样的问题。因为教育心理学的研究主要涉及未成年的儿童、青少年被试，因此更应该遵循教育性原则。

（四）理论联系实际原则

理论联系实际原则是由教育心理学的应用学科性质决定的。教育心理学理论联系实际的原则是指教育心理学的研究要从教育教学情境中主体的实际需要出发，解决教育教学中的实际心理问题。教育心理学的基础理论研究是探明教育教学中普遍存在的心理现象的规律和机制；教育心理学的应用研究则是针对教育教学的实践问题，并考虑影响教育教学的各种影响因素，因而研究结果的适合性与可应用性程度都较高，其研究结论具有较好的生态效度和实践价值。现代教育心理学的发展呈现出这样一个趋势，即研究重点由基础理论研究向应用研究倾斜。因为教育心理学研究的目的是为了解决教育教学实践中的心理问题。是否密切联系教育教学实践是检验教育心理学理论的最好方法。

二、研究方法

教育心理学的研究方法总体上可以分为理论研究方法和实证研究方法。实证研究是教育心理学的主要研究方法，实证研究又可分为描述性研究和实验性研究两种方法。下面我们介绍教育心理学的实证研究方法。

（一）描述性研究方法

描述性研究是对教育教学活动中发生的特定情境的事实与关系进行详细的描述。常见的描述性研究方法主要有以下几种。

1. 观察法

观察是任何科学研究的基础，观察法是教育心理学研究中最普遍、最基本的方法之一。观察法是指研究者通过感官和辅助工具，有目的、有计划地考察和描述教育教学过程中个体某种心理活动的表现或行为变化，从而了解被研究者心理现象和规律的方法。科学的观察具有目的性、计划性、系统性和可重复性。在观察中，研究者对观察情境不加任何控制条件，不影响被观察者的正常行为。具有使用简便、记录真实的特点，但是由于观察法记录用的材料不够精密，它需要观察者敏锐的观察力，同时还要及时记录。观察法只能了解学生心理活动的某些自然的外部表现，而不能对心理活动施加影响，了解其因果关系。为了取得良好的系统观察效果，在观察中应注意：

（1）事先确定好观察的内容，观察面不宜太广，一次最好只观察少数或一种行为；

（2）对要观察的行为进行具体的细化，并对细化的内容进行准确的界定；

（3）作好详尽、全面、客观的观察记录，尽量避免掺杂研究者的主观意愿与偏见。观察最好能辅助相关的仪器或设备，如录音、录像等；

（4）观察时间应该做预先设计，可采用"时间取样"的方式观察同一类行为，尽量减少误差；

（5）最好不要让被试知道研究人员的观察目的和观察行为，以免干扰被试的正常行为，有条件的最好采用单向玻璃（监控）等技术。

2. 调查法

调查法是教育心理学研究中最常用的方法之一。调查法是指通过书面或口头回答问题的方式收集个体心理活动或外显行为资料，通过分析综合进而了解被试心理活动的方法。调查法能够同时收集到大量的资料，使用方便，并且效率高。调查法的途径与方法很多，如通过会谈的方式了解被调查者的情况、通过问卷大面积测查某种心理品质的发展现状、通过作品（如学生的作业、日记、作文等）对学生学习状况进行分析。

调查法中使用最广泛的是问卷法（questionnaire method）。问卷法是通过实现预定的一系列调查题目，大面积测查被试群体的心理活动或行为表现的方法。它的优点是简便易行、取样广泛有代表性。但是这种方法存在不够严密和精确的问题，有时候不能及时反映被调查者的心理变化，被调查者可能隐藏自己的真实想法，统计处理上也不够精确。要通过问卷法了解到被调查者的真实心理活动和行为，在编制调查问卷时应注意：

（1）问卷的编制应该严格遵循编制程序和规范；

（2）问卷题目不宜过多，问卷题目过多容易造成被试倦怠和不认真回答；

（3）问卷题目的回答应是被试所了解的内容；

（4）问卷的编制要尽可能消除被调查者的防御心理，而且设计应尽可能简单，不需要太多的思考；

（5）在问卷中应加入一些探测项目，用以了解被调查者是否真实回答了调查项目；

（6）在正式施测之前，应进行信度和效度分析，以保证问卷的有效性。

3. 个案研究

个案研究比较适合于特例研究，是对特定的一个人或一组人的心理活动或行为表现进行深入研究的方法。个案研究常常和其他研究配合使用，有时也与纵向的追踪研究相结合，系统记载被试某些心理活动的发展状况。这种方式可用于对特殊才能儿童、超常儿童或学业困难儿童等特殊学生的研究。在进行个案研究的时候，要先与被试建立良好的关系，得到被试的信任，才有可能在个案研究中获得真实的第一手资料，使个案研究顺利进行。个案研究应该注意：

（1）研究前要制订详细的研究方案，包括研究的目的、内容、对象、重点、步骤、预期结果等；

（2）个案选择的代表性和典型性；

（3）对个案现状的了解要全面，评估要客观；

（4）个案分析要注意分析的全面性和深刻性；

（5）有条件的要借助一定的科学仪器使研究结果更精确。

（二）实验性研究方法

描述性研究结果可以帮助研究者了解两个或两个以上变量的相关关系，为我们通过一个变量预测另一个变量提供手段。由于描述性研究获得的资料不够精确，并且无法反映变量之间的因果关系。因此，需要采用实验的方法，控制某些因素，以检验该因素对被试某种心理现象的影响。

实验法是指通过研究者主动控制某些条件或创设某个特定的情景引起被试某些心理活动过程的研究方法。实验法是为了探索自变量和因变量之间关系的方法。实验法主要有实验室实验法和自然实验法。

实验室实验法是指在专门的实验室内利用一定的设施，控制一定的条件，借助专门的实验仪器研究被试心理活动或行为表现的一种方法。实验室实验法的特点是可以严格控制各种因素，数据比较精确，所获得数据的可重复性高，结论能经受考验。通常多用于研究心理过程和某些心理活动的生理机制等。但实验室实验也具有一定的局限性，它把教育情境中的很多心理现象进行了简化，研究结果的实际推广应用价值有限。因此，教育心理学的研究中人们更重视自然实验法。

自然实验法是指在教育实际中按照研究目的控制某些条件以引起某种心理活动的方法。自然实验法是在真实的教育教学情境中的研究，兼顾实验法和观察法的优点，既能较好地反映教育实际的情况，又可对变量进行一定的控制，使研究达到一定的精确程度。教育心理学自然实验法的基本组织形式有三种。

1. 单组实验形式

单组实验是指同一组被试接受前后两次不同实验因素的影响，在实验过程中，除了实验因素外，其他因素和条件都保持恒定，然后对两次实验因子的效果加以测量和比较。单组实验的形式是比较简单的一种实验形式。例如，我们要研究某种教学方式 A 和教学方式 B 哪一个效果好些，用一班的学生作为被试，先用教学方式 A 教半年，再用教学方式 B 教半年，然后比较两种教学方式所产生的教学效果。单组实验形式的优点是简单方便，实验因素容易控制。但是由于先后两次接受实验的影响，因而在两种实验因素中就可能产生交互作用，使得两种实验条件下的被试不同质，从而影响实验结果的精度。

2. 等组实验形式

等组实验是将被试随机分成条件相同的组作为实验对象，在实验过程中，除了实验因素外，其他因素和条件都保持恒定，然后对两组实验因子的效果加以测量和比较。例如，我们要研究某种教学方式 A 和教学方式 B 哪一个效果好些，将学习能力和学习成绩相似的学生随机分成人数相同的两个组，在教师能力、教材内容、教学时间、教室环境等条件都一致的前提下，第一组用教学方式 A 教学，第二组用教学方式 B 教学，半年以后比较两组学生的学习效果。在教育心理学研究中，经常采用实验组与控制组相对照的方法，实验组接受实验影响，控制组则不接受实验影响，在实验过程中两组被试其他条件保持相同，最后将实验因素所产生的结果加以观测和比较，考察差异的显著性，从而判断实验因素的作用。等组实验的优点是可以免除前一个实验对后一个实验的影响，也可以避免被试自身机体变量的影响比如成熟、发展等。等组实验的要点在于保证各实验组的同质。

3. 循环组实验形式

循环组实验形式是单组和等组实验相结合的一种形式。循环组实验是将实验因素在各组中轮流实施。例如，我们要研究某种教学方式 A 和教学方式 B 哪一个效果好些，可以不用专门挑选被试，直接将两个平行班的学生都作为实验被试。除了实验因素外，其他因素和条件都保持恒定。然后在第一学期一班用教学方式 A 教学，二班用教学方式 B 教学；第二学期的时候一班用教学方式 B 教学，二班用教学方式 A 教学。然后对两组实验因子的效果加以测量和比较。这种形式兼具前两种形式的优点，但组织运用的难度较大，实验较为复杂。

第三节 历史发展

有一个愚蠢无知的富翁到另一个富翁家去，看到这个富翁的三层楼房高大壮丽，华贵无比，心里很是羡慕。于是他回家以后，立刻请来了一位建筑工程师，问他说："你能造三层楼吗？"建筑工程师回答说："能造的。我已造过多处了。"富翁就说："那么很好，你就立刻替我造。并要和我朋友所建筑的那座楼房一模一样的。"建筑工程师领着工人们动手先平地基，垫础石，打墙脚，忙个不停。富翁等了几天，看不见楼房的影子，就把这位工程师叫来问道："你现在是做什么啊？"工程师回答说："我给你造三层楼呀。"富翁又问道："怎么造三层楼要在下面造，不在上面去造呢？"建筑工程师说："要一层一层造上去，不先造好了下面两层，又怎能造第三层呢？"不料富翁立刻阻止他说："不，不，我不要下面的两层，我只要第三层，你给我造最上面的一层就可以了！"

任何楼房的建设都有一个过程，任何一门学科的建设也都有自己发生发展的阶段。教育心理学作为一门学科只有百多年的历史，回顾、总结教育心理学百年发展的历史经验，展望其未来发展趋势，对于教育心理学的继承和发展都很有必要。

一、教育心理学的诞生

（一）教育心理学诞生的背景

1. 教育心理学诞生的社会背景

教育心理学诞生于20世纪初的美国，当时大工业经济要求大量的拥有一定文化知识和专业技术的产业工人，这就为教育提出了新的要求：在短时期内培养大量能满足工业化要求的专业者和熟练技工。工业化的加速要求社会建立公共教育机构承担教育儿童青少年的责任。此外，美国是一个典型的移民国家，文化背景的不同带来了许多社会问题，给社会的发展和稳定带来了困难。因此，亟待通过教育把来自不同文化背景的人"美国化"，培养工业化城市所需要的高素质社会公民。学校教育的迅速发展又推动了教育心理学的研究。

2. 教育心理学诞生的哲学背景

教育心理学是从哲学中分离出来的，教育心理学的诞生受到经验主义、理性主义、实证主义和实用主义等哲学思想的影响。（1）经验主义者认为个体所学会的任何东西都是通过感觉而进入心灵的，强调从外部获得知识的学习理论。（2）理性主义强调天赋观念和理性意志的作用。认为人类的知识是与生俱来的。现代教育心理学强调图式、知识结构、认知结构与这种观念有关。（3）实证主义强调知识须建立在观察和实验的经验事实基础之上。实证主义是科学主义的哲学基础,对教育心理学摆脱哲学成为一门独立科学具有重大贡献。桑代克正是在实证主义方法论的指导下,采用严格控制的动物实验来研究学习规律,从而促进了教育心理学作为一门独立科学而诞生。(4)实用主义哲学强调事物的实用性及其效果的价值,把人的行动、信念价值当做哲学研究的中心,这有利于具有应用性质的教育心理学的产生和发展。

3. 教育心理学诞生的心理科学背景

在教育心理学诞生之前,科学心理学已经成为一门独立的学科,并取得了丰富成果,这些研究成果为教育心理学的诞生提供了理论支持,也有部分成为了教育心理学的研究内容。

(1)教育心理学化运动。19世纪初裴斯泰洛齐倡导教育心理学化运动。强调教育学必须以心理学为基础,根据心理学解释的教育教学中的规律进行有计划的教育。教育心理化运动使广大教育工作者了解了教育科学和心理学的关系,促进了教育学与心理学的结合;教育心理化运动中所提出的一些主张给教育心理学的产生提供了可供直接研究的课题(高觉敷等,1996)。

(2)心理测量运动。1903年,比奈的《智力实验研究》标志着心理测量的诞生。而霍尔则开创了现代测量运动的先河,他和同事编制了194种问卷测量儿童的心理发展,把问卷法作为研究儿童心理的重要方法。心理测量是桑代克科学教育心理学理论体系中的三大内容之一。心理测量为教育心理学成为独立的学科提供了重要的研究手段。

(3)儿童研究运动。19世纪末20世纪初,杜威等人发起了声势浩大的儿童研究运动。儿童研究运动主张系统研究儿童发展的心理规律用以改善学校教育教学实践,也为父母提供教育儿童的知识。儿童研究运动催生了大量的研究组织,创办了儿童研究的多种专门刊物,出版了许多儿童研究著作和手册,甚至建立了儿童研究图书馆。这场影响深远的运动为教育心理学的独立做了理论和实践上的准备(高觉敷等,1996)。

(4)冯特的科学心理学。1879年,冯特(Wilhelm Wundt,1832—1920)在莱比锡建立了第一个心理学实验室,标志着科学心理学的诞生。科学心理学主张心理学应该采用实验内省的方法,分析意识的内容和组成元素,以及这些元素是如何连结成各种复杂心理过程的规律。冯特的科学心理学为科学教育心理学的创立铺平了道路。

4. 教育心理学诞生的科学背景——进化论

达尔文从生物与环境相互作用的观点出发,认为有机体的适应行为是生物的变异、遗传和自然选择作用形成的。进化论强调人与动物的历史连续性,为教育心理学的研究提供了一种途径;进化论的发展观点、历史方法促进了比较心理学、儿童心理学的研究；进化论把心理看做是动物进化赋予人的一种机能，强调心理适应环境的作用，这把心理学从纯理论研究转向应用研究，推动了侧重于应用性的教育心理学的产生；最后，进化论把个体差异的发展引入了心理学的研究课题，个体差异是桑代克科学教育心理学理论体系中的三大内容之一。

（二）教育心理学的诞生标志

从教育心理学诞生的心理科学背景中我们可以了解到，教育心理学的诞生是众多心理学家的努力。如詹姆士的实用主义哲学将心理学引入教育实践，使实验和课堂教学融为一体；杜威提出的"从做中学"的教学理论原则贯穿于教学领域的各个方面。并在此基础上提出了认知观的发现教学法，还强调课程和教材心理化，在教育实践中大力宣传和推广教育心理学。但是真正使教育心理学成为一门独立学科的是桑代克，他提出了完整的教育心理学体系。因此，桑代克是教育心理学之父。

桑代克是一个伟大的学习理论家、教育心理学家。1903年桑代克出版了《教育心理学》一书，这是西方第一本以教育心理学命名的专著，这本书的出版标志着教育心理学的诞生。在此基础上1913—1914年，桑代克又将教育心理学扩展成三大卷《教育心理大纲》，包括：关于人的本性、学习心理学、个体差异及其原因，这构成了桑代克教育心理学的内容体系。这一著作奠定了教育心理学发展的基础，西方教育心理学的名称和体系由此确立。在此后的三十年里，美国的同类著作几乎都师承这一体系。

1. 关于人的本性

桑代克认为人是先天素质和后天环境的产物。他认为，人的一生是什么、做什么都是由他起初的结构以及生前生后所有能影响他的一切力量作用于他的结果，前者称为"本能"，后者称为"环境"。因此，桑代克把行为分为先天的反应趋势（本能）和习得的反应趋势（习惯），本能是先天的联结，而习惯是后天的联结。桑代克认为，教育的目的在于使一些先天的倾向永存，使另一些先天的倾向去除，使其余的先天倾向纠正或改变方向。教育的真正任务是根据人的需要来逐渐改变人性。因此，他重视研究人学习的规律。

2. 学习心理学

学习心理学是桑代克教育心理学思想的集中体现，因此奠定了学习心理学在教育心理学学科体系中的核心位置。桑代克在对动物的研究基础上提出了关于学习的理论，并把学习用于解释人的行为。桑代克认为，学习是试误的过程，是在尝试错误的基础上情境和反应的联结，这种联结不以任何观念为中介。在实验的基础上，桑代克提出了三条学习定律：（1）准备律。准备律是反应者的一种内部心理状态。学习不是消极接受知识，学习者首先要有某种需要，体现为兴趣和欲望。（2）练习律。练习律的实质就是强化刺激与反应的感应结。如果练习越多那么刺激与反应之间的联结就越牢固。后来，桑代克修改了这条定律，指出单纯的重复练习不如对这个反应的结果给予奖赏取得的效果更大。（3）效果律。强调个体对反应结果的感受将决定个体学习的效果。即如果学习者在学习过程中能够伴随着满足感、愉悦感等积极情绪，那么刺激和反应之间的联结就会增强，如果伴随的是厌恶感等消极情绪，那么联结就会减弱。桑代克在20世纪30年代发现感到满足比感到厌烦能产生更强的学习动机，因此他修正了效果律，强调奖赏而弱化惩罚。

3. 个体差异

桑代克认为，个体之间是有差异的，人类个体不是一成不变地表现出共同的本性，而是各自有自己的特点。在讨论学习定律及学习后心理能力的变化时，不同的个体学习的速度是不同的，而且即使本性是相同的，如果环境和教育不同，个体也会产生不同的特点。因此，桑代克强调要根据个体的差异选择适宜的教育和教学方式。他把形成个体差异的原因归纳为五个方面，即性别、种族、家庭、成熟和环境，并分别进行了讨论。

二、教育心理学的发展

教育心理学的发展经历了一个蜿蜒曲折的过程。根据教育心理学在不同时期的典型特点，可以把教育心理学的发展过程概括为以下几个阶段。

（一）初创阶段

20世纪初到20年代以前是教育心理学学科体系的初创阶段，也是教育心理学的第一个繁荣阶段。这一阶段桑代克为教育心理学学科的创立和发展进行了大量理论研究和实证研究。此时教育心理学研究主要受桑代克教育心理学学科体系和科学实证方法论的影响。研究者们在教学心理、道德教育心理、学科心理和阅读心理等方面取得了丰富的研究成果。但也存在一些问题："教育心理学的内容体系是普通心理学的理论框架加教育工作实际材料的印证。"（张大均，1999）

（二）迷茫阶段

20世纪20年代到50年代是教育心理学发展的迷茫阶段，这一时期存在盲目广泛从其他邻近心理学科中吸取研究成果来扩充、丰富自己的研究内容的现象，如20年代以后主要吸取儿童心理学和心理测量方面的研究成果，30年代以后吸取各种学科心理学的研究成果，40年代后借鉴弗洛伊德精神分析理论的研究成果等。因此学科发展陷于了"拿来主义"的困境。这一阶段教育心理学呈现出忽略自身理论构建，体系不一和内容零散、庞杂、分歧等弱点。例如，这一时期美国出版的教育心理学书籍多达上百种，但由于没有统一的理论指导，体系五花八门，除学习这一课题是各书共有，其余内容大多取自普通心理学和儿童心理学等各科心理学。张春兴认为："教育心理学界普遍地将自己的专业学问视为'心

理学原理在教育上的应用',因而失去自身的独立性。"(张春兴,1998)

(三) 选择阶段

20世纪60年代到90年代是教育心理学的选择阶段。这一时期教育心理学对各派理论内核和研究领域进行了选择和拓展,确立了以教与学过程的科学研究资料为事实来建构教育心理学的内容体系。这一阶段的特点是内容开始趋于集中,以人的学习与发展为理论基础。从内容上说,教育与心理发展的关系,学习心理,教学心理,评定与测量,个别差异,课堂管理和教师心理等几个方面的研究为大多数人所公认,教育心理学作为一门具有独立的理论体系的学科正在形成;从理论上来说,行为主义学派、精神分析学派、认知心理学、人本主义心理学的相关理论共同充实了教育心理学的理论体系。总体而言,这一阶段确立了教育心理学相对稳定的学科体系,确立了以教与学为研究中心,把"教"拓展为重要研究领域之一。这一时期,西方教育心理学还比较注重结合教育实际,注重为学校教育服务。

(四) 整合阶段

20世纪90年代到现在是现代教育心理学的整合阶段。教育心理学通过"选择",其学科性质和体系渐趋明朗,但由于教育心理学研究对象、研究任务的复杂性以及研究方法和研究工具的限制,教育心理学很难在短期内建立统一的"范式"。越来越多的教育心理学家认识到:教育心理学发展选择"统一"是艰难的,然而选择"整合"是现实的、必然的。所谓整合就是从学科的对象出发,融合各相关研究之长,强调整体实质上的一致,求同存异,淡化学派之争。自20世纪90年代以后教育心理学的整合趋势日益明显,表现为以下几种倾向:1. 理论构建的综合化倾向:吸取各家各派理论观点的精华,综合构建教育心理学的理论体系。2. 研究取向的整体化倾向:从教与学的整体出发,拓展研究领域,探讨构建完整的教育心理学的内容体系。3. 研究方法论的本土化倾向:主张立足本土本地的研究,突出文化影响和民族特色,致力于构建教育心理学的方法论体系。(张大均,2005年)

三、教育心理学的发展趋势

(一) 从行为观、认知观向情境观转变

在研究取向上,教育心理学经历了从行为观到认知观再到情境观的过程。从教育心理学诞生到20世纪50年代以前,教育心理学的研究基本上是在联结观统治下进行的。桑代克主张机能主义的联结观,他认为学习刺激情境和反应之间联结的形成;随后的行为主义者华生、格思里、赫尔、斯金纳等人都围绕着联结范式展开,强调刺激和行为之间的联结,并且强调强化在刺激和反应联结中的作用。行为主义观给教育心理学带来了第一次繁荣。

20世纪50年代以后,教育心理学研究领域已经从行为主义转向认知心理学。在加涅、布鲁纳以及奥苏贝尔等一批现代教育心理学家们的共同努力下,认知心理学帮助教育心理学迎来了第二个繁荣时期。认知观中主要有信息加工取向和结构主义取向。加涅是信息加工取向的代表人物,他认为学习刺激了从感受器到记忆贮存以及到发生反应等一系列加工过程,包括动机、注意、预习、编码、概括、反应以及反馈等;布鲁纳和奥苏贝尔是结构主义的主要代表人物,他们都强调认知结构在学习中的重要作用。虽然认知取向的教育心理学取得了很多成就,但是认知心理学忽视学习的社会文化本质、学习的真实任务、动机、兴趣和情感在学习中的作用等。

随着教育心理学在社会实践中地位的日益提升,社会对其价值期望也逐渐增加。人们发现,虽然很多教育心理学的理论自身比较完美,却无法解决教和学实践中出现的众多问题,研究者们也意识到以前的研究有脱离社会现实的缺陷。因此未来的教育心理学研究将充分考虑研究的生态效应,情境观应运而生。情境观将知识与学习看做是同活动和情境紧密联系的,而不是只存在于学习者头脑内部的过去情境化的实体;情境观非常强调学习情境的真实性,强调社会因素、动机等对知识和策略获得的影响,强调用互动的观点去理解和解释学习的过程和结果。探究现实教育教学过程中自然发生的心理行为机制使教育心理学的理论研究贴近教学实践,改变理论与实践脱节的现状。但这种研究取向才刚刚起步,许多问题仍需进一步的理论探讨和实验验证。

(二) 强调教与学并重,认知与非认知并举

在研究内容上,教育心理学的早期研究主要集中在学生的学习问题上,特别是行为主义对于动物和人的学习开展了卓有成效的研究,揭示了许多有价值的规律。然而学习理论只是教育心理学研究的基础部分,如何更好地帮助学生掌握知识和技能也应是教育心理学的重要内容。20世纪60年代以后,教学心理学也逐渐成为教育心理学的核心内容。如布鲁纳的"发现教学法"、赞科夫的"教学论三原则"等。教学心理学的研究使教师可以根据教学心理规律和学生学习的规律,制订教学目标、教学措施,设置必要的课程,运用适当的教学方法,把知识技能有效地教给学生。

在教育心理学诞生之前,许多心理学家都认为学生的学习是智力因素和非智力因素共同作用的结果;随着科学主义在教育心理学研究中占据统治地位,特别是认知心理学盛行时,由于研究取向和研究方法的限制,也忽视了学生的非认知因素在学习和教学中的作用。直到建构主义的兴起,才使教育心理学的研究重新考虑非认知因素在学习和教学中的影响,特别是人本主义强调从完整的个体去研究教育问题,从而使教育心理学研究更趋全面化和合理化。现在,神经认知心理

学、心理健康教育和心理素质培养研究、远程网络教育、现代教育技术、继续教育等新的研究领域更是充实了教育心理学的内容，使教育心理学认知与非认知研究并重，推动了教育心理学的发展。

（三）从庞杂、零散逐渐转向系统、整合

教育心理学的研究逐渐趋于整合。在研究思路上，心理学各学派都有自己的长处也有自身的缺陷。例如，行为主义研究外显的行为忽略个体的内在心理机制的重要作用，认知心理学的研究可以对其进行弥补；认知心理学对学习的人工加工机制有独到的研究，但是却对学习的社会文化本质、学习中的情感因素以及学习的具体领域的本质等无法解释；而这又是人本主义心理学的长项，人本主义把人看做一个整体，以完整的人来研究心理现象，当然人本主义教育心理学也有缺陷，例如许多概念模糊不清，多侧重于理解而无法对教育实践提供具体的指导等。因此，教育心理学需要吸取各家各派理论观点的精华，综合构建教育心理学的理论体系。例如，目前一些教育心理学研究者就对认知心理学和人本主义心理学这两个学派采取一种兼收并蓄的态度，建构主义就是这种尝试的结果。未来教育心理学从研究思路上应该是兼容并包、系统整合的研究思路。

在研究体系上，教育心理学也从庞杂、零散逐渐转向系统、整合。行为主义时代的教育心理学把人类复杂的学习现象解释为刺激和反应的联结，把其他的有关理论置于对立面加以批判。认知观对教育心理学的研究改变了行为主义教育心理学理论中只包含学习理论的狭隘性。并且认知心理学加大采取友好的态度兼收并蓄，表现出一种可喜的整合趋势。如加涅、布鲁纳和奥苏贝尔的理论观点相互渗透，奥苏贝尔虽然提倡接受学习，但他并不反对布鲁纳的发现学习，只是把它们看成是不同形式的学习方式。近年来兴起的建构主义更是主张汲取行为派、认知派和人本主义学派等各派理论之合理部分来构建现代教育心理学，使教育心理学的学科体系日趋完善。

（四）注重系统化、客观化、生态化和人文化

在研究方法上，教育心理学的研究方法是不断创新、改造和完善的。总的发展趋势是强调教育心理学研究的系统化、客观化、人文化和生态化。

1. 系统化：教育心理学的研究将由宏观考察转向微观机制分析，不仅重视、强调用某种方法从某一角度对教育心理现象、问题进行更细微和深入的分析性探讨，而且重视运用多种方法从多角度进行系统的综合性研究。

2. 客观化：教育心理学的研究强调定性研究和定量研究的结合。模糊数学、多元分析、结构方程等数学方法引入教育心理学，为教育心理学的研究开辟了新的途径，现代多种质性研究的方法大量运用于教育心理学的研究，使教育心理学的研究更加丰富。定性研究和定量研究相结合，使教育心理学在教育教学情境下对实验结果给予客观解释。

3. 生态化：随着科技的发展以及各种现代化的研究工具和仪器设备的大量应用，我们可以在教育教学情境中展开更深入的生态化研究。例如我们可以用眼动仪动态、实时地去考察学生的阅读心理，更有针对性地提出矫正方法。教育心理学研究应更多地走出实验室，在自然情境中研究人的心理现象。未来的研究更倾向把环境和个体看成是一个动态的、交互的开放系统。

4. 人文化：教育心理学长期以来受自然科学的影响，科学精神在其研究中占统治地位，人文精神长期被忽视，这与教育心理学的学科性质和任务是不协调的。教育心理学既是一门自然学科又是一门人文学科，尊重科学规律和客观实在、重视科学精神是其职责所在，但尊重人和人性、重视人文精神是其应有之义。因此，教育心理学应在科学化研究的基础上加重人文性，这样才能从根本上把握学校教与学情境中主体心理活动的特征和规律。

【建议参考资料】

1. 高觉敷，叶浩生. 西方教育心理学的发展史［M］. 北京：人民教育出版社，1996.
2. 冯忠良，伍新春，姚梅林，等. 教育心理学［M］. 北京：人民教育出版社，2000.
3. 张大均. 教育心理学［M］. 北京：人民教育出版社，2005.
4. 莫雷. 教育心理学［M］. 广州：广东高等教育出版社，2002.
5. 张春兴. 教育心理学——三化取向的理论与实践［M］. 杭州：浙江教育出版社，1998.

【问题与思考】

1. 教育心理学的研究对象是什么？
2. 教育心理学的学科特点有哪些？
3. 教育心理学的研究方法主要有哪些？
4. 如何才能做到教育心理学研究的科学化？
5. 结合教育心理学的发展现状，就其未来发展趋势提出自己的看法。

第二章　教育心理学的基本理论

【本章提要】

教育心理学在100多年的发展历程中，一直受到其他相关学科理论的影响，从而促进着教育心理学自身的不断发展和成熟。其中心理发展理论、学习理论和教学理论既成为教育心理学的基本内容，又影响着教育心理学的发展和运用。因此，学习和有效运用教育心理学首先必须了解和把握这些基本理论。本章着重探讨心理发展理论，主要涉及心理发展的实质、特点与规律，以及心理发展与教育的关系；学习理论主要介绍当今主要心理学流派关于学习理论的基本观点；教学理论则主要探讨教学的本质、各主要心理学流派教学理论的基本观点和主要形式。

【学习重点】

1. 理解心理发展、学习和教学的基本内涵与特点。
2. 明确心理发展的基本规律、心理发展理论、学习理论和教学理论的主要思想和观点。

【重要术语】

心理发展　关键期　学习　教学　接受学习　发现学习　意义学习　机械学习　强化

第一节　心理发展理论

个体的心理发展既是教育教学的基础，又是其目标。只有适应个体心理发展需要并能有效促进其心理发展的教育才是有效的教育。因此，教育心理学一直把心理发展及其基本理论视为本学科的基础理论，只有了解和把握个体心理发展的基本规律，才能设计和实施有效的教育。

一、心理发展及其规律

（一）心理发展的内涵

什么是心理发展？所谓心理发展就是指个体从胚胎期经由出生、成熟、衰老一直到死亡的整个生命过程中所发生的持续而稳定的内在心理变化过程。不过，并不是所有的心理变化都可以称之为心理发展,如由于病理原因而导致的心理变化就不属于心理发展的范畴。

个体心理发展的变化过程是渐进、连续而有规律的。它既有量的积累,又有质的变化;既表现为某种心理品质成长、成熟的前进过程,又表现为某些心理品质的衰退和消亡过程;既包括语言和认知的发展,也包括情感、个性和社会性的发展。因此,心理发展反映的是个体心理随年龄增长而出现的持续而稳定的系列变化过程,主要包括认知发展和人格发展两大方面。其中,认知发展是个体自出生后在适应环境的活动中,对事物的认识以及面对问题情境时的思维方式与能力表现随年龄增长而逐渐改变的历程(张春兴,1996),也就是在个体与环境相互作用的过程中,其感觉、知觉、注意、记忆、思维、言语等认知的功能系统不断发展并趋于完善的变化过程,具体表现为,一是各种不同认知成分由低级到高级、由简单到复杂、由不完整到完整,不断发展;二是各种认知成分的关系逐渐趋于相互协调。人格发展则是指个体自出生经成年到老年的整个生命全程中人格特征或个性心理形成、发展和表现的过程。

个体心理发展是个体生命全程发展和毕生变化的过程。这一思想首先由美国心理学家何林渥斯(H. Z. Hollingworth,1930)提出,到20世纪70年代逐步系统化。强调心理发展涵盖人的整个一生,每一个年龄阶段都在发展和变化;强调个体自身在其发展中的重要作用,认为个体心理的发展过程就是通过树立目标、作出选择和创造策略来应付各种发展的挑战,以此控制他们机体的、社会情绪的和人格的发展(Nurmi,1997)[①]。

个体心理发展是个体社会化的过程。个体的社会化过程(socialization process)就是指在一定社会文化环境中,个体的生理和心理随年龄增长而逐渐变化,借以发展个体的社会属性、参与社会生活的过程。个体正是在社会化的过程中,逐步掌握社会规范,学会社会生活技能,形成社会角色,参与社会行动,最终使自己由一个自然人成长为一个社会人。

个体心理发展是量变和质变的有机统一。量变和质变是心理发展变化的两种状态。没有量的变化就不可能有质的变化,但量变不能代替质变。心理发展的质变主要是指个体新的心理结构及其功能的形成和变化,而量变则主要是指某一心理结构及其功能的熟练程度的变化。心理发展的阶段性往往反映的是质的改变过程,而连续性则往往反映的是量变过程。如婴儿认知发展经由出生后的反射动作到智慧动作的发展历程就集中体现了量变和质变的有机统一。首先是婴儿动作的不断重复、练习和联合的量的积累,其后出现了对具体动作的概括化,即能

---

① 鲍利克,罗森茨维格. 国际心理学手册(下)[M]. 张厚粲,译. 上海:华东师范大学出版社,2002:364.

运用已经掌握的动作来解决新问题,此时,儿童原有的具体动作已经内化为表象,具有了概括性,其认知发展便达到了一个新质阶段——智慧动作(前运算)阶段。

(二) 心理发展的规律

个体的心理发展具有以下规律:

1. 心理发展受遗传与环境的交互作用。人的心理发展到底是由先天遗传决定的,还是由后天的环境和教育决定的?其实个体心理发展是基因与经验、遗传和环境、天性和教养之间交互作用的结果。其中,先天因素在心理发展中起基础作用,提供了发展的可能性;环境与教育则将这种可能性变成现实性。所以,有心理学家指出,人的心理发展既有100%的遗传作用,又有100%的环境作用,遗传和环境不是彼此独立与排斥的,也不是简单相加,而是一种乘积关系,是相互交织、相互渗透的,即个体心理发展就是遗传与环境交互作用的结果。

2. 心理发展具有连续性和阶段性。心理发展是一个既有连续性又有阶段性的过程。心理发展的连续性反映的是量变过程,是指某一心理结构及其功能的熟练程度的变化;阶段性反映的是质的改变过程,是指个体新的心理结构及其功能的形成和变化。如婴儿心理发展经由出生后的反射动作到智慧动作的发展历程就集中体现了量变和质变的有机统一。

3. 心理发展具有方向性和顺序性。在正常的条件下,个体的心理发展具有不可逆的方向性和顺序性,即不会因为各种外部环境和学习条件的作用而任意改变。如,身体运动机能的发展遵循着从头部延伸到身体的下半部的头尾法则(从头到尾)和从身体的中心部位延伸到边缘部位的远近法则(由近及远);认知机能的发展一般遵循着感知—运动—情绪—动机—社会交往—抽象思维这样一个固定的发展顺序。认知过程的发展一般经历了感知—表象—记忆—想象—思维这样一个由低级到高级、由简单到复杂的发展过程。

4. 心理发展具有共同性和差异性。个体的心理发展要经历一些共同的基本阶段,但由于遗传、环境和教育的不同影响,也存在着明显的个别差异,表现在发展速度、最终达到的水平和发展的优势领域上往往是有差别的。如有的英才早露,有的大器晚成;有的对音乐敏感,具有音乐天赋,有的对艺术形象有深刻表象,表现出绘画特长。这些充分表现了个体心理发展的类型、水平和时间上的种种差异性。洛文格(J. Loervinger,1969)的研究揭示了这种差异性的四种发展模式[①]。

模式Ⅰ:起点相同,发展速度不同,最终水平相同,但达到同一水平的时间

---

① 克雷奇,等. 心理学纲要(上册)[M]. 周先庚,等,译. 北京:文化教育出版社,1980:41-42.

不同。如各种运动技巧多属于这种发展模式。

模式Ⅱ：起点相同，发展速度不同，同一时期达到的水平不同。如个体的智力发展存在不同速度，其达到的水平高低也有差异，但大量研究发现，个体的智力几乎在同一时间到达成熟水平。

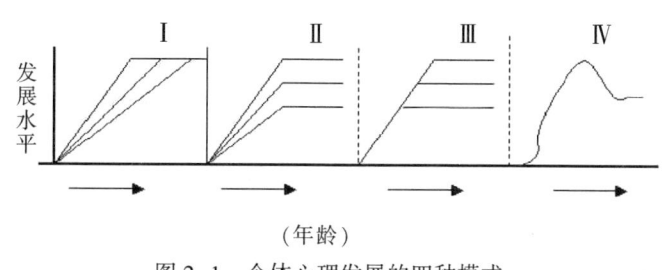

图2-1 个体心理发展的四种模式

模式Ⅲ：起点相同，发展速度相同，最终水平不同。如儿童早期语言的发展，由于受言语器官生理成熟的制约，几乎所有儿童在语言发展的早期阶段基本上具有相同起点和发展速度，但由于环境和教育的影响，有的儿童语言发展停留在一定水平上，而另外的儿童却继续向不同的、更高的水平上发展。

模式Ⅳ：随着个体年龄的增长，其心理发展达到较高水平后出现下降和退化现象。某些智力因素的发展就属于这种特殊的模式，如卡特尔（R. B. Cattell）的研究发现了不随年龄增长而下降的智力（晶体智力）和随年龄增长而衰退的智力（液态智力）。

5. 心理发展具有互补性和协调关联性。心理发展的互补性首先指个体某一方面的认知机能受损甚至缺失后，可通过其他方面的超常发展得到部分补偿。如失明者通过听觉、触觉、嗅觉等方面的超常发展得到补偿。机体各部分存在着互补的可能，使人在自身某方面缺失的情况下依然能与环境协调，从而为继续生存与发展提供了条件。其次互补性也存在于心理机能与生理机能之间。人的精神力量、意志品质、情绪状态对整个肌体能起到调节作用，帮助人战胜疾病和残缺，使身心依然得到发展。但如果一个人的心理承受能力太差，缺乏自我调节能力和坚强的意志，那么，就算不严重的疾病和磨难也会把他击倒。此外，心理发展是相互关联、协调整合的，某一因素的变化影响着其他因素的变化，如儿童感知觉的发展为思维提供了感性材料，影响着思维的发展，而思维的发展又使感知觉更加概括和深刻。

6. 心理发展具有不平衡性和关键期。心理发展的不平衡性一方面表现为同一心理要素的发展速度在不同的年龄阶段的发展变化是不平衡的。如儿童的发散思维在3—4岁出现第一个增长期，7—8岁会出现第二个增长期。这两个时期的发展比其他时期要迅速得多。另一方面表现为不同方面发展的不平衡性，有的因素在较早的年龄阶段就达到较高发展水平，有的则到较晚的年龄阶段才能达到成熟水平，如感知成熟在先，思维成熟在后，情感成熟更后。由此人们提出了发关键期或敏感期的概念。关键期是由奥地利的动物学家洛伦兹（K. Lorenz）在对动物的研究中发现的，其后引申到早期儿童发展研究中。所谓关键期是指在个体心理发展过程中存在某个年龄阶段，对某种环境刺激最敏感，所取得的效果最好的时期。在这一时期，对个体某方面的训练可以获得最佳成效，并能充分发挥个体在这一方面的潜力。错过了关键期，训练的效果就会降低，甚至永远无法补偿。已有研究发现，2—3岁是个体从直觉行动思维向具体形象思维发展的关键期，也是个体口头言语发展的关键期，还是学习社会交往的关键期。4—5岁是学习书面语言的关键期。音乐能力发展的关键期是4—9岁。数概念掌握的关键期在5岁左右。小学中年级左右是从具体形象思维向抽象逻辑思维发展的关键期。外语学习的关键期在10岁以前。初中2年级是经验型思维向理论型思维发展的关键期。

（三）心理发展与教育的关系

个体心理发展与教育之间存在着相互依存的辨证关系。教育的本质其实就是一种塑造"灵魂"与开启智慧的活动，其最终效应表现为促进个体的心理发展，科学的教育能促进个体的心理发展，相反就会限制个体的心理发展。

1. 心理发展是有效教育的基础和前提

虽然教育对个体身心素质发展起主导作用，但个体身心发展的规律又制约着教育主导作用的发挥，影响着教育的效率，个体心理发展的状况是教育必须考虑与适应的基础和前提。如学校教育要遵循心理发展的准备性原则，即根据学生心理发展的水平和准备状态进行教学。所谓心理发展准备状态主要是指个体在从事新的学习时，他原有的知识经验水平、原有的心理能力发展水平以及当前的心理活动状态等对新学习的适合性。如，选择什么教学材料、采用什么教学方法必须依据个体心理发展水平来确定。依据小学生的思维发展特点，教学内容就应该注意具体形象性，教学方法就应该具有直观生动性，教学组织形式就应该注重活动性；考虑到个体心理发展的差异性，教育就应该注意因材施教，扬长补短。

2. 有效的教育能促进个体心理的发展

虽然个体的心理发展具有"自生性"，但它并不意味着"发展似乎是儿童的本性本身中原有的心理活动的形式的展开，不依赖于外部影响。"① 事实上，个体心理发展是与周围现实相互作用的结果，外部影响对个体心理发展具有决定性意义，其中教育起着主导作用，它决定和制约着心理发展的过程和方向。因为教育是在精心设置的特殊环境中进行的一种有目的、有计划、有组织的培养人的活动。它能依据学生心理发展的规律，选择恰当的教学内容，采取有效的教学方法

---

① 斯米尔诺夫. 苏联心理科学的发展与现状 [M]. 北京：人民教育出版社，1984：476.

对学生进行系统的培养；它能对各种环境因素加以有效控制和利用，以保证学生的心理健康发展。如，正是由于缺乏教育，"狼孩"的心理发展受阻，水平低下，障碍严重；而正是由于专门而系统的思维训练、创造力训练、心理素质训练等，学生的相关心理机能得到了较好发展。

总之，教育促进儿童心理发展是有条件的，只有那些适合于个体心理发展需要的教育才是有效的教育。作为一名教师，我们必须明白，学生心理发展的现实状况是教育必须依据的前提，离开它，任何形式的教育都难以实现其促进个体发展的作用与价值。

二、认知发展理论

（一）皮亚杰的认知发展阶段理论

皮亚杰（Jean Piaget，1896—1980）是瑞士的发展心理学家，终身致力于个体认知发展的研究，提出了认知发展的阶段理论，其主要观点如下。

1. 心理发展的实质

皮亚杰认为，个体的心理发展就是内部认知结构的变化，这种变化是个体在原有先天反射活动（遗传性图式）的基础上，主动与外部环境发生相互作用，通过同化和顺应的交替发生而达到一种平衡状态的过程。其发展的内在机制是组织与适应。组织就是指个体在处理周围事物时，能统合运用身体与心智的各种功能达到目的的一种身心活动历程，表现为多种感觉与身体动作的配合运用。适应是指个体的认知结构因环境刺激而主动改变的心理历程，表现为同化和顺应。同化是指当主体面对新的刺激情境时，利用已有图式或认知结构把刺激整合到自己原有认知结构之中的过程。它引起图式的量变，表现为认知发展的一种暂时平衡。顺应是指当主体不能利用原有图式接受或解释新刺激时，通过调节原有认知结构，创立新的图式，使之适应客体的过程。它引起图式的质变，是图式的重建和调整。

2. 认知发展的阶段

皮亚杰通过大量临床研究发现，个体的认知发展具有阶段性，从出生到青年初期，大致经历了感觉运动、前运算、具体运算和形式运算四个阶段。

感觉运动阶段（0—2岁），是思维萌芽阶段。儿童主要通过探索感知觉与运动之间的关系来获得动作经验，手的抓取和嘴的吸吮是他们探索世界的主要手段。针对这一阶段，"早期教育"应及时给婴幼儿提供多样化的供其观察的吸引人的物体（可供看、听、摸的玩具），提供促进儿童动作发展的训练（如触、摸、推、拉、抓、握……），在喂养和游戏时经常和婴幼儿交谈、说话等。

前运算阶段（2—7岁），是表象思维阶段。儿童能运用语言或较为抽象的符号来代表他们经历过的事物，凭借表象思维，他们可以进行各种象征性活动或游戏（如过家家游戏，以某种东西作为食物），延缓性模仿（模仿自己想起来的过去的事情）以及绘画活动等。但此时儿童还不能很好地掌握概念的概括性和一般性，认知活动具有很大的具体性，思维具有不可逆转性，尚未获得守恒概念。这一阶段，儿童有他律或强制的道德生活，还不能协调自己和别人的观点，不理解自己的行为对别人产生的影响。

具体运算阶段（7—11、12 岁），相当于小学阶段。此阶段儿童的认知结构已发生了重组和改善，思维具有一定的弹性，可以逆转，已经获得长度、体积、重量和面积等的守恒，能凭借具体事物或从具体事物中获得的表象进行逻辑思维和群集运算。但其思维仍然需要具体事物的支持。之所以叫具体运算阶段，一是思维还离不开具体事物的支持，如果离开具体事物进行纯粹形式的逻辑推理，儿童会感到困难；二是这种思维还是零散的，还不能组成一个结构的整体和完整的系统。

形式运算阶段（11、12—15、16 岁）。所谓形式运算，就是可以在头脑中把形式和内容分开，可以离开具体事物，根据假设来进行逻辑推理。此阶段儿童的思维已经超越了对具体的可感知的事物的依赖，能以命题的形式进行，并能发现命题之间的关系，能理解符号的意义，能作一定的概括，思维已接近成人水平。

3. 影响认知发展的因素

皮亚杰认为影响个体认知发展的基本因素有四个：成熟、练习和经验、社会性经验、具有自我调节作用的平衡过程。成熟是指肌体的成长，特别是神经系统和内分泌系统的发育，它是某些行为模式出现的必要条件。练习和经验是指个体对物体施加动作过程中的练习和习得的经验（主要指物理经验和逻辑经验）。社会性经验是指社会环境中人与人之间的相互作用和社会文化的传递，主要涉及教育、学习和语言等方面。平衡过程调节个体（成熟）与环境（包括物理环境和社会环境）之间的交互作用，从而引起认知发展的一种新建构。正是由于平衡过程，个体才有可能以一种有组织的方式，把接收到的信息联系起来，从而使认知得到发展。

（二）维果斯基的文化历史发展理论

维果斯基（L. S. Vygotsky，1896—1934）是前苏联心理学家，社会文化历史学派的创始人之一。他主张人的高级心理机能是社会历史的产物，受社会规律的制约，强调人类社会文化对人心理发展的重要作用，以及社会交互作用对认知发展的重要性。

1. 两种心理机能

维果斯基将人的心理机能分为两种：一种是作为动物进化结果的低级心理机能，如基本的感觉、知觉、不随意注意、形象记忆、情绪、冲动性意志、直观的动作思维等，它是消极适应自然的心理形式，是生物进化的结果；一种是以符号系统为中介的高级心理机能，如观察（有目的的知觉）、随意注意、词的逻辑记忆、抽象思维、高级情感、预见性意志等。高级心理机能是积极适应和改造环境的心理形式，是人在与社会的交互作用中发展起来的，是社会文化历史发展的结果。

2. 心理发展的实质

维果斯基认为，心理发展是指一个人的心理（从出生到成年）在环境与教育影响下，通过掌握高级心理机能的工具——语言符号这一中介，在低级心理机能的基础上，逐渐向高级心理机能转化的过程。这种转化有四个主要表现：心理活动的随意性（目的性、主动性、自控性）增强；心理的抽象—概括机能不断提高；各种心理机能之间的关系不断变化重组，形成间接的、以符号为中介的心理结构；心理活动个性化。

3. 影响心理发展的因素

维果斯基强调了影响心理发展的三个因素：首先，他认为社会文化是影响个体心理发展的源泉和决定性因素。其次，从个体发展来看，儿童在与成人交往的过程中通过掌握高级心理机能的工具——语言符号系统，从而在低级的心理机能的基础上形成了各种新质的心理机能；其中，交往（尤其是运用语言进行的各种社会交往）和互动对个体高级心理发展具有积极的促进作用。第三，高级心理机能是外部活动不断内化的结果。所谓内化即外部活动借助于言语而转化为头脑内部的活动，是外部的实际动作向内部心智动作的转化。所以，维果斯基提出，一切高级的心理机能最初都是在人与人的交往中，以外部动作的形式表现出来的，然后经过多次重复、多次变化逐渐内化成内部的智力动作。内化的过程不仅通过教学来实现，而且也能通过日常生活、游戏、劳动来实现。

4. 最近发展区的思想

维果斯基提出了"最近发展区"的思想，认为教学必须要考虑儿童已达到的水平并要走在儿童发展的前面。儿童的发展有两种水平：一种是儿童现有的发展水平，即儿童能够运用已有的知识经验独立完成任务，不需要教师的帮助就能达到的水平；另一种是在有指导的情况下，借助成人的帮助可以达到的水平，或是借助于他人的启发、帮助可以达到的较高水平。这两种水平之间的差距，就是"最近发展区"，即独立解决问题的真实发展水平和在成人指导下或与其他人合作情况下解决问题的潜在发展水平之间的差距。因此，有难度、主观努力、克服困难、借助于指导在一定程度上限定着最近发展区这一动态性概念。他主张教学应当先了解儿童的实际发展水平和可能达到的水平，以确定儿童的最近发展区，由此提出了"教学应当走在发展的前面"的观点，即教学应当走在儿童现有发展水平的前面，从而带动儿童的发展。

三、人格发展理论

（一）埃里克森的心理社会发展理论

埃里克森（Erik Erikson，1902—1994）祖籍丹麦，生于德国，定居美国，是美国的精神分析医生，也是美国现代最有名望的精神分析理论家之一。

1. 心理社会发展的内涵

埃里克森认为，个体的人格发展受文化和社会背景的影响和制约，即个人与周围环境的交互作用在人格发展中起着主导和整合的作用。人格的发展是一个经历一系列阶段的过程，每一阶段都有其特定的危机和特定任务，即亟待解决的心理社会问题。危机的解决标志着前一阶段向后一阶段的转化。危机的成功解决（顺利度过危机）有助于自我力量的增强和对环境的适应；不成功的解决（不能顺利度过危机）则会削弱自我的力量，阻碍对环境的适应。人格发展各阶段相互依存，后一阶段发展任务的完成依赖于前一阶段冲突的解决，前一阶段的任务如果没有成功解决，将会对后来的发展产生消极影响；但后期的发展阶段也可以为克服前期出现的问题创造机会，即在后期发展阶段中得到修正。

2. 心理社会发展的阶段

埃里克森提出个体心理社会发展主要经历了以下八个阶段。

第一阶段，乳儿期（0—1岁）——信任感对怀疑感。本阶段的主要任务是满足生理上的需要，发展信任感，克服不信任感。乳儿从生理需要的满足中，体验着身体的康宁，感到了安全，于是对其周围环境产生了一种信任感；反之，婴儿便对周围环境产生不信任感，即怀疑感。埃里克森认为，信任感就是个体在与他周围环境相互作用的过程中所产生的一种肯定的态度。它主要通过父母在养育、照料过程中对乳儿的关心和爱护加以培养。如果父母给予孩子足够的爱抚和有规律的照料，孩子就会产生信任感；反之，孩子就会出现不安和恐惧，产生不信任感。

第二阶段，婴儿期（1—3岁）——自主性对害羞疑虑。这一时期，婴儿学会了走、爬、推、拉、谈话等动作和活动，他们渴望自主探索新事物，希望按自己的想法做事，表现出积极的参与行为和较强的自我控制倾向。父母的养育态度和方式容易使婴儿介入自己意愿和父母意愿相互冲突的危机中。如果这一阶段的危机得到积极解决，就会获得一种独立的自我意识，儿童开始能够控制自己的思维、情感和行为。反之，就会让儿童对自己产生怀疑，形成自我羞愧感。成功地度过这一时期的儿童还能够建立起对自己能力的自信，从而使他们在学校能与同伴和谐相处，这种信心有助于他们将来的成功。如果父母训练过严或施予不公正的体罚就会使婴儿产生羞怯和疑虑。

第三阶段，学前期（3—6岁）——主动自发对退缩愧疚。这一阶段，儿童已经能够将自己的行为方式转向社会许可的范围，学会如何与人相处，如何出色地完成任务。如果顺利度过这个阶段，就能培养儿童对生活的自主性和目的性，这对于个人今后对社会组织和社会理想的态度产生重要的影响，有助于为未来的秩序和法制生活做好准备。相反，就会导致儿童退缩内疚，缺乏主动性。

第四阶段，学龄期（6—12岁）——勤奋进取对自贬自卑。处于这一年龄阶段的儿童大多数都在上小学，学习成为儿童的主要活动。从学习活动中，儿童可以产生勤奋感，这种情感将使儿童满怀信心地在社会中寻找自己的工作。如果儿童不能发展这种勤奋感，他们将对自己能否成为一个对社会有用的人缺乏信心，从而产生自卑感。

第五阶段，青年期（12—20岁）——自我同一对角色混乱。这一阶段，个体的主要任务是建立一种新的自我同一感，如形成关于"我是谁"、"自己将来怎样生活"、"在社会上占什么样的地位"等问题的感觉和体验。如果在这个阶段青少年不能获得同一性，他们就会产生角色混乱或消极同一性。角色混乱是指个体不能正确地选择适应社会环境的角色；消极同一性是指个体形成与社会要求相背离的同一性。这一阶段的危机得到积极解决，青少年获得的是积极同一性，就会形成忠诚的品质；如果获得的是消极同一性，就会形成不确定性。

第六阶段，成年早期（20—24岁）——友爱亲密对孤僻疏离。本阶段的发展任务是发展亲密感以避免孤独感，体验爱情和婚姻的实现。埃里克森认为，这时的青年男女已具备能力并自愿去分担相互信任、工作调节、生儿育女和文化娱乐等生活，以期最充分而满意地进入社会。但是，只有具备自我同一性的人才可能与他人建立亲密关系。因为与他人发生亲密关系，就要把自己的同一性和他人的同一性融为一体，这里有自我牺牲。没有自我同一性的人则总是担心同他人建立密切关系，从而有了孤独感。如果这一阶段的危机得到积极解决，就会形成爱的品质；如果是消极解决，就会形成混乱的两性关系。

第七阶段，成年中期（25—65岁）——精力充沛对颓废迟滞（繁殖感对停滞感）。这一阶段的个体已由儿童变成为成年人，变为父母，建立了家庭和自己的事业。如果一个人很幸运地形成了积极的自我同一性，并且过着充实和幸福的生活，他们就试图把这一切传给下一代或直接与儿童发生交往，或产生和创造能提高下一代精神和物质生活水平的财富。如果这一阶段的危机得到积极解决，就会形成关心的品质；如果是消极解决，就会导致自私自利，出现人格的停滞。

第八阶段，成年晚期（65岁以后）——自我完善对悲观沮丧。这一时期，个体一生的主要工作都差不多已经完成，进入了回忆往事的时候。前面七个阶段都能顺利度过的人，具有充实、幸福的生活和对社会有所贡献，他们有充实感和完善感，怀着充实的感情向人间告别。这种人不惧怕死亡，在回忆过去的一生时，自我是整合的。而过去生活有所挫折的人，在回忆过去的一生时，会经常体验到失望，所以，他们不愿匆匆离去，对死亡没有思想准备，个体就会充满焦虑和失望，对死亡产生恐惧感。如果这一阶段的危机得到积极解决，就形成智慧的品质；如果危机是消极解决，就会有失望和毫无意义感。

与弗洛伊德强调生物和本能的发展观相对照，埃里克森把人的发展看做是一个统一的发展过程，每一个阶段实际上不存在发展不发展的问题，而是发展的方向问题，即发展方向有好有坏，这种发展的好坏并不只受个体的生理和本能决定，而是生理、心理和社会的统一。

（二）柯尔伯格的道德发展阶段理论

柯尔伯格（L. Kohlberg，1927—1987）是美国心理学家，现代道德认知发展学派的创立者。他编制"道德两难故事"作为引发儿童道德判断的工具，采用"开放式"手段（即故事之后，提出一些开放式的问题）来研究儿童道德发展水平。经过 10 多年的纵向和跨文化研究，柯尔伯格提出了儿童道德发展阶段理论[1]，其主要观点如下：

1. 道德发展的实质

所谓道德发展是指个体随着年龄的增长，逐渐掌握是非判断标准以及按该标准表现道德行为的过程。道德发展阶段就是以不同年龄儿童道德判断的思维结构来划分儿童道德观念发展的阶段，强调儿童道德发展与其年龄及认知结构的变化关系。

2. 道德发展的三水平六阶段学说

柯尔伯格通过研究，提出了道德发展的三水平六阶段学说。

第一水平：前习俗道德水平（学前至小学低中年级）——是以自我中心为基础的道德推理水平，即着眼于自身行为的具体结果。包括惩罚与服从阶段（第一阶段）和个人的工具主义目的与交易阶段（第二阶段）。处于惩罚与服从阶段的个体的行为主要是为了逃避惩罚而服从于权威或有权力的人（如父母），其行动是否道德是从自我中心的观点出发，考虑行为对自己的后果而不顾及他人利益。凡不受到惩罚和顺从权威的行为都被看做是对的。个人工具主义目的和交易阶段的个体的行为是因可以得到个人和即时的好处才会遵守规矩，即儿童的道德行为服从于获得奖赏，正确的行为就是能够满足本人需要的行为。

第二水平：习俗道德水平（小学高年级开始至青年期）——这一阶段的个体已经内化了社会规则，其道德推理着眼于满足社会期望。包括好孩子道德观（第三阶段）、法律—秩序道德观（第四阶段）两个阶段。大约 10 到 11 岁时，首先出现好孩子道德观，其特征是将社会关系作为道德观点的一个必要部分整合起来。儿童不再依靠外在的标准进行对或错的判断，而是考虑相互之间的关系、共同的感觉和协议，认为好的行为是使人喜欢或被人赞扬的行为。法律—秩序道

---

[1] 鲍利克，罗森茨维格. 国际心理学手册（下）[M]. 张厚粲，译. 上海：华东师范大学出版社，2002：354.

德观阶段的儿童关心的是社会关系的制度化。表现为集体优先于个人，即好的行为是完成个人职责、尊重权威和维护社会秩序。

第三水平：后习俗道德水平（青年末期开始）——这一阶段的个体是基于内心的一套标准进行道德推理，即着眼自我接受的道德原则，履行自己选择的道德标准。包括社会契约理论（第五阶段）和全面的道德原则（第六阶段）两个阶段。社会契约理论关注的是对法律的责任，此时个体的道德发展已经上升到了在社会责任的水平上来关注个体，即正确的行为是按社会所认同的标准来规定的。全面的道德原则强调了道义和良心的发展，个体道德判断的标准是抽象的原则，如公正、同情、平等，而不是根据具体规则。

第二节 学习的基本理论

一提起学习，每一个人都感到特别熟悉和亲切，它伴随着我们每个人的成长，指引着我们终身的发展。但究竟什么是学习？学习有什么特点和规律？如何才能有效地学习？这些问题很早就引起了心理学家的广泛关注，并成为学习心理研究的重要范畴，也一直成为教育心理学学科系统中的主干内容和核心理论。

一、学习的性质与种类

（一）学习的性质

学习有广义和狭义之分。广义的学习是指人和动物在生活过程中通过活动而获得个体经验，并由经验引起比较持久的心理和行为变化的过程。尽管人类和动物都存在学习，但人的学习是一个特殊的过程，人的学习在多种情况下是有目的的、自觉积极主动的过程。狭义的学习是指学生的学习，即学生在教师的指导和引导之下，有目的、有计划、有组织、有系统地掌握知识和技能，促进身心素质发展的活动。它是学习的一种特殊形式。科学理解学习的内涵，需要注意以下几点：

首先，学习是个体经验的获得和改造过程。学习的发生一定要依赖于经验的获得和改造，没有经验的获得和积累，就不能产生学习。个体在认识客观世界的过程中，通过学习不断地获得经验，其心理结构就不断地形成、发展和完善起来。因此，学习是改变个体，促进发展的最佳途径，它将伴随个体的一生。

其次，学习的结果表现为行为或行为潜能的变化。这种变化有时可以直接见诸行为，有时则不一定。比如学会写字、跳舞，可以使我们的动作更协调，而获得的知识经验和道德规范往往不一定立即在行为中表现出来，但却影响着我们的思维方式或未来的行为潜能。所以，学习引起的变化不仅仅是外在行为的变化，更为重要的是学习者内在行为变化或行为倾向的变化。

第三，学习既是一种结果更是一个过程。过去，我们一直比较关注学习的结果，往往过分强调用学生的学习成绩来评价和衡量一个学生的学习质量。然而，学习是一个不断发展和变化的过程，会受多种因素的影响，在研究学习规律的过程中，既要通过考察学生的行为变化结果来评估学习的成效，更要从发展的、动态的观点把学习看做一个过程，即学习是个体主动建构知识的过程，是自我监控和调节认知活动的过程。

（二）学习的种类

根据不同的标准，可以把学习分为不同的种类。了解学习的类型，有助于我们对学习性质的理解。

1. 学习主体分类

根据主体的活动状况，可以把学习分为接受学习和发现学习。接受学习是在教师指导下，学习者通过教师的传授和自己的主动建构接受事物意义的学习。发现学习则是在主体的活动中，通过对现实能动地反映及发现创造，构建起一定的经验结构的学习。接受学习和发现学习是个体获得经验的基本途径。

2. 学习性质分类

根据主体经验获得的性质可以把学习分为意义学习和机械学习。意义学习是指个体利用原有经验进行新的学习，理解新信息。换言之，个体能在新旧知识之间建立起某种实质性联系和非人为的联系。机械学习是指在缺乏某种先前经验的情况下，靠死记硬背来进行的学习。也就是说，个体不能在新旧信息之间建立某种意义联系，只能靠简单重复记住符号的外在形式或特征。

3. 学习结果分类

加涅根据学习结果的不同，将学习分为五大类：言语信息的学习、智慧技能的学习、认知策略的学习、态度的学习和运动技能的学习。

二、学习的理论

（一）行为主义学习理论

20世纪初，美国心理学家华生（J. B. Watson）举起了行为主义的大旗，致使行为主义成为心理学领域一种主要流派并对随后的教与学产生了重大影响。行为主义者的兴趣在于发现外部环境中的刺激怎样带来明显的行为反应，以及如何通过调整周边的环境来改变个人行为。其主要代表人物有桑代克（E. L. Thorndike）、华生（J. B. Watson）、格思里（E. R. Guthrie）、赫尔（C. L. Hull）、斯金纳（B. F. Skinner）。主要观点如下：

1. 学习的实质就是刺激和反应之间形成联结的过程

行为主义认为，学习就是刺激和反应之间形成联结的过程，其基本的学习方式就是尝试—错误。如桑代克通过动物的学习实验，把学习看做是通过尝试—错误在刺激情景和正确反应之间形成联结的过程，进而提出了学习的准备律（学习者是否对某种刺激作出反应同他是否已作好准备有关）、效果律（只有当反应对环境产生某种效果时学习才会发生)、练习律（反应重复的次数越多，刺激—反应之间的联结便越牢固）等基本的学习规律。华生把行为主义的研究推向了极致，认为个体的所有行为包括情绪反应和学习都是刺激与反应之间的联结。格思里则强调，刺激与反应之间形成联结依赖于刺激与反应之间的紧密联系，即刺激与引起的反应之间越接近，其联结就越容易形成；并提出了积极适应（有机体为适应环境会不断作出反应）和条件作用（用中性刺激取代无条件刺激以达到引发反应的目的）两种学习形式。

2. 强化及其主体和环境之间的互动是学习得以发生的重要条件

学习行为的有效发生依赖于个体对环境的主动适应，需要通过内外强化才能有效地形成和保持。如斯金纳通过操作条件反射理论对学习进行了新的解释。他认为早期的刺激—反应学习理论只能用于解释刺激可以引发反应这样的习得性应答行为，而操作条件反射的学习模式强调了有机体主动作用于环境，以获得行为结果，并进一步提出了强化在学习中的重要作用。他主张教育是通过各种强化安排来塑造人的行为。赫尔强调了刺激与反应之间的中介变量——学习者的内驱力对学习的重要作用，认为学习是由内驱力所引发的，学习者必须具备学习的需要和动机才能引发刺激与反应之间的联结。这种观点对学习理论的发展产生了深远影响。

近年来，由于受认知观关于有机体和环境相互作用观点的启示，行为主义学习理论有了新发展，从过去仅仅关注环境刺激转向研究个体特征对条件反射形成的影响，这类研究不仅探讨个体外部条件对行为反应的影响，而且特别注意外部条件的相互作用以及学习者的内在变量对行为的影响，如一些行为主义研究者将多种认知加工（知觉、思维、自我陈述等）纳入他们的理论框架，认为学生的学习存在一些有缺陷的认知加工，而这些认知加工又引导或控制着他们的行为，如果改变这些认知，其学习行为也将随之改变。这方面的研究主要集中在学生的自我管理和自我言语训练两个领域（陈琦，刘儒德，1996）。在自我管理训练中，教师利用传统的行为分析方法，以积极的强化和程序来改进学习行为，一旦学生达到所期望的行为变化，教师作出的外部控制就转向了由学生自己作出的内部控制。在自我言语训练中，他们认为，个体的内部言语影响着认知加工和引导着学习行为。儿童以不当的方式进行学习，是受到了不当的自我言语的影响，因而引入比较适当的自我言语，不当的学习行为就能改变。这种方法在帮助学生发展认知策略的训练中被证明是有效的。

（二）认知学习理论

20世纪50年代兴起的认知心理学，运用信息加工的观点研究人的认知过程，揭示认知过程的内部心理机制，即人是如何认知世界、如何学习和储存知识、如何提取已有知识来解决当前问题的。这种理论运用于学习情境中，形成了认知学习理论。到了60—70年代，认知学习理论逐渐取代行为主义而在教育心理学中占据优势地位。现代认知学习理论有重要影响的代表人物有布鲁纳（J. S. Bruner）、奥苏贝尔（David P. Ausubel）、加涅（Robert M. Gagne）等。

认知学习理论认为，学习是通过理解主动在头脑内部形成认知结构的过程；学习不是受习惯支配而是受主体的预期引导。个体当前的学习依赖于他原有的认知结构和当前的刺激环境，教学的目标在于帮助学习者把外界客观事物（知识及其结构）内化为其内部的认知结构。其主要的学习观点如下：

1. 学习的实质是学习者主动形成认知结构的过程，学习者的已有经验、学习策略等基本认知能力在认知建构中具有重要作用

布鲁纳十分强调学习的主动性和认知结构的重要性。他认为，学习的本质不是被动地形成刺激—反应的联结，而是主动地形成认知结构的过程。学习者不是被动地接收知识，而是主动地获取知识，并通过把新获得的知识和已有的认知结构联系起来，积极地建构其知识体系。由此，布鲁纳十分强调认知结构在学习过程中的作用，认为认知结构可以给经验中的规律性以意义和组织，并形成一个模式，使人能够超越给定的信息，举一反三，触类旁通。

2. 学习的有效形式主要有发现学习和接受学习

发现学习是布鲁纳倡导的一种学习方式，它是指学生在学习情境中，经过自己的主动探索，从而获得问题答案的一种学习方式。研究证明，发现学习有利于激发学生的好奇心及探索未知事物的兴趣，有利于调动学生的内部动机和学习积极性，且有利于学生创造性思维的发展。布鲁纳认为，"在未经学生自己探索尝试之际，即将答案告诉学生的教学方式，不是囫囵吞枣半知半解，就是因知之不详而迅速遗忘"（Bruner，1964）。因此，教师的作用在于帮助学生形成一种能够独立探究的情境，而不是提供现成的知识。

接受学习是奥苏贝尔倡导的一种学习形式。所谓接受学习是在教师指导下，学习者接受事物意义的过程。奥苏贝尔认为，接受学习绝非被动学习，学习者仍然是主动的，在学习一种新知识时，学生在教师提供的先行组织的引导下，尝试运用其既有的先备知识，从不同的角度去吸收新知识，最后纳入他的认知结构中，成为他自己的知识。因此最有效的学习是有意义的接受学习。这种学习既受学习材料本身性质（客观条件）的影响，也受学习者自身因素（主观条件）的影响。从客观条件来看，学习的材料本身必须具有逻辑意义；从主观条件来看，学习者必须具备实现意义学习的心理条件，这些条件有三个方面：首先，学习者要有从事意义学习的欲望，也就是具有积极主动地将新旧知识建立联系的倾向；其次，学习者的认知结构中必须具有能够同化新知识的旧知识；最后，学习者必须积极主动地实现新旧知识之间的联系，从而揭示新知识的意义。上述条件缺一不可，否则就不能构成有意义的接受学习。

（三）人本主义学习理论

人本主义心理学（humanistic psychology）是20世纪60年代在美国兴起的一

种心理学思潮。其代表人物主要有马斯洛（Abraham Harold Maslow）、罗杰斯（Carl R. Rogers）和康布斯（Combs）。他们认为，人性的本质是善的，只要后天环境适当，就会自然地成长。人本主义心理学家所倡导的学习理论，既不像行为主义心理学家那样只求解释简单的反应，也不同认知心理学家那样只求解释知识学习，而是扩大视野研究人类与自我实现有关的一切问题。他们关于学习的主要观点有：

1. 学习的基本动力来自于个体内部的力量

马斯洛认为，学习不能由外铄，只能靠内发。内发力量来源于个体内部的"防卫力量"和"进取力量"。教师不能强制学生学习，学习的活动应由学生自己选择和决定。教师的任务只是辅导，学生本身自然就有学习的潜在能力。不过教师的辅导有"当"与"不当"：辅导得当，学生会因学习而成长；辅导不当，学生反倒因辅导而萎缩。马斯洛在其《成长心理学》一书中，把促使个体学习的两种潜在力量界定为防卫的力量和进取的力量。防卫的力量，其内在作用是恐惧失却安全而使个体在心理上有退缩倾向，因而使个体依恋过去，恐惧成长，担心无人支持，不求独立自主，遇事逃避现实，不敢接受挑战。进取的力量，其内在作用是促动个体本人趋向完美而统合的境界成长，因而使个体乐于面对世界，充满信心与朝气，而且在心理上无内在冲突，能心安理得地接受内心深处的自我。因此，马斯洛不主张用外铄的方式约束学生的学习。他认为学生不需刻意教导，他们生而具有内发的成长潜力。教师的任务不是教学生学知识，而是为学生设置良好的学习环境，让学生自由选择，自行决定，他们就会学到所需要的一切。

2. 学习是学生自己的选择和决定，是学生的自愿行为

人本主义者主张，学生的学习是自由的活动和自愿的行为。这个思想在罗杰斯提出的以学生为中心的自由学习原则中得到了最好的体现。罗杰斯所谓的自由学习，是指教师在安排学习活动时，只须提供学习活动的范围，让学生自由选择决定他们的方向，去探索发现结果；教师只是从旁协助，减少阻力与挫折。只有自动自发的学习活动，才会使学生全心投入，全心投入发现问题、全心投入思考问题和寻求答案。唯其如此，才会启发学生心智，提升求知能力，培养学习兴趣，从而喜爱知识，而且将因获得成就感而更加努力。如此经由自由学习的教学活动历程，可一举三得，达到知、情、意三者并重的教育目的（张春兴，1998）。

3. 学习是一个促进自我发展的有意义的过程

罗杰斯认为，学习的目的就是促进个人潜能的充分发展、人格的发展、自我的发展。他反对行为主义对学习实质的看法，认为学习不是刺激与反应间的联结，而是一个有意义的心理过程。因为具有不同经验的人在感知同一事物时，他们的反应是不同的，因此，学习者了解学习的意义是非常重要的，也可以说，学习的实质在于意义学习。为了促进学生的自我发展，罗杰斯倡导有意义的学习。

这种有意义的学习,不仅指理解记忆的学习,而且指学习者所作出的一种自主、自觉的学习,要求学习者能够在相当大的范围内自行选择学习材料,自己安排适合于自己的学习情境。这种有意义的学习包含了价值、情绪的色彩,涉及到的是整个的人而不单纯是认知成分的参与,而且这种学习以个体的积极参与和投入为特征,是一种自发、自觉的学习,是从自我实现的倾向中产生的一种学习,学习者可以自由地实现自己的潜能,求得自己更充分的发展。罗杰斯认为,有意义的学习是一个没有结论的过程。他指出:"所谓的有意义的学习,我认为它是超出事实性知识积累的学习;它能在个人的行动、未来的行动选择、个人态度和人格等许多方面都导致真正变化。这种学习具有弥散性,它不只是知识的增加,而且会渗透到人的生存的各个方面。"[①]

(四) 建构主义学习理论

什么是建构?建构本来用于建筑或木器加工中,指为了某种目的而把已有的零件、材料制成某种结构。在教育心理学中,建构是指学习者通过新、旧知识经验之间反复、双向的相互作用,形成和调整自己的经验结构的过程(吴庆麟,2003)。在这种过程中,一方面学习者对当前信息的理解需要以原有的知识经验为基础,超越外部信息本身;另一方面,对原有知识经验的运用又不只是简单地提取和套用,个体还需要依据新经验对原有经验本身也作出某种调整和改造,即同化和顺应两方面的统一。

建构主义(constructivism)是认知主义的进一步发展,是与客观主义相对立的。当今的建构主义者虽然认为世界是客观存在的,但是他们认为对于世界的理解和赋予意义是由每个人自己决定,人们是以自己的经验为基础来建构或解释现实。他们强调对事物的理解不仅仅取决于事物本身,事物本身并没有意义,意义是由人建构起来的,它同时取决于我们原来的知识经验。不同的人由于原有经验不同,对同一种事物会有不同的理解。他们更关注如何以原有经验、心理结构和信念为基础来建构知识。

建构主义学习观与行为主义学习观和认知学习观的根本区别在于:行为主义学习观和认知学习观的共同主题是把学习看成学习者个体的活动,二者所不同的是行为观指向个体的外部(行为反应),认知观指向个体的内部(信息加工过程),而建构主义学习观则将学习视为个体原有经验与社会环境互动的加工过程。其基本观点主要包括:

1. 新知识观:知识是客观的,更是主观的、变化的和发展的

传统的知识观建立在客观主义基础之上,认为知识是客观的、无可怀疑的和

[①] 罗杰斯. 个人形成论——我的心理治疗观 [M]. 杨广学,尤娜,潘福勤,译. 北京:中国人民大学出版社,2004:257.

固定的。建构主义却强调，知识并不是对现实世界的绝对正确表征，不是放之各种情境皆准的教条，相反，它只是一种关于各种现象的较为可靠的解释或假设，处于不断发展之中，会随着人类的进步而不断地被"革命"，并随之出现新的假设。同时，知识并不能精确地概括世界的法则，在具体问题中，我们并不是拿来便用，一用就灵，而是需要针对具体情境进行再创造。

因此，我们不能把知识作为预先决定了的东西教给学生，不要用我们对知识正确性的强调作为让个体接受它的理由，不能用科学家、教师、课本的权威来压服学生。学生对知识的"接受"只能靠他自己的建构来完成，以他自己的经验、信念为背景来分析知识的合理性。学生的学习不仅是对新知识的理解，而且是对新知识的分析、检验和批判。同时，知识在各种情况下应用并不是简单套用，具体情境总有自己的特异性。所以，学习不能满足于教条式的掌握，而需要不断深化，把握它在具体情境中的复杂变化。

2. 新学生观：学习者具有主体性和能动性

建构主义者认为，学习者并不是空着脑袋走进教室的，他们在日常生活和以往的学习中已经形成了丰富的经验，而且，有些问题即便他们还没有接触过，没有现成的经验，但当问题一旦呈现在面前时，他们往往也可以基于相关的经验，依靠他们的认知能力（理智）形成对问题的某种解释。这并不都是胡乱猜测，而是从他们的经验背景出发推出的合乎逻辑的假设。所以，教学不能无视学生的这些经验，而要把儿童现有的知识经验作为新知识的生长点，引导儿童从原有的知识经验中"生长"出新的知识经验。教学不是知识的传递，而是知识的处理和转换。教师不单是知识的呈现者，而应该重视学生自己对各种现象的理解，倾听他们现在的想法，洞察他们这些想法的由来，以此为根据，引导学生丰富或调整自己的理解。

3. 新学习观：主动建构、社会建构、情境建构

建构主义在学习观上强调学习的主动建构性、社会互动性和情境性三个方面。

（1）学习的主动建构性。建构主义认为，学习是学习者基于自己的经验背景建构知识的过程，是学习者在原有知识经验的基础上主动建构内部心理表征及新知识意义的过程，即通过新经验与原有知识经验的相互作用来充实、丰富和改造自己的知识经验（陈琦，张建伟，1998），不是由教师向学生传递知识的过程。因此，学生是主动的信息构建者，不是被动的刺激接受者，他要对外部信息作主动的选择和加工，因而不是行为主义所描述的S—R过程。学习的核心认知活动是高水平思维。高水平思维需要学习者对知识进行分析、综合、评价和灵活运用，解决具有一定复杂性和不确定性的问题。解决问题的方法不循规蹈矩，解决问题的方案常常是多元化的，评价解决方案的标准也是多元的，总之需要学习者综合、重组、转换、改造头脑中已有的知识经验来解释新信息、新事物、新现

象，解决新问题等。

（2）学习的社会互动性。建构主义强调，学习是通过某种社会文化的参与，内化相关的知识和技能，掌握有关工具的过程，这一过程常常需要通过一个学习共同体的合作互动来完成。所谓学习共同体（learning community）是由学习者及其助学者（包括教师、专家、辅导者等）共同构成的团体。他们彼此之间经常在学习过程中进行沟通交流，分享各种学习资源，共同完成一定的学习任务，因而在成员之间形成了相互影响、相互促进的人际联系，形成了一定的规范和文化（张建伟，孙燕青，2005）。

（3）学习的情境性。建构主义者提出了情境性认知（situated cognition）的观点，强调学习、知识和智慧的情境性，认为知识是不可能脱离活动情境而抽象存在的，学习应该与情境化的社会实践活动结合起来。知识是生存在具体的、情境性的、可感知的活动之中的，不是一套独立于情境的知识符号（如名词术语等），它只有通过实际应用活动才能真正被人所理解。个体的学习应该与情境化的社会实践活动联系在一起，如同手工作坊中的师傅带徒弟一样。学习者通过对某种社会实践活动的参与而逐步掌握有关的社会规则、工作、活动程序等，形成相应的知识。

第三节 教学的基本理论

教学是学校教育的中心工作，是促进学生发展的重要途径。然而，教和学有着天然的联系，有效的学习必然涉及到教学的相关理论，这些教学理论是教育心理学的重要基础。

一、教学及其性质

（一）教学的内涵

什么是教学？目前的观点很多，归纳起来主要有如下三类：

1. 教学主体互动说。这种观点认为教学就是教师教和学生学的活动，是教师和学生这两个主体之间相互作用、交互影响、彼此合作、共同参与，以促进共同发展的活动。如美国教育心理学家鲍里奇指出："所谓教学，不是由教师简单地把知识传输给学生，而是师生之间互动。"[1] 台湾学者朱敬先在其《教学心理学》一书中指出，"就学校教育而言，教学是师生之间交互影响、多向沟通、共同参与以及学生自动学习的活动。"[2] 课程与教学论专家张华认为，教学是教师

---

[1] 加里·D. 鲍里奇. 有效教学方法［M］. 易东平，译. 南京：江苏教育出版社，2002：34.

[2] 朱敬先. 教学心理学［M］. 台北：五南图书出版公司，1978：1.

与学生以课堂为主渠道的交往过程,是教师的教与学生的学的统一活动。通过这个交往过程和活动,学生掌握一定的知识技能,形成一定的能力态度,人格获得一定的发展①。

2. 知识技能获得说。这种观点认为教学就是促进学生有效掌握知识和技能的目的性活动。如《简明国际教育百科全书》认为,教学就是传授知识或技能②。凯斯(Case)认为,教学就是帮助学生,促进其认知发展,使其获得信息加工的有效策略,提高其信息加工自动化的过程③。布鲁纳则认为,教学是通过引导学习者对问题或知识体系循序渐进的学习来提高学习者正在学习中的理解、转换和迁移能力④。皮连生等认为,教学是通过信息传播促进学生达到预期的特定学习目标的活动,其目的在于使学生掌握原先不知道的知识,获得原先不具备的技能,形成原先所没有的态度,进而在原有基础上发展学生的智力⑤。

3. 教学指导设计说。这种观点强调教师在教学活动中的指导和引导,关注教师应该如何设计教学以促进学生的学习。如,加涅认为教学就是用于促进内部学习的一系列外部事件,其最终目标是促进学生在言语信息、智力技能、运动技能、认知策略和态度五个方面的发展⑥;钟启泉认为,教学是指教师引起、维持或促进学生学习的所有行为。它有三个条件:一是引起学生学习的意向,即教师首先需要激发学生的学习动机,教学是在学生想学的心理基础上展开的;二是指明学生所要达到的目标和所要学的内容,即教师要让学生知道学到什么程度以及学什么;三是采用易于学生理解的方式,即教学语言有自己的独特性——让学生听清楚、听明白,需要借助一些技巧,如重复、深入浅出、抑扬顿挫等(钟启泉等,2001)。

综合上述观点,我们认为,教学就是教师有目的、有计划、有组织地引导学生积极主动地掌握知识、发展智能、形成品德、完善个性的交互活动(张大均,2005)。首先,教学是一种主体性活动,即教师和学生这两个主体的活动,但其作用发挥各有侧重。教师是主导性主体,其对象性活动指向学生;学生是发展性主体,其对象性活动指向自身发展。其次,教学是一种交互性活动,互动双方都具有主观能动性。其中,学生的主观能动性表现为主动探索、自觉发展,教师的

---

① 张华. 课程与教学论[M]. 上海:上海教育出版社,2000:73-78.
② 中央教育科学研究所比较教育研究室. 简明国际教育百科全书·教学(下)[M]. 北京:教育科学出版社,1990:234.
③ CASE R. Theories of learning and theories of development [J]. Educational Psychologist, 1993(28):219-233.
④ 顾明远. 教育大辞典[M]. 上海:上海教育出版社,1990:187.
⑤ 皮连生. 教学设计——心理学的理论与技术[M]. 北京:高等教育出版社,2000:1.
⑥ SCHUNK D H. 学习理论:教育的视角[M]. 韦小满,等,译. 南京:江苏教育出版社,2003:390-391.

主观能动性表现为主动指导、自觉提高。第三，教学是一种协调的组织行为，具有明确的计划性、目的性和操作性。因此，有效教学应强调教师的激发、引导及指导的技巧和策略，注重教学的设计和谋划。

（二）教学的性质

教学的性质主要涉及一直颇具争议的教学是科学还是艺术的问题。坚持教学是科学的人认为，教学活动本身应以系统的学科知识和技能为基础，因此，教师只要具备相应的科学知识和较强的才能就能顺利完成教学活动，实现教学目标。坚持教学是艺术的人认为，教学以千变万化的人为活动对象，对其施加影响必须以一定的天赋（潜在素质）为基础，需要灵感、直觉和创造性，需要形式多样、乐于被学生接受的方式方法，所以教学必须具有艺术性。如海特（Gilbert Highet）提出："教学是一种艺术，……教学是师生之间的交感互动，其间蕴涵深厚的人际情感与主观价值成分，这些都不是科学所能处理的。教学像绘画，像作曲，像栽培花木，像给亲人写信，必须将理智与情感全心投入，而后才会有理想的成果。……我相信教学是一门艺术，不是科学。"①

事实上，仅从某个侧面来看待教学的实质，难免偏颇。在教学实践中我们不难发现，有的教师学富五车，由于缺乏教学天赋，把教学当做一般科学活动，效果欠佳；有的教师能说会道，极富表演技巧，但缺乏相应的知识才能，同样不能达到有效教学。有效的教学并不仅仅是一个认知过程，更是一个情感激励和文化影响的过程。因此，从本质上看，教学是科学与艺术的结合，是科学与艺术的交互作用，即教学既应具有科学活动的特性，要求相应的知识技能和能力，严谨的态度和求实、求真、求精的精神，又应具备艺术活动的特点，要求具有灵活、生动、富有感染力的传递信息、表达感情、交流思想、引起认同与共鸣的技巧和机智、化枯燥为生动、变苦学为乐学的本领。正如Silberman指出的那样："教师教学有如医生行医。在工作上既须具备科学家精密严格的训练，又须具备艺术家创作才情的素养。惟其如此，才能将其在专业训练中获得的客观系统知识与技能，转化在实际工作经验中，针对学习者的不同需要，作出主观而切实的判断。因此，伟大的教师和伟大的医生一样，都是在工作中将科学与艺术合而为一的。"②可以说，教学能达到科学要求者，可称为"达标"教师，能达到教学与艺术结合者，才可称为"优秀教师"或"专家型教师"。

二、教学的基本问题

从教学主体及其交互作用的角度来分析教学的基本问题，主要包括教学与发

---

① HIGHET G. The art of teaching [M]. New York: Vintage Books, 1957: 7-8.

② SILBERMAN E J. Technology is knocking at the school house door [J]. Fortune, 1966, 74: 120-125.

展的关系问题、教学有效性问题。

（一）教学与发展的关系

教学与发展的关系一直是现代教学理论中的一个重大问题。教学的目的是为了促进发展。赞科夫认为，"现代生活不仅为学生的发展创造了巨大的可能性，而且对学校在学生发展方面的工作提出了更高更多的要求"，"不仅要求一个人具备广博而深刻的知识，而且要求发展他的智慧、意志、情感，发展他的才能和天资"①。

1. 发展的内涵

发展既包括一般发展也包括特殊发展，前者指个体适合所有领域的认知才能和积极个性品质的发展，后者往往指适合某些特殊领域的才能的发展。赞科夫十分重视学生的一般发展。因为"学生的一般发展，对于他们从学校毕业以后从事各种活动的意义，是无论怎样估计都不会过高的。……只有具备相应的智慧、意志和情感品质的人，才能在他们所不熟悉的环境中迅速地识别方向，顺利采取对策。"② 他认为，"一般发展"主要包括两个方面：其一是个性的整体发展，即"学生个性的所有方面"，包括观察力、思维、操作能力、记忆、语言、意识品质、情感、性格、道德感和集体主义思想等在内的整个个性的发展；其二是个性的动态发展，即"质变"，就是某些新的个性品质和一般能力的形成。

2. 教学促进发展

赞科夫认为，教学具有促进发展和掌握知识的双重任务，既要在掌握知识和技巧方面达到高质量，又要在学生的发展上取得重大进步③。那么教学如何才能实现这种双重任务呢？赞科夫提出了促进有效发展的6条教学原则：

（1）教学要有适当的难度。针对传统教学"错误地把教学过程变得过分容易"、"缺乏充实的教养材料"、"作业题单调而肤浅"、"教学方法不能引起学生创造性的认识活动"的实际，依据维果斯基教学应当走在发展的前面的原理，赞科夫提出了高难度教学的原则。不过，他反复强调了教学难度要注意分寸，教材要为学生所能理解，要有利于激活学生的精神力量，使这种力量有活动的余地，要控制在学生"最近发展区"所能达到的那种难度上。

（2）教学要有适当的速度。即教学要不断地向前运动，不断地以各方面的内容丰富学生的智慧，能为学生越来越深入地理解所学知识创造条件。但强调速度绝不是说要在一节课上匆忙地把尽可能多的知识教给学生，做尽可能多的例题和练习，而是要求揭示所学知识的各个方面，加深这些知识并把它们联系起来，

---

① 赞科夫. 和教师的谈话［M］. 北京：教育科学出版社，1980：147.
② 俞翔辉，等. 赞科夫新教学体系及其讨论［M］. 北京：教育科学出版社，1984：108.
③ 赞科夫. 教学与发展［M］. 北京：人民教育出版社，1985：71.

以知识的广度和深度达到知识的巩固度。

（3）注重理论知识的主导。所谓理论知识，是针对具体的技能技巧而言，它不仅包括术语、定义，而且包括各种依存关系和规律。理论知识起主导作用，意味着理论知识对具体的技能技巧起统帅作用，技能技巧是在尽可能深刻地理解有关概念、关系、依存性的基础上，在充分的一般发展水平的基础上实现的。

（4）关注学习过程的理解。所谓理解学习过程，就是引导学生学习的心向指向学习活动的进行过程，对学习的认知过程进行关注和加工。如在劳动课上让学生自己拟出制作物品的计划，理解必要的操作程序及其内部联系，领会必要的操作与预定要做的物品的关系，以及懂得在劳作过程中进行仔细的自我检查。事实上，重视学习过程已经成为现代教育心理学的普遍原理。

（5）注重全体学生的发展。在传统教学条件下，差生在发展上几乎毫无进展，优生的发展也受到阻碍。赞科夫尤其强调要关注"差生"的发展。他认为，差生之所以差，是因为其已有的消极心理特征：学习情感和意志比较消极；没有学习愿望，求知欲较低，甚至对学习反感；观察力水平低。为了有效促进差生的发展，传统的那种经常把差生留下来补课、布置额外作业等做法是不可能有效的。因为，差生的主要缺陷就是发展水平低，因此，要在提高其发展上下功夫。对差生而言，有效的教学必须注意：减轻思想负担和压力；逐步树立学好的信心；充分利用一切机会引导他们观察事物，提高观察能力；不要急于求成，要一步一步地发展提高；吸引他参与课外活动小组，获得良好的班级人际关系。

（6）注重精神需要的激发。赞科夫认为，促进有效发展的教学应该是重视学生精神需要的教学。因为这种教学有利于培养学生的"认知需要"和"学习的内部诱因"。他指出，"教学一旦触及学生的情绪和意志领域，触及学生的精神需要，就能发挥高度有效的作用。"因此，教学方法的改革就是要着眼于培养学生的精神需要，以精神需要作为学习过程的内部激发力量，而不仅仅是单纯传授知识、技能。

（二）教学的有效性

教学的有效性其核心问题是教学的效益，即什么样的教学是最有效的。它是从评价角度来衡量教学结果的达成度。而要保证教学的最佳效果，其关键是要实施有效教学。

1. 什么是有效教学

国外关于有效教学（effective teaching）的界定主要有描述式和流程式两种[1]：前者把有效教学描述为能够产生有效学习的教学，以美国学者默塞尔（Mursell）为代表。他以学生为中心，以教学结果为判定依据，认为教学的结果

---

[1] 刘立明. 再论国外有效教学研究 [J]. 现代中小学教育，2003（5）：44-46.

能持久，学生能自由、有伸缩性与自信，能在生活中运用的教学才是有效教学。这种界定更多地考虑了教学结果因素，忽略了教学过程因素。后者则用流程图的方式分析教学有效性的各个环节及它们之间的关系，从背景、过程、产出的角度来考虑教学的有效性。这种观点将有效教学分析成一个由背景变量、过程变量、产出变量构成的流程，背景变量影响着过程变量。过程变量主要包括对教与学的看法、对教学理论的把握、对教学目标的看法等观点，背景变量与过程变量的相互作用最终影响到产出变量。此观点充分考虑了教学有效性的影响因素，但过多地强调了观念的重要性，忽视了教学行为。

国内学者诸葛宏认为，有效教学的价值观应当是学习效率，不能只关注获取知识的多少，而应重视培养能力的多少；学生是否在学习过程中有大量的参与和自由表达的机会；通过教师的组织教学，学生是否对所学的知识真正感兴趣；学生质疑和评判了多少；学生的想象力有没有得到拓展；学生是否有丰富的内心情感世界和对真善美的热切渴望；单位时间内是否掌握了获得知识的过程[1]。崔允漷认为，有效教学是为了提高教师的工作效益、强化过程评价和目标管理的一种现代教学理念[2]，主要包括：一、关注学生的进步或发展，即教师必须确立学生的主体地位，树立"一切为了学生的发展"的思想；同时，教师要有"全人"的概念，学生的发展是全人的发展，而不是某一方面（如智育）或某一学科（如英语、数学等）的发展，不能过高地估计自己学科的价值。二、关注教学效益，即教师要有时间与效益的观念。教师在教学时既不能跟着感觉走，又不能简单地把"效益"理解为"花最少的时间教最多的内容"。三、关注可测性或量化。如教学目标尽可能明确具体，以便于检验教师的工作效益，既要反对拒绝量化，又要反对过于量化，应坚持定量与定性、过程与结果的结合。四、教师的反思意识。要求每一个教师不断地反思自己的日常教学行为，持续地追问"什么样的教学才是有效的"、"我的教学有效吗"、"有没有比我更有效的教学"。五、具有特定的教学策略，即教学准备策略、实施策略和评价策略。有效教学需要教师掌握有关的策略性知识，以便于自己面对具体的情境作出决策，并不要求教师掌握每一项技能。

综合上述分析，我们认为有效教学是指教师在达成教学目标、满足学生发展需要方面都获得成功或表现俱佳的教学行为[3]。完整地理解教学的有效性主要注意以下几点：

（1）有效教学既表现为一种教学观念，又包括特定的教学策略，还体现为

---

[1] 诸葛宏. 有效教学策略探微 [J]. 中小学教育，2002（4）：19-21.
[2] 崔允漷. 有效教学：理念与策略（上）[J]. 人民教育，2001（6）：46-48.
[3] 张大均. 教学心理学 [M]. 重庆：西南师范大学出版社，1997：131.

具体的教学行为。教学观念是指导思想，是教学行为的指挥中心和中枢神经，有什么样的教学观念，就会有什么样的教学行为。如死记硬背、题海战术的教学行为，是在应试教育的观念下产生的。同时，有效教学体现在教学的准备策略（备课）、教学的实施策略（上课）、教学的评价策略的有效性上。如，在教学的准备策略中，通过考查教学目标的制定是否合理、具体；教材重点、难点突出是否有效；教学方法的选择是否恰当等方面来量化。在教学的实施过程中，教师的教学语言是否清晰、简洁、明了，是否风趣幽默，是否富有逻辑性；教学情境创设是否生动；是否提供了实质性的反馈；是否引导和维持了学生的注意等。在教学评价策略中要量化教师的评价行为，如是否注重对学生学习兴趣、学习策略、学习方法的评价；评价的标准是定位在考试分数还是学生的进步以及学生的发展上；是否帮助学生进行自我评价和同伴之间的相互评价等。

（2）教学的有效性包括教的有效性和学的有效性及其交互作用。教师教的有效性主要表现为围绕学生"主动发展"的有效"导引行为"，如教师的教导、指导、引导、辅导行为，关注学生，让学生成为课堂的主角，尊重学生的已有经验，尊重学生思考的多样性是有效教学的根本；激发和调动学生学习的主动性、积极性和自觉性是有效教学的出发点和基础；提供和创设适宜的教学条件，促进学生的有效学习是有效教学的核心。学生学的有效性主要表现为激励自己勤于思考、自主探究、合作交流。许多研究发现，不同的学习过程会产生不同的效果。反复练习的效果是发展学生的基本技能，自主探究的效果是发展学生高级思维，合作交流则有助于学生的社会性发展和人格健全。

（3）有效教学的焦点是关注发展及其效益。关注发展既包括学生的发展，还包括教师的发展，有效教学强调教师和学生要共同发展。事实上，只有教师发展了，学生才能更好地发展。因此，有效的教学不仅仅让学生学到有利于自己发展的知识、技能，获得影响今后发展的价值观念和学习方法，而且要让教师在课堂里拥有创造的主动权，能充分根据自己的个性、学生与社会发展的需求来发展自己的教学个性，这是现代教育心理学强调的教学有效性的基本目标。

2. 有效教学的模式

目前，有效教学模式有三种代表性的观点。

（1）时间分析模式，又称外部分析模式。主要以20世纪60年代的卡罗尔（J. B. Carrol），70年代的威利（D. E. Wiley）和哈尼施费塞尔（A. Hanischfesar）等人的学习时间研究为代表。这种模式强调教学的有效性就是积极的学习时间与教学质量的结果。积极的学习时间，是指学生主动投入到用以实现预期教育结果的学习活动的时间量；教学质量，是指以其对达成预期教育结果的适宜性和恰当性来衡量学习任务和活动的质量。

（2）心理分析模式，又称内部分析模式。该模式强调了有效教学所包含的心理变量,即关注学生的心理状态与心理发展过程。他们认为教学的有效性涉及三个关键因素:一是学生必须参与学习过程;二是学生必须接受学习过程,即具有动机或有学习的意愿,对学习过程有反应;三是学习过程必须适合于学生的学习。

(3)教育分析模式。该模式从影响教学成功的因素如教学内容及其呈现、课堂规则和管理、师生关系建立等角度来分析教学的有效性。提出有效教学应该具有两个方面的因素:一是教学管理及其技能,其中技能包括一般教学技术(如声音洪亮、管理学生与活动)和具体内容的教学技能(如内容、方法和学习活动的组织对实现预期结果是否恰当);二是通过考察教师和学生的理解力来探索不同的学习活动对他们的重要意义,即强调学生参与课堂的价值。

3. 有效教学的实施原则

教学心理学家拉姆斯登(Ramsden,1992)提出了有效教学的六项关键原则:(1)清晰地解释复杂的学科材料;(2)激发学生的学习兴趣;(3)关心和尊重学生及学生的学习;(4)对学生的学习情况进行适当的评估并提供对学生真正有用的反馈;(5)向学生提出明确的学习目标和高度的理智挑战;(6)培育学生独立学习、控制学习的策略并主动投身学习。

美国知名高校教学研究工作组分析了美国50年来积累起来的关于高等教育教和学的知识,于1987年发表了"良好本科教育的七项原则":(1)鼓励学生与教师之间的接触;(2)鼓励学生之间的合作;(3)鼓励主动学习;(4)迅速反馈;(5)强调学习的时间;(6)向学生表达高度的期望;(7)尊重不同的才能与学习方式[①]。

英国学者黛安·蒙哥马列(Diane Montgomery)提出了实施有效教学的三条基本原则:(1)CBG原则(catch them being good),即保持学生良好状态或捕捉学生的良好状态原则,包括采取积极的态度肯定学生,提高学生的自尊心等。(2)PCI原则(positive cognitive intervention),即积极的认知干预原则。它是一种建立在认知理论基础上的教学方法,要求教师理解和关注学生的学习过程和学习结果。(3)3MS原则,即管理、监控和维持课堂教学秩序的原则(management,monitoring and maintenance)。

由此可以看出,有效教学的实施,必须关注学生的心理特征与尊重学生的学习方式,注重师生间的交往,加强对学生学习的指导与管理。

4. 有效教学的评价标准

尽管研究者对有效教学进行了多方面的探索,但是就如何评价有效教学、如何测量有效教学等问题仍未达成共识。

---

① CHICKERING A W, GAMSON Z F. Applying the seven principles for good practice in undergraduate education [J]. New Directions for Teaching and Learning, 1991, 47: 13.

美国联邦教育部所属"教育多元化与卓越化研究中心"（Center for Research on Education Diversity and Excellence，CREDE）提出了"有效教学标准"的基本框架（S. D. Stephanie & M. Pedagogy，1998）：

（1）学习共同体。教师的使命在于构建教师与学生学习共同体，从而推进学生的学习。具体指标为：设计需要师生合作参与的教学任务；编排好班级座位，以满足学生参加个体活动和小组交流合作的需要；积极参与学生的创造性活动；学生分组类型多样化，以促进师生良好互动；应与学生共同设计小组活动计划，并实现从一种活动向另一种活动迁移；对学生的管理以及教学材料和教学技术的运用应利于师生共同体活动；应以积极的方式监控和支持学生的合作学习。

（2）语言发展。通过课程发展学生语言，提高学生的文化素养。具体指标：倾听学生谈论他们熟悉的话题；对学生的谈话和提问作出反应，做到不伤害学生；通过示范、探究、复述、澄清、提问、赞扬等方式帮助学生发展写作和口语；在尊重学生选择的前提下与学生开展互动；通过听、说、读、写活动把学生的语言和学科教学联系在一起；鼓励学生运用书面语言表达他们的理解；教学活动过程中提供各种机会促进学生与学生、学生与教师相互交流；在教学活动中鼓励学生运用第一、第二语言。

（3）情境性学习。教学联系学生真正的生活，促进创造性学习的理解。具体指标包括：教师的教学应该以学生已有的家庭、社区和学校经验为基本出发点；教师根据学生所熟悉的地方用语和知识，设计有意义的教学活动；通过与学生、家长、社区成员交流以及阅读相关文献了解地方用语和知识，帮助学生将所学运用于家庭和社区；教师与学生共同设计以社区为基础的学习活动；教师为家长提供机会，参与课堂教学活动；教师应开展丰富多彩的活动，包括学生集体合作活动以及学生个体竞争活动；教师开展各种形式的交流与参与。

（4）挑战性教学。教学应具有挑战性，发展学生的思维。具体指标包括：教师要确保学生对于每一个教学主题都具有整体认知；教师对学生的学习成就要设立挑战性标准；教师设计的教学任务要使学生达到复杂水平上的理解；教师要与挑战性标准进行比较，对于学生的学习给予直接的清晰的反馈。

（5）教育性对话。教师通过教育性对话进行教学。对话与理解的教学意在促进学生思维能力的形成、表达和交流思想能力的提高。在教育性对话过程中，教师的主要使命在于倾听，并与学生进行交流，及时调节学生会话主题。具体指标包括：教师进行课堂组织，定期与学生小组对话交流；教师在指导与学生对话过程中应具有清晰的目标；教师应该确保学生在对话中有更多的发言机会；教师应指导学生如何对话，包括学生的观点、判断、文字表达以及推理；教师根据学生选择，确保所有的学生参与对话；教师应该认真倾听并评价学生的理解水平；在对话中教师通过提问、复述、表扬、鼓励，帮助学生学习；教师指导学生完成相关作品，体现教育性对话的达成目标。

国内有研究认为，有效教学可以从五个维度进行评价，即教师的教学技能、教师所教学科知识的深广度、教学中的教风、教师的积极向上的个性心理特征、师生之间的交流（魏红，1993），并通过10项教学行为来反映，即①教师对教学工作认真负责；②教学表达清楚；③教学重点、难点突出；④使用教学辅助手段；⑤激发学生的学习兴趣和主动性；⑥给予学生学习方法的指导；⑦培养学生分析问题、解决问题的能力；⑧重视与学生交流；⑨有自己的教学风格和特点；⑩学生的能力得到提高。其中，教师对教学工作认真负责、有自己的教学风格和特点是所有有效教学中最基本的行为特征①。

三、不同心理学流派的教学理论

由于各种心理学流派的理论观点不同，其对教学的主张也不一样，因此形成了各自相适应的教学理论。

（一）行为主义的教学理论

1. 行为主义教学理论的主要观点

由于行为主义学习理论把学习看成行为方式或频率的改变。因此，他们认为，教学的目标就是让学生对刺激作出正确的反应，并评估学习者的行为，以确定什么时候开始教学。他们认为，教学过程涉及"教学操纵"和"结果操作"两个因素。"结果操作"由"教学操纵"直接决定，因此，在教学中，教师要安排环境中的刺激，要设立引起学习者反应的各种提示，如教师的提问与反馈方式、讲解的清晰性、课堂管理行为等，同时，要把学习材料分解成能按顺序掌握的小步子，以利于学习者作出恰当的反应并对其进行强化，进而不断取得进步。因此，行为主义教学理论主要表现为为行为结果而教学的教师中心倾向。具体来说，行为主义教学理论强调从以下几方面来促进学生学习行为的建立。

（1）创设有助于传递信息、训练技能的教学环境。即教师要选择好供学生使用的学习材料，安排好练习的时间进程，并对学生的学习进程和学习结果提供反馈，对学习全程进行控制。

（2）提供层级化的、循序渐进的教学内容。即教师要将复杂的教学任务分解成各个成分，并按照由简单到复杂、由部分到整体、由简化情境到复杂情境的顺序加以排列。学生的学习是小步子、程序化的，受到教师及教学程序的控制。

（3）知识技能的个别化定量评估。即强调从学科领域中抽取代表性的内容，并以适当的方式进行测验，来评估学生在某一学科中究竟掌握了多少内容。如学

---

① 魏红，申继亮. 高校教师有效教学的特征分析［J］. 西南师范大学学报（人文社科版），2002（03）：33-36.

业成就测验中通过多项选择的标准化成就测验。其实，这类测验很难考察复杂的问题解决能力、与环境和他人的互动能力等。

行为主义教学理论主张以教师为中心的教学，强调教师这一变量对学生学习行为的决定性影响，有其局限性。实质上，有效的教学取决于多种因素，除教师这一变量外，学生、物理与社会环境及其彼此间的互动等都是不能忽视的。

2. 行为主义教学理论的主要形式

（1）程序教学（programmed instruction，PI）。程序教学是基于斯金纳的操作条件反射理论建立起来的一种教学形式。其基本操作是将有待学习的材料重新组织成短小的框面，学习者会对每一框面处的问题（刺激）作出反应。如果他们的反应正确，学习者就会获得积极的强化，同时进入下一框面的学习；如果反应不正确，他们就会被要求重新回答或被提供有利于找出正确答案的信息。有效的程序教学依赖于一些基本的教学原则：①小步子呈现。框面以由易到难的小步子呈现，两个步子之间难度差很小。②积极反应。要求学习者对每一个学习问题都作出主动的反应。③即时反馈。在每个学生作出反应后，即给予"及时确认"或"及时强化"，以提高学生的信心。④自定步调。让学生按自己的速度和潜力进行学习。⑤低错误率。教学中尽量避免可能出现的错误反应，提高学习效率。

（2）掌握学习（mastery learning）。掌握学习是布卢姆（B. S. Bloom）提出的一种确保所有学生都能达到一定学习水平的教学模式。其指导思想是"在适当的学习条件下，几乎所有人都能学会学校所教的知识"。其基本要求是教师首先把整个课程计划分成一系列较小的学习单元，确定每一单元的教学目标，并安排好单元的序列，使单元间紧密衔接，以便于学生的学习能循序渐进，不断深入；然后，编制与单元目标相对应的形成性测验，以帮助学生找出学习中的错误和误解，并规定掌握标准，以确定学生在该单元学习上达到的程度。其基本教学程序是教师教授完一个单元的教学内容之后，即对全班进行形成性测验（测验1），并对测验结果进行分析：学生掌握与否、找出学习困难所在、分析困难原因。对没有通过标准的学生，教师提供各种供学生自己选择的学习材料和矫正措施进行额外辅导（矫正学习）。经过一段时间的额外学习，对他们进行第二次测试（测试2）。已掌握该单元的学生可自由进行巩固性活动，或者充当未达到掌握水平的同学的"小老师"。当所有学生中的绝大多数（也许是80%）都通过了测试1或者测试2，那么整个班级就可以开始学习新的内容。这一循环可以不断重复，直到教师感到绝大多数学生都掌握了所学内容，达到了允许继续教学的标准。

（二）认知主义的教学理论

认知主义的教学理论一直把教学促进学生认知发展，开发学生认知潜能看做是教学的核心任务，并强调有效教学应该建立在学生已有智力基础和认知发展水平的基础上。

1. 认知主义教学理论的主要观点

认知学习理论使教学摆脱了行为主义的消极影响，从重视教材知识结构和学习结果转变到重视认知结构、学习的内部认知加工过程、学习策略和思维策略的培养上来，提出了以学生为中心，以认知能力的形成为目的的教学思想。这种教学理论认为，教师的教学行为不能直接控制学生的学习结果，而是通过学生的认知、态度、自我调节等中介过程起作用，学习者头脑中的认知结构和认知加工过程是直接影响学生学习结果的重要因素。也就是说，在教学过程中，学生不是被动地受控于教师，而是主动地加工信息，建构理解。因此，现代教学在创设学习的外部条件时，必须以学习者头脑中的认知规律为前提；必须充分发挥学生的主体作用；必须培养学生成为独立、自主的学习者；必须重视学生内在认知动机的作用。其教学理论的主要观点表现在以下几方面：

（1）创设有助于概念理解和问题解决的开放式环境。有效的教学环境应该给学生提供各种机会去建构深层次的理解，比如利用各种直观、可操作的具体材料或教具，使某些抽象的概念具体化，进而帮助学生理解概念。之后，还要结合实际，让学生应用所学概念来解决问题。

（2）提供与认知发展水平相符、有利于能力形成的、有组织的课程内容。学生能否理解所学内容，这与他们的认知发展水平以及已有经验有关。学生不可能通过死记硬背或简单地拷贝等方式来掌握某一学科的专业知识，相反，必须通过自己的实际活动与体验来建构，通过主动的观察、探索来理解。此外，还提出了"少而精"的原则，即透彻地学习适量的重要知识，远比浅水平、表面化地学习大量的东西更有价值，更有效率。因此，教育者需要识别、精选并合理编排具有生成性、迁移性的知识点，将它们整合为有组织的课程内容。课程内容既要包括概念、原理等知识，也要包括自我管理、元认知、问题解决、推理、阅读理解等学习策略与思维技能等成分。

（3）对学生的认知能力及发展水平等进行扩展性的、表现性的评估。学生的真实能力及认知发展水平往往是在解决比较复杂、综合的问题中体现出来的，仅用多项选择题、简答题的方式进行评价，有时难以客观、真实地反映出学生的水平。因此，有必要在时间、空间上加以扩展，让学生从事需要几天、几周或者一学期才能完成的比较大的任务或活动等，需要扩展到课外、校外，有时还需要与他人的合作。通过学生在完成此类活动时的各种实际表现，对学生的理解水平、问题解决能力等进行全面、客观的评价，即进行表现性的、真实性的评价。

2. 认知主义教学理论的主要形式

（1）布鲁纳的结构教学观

布鲁纳的结构主义教学观主张教学的最终目标是促进学生对学科基本结构的理解。所谓结构是指知识构成的基本架构，学科的基本结构是指学科的基本概念、基本原理及其基本态度和方法。布鲁纳把学科的基本结构放在设计课程和编写教材的中心地位。他指出：具有结构性的教材才易于学生理解，才会长期保持、不易遗忘，才有助于以后在类似情景中产生迁移。为此，他提出了掌握学科基本结构的四个教学原则：①动机原则。认为学生有三种最基本的内在动机，即好奇内驱力（求知欲）、胜任内驱力（成功的欲望）和互惠内驱力（人与人之间和睦共处的需要）。教师要善于激发这些动机，才能达到预定学习目标。②结构原则。任何知识结构都可以用动作、图像和符号三种表象来呈现。动作表象是借助动作进行学习，无需语言的帮助；图像表象是借助表象进行学习，以感知材料为基础；符号表象是借助语言进行学习。至于究竟选用哪一种呈现方式为好，则视学生的知识背景和课题性质而定。③程序原则。教学就是引导学生通过一系列有条不紊地陈述一个问题或大量知识的结构，以提高他们对所学知识的掌握、转换和迁移的能力。④强化原则。教学规定适合的强化时间和步调是学习成功重要的一环。强化过早，会阻碍学生探究活动的进行；强化太晚，易使学生失去被帮助的机会，甚至有可能接收不了正确的信息。

(2) 奥苏贝尔的同化教学理论

奥苏贝尔在其有意义接受学习理论的基础上，提出了"渐进分化、综合贯通"的同化教学理论，即主张教学要遵循从一般到个别，再呈现具体材料以重组学生认知结构的教学顺序，并提出了"渐进分化、综合贯通"的教材呈现原则和"先行组织者"教学策略。

① 渐进分化、综合贯通的教材呈现原则。奥苏贝尔认为，人们从已知的包摄性较广的整体知识中掌握分化的部分，比从已知的分化部分中掌握整体知识难度要低些。因此，教材呈现顺序应首先传授最一般的、包摄性最广的观念，然后根据具体细节，对它们逐渐加以分化。这就是逐渐分化原则。综合贯通，指在上位学习和并列结合学习中，学生对认知结构中的已有观念进行重新组织和彼此关联的过程。奥苏贝尔认为，教学应该通过对学生认知结构中已有的知识对新知识加以类推、分析、比较和综合，引导学生努力探讨观念之间的联系，指出其异同，从而明确新旧知识的区别和联系。

② 实施"先行组织者"的教学策略。为实现教学的逐渐分化和综合贯通，奥苏贝尔提出了"先行组织者"（advance organizer）教学策略。所谓"组织者"是在有意义接受学习过程中呈现的一种引导性材料。由于这些材料通常是在呈现教学内容之前被介绍的，因此又称为先行组织者。奥苏贝尔认为，组织者应该比学习任务本身具有更高一层的抽象性和包摄性；同时是学生能够掌握，且以其熟悉的语言来陈述。先行组织者的主要功能是在学生能够有意义地接受学习新内容之前，在新、旧知识之间架设起"桥梁"，即使新知识与原有知识清晰地联系起来，为有意义地接受学习新知识提供认知框架或固着点。先行组织者可以分为陈

述性组织者和比较性组织者。当学生对新知识完全陌生时，教师可采用陈述性组织者以沟通新旧知识的联系，为新的学习提供最恰当的类属者；当学生对新知识有所熟悉时，教师提供比较性组织者，以帮助学生事先弄清楚新旧知识的异同点，增强新旧知识之间的可辨别性，以利于新知识的学习。

③ 加涅的指导学习教学理论。加涅运用现代信息加工理论的观点和方法，通过大量实验研究，建立了指导学习教学理论①。首先，加涅认为，教师是教学的设计者和管理者，也是学生学习的评定者。学生学习的结果就是教学的目标，具体表现为智慧技能、认知策略、言语信息、动作技能和态度五种；每一学科的教学都要按照这五种学习结果来制定具体的教学目标，并且陈述要明确具体、可观察、可测量。其次，教学就是一组经过设计的支持内在学习阶段的外在事件。他根据学习与记忆的信息加工模型，把完整的教学过程划分为9个阶段，即引起注意、告知目标、提示回忆原有知识、呈现教材、提供学习指导、引出作业、提供反馈、评估作业和促进保持与迁移。最后，加涅提出了一系列教学设计的原理与技术。他认为，教学就是教师根据学生的内部学习条件及不同的学习结果类型，创设与之相适应的学习的外部条件，促进有效学习、以实现预期教学目标的过程。教学设计主要是设计可观察和可测量的操作目标，为选出的目标确定适当的教学事件。

（三）人本主义教学理论

1. 人本主义教学理论的主要观点

人本主义教学理论在充分尊重和信任学习者的前提下，认为教育就是要激发和满足学生的自我实现和自我拥有，要符合学生人性发展的实际需求。其教学理论的主要观点如下：

（1）教师对学生的知觉是有效教学的前提。人本主义认为，知觉（perception）是决定个人行为取向的基础。这里的知觉不同于认知心理学的知觉，是指一种感受，是个人对其所知觉者产生的感受，属感情范畴。他们认为，知觉是构成信念的基础，不同的知觉产生不同的信念。因此，要理解人的行为，必须理解行为者知觉的世界，从行为者的观点去看事物。要改变一个人的行为，也不能仅从行为表现上加以矫正，而必须设法改变他的知觉或信念。因此，教师要想了解学生在某种情境下表现的某种行为，必须先了解学生如何觉知该情境。

（2）教学的目标是促进学生认知素质和情意素质的全面和谐发展和自我实现，即全人教育理念。罗杰斯（C. R. Rogers）认为，现实的教育是一种知、情严重分离的教育。他指出："多少年来，我们所受的教育只是强调认知，摒弃与学

---

① 加涅. 学习的条件和教学论［M］. 皮连生，译. 上海：华东师范大学出版社，1999：13—15.

习活动相联系的任何情感。我们否认了自身最重要的部分。"情感和认知是人类精神世界中两个不可分割的有机组成部分,彼此是融为一体的。因此,人本主义主张,教育的目的绝不只限于教学生知识或谋生技能,更重要的是针对学生的情意需求,即在情绪、情操、态度、道德、价值观等多方面的需求,使他们能在认知、情感、意志等方面均衡发展,从而培养其健全的人格,即培养"躯体、心智、情感、心力融会一体"的人①。

（3）倡导以学生为中心的教学观。罗杰斯的以学生为中心的教学理念就是主张将学生视为教育的中心,学校为学生而设,教师为学生而教。如何才能有效实施以学生为中心的教学？罗杰斯认为②：①为师者必须首先认定每个学生各有其天赋的学习潜能。②教材有意义且符合学生目的。教材是否有意义,不在教材本身,而在学生对教材的知觉（看法）。如所学教材能够满足学生的好奇心,提高他们的自尊感、增进学生的生活经验,对学生来说就构成了意义,他们才乐于学习。③减少教育情境的威胁。此处所说的威胁是指个人在求学的过程中因种种因素所承受的心理压力。为师者要使每个学生皆有展现其优点的机会,从而减少学校教育中的威胁气氛。④主动自发、全身心投入学习。教师只需提供学习活动的范围和各种学习资源,由学生自己确定学习目标,探索发现结果,这样才会启发学生心智,培养学习兴趣。⑤自评学习结果,有利于养成独立思维和创造力。⑥重视生活能力学习以应对变动的社会。

（4）建立良好师生关系是有效教学的基础。罗杰斯十分重视教学过程中的师生关系的建立。他认为促进学习的关键不在于教师的教学技能、课程设计、教学设备资源等,而是在于教师和学生的关系。因此,教学的重点应当放在良好的师生关系或教师态度上。为了建立良好的师生关系,教师必须具备四种态度：①充分信任学生能够发挥自己的潜能,要相信"每个学生都是有价值的"、"每个儿童都能以自己的方式行动"；②表里如一,以真诚的态度对待学生；③尊重学生的个人经验,重视他们的感情和意见；④深入理解学生的内心世界,设身处地为学生着想。

2. 人本主义的非指导性教学

人本主义教学理论的主要形式是罗杰斯创立的非指导性教学。

罗杰斯针对传统教学过分强调教师的指导作用,而忽视学生的主体地位的现实,提出了以学生"自发学习"为特征的非指导性教学。所谓"非指导"是指放弃传统教育忽视个体要求、替代学生思考的指导。罗杰斯认为,真正有价值的

---

① 叶浩生. 西方心理学的历史与体系 [M]. 北京：人民教育出版社, 1999：582.
② 张春兴. 教育心理学——三化取向的理论与实践 [M]. 杭州：浙江教育出版社, 1998：267-269.

教是激发学生自我发现、自我拥有,而不是教师的教导。他甚至认为,"教的结果是有害无益的。它似乎导致了个人对自己经验的不信任,并使有意义的学习遭到抑制。""唯一能对行为发生有意义影响的学习是自我发现、自我拥有的学习。"①

教学目标:非指导性教学的核心和关键就是要促进学生的学习和自我实现。它以人的本性为出发点,将教学视为促进自我实现的工具,以此开发创造潜能,培育个性,最终培养知情合一的完整的人。

操作程序:非指导性教学是一种无结构的教学。教学目的、内容、进程和方法等由学生自己讨论决定,学生有绝对的选择自由,个人可以无拘无束地提出自己的问题、发表自己的意见,一切活动由学生自己发现、自行组织。课程进行既无终结也不作考察。其大致步骤是:(1)创设情景。(2)个人或小组选择确定学习目标。教师首先提出"我们今天要讨论或做什么"作为引导,以寻求共同关注的问题,集体讨论确定为集体的目标。(3)教师提供一些可供利用的"资源",并参与小组目标的发展。

实现条件:(1)教师以真诚的态度对待学生,把学生的感情和问题放在教学过程的中心地位,为学习创设心理自由和心理安全的教学环境。心理自由的环境是指一种不受传统束缚,敢想、敢说、敢做,不屈从于权威的气氛。心理安全的环境是指建立一种没有威胁、批评,而且不同意见、想法都能受到重视、尊重、赞扬与鼓励的环境。这种环境能使学生自由地表达自己的想法、以不寻常的方式来思维和想象。(2)教师作为"顾问"提供学习的手段和材料。在非指导性教学中,教师扮演着学生发展的促进者,其主要作用表现为:帮助学生澄清自己想要什么;帮助学生安排适宜的学习活动与材料;帮助学生发现所学材料的个人意义;维持有利于学习的心理气氛。

(四)建构主义的教学理论

1. 建构主义教学理论的主要观点

建构主义教学理论强调有效的教学应该统筹考虑学习者、教育者、教学内容与环境等各个要素,将学生的学习与发展置于开放性的、与外界不断互动的生态化的系统中,提出了在情境中建构的生态教学观。其教学的原则与措施如下:

(1)创设有助于学生探究、互动和社会化的实践环境。过去,教学环境的创设多着眼于如何促进学生获得学科知识,形成相应的能力,但他们即使有知识、有能力却不能有效解决现实生活中的问题。生态化教学则力图为学生提供这样一种情境:使学生参与社会实践、进行探究性学习,支持其确立社会成员的积极身份。在这样的情境中,学生主动地参与讨论、猜测、探究、解释、评价等活

---

① 罗杰斯.个人形成论——我的心理治疗观[M].杨广学,尤娜,潘福勤,译.北京:中国人民大学出版社,2004:253-254.

动，形成自己对问题的观点与解决方法，建立社会化的交往方式，而不只是关注答案是否正确。

（2）提供包含活动参与方式和现实问题的开放式课程。建构主义教学理论主张课程不是封闭的，而是开放的。一方面，现实生活中的复杂问题是课程的主要内容；另一方面，课程内容的呈现方式、学生的学习活动都是在真实的或接近真实的问题情境中进行的。这样，使课程内容与活动情境有机融合，既激发了学生的学习兴趣，又提高了学生参与实践的能力。

（3）多元评价学生探究和参与实践活动的能力。建构主义主张结合真实的问题解决过程进行教学评价；强调重点评价学生的探究能力、参与实践活动的能力，而不是简单地评价认知能力；既要评价团队中的每个成员的表现，又要评价整个团队的表现。此外，强调学生参与评价，认为学生不只是一个被评定者，而是评价的主体，应该参与到对自己、对他人、对团体的有意义的评定过程中，进而培养其准确的判断力和责任感，加强对团队作出贡献的自觉意识。

2. 建构主义教学理论的主要形式

（1）支架式教学

针对发现学习、指导学习和接受学习之间一直争议的教师和学生各自在教和学的过程中起什么作用的问题，建构主义提出了支架式（scaffolding）教学。支架本意是建筑行业中使用的脚手架，这里用来形象地说明一种教学模式：教师引导着教学的进行，使学生掌握、建构和内化所学的知识技能，从而使他们进行更高水平的认知活动。

支架式教学的实施，先由教师将学生引入一定的问题情境，并提供可能获得的工具；然后由教师为学生确立目标，用以引发情境的各种可能性，让学生进行开放性的探索尝试，教师对探索的方向给以启发引导、演示，提供问题解决的原型，给学生反馈等，逐渐增加学生自己对问题的探索成分；最后，教师要逐步让位于学生自己的独立探索，由学生自己决定探索的方向和问题，选择自己的方法。支架式教学强调在教师指导下的发现，强调教师指导成分的逐渐减少，最终达到学生独立发现，将监控学习和探索的责任由教师为主向学生为主转移。

（2）随机通达教学

斯皮罗（Spiro）反对教学对知识作预先限定，让学生被动地接受，主张教学既要为学生提供建构理解所需的基础，同时又要留给学生广阔的建构空间[1]。他基于结构不良领域（ill-structured domains）的高级学习，要求学生把握概念的

---

[1] SPIRO R J, et al. Cognitive flexibility, constructivism, and hypertext: random access instruction for advanced knowledge acquisition in ill-structured domains [M] // STEFFE L P, GALE J. Constructivism in education. Mahwah, NJ: Lawrence Erlbaum Associates Publishers, 1995: 85-107.

复杂联系并广泛而灵活地运用到具体情境中的实际,提出了"随机通达教学"(random access instruction)。该教学理论认为,对同一内容的学习要在不同时间多次进行,每次的情境都是经过改组的,而且目的不同,分别着眼于问题的不同侧面。这种反复绝非为巩固知识技能而进行的简单重复,因为各次学习的情境会有互不重合的方面,将会使学习者对概念知识获得新的理解。这种教学把概念具体到一定的实例中,并与具体情境联系起来。每个概念的教学都要涵盖充分的实例(变式),分别用于说明不同方面的含义,而且各实例都可能同时涉及到其他概念。在这种学习中,学习者可以形成对概念的多角度理解,并与具体情境联系起来指引问题解决。

(3) 锚式情境教学

建构主义十分强调学习应着眼于解决生活中的实际问题,在具体情境中进行,学习效果应在情境中评估。为此,一些研究者提出了锚式情境教学(anchored instruction)的主张①。所谓锚就是指有感染力的真实事实、事例或问题。其主要教学环节包括：创设情境、确定问题、自主学习、协作学习、效果评价。该教学理论主张教师将教学的重点置于一个宏观情境中,引导学生借助于情境中的各种资料去发现问题,形成问题,解决问题,借此让学生将所学知识和技巧应用到实际生活的问题中。这种教学的用意在于让学生在有意义的问题解决情境中学习,使教学定锚于或处于某种情境下。在学习中,学习者(新手)首先看到一种问题情境,他们要先运用原有的知识去尝试理解情境中的现象和活动,在此基础上,教师逐步引导他们形成一些概念和理论,从而使学生可以用自己的理解方式去体验和思考问题。在此过程中,学习者也常常需要进行合作学习。

【建议参考资料】

1. 张大均. 教育心理学 [M]. 北京：人民教育出版社,2005.
2. 张大均,郭成. 教学心理学纲要 [M]. 北京：人民教育出版社,2006.

【问题与思考】

1. 什么是心理发展？心理发展有哪些基本规律？
2. 简述认知主义学习理论和教学理论的主要思想。
3. 简述人本主义学习理论和教学理论的主要思想。
4. 简述建构主义学习理论和教学理论的主要观点。
5. 结合教学实际阐述教学的科学性与艺术性的关系。
6. 在教学活动中应该如何判断并实现有效教学？

---

① 张建伟,陈琦. 从认知主义到建构主义 [J]. 北京师范大学学报(社科版),1996(4)：75-82.

第三章 学习动机的激发与培养

【本章提要】

　　学习动机是学习活动的驱动力量,学习动机的性质、指向和水平不仅影响学习活动的积极性,而且制约学习活动的方向。教师只有对学习动机的理论有比较透彻的理解和掌握,才能有效地组织教学,促使学生积极主动、有效地学习。本章首先概述了学习动机的内涵和相关概念,分析了学习动机的作用;然后阐述了学习动机的基本理论,包括行为主义的强化理论、人本主义的需要层次理论和认知学派的成就动机理论、自我价值理论和自我效能理论;最后着重探讨了教育教学活动中激发和培养学生学习动机的策略和方法。

【学习重点】

　　1. 联系学习实际举例说明学习动机的内涵及其作用。
　　2. 阐释学习动机理论的基本观点,并能结合具体案例进行分析。
　　3. 掌握激发和培养学习动机的策略和方法。

【重要术语】

　　学习动机　内部学习动机　外部学习动机　成就动机　耶克斯—多德森定律　强化理论　需要层次理论　成就动机理论　自我价值理论　自我效能理论　归因理论

第一节　学习动机的内涵及其作用

　　刘易斯先生给十年级的学生上美国历史课。在上课铃响之前同学们早已在座位上了,大家都急切地等待上课。但是,迟迟看不到刘易斯先生的身影。上课铃响两分钟之后,刘易斯装扮成华盛顿的模样走了进来。他完全是18世纪的装束,头戴假发,手拿木槌。他庄重地坐下,敲了一下木槌,然后说:"现在,我开始主持立宪会议。"

　　为了这一天,学生们已经准备了好几周。每组由2—3名同学组成,各组分别代表原来的13个州。每个小组尽可能多地了解自己所代表的州、殖民地时代、美国独立战争和联邦条例下的美国等有关内容。两天前,刘易斯先生曾对每个小组进行了个别指导,告诉他们每个州对于一些重要问题的立场。例如,新泽西州和特拉华州的代表们坚持认为，应严格按照人口比例来确定代表。

准备这场讨论时，每个代表团都必须保证其成员能够代表整个团体的意见。为此，刘易斯先生给每个学生随机发了一个数字，数字从 1 到 3。当要求某一代表团发言时，刘易斯先生喊一个数字，那么持有该数字的学生就要代表该小组发言了。

刘易斯先生装扮成华盛顿，他首先对所要讨论的问题的重要性作了一番解释，然后宣布开始讨论。首先，他让佐治亚州代表发言，该州的代表是贝斯。贝斯是一个害羞的女孩，但她和同伴们作了充分的准备，并且她知道同伴是她的后盾。

"伟大的佐治亚州提出人权法案的问题。我们经历了专权的统治，我们强烈地要求人民必须都拥有自由的保障。"

在贝斯继续阐述代表团起草的人权法案的过程中，刘易斯先生对她阐述的历史的准确性、所代表的州的制度、利益的恰当性以及内容的组织和表述等方面进行评分。每节课结束后，他将会用这些分数对每个小组进行评价。讨论在继续。北加利福尼亚州的代表认为，他们有权向西扩张；而新泽西州则认为西海岸应该成为一个新的州；富有的马塞诸塞州提出每个州的税收应该由各州自己保管；贫穷的特拉华州则希望得到国家拨给的税款。在讨论的过程中，每个代表团都有机会进行某种"讨价还价的交易"，投票赞成其他州在一些重要问题上的立场，因而换取其他州对自己州的支持。周末，刘易斯先生主持会议，对 10 个重要的问题进行了表决。表决结束后，下课铃敲响了，学生们涌向餐厅，此时他们还在继续讨论着税收、代表权、行政部门的权力等问题。

放学后，另一个社会学教师英格拉姆走进刘易斯先生的教室，问道："你今年又进行了一次立宪会议，看起来效果确实不错。但是你仅在宪法问题上就用了一个月的时间，你怎么能够教完整个美国历史呢？"

刘易斯先生笑了，"你难道忘记了，以前的中学历史课是多么枯燥乏味，至少我是这么认为的。我知道，为了教这个单元，我确实占用了其他单元的不少时间。但是，你看孩子们的兴趣多高啊。"他拿起来南卡罗来纳州代表写的一大摞笔记和论文，"这些学生还有一些扫尾工作要做。他们体会到历史是非常有趣、非常有用的。他们一生都将记住这个月所学习的内容。"

由此可见，作为一名教师，成功地激发学生的学习动机是多么的重要。只有如此，他们才会真正地投入到学习生活之中，认真学习教师讲授的知识，主动学习，不断进取。那么什么是学习动机呢？

一、学习动机的含义

动机（motivation）是引起和维持个体活动，使活动趋向一定的目标，以满足某种需要的一种内部心理状态。人的一切活动都由一定的动机引起,动机是一切活动的原动力。个体的学习行为同样受动机的支配和调节,学习动机是动机在学习活动中的表现。

学习动机就是引起和维持个体进行学习活动,并使活动朝向特定学习目标,以满足其学习需要的内部心理状态。学习动机是直接推动学习行为的原因和内部动力,是学生学习的"驱动器"。个体有了足够的学习动机,其学习才有积极性和主动性,才能变"要我学"为"我要学"。

学习动机主要包括知识价值观、学习兴趣、学习效能感和成败归因,即这些因素均可以成为促进个体学习的重要内部力量。知识价值观即个体对知识价值的认识,反映的是个体对学习内容是否有用以及作用大小的看法。学习兴趣是好奇心在学习上的表现,它促使个体主动积极地去学习以满足内心对知识的渴求,同时伴随着相应的情绪体验,是学习动机中最现实、最活跃、带有强烈情绪色彩的因素。学习效能感,通俗地说,是个体在学习上的自信心,是对自己学习能力的主观肯定与推测。与之对应的另一极则是习得性无助感,它影响个体学习活动的坚持性、激发和维持向困难挑战的精神及达到学习目标的耐力。成败归因是指个体对学习成功或失败原因的主观分析和判断,不同的成败归因会引起学习期待和情感的变化,继而影响后续学习。

二、学习动机的分类

学习动机按不同的标准可分为不同的类别,教育心理学家多主张根据学生在学校生活的实际情况对学习动机进行分类,以有利于学习动机的研究、培养和激发。

(一)学习动机的诱因来源

根据学习动机诱因来源的不同,可以分为内部学习动机和外部学习动机两类。内部学习动机指学习的诱因来自于学习者自身内在因素,如学习兴趣、求知欲等,即对学习活动本身发生兴趣,活动本身就能使其得到满足感,无需外力或外部的奖赏、报酬。德西(E. L. Deci)认为,受内部动机的激发,学习者往往能形成能力感和自我决定感等内在心理品质;在行为上能积极参与学习过程,好奇心强、喜欢挑战,解决问题具有独立性,能在学习中获得很大的充实感和满足感。外部学习动机是由学习活动以外的外部诱因激发出的学习动机,是由外部刺激人为影响学生产生的学习动力。外部的学习动机,在某种程度上总是具有一定的强制性。如小学生为了避免惩罚或获得奖品而努力学习,大学生为了获得理想的工作而努力学习。奖惩和好的工作都是学习活动之外的诱因,学生努力不一定是对学习本身感兴趣。具有外部动机的学生一旦达到自己的目的,学习动机便会下降。

（二）学习动机的指向对象

根据学习动机的指向对象不同，学习动机可以分为交往动机和成就动机。交往动机是在希望得到他人关心、认可、友谊与支持的需要基础上产生的，其目标是能隶属他人或团体并接受其影响，获得他人的赞许或认可，如学生学习是为了得到教师、父母或同伴的称赞，它属于外部动机。成就动机是一种高标准要求自己，以力求取得学习活动成功为目标的动机，属于内部动机。奥苏贝尔认为，成就动机主要包括三个方面的内驱力，即认知内驱力、自我提高内驱力以及附属内驱力，并认为所有指向学业的活动都可以用这三类内驱力来解释。

认知内驱力是一种要求理解事物、掌握知识、系统地阐述并解决问题的需要。它以求知作为目标，从知识的获得上得到满足。这种内驱力主要是从人类原始的好奇心和探究欲中派生出来的。它指向学习任务本身，是一种直接的学习需要，属于内部动机。例如，儿童生来就有好奇心，他们越是不断探索周围世界，了解周围世界，就越是从中得到满足。这种满足感（作为一种"激励"）又会进一步强化他们的求知欲，即增强他们学习的内驱力。

自我提高内驱力是指个体由自己的学业成就而获得相应的地位和威望的需要。但它不直接指向知识和学习任务本身，而是把学业成就看做是赢得地位和自尊的根源。随着年龄增长，儿童自我意识增强，他们希望在家庭和学校集体中受到尊重。这种愿望也可以推动儿童努力学习，争取好成绩，以赢得与其成绩相当的地位。自我提高内驱力强的学习者，所追求的不是知识本身，而是知识之外的地位满足（受人敬重、有地位），这是一种外在的学习动机。

附属内驱力是指个体为了获得长者（如教师、家长等）的赞许和同伴的接纳而表现出来的把工作、学习搞好的一种需要。

上述三种不同成分的动机对每个人来说都可能具有，但三种成分所占的不同比例，则依年龄、性别、文化、社会地位和人格特征等因素而定。在童年时期，附属内驱力是获得良好学业成绩的主要动机；童年晚期和少年期，附属内驱力降低，而且从追求家长认可转向同龄伙伴的认可；到了青年期和成人，自我提高内驱力则逐渐成为动机的主要成分。

（三）学习动机作用时间分类

根据学习动机起作用的时间长短，可把学习动机分为间接远景性动机和直接近景性动机两类。直接近景性学习动机是对学习内容的直接兴趣和爱好，以及对学习活动的直接结果的追求。如：为了应付考试或获得老师的表扬而学习，受到教师生动形象的讲解、灵活多样的教学方法的影响而学习。这类学习动机比较具体，效果比较明显，但作用不够持久。间接远景性的学习动机是与学习的社会意义与个人意义相联系的动机。如学生立志成材，为祖国繁荣富强而读书。这类学习动机具有社会性，与个人的志向、理想、世界观相联系，较为稳定和持久，不易受偶然因素和情境变化的干扰。

（四）学习动机的地位分类

根据学习动机作用的大小，分为主导性与辅助性两类学习动机。前者指在学生的学习活动中居于支配地位、发挥主导作用的学习动机。它对学习活动的影响强烈而稳定。后者指在学习活动中居于从属地位、发挥辅助作用的学习动机。它对学习活动的影响比较微弱且不太稳定。在不同的年龄阶段和不同的学习条件下，学生的主导性动机会发生变化和转移。在某一学习活动中哪类动机成为主导性动机，既依赖于个体的稳定的动机特性，又依赖于当时的外部条件。例如，在小学低年级，学生的主导性学习动机常常是为了得到家长、教师的喜爱和表扬，而高中学生则主要是为了考上理想的大学。

布罗菲（J. E. Brophy，1987）把学习动机分为普遍型学习动机和偏重型学习动机两类。具有普遍型学习动机的学生，对各项学习任务都认真努力去完成，这类学生的学习动机与兴趣、习惯、态度，甚至意志与价值观等心理因素形成了一个协调一致的系统，已形成了一种独特的性格。具有偏重型学习动机的学生只对某一门或几门学科认真学习。这类学生的学习动机多半是在求学经验中因学业成败或师生关系的影响而逐渐形成的①。

三、学习动机的作用

动机对于人类的学习可以发挥明显的促进作用。学习动机是学习活动的动力，它决定着学习的方向、增强学习的努力程度、影响学习的效果。具体来说：

（一）学习动机决定学习的方向

学习动机以学习目的为出发点，是推动学生为达到一定学习目的而努力学习的动力，其首要作用在于使学生具有明确的学习目标，知道自己为什么而学习，朝着哪个方向努力。

（二）学习动机能增强学习的努力程度，坚持学习的行为

在学习活动中是认真还是马虎，是勤奋还是懒惰，是持之以恒还是半途而废，主要取决于学习动机。学习动机能使学生积极主动、持之以恒地进行学习。大量实践经验和研究结果都证实，动机水平高的学生能够在长时间的学习活动中保持认真的学习态度和坚持完成学习任务的毅力；而动机水平低的学生则缺乏学习活动的稳定性和持久性。邵瑞珍等（1987）研究发现，成就动机强的被试比成就动机弱的被试更能坚持学习，且学习更有成效；美国心理学家阿特金森（J. W. Atkinson，1980）的研究发现，完成某项学习任务所需要的时间与对这项

---

① BROPHY E. On motivating students [M] // BERLINER D, ROSENSHINE B. Talks to teachers. New York: Random House, 1987: 201-245.

任务的动机水平成正相关。因此通过观察记录学生花费在某种学习活动上的时间可推知该学习活动的动机强度①。

(三) 学习动机影响学习效果

乌尔奥卢和瓦尔贝格（M. Uguroglu & H. J. Walberg, 1979）研究了大量有关动机与学习成就的关系的研究报告，分析了其中232项动机测量与学业成就之间的相关系数，发现其中有98%是正相关，估计平均相关系数为+0.34。这一研究表明，高动机水平的学生，其学业成就也高；反之，高成就水平也能导致高的动机水平②。学习动机与学习效果的关系并不是单一的。首先，学习动机只是影响学习效果的众多因素之一。除动机这个非智力因素外，知识基础、智力水平、学习策略、学习习惯、人格特征、健康状况、情绪状况、学习环境、课外指导等都是影响学习效果的重要因素。因而学习动机是学习效果的必要但非充分条件，二者的关系并不总是一致的。有的学生学习动机高，但学习效果却并不理想。其次，学习动机对学习效果的影响不是直接的，动机对学习效果的影响是通过增加努力程度、集中注意力和对学习的立即准备等学习行为为中介变量间接增强与促进学习效

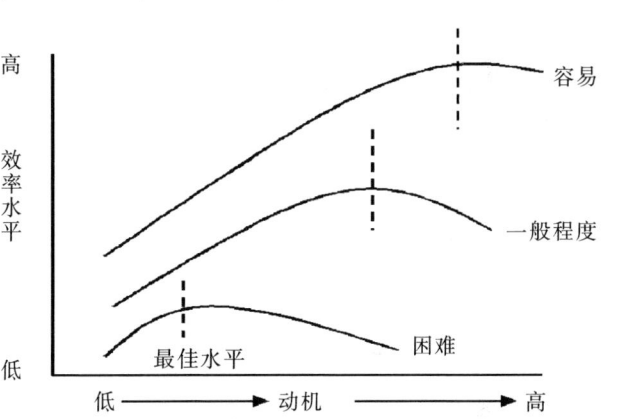

图3-1 耶克斯—多德森定律

果的。第三，二者之间并非单向关系，而是互为因果、相互依存、相辅相成的关系。动机可以促进学生改善学习行为和习惯，从而更好地掌握知识，同时也使求知欲和自信心获得提升。这些都能满足各种社会需求，如自尊、他人的赞赏、尊重、认可等，并促使学生把通过进一步学习以获得更高程度的满足当做新的、迫切的需要，进而产生强烈的学习动机。因此，那些尚无或未表现出适当学习动机的学生，当在学习中获得成功，尝到乐趣时，就有可能产生出适当的学习动机。第四，就某项具体的学习活动而言，存在着一个最佳动机水平。在一定范围内，学习效率随学习动机强度增大而提高，直至达到动机强度最佳而学习效果最佳状态，之后随学习动机强度进一步增大学习效果逐步下降。动机强度的最佳水平会

---

① 陈琦，刘儒德. 当代教育心理学 [M]. 北京：北京师范大学出版社，1997：121-122.

② 《心理学百科全书》编委会. 心理学百科全书（上卷）[M]. 杭州：浙江教育出版社，1995：458-459.

随学习活动的难易程度不同而有所变化,从事比较容易的学习活动,动机强度的最佳水平点会高些,而从事比较难的学习活动,动机强度的最佳水平会低些。这一现象由心理学家耶克斯(R. M. Yerkes)和多德森(J. D. Dodson)于1908年通过动物实验发现的,所以被称为耶克斯—多德森定律(见图3-1)①。因而,最佳的动机水平往往因学习任务及个体差异而不同,教学实践中需要区别对待,针对不同的个体,在具体的学习活动中,找到自己最佳的动机水平,使学习最有成效。

第二节 学习动机理论

不同的心理学流派对于学习动机,特别是引起学习动机的原因有不同的看法,即使是同一流派内不同的学者对学习动机也有不同的看法,从而形成了学习动机理论的多样性和复杂性。联系我国中小学教育实际,本节着重介绍以下几种动机理论。

一、行为主义的强化理论

凯瑟琳在一所经济状况欠佳的小学执教二年级。她所教的很多学生阅读能力低于年级水平。有些学生课余很少进行阅读活动,大部分学生在校自习时也不愿意选择阅读。由于指导阅读技巧在未来在校学习中的重要性,凯瑟琳的忧虑不无道理。

凯瑟琳提出了一个阅读激励计划以便促使学生进行更多阅读。她在教室的墙上贴了一张很大的表格用以记录学生的进步。每当学生读完一本书,他告知凯瑟琳,然后凯瑟琳就在表格上学生的姓名后放一颗星星。只要一个月内读完5本书,任何学生都可以从班上设立的奖品盒中抽取一份奖品。在任何指定的月份中,读书最多的学生可以获得一份大奖。当凯瑟琳把新的激励计划告诉学生的时候,他们都非常高兴。

"太好了!"乔伊高兴地说,"我将得到最多的星星!"

"不可能,"彼得反驳说,"塞米将得到最多的星星。她爱看书。她是我们班最好的阅读者。"

塞米是很好的阅读者。她的阅读能力超出了年级水平,还喜欢阅读图书馆青年区的小说。这些书籍篇幅很长,需要花费相当长的时间才能看完。但是,她确实喜欢这些书籍。凯瑟琳从自己收藏的书中挑选了几本借给塞米读,因为教科书几乎不能引起她的兴趣。

---

① YERKES R M, DODSON J D. The relation of strength of stimulus to rapidity of habit-formation [J]. Journal of Comparative and Neurological Psychology, 1908 (18): 459-482.

计划执行的第一个星期，学生的兴致都很高。学生每天都给凯瑟琳讲他们阅读的情况。表格里开始出现星星。一周结束时，除了塞米之外，每个学生的姓名后面都至少出现了一颗星星。该月的最后一个星期，很多学生都将阅读选为自习时间的活动。学生都迫切地希望他们至少能得到一份奖品，许多学生疯狂地读书是为了要成为当月的"阅读者之王"。一个月下来，凯瑟琳的 25 个学生中就有 23 人得到了 5 颗星星。唯一的例外是塞米和迈克尔，塞米只有一颗星星，迈克尔这个月得了水痘。乔伊的话应验了，他得到的星星最多——15 颗。学生们非常激动地选择自己的奖品。

接下来的一个月里，学生们的读书狂热持续不减。塞米也加入了争夺星星数量的行列，她一共得到 30 颗，成了当月班上的阅读之王。乔伊得到了 25 颗星星而位居其次。班上每个学生得到的星星都在 5 颗之上，都有权利得到奖品。因为他们做了如此多的阅读功课，凯瑟琳为学生举办了一次星期五下午的聚会，学生们一边看动画片，一边吃爆米花。

类似的活动模式持续了大概几个月的时间。星星在表格中的填充速度很快。凯瑟琳认为学生的阅读量已经够了，完全可以在每年的州级成就测验中取得好成绩。她为学生们的进步兴奋不已。凯瑟琳决定在测验后取消激励计划，并悄悄地了解学生们的阅读情况。然而，取消激励计划之后，她发现自习时间阅读的学生再次寥寥无几。甚至塞米在完成了其他作业后也没有阅读，她现在开始画画了。

以桑代克（E. L. Thorndike，1874—1949）、斯金纳（B. F. Skinner，1904—1990）为代表的行为主义心理学家提出了学习动机的强化理论，他们不仅用强化来操纵学习的发生，也用强化来解释学习动机的引起。

强化是指伴随于行为之后的某种反应结果使该反应出现的机率提高或降低的现象。在学习过程中，强化可以增强学生某种反应发生的概率，使刺激与反应之间的联结得到加强和巩固。

能够增加行为发生概率的刺激被称为强化物。研究发现，有五类强化物可用来增强学生的学习动机：1. 社交强化物，指来自他人的刺激，包括注意、表扬、拥抱、恭维、微笑和轻拍后背等，是最自然最频繁使用的强化物类型。2. 活动强化物，如课外活动等，可以在闲暇时间、社交场合或游戏、艺术活动中进行，比较容易管理。3. 象征性强化物，指学生向往的、能和其他强化物作交换的东西，如钱是最普遍的象征性强化物。4. 实物强化物，指能满足学生需要的、显而易见的、可立即兑现的强化物，如玩具、个人物品等，不同年龄学生需要不同类型的实物强化物。5. 食物强化物，一般用在学前班、小学低年级和特殊教育班级的学生中。

强化从性质上可以分为正强化与负强化。正强化指某个愉快刺激的出现，会提高个体的行为反应。如教师的表扬、奖学金会增强学生努力学习。负强化指某个厌恶刺激的退出会提高个体的行为反应。如学生为了避免教师的处罚、避免考试不及格，同样会增强努力学习。但是，如果在学习过程中受到了负强化（惩罚），就会产生逃避学习的动机。师生在教与学中如能合理地运用正强化，减少负强化，将有助于提高学生的学习动机水平，改善学习行为和学习结果。

凯瑟琳用"星星"的奖励方式，极大地调动了学生们的学习动机，强化了他们的阅读行为，直至后来养成了良好的阅读习惯。

强化理论大量用于教育实践之中，用奖惩的手段极大调动和维持了学生的学习积极性，对学习效果起着立竿见影的作用，但该理论只重视外在学习动机，忽视了内在学习动机，忽视了人学习的主动性和求知欲。因此存在以下局限：

1. 可能产生为分数、名次而学习或应付考试的心态，不利于培养学习主动性，难以形成良好的知识和能力结构，阻碍学生人格的全面发展；同时由于得高分获奖励的人始终是少数，可能会造成多数学生没有成就感的情况。

2. 过度使用外部奖励容易产生"过度理由效应"。一位老人在一个小乡村里休养，但附近却住着一些十分顽皮的孩子，他们天天互相追逐打闹，喧哗的吵闹声使老人无法好好休息。在屡禁不止的情况下，老人想出了一个办法，他把孩子们都叫到一起，告诉他们谁叫的声音越大，谁得到的报酬就越多，他每次都根据孩子们吵闹的情况给予不同的奖励。当孩子们已经习惯于获取奖励的时候，老人开始逐渐减少所给的奖励，最后无论孩子们怎么吵，老人一分钱也不给。结果，孩子们认为受到的待遇越来越不公正，认为"不给钱了谁还给你叫"，再也不到老人所住的房子附近大声吵闹。

在上面的故事中，老人巧妙地利用了过度理由效应。对于这些孩子，他们如果只用外在理由（得到报酬）来解释自己的行为（吵闹），那么，一旦外在理由不再存在（没有报酬了），这种行为也将趋于终止。因此，如果我们希望某种行为得以保持，就不要给它足够的外部理由。马克·莱珀（Marke Lepper）发现，对于那些学生们认为很有趣的问题，如果给予外在奖励则会降低学生的动机水平。因此，教师在教学过程中应该合理利用强化。

3. 行为主义者注重外在行为表现，通过学生的行为来推断其学习动机，但实践中仅凭外在行为推断动机比较困难，也不准确，因为对于同样的学习行为来说，可能有各种各样的学习动机在起作用。

现代教育心理学的研究表明，强化对人的认知和情感都有影响。强化对认知的作用表现为它给学习者提供了行为及结果适当与否的反馈信息，学习者会根据反馈信息来调节自己的行为。强化对情感的作用表现为它能够引起情感变化，如正强化往往引起心理愉快，使人体验到自我满足，或消除人的紧张与焦虑。强化的两个作用交织在一起，但两者未必一致。如有时学生受到老师的批评后，不是根据反馈信息反省自己的不足之处，而是在情感上产生反感与怨恨。所以，心理学家不提倡运用负强化，其原因之一是强化的认知作用与情感作用会相互抵消，甚至于强化的认知作用完全发挥不出来，出现情不通理不达的结局，造成逆耳的忠言根本不利于行的后果。所以，在学校情境中，教师应该根据学生的具体情况灵活应用强化理论。

二、人本主义的需要层次论

1963年，美国心理学会主席哈洛在就职时发表了一篇演说名为《爱的本质》。在这个演说中，他介绍了自己的实验研究：

哈洛用印度的恒河猴进行实验。他选择了一个出生不久，正急于寻找母亲的小猴子，同时用铁丝精心编制了一象征性的猴子妈妈，上面挂了个奶瓶，还有香蕉等小猴子爱吃的东西。另外，哈洛用棉布编制了另一个象征性的猴子妈妈，上面没有食物，但是棉布做的"妈妈"能提供温暖、关怀、温柔等感觉和感受。他细心观察，看小猴子更喜欢哪一个妈妈。通过3年的实验研究，哈洛得到了结论：在实验

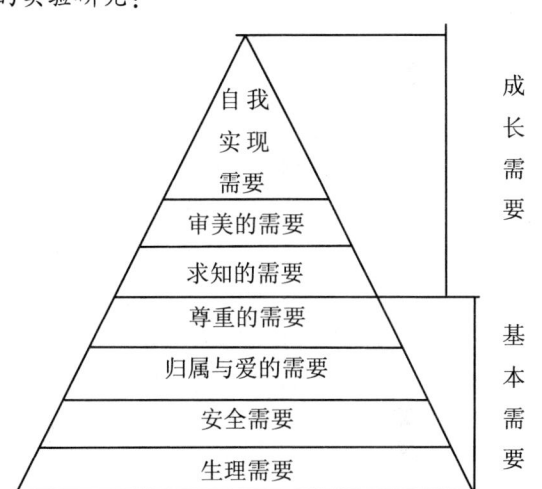

中，小猴子是把棉布猴子妈妈作为自己的妈妈，大多数时间是抱住棉布猴子妈妈来寻求关怀和温暖。

在哈洛的实验公布之前，社会上普遍存在着这样的观念：婴儿什么也不懂，只要喂好他，有了充分的食物营养就行了。人们主张用一些营养品来代替母乳喂养。哈洛实验公布后，人们开始意识到食物营养的不足，当母亲喂养自己的孩子时，母亲抱着他，深情地望着自己的孩子，孩子会笑，孩子的笑会更加引发母亲的无限深情，这就是爱的本质之一。

人本主义心理学家马斯洛（A. H. Maslow，1908—1970）认为，个体的任何行为动机都是在需要发生的基础上被激发起来的。他把动机看做需要，认为动机由多种不同性质的需要组成，各种需要之间又有先后顺序和高低层次之分。具体来说，个体的基本需要从低到高可分为七个层次：

1. 生理需要——维持生存和延续种族的需要，如对水、食物、休息、性等

的需要，驱动个体求食、睡眠、配偶等行为。

2. 安全需要——受到保护、免遭危险、获得安全感的需要，它驱动个体寻求帮助、避免疾病、恐惧和焦虑等行为。

3. 归属和爱的需要——驱动个体向社会和他人寻求接纳、爱护、关注、肯定、鼓励、支持等行为。马斯洛说：爱的饥饿是一种缺乏症，就像缺乏盐和缺少维生素一样，我们需要碘和维生素C，我们也需要爱，人们需要得到应有的母爱、父爱、朋友之间的友谊信任，即需要亲情、友情、爱情。

4. 尊重的需要——希望被人认可、关爱、赞许等获取并维护个人自尊心的需要。

5. 求知的需要——探索、操弄、试验、阅读、询问等，个体对不理解的东西希求理解的需要，学习动机正来源于求知与理解的需要。

6. 审美的需要——欣赏、享受美好事物的需要，驱动个体寻求对称、秩序、完整与完美的行为。

7. 自我实现的需要——在精神上臻于至善至美的至高境界的人生需要，它驱动个体创造和追求自我理想，使自己的价值、潜能、个性得到充分而完备地发挥、发展和实现。

马斯洛认为，各种需要之间不但有高低之分，而且有前后顺序之别，只有低一层需要获得满足（或部分满足）之后，高一层需要才会产生。七种需要又可以分为两类，较低的四种需要称为基本需要，其共同点是由于生理或心理上缺失而导致的，因此，又称缺失性需要（或匮乏性需要）。这类需要是人们生存所必需的，对生理和心理的健康十分重要，必须得到一定程度的满足。但一旦得到满足，由此产生的动机就会消失或减弱。较高的三层需要称为成长需要，它并非生存所必需，也非人人都具有，但对于人们适应社会有十分重要的意义。成长需要的共同特征是需要的强度不会因需要得到满足而减弱或消失，反而会增加。成长需要使人的追求永无止境，这也是人与动物的区别之一。

基本需要与成长需要相互制约、相互影响，一方面，基本需要是成长需要的基础，基本需要若未能得到满足（或部分满足），成长需要就不会产生；另一方面，成长需要对基本需要有引导作用。特别是居于顶层的自我实现需要，对以下各层需要都具有潜在的影响力。自我实现是马斯洛倡导的动机理论的中心思想，它是多种需要连续满足后所出现的心理需要，在各种需要中，它是最重要的、最终决定个体行为的需要，是人生存在的目标。就人性而言，自我实现需要人人都有，而现实生活中却只有极少数人能够达到此境界。马斯洛认为，能达到自我实现境界的人，不但性格较独立，情绪较自然，能悦纳自己和别人，而且在智能上具有较高的创造力。

根据需要层次理论，家长和教师应注重为学生创设一个良好的成长环境，学生只有在各种缺失性需要都获得满足后，才会不断成长，达到自我实现的理想境界。在现实的学校生活中，学生最主要的缺失性需要往往是"爱"和"自尊"，只有让学生感到民主、接纳、尊重、爱护等，才有可能使他们产生学习的热情、克服困难的意志和创造的欲望。但是需要层次理论忽略了个体本身的兴趣、好奇心等在学习中的始动作用，因此也具有一定的局限性。

三、学习动机的认知理论

（一）成就动机理论

"成就动机指个人在主动参与事关成败的活动时，不畏失败威胁，自愿努力以赴，以期达成目标并获致成功经验的内在心理历程。"① 人们对成就动机这一概念下的定义虽不尽一致，但其共同之处有三点：1. 成就动机促使人追求较高的目标；2. 成就动机促使人以较高的水平达到其目的；3. 成就动机促使人追求成功并回避失败②。可见，成就动机是一种在较高水平上达到某一卓越目标的需要，简言之，成就动机是个体追求成就的内在心理倾向。

成就动机理论的代表人物是默瑞（H. A. Murray，1893—1988）、麦克利兰（D. C. McClelland，1917—1998）和阿特金森。默瑞最早提出成就需要的概念，并把它定义为：克服障碍，施展才能，力求尽快尽好地解决某一难题的需要。他认为成就需要是人格的成分之一③。麦克利兰对成就需要进行了一系列实验研究，并将其发展为成就动机理论（D. C. McClelland，1965）。在此基础上，阿特金森进一步着重研究了成就动机的实质、发生发展及测定，并用数学模型来说明成就动机。他认为成就动机由两种性质相反的成分构成：一是追求成功的意向，一是回避失败的意向。个体在面临活动任务时，这两种力量通常是同时起作用，如果追求成功的意向占优势，就会奋发进取；如果回避失败的意向占优势，就迟疑退缩；如果两种意向势均力敌，便会感到心理冲突的矛盾痛苦。每个人的成就行为都受这两种意向相互制约的影响④。

有三种变量影响个体追求成功的意向，即达到成功的内部动机水平、对成功概率的主观期望（判断）和诱因的吸引力（对活动结果的价值判断）。用公式表示为：

---

① 张春兴. 教育心理学——三化取向的理论与实践［M］. 杭州：浙江教育出版社，1998：394.

② 张大均. 教育心理学［M］. 北京：人民教育出版社，1999：89.

③ MURRAY H A. Explorations in personality［M］. New York：Ford University Press，1938：177.

④ ATKINSON J W. An introduction to motivation［M］. Princeton，NJ：Van Nostrand，1964：178.

$Ts = Ms \times Ps \times Is$

Ts 表示追求成功的意向，Ms 表示追求成功的动机强度，Ps 表示成功的期望概率，Is 表示成功的诱因值，Ps 与 Is 为互补关系，即 $Is = 1 - Ps$。

同样，回避失败的意向是回避失败的动机、失败的可能性和失败诱因值的函数。可用数学公式表示如下：

$Taf = Maf \times Pf \times If$

Taf 表示回避失败的意向，Maf 表示回避失败的动机强度，Pf 表示失败的可能性，If 表示失败的诱因值。

成就动机的总强度等于追求成功的意向与回避失败的意向之差。用公式表示为：

$T = Ts - Taf = (Ms \times Ps \times Is) - (Maf \times Pf \times If)$

当 Ms>Maf 时，T 为正值，且当 $Ps = 0.5$ 时，成就动机最大；相反，当 Ms<Maf 时，T 为负值，且当 $Pf = 0.5$ 时，成就动机最小。如果 Ms = Maf，T 为 0，这时不会出现追求目标行为。

根据成就动机理论，成就动机高的人追求成功的倾向大于回避失败的倾向（Ms>Maf），成就动机低的人追求成功的倾向小于回避失败的倾向（Ms<Maf）。成就动机水平不同的人在选择目标和完成任务上也不同，成就动机高的人在完成任务上追求成功的倾向强，在选择目标时倾向于选择难度适中的任务，通过完成具有挑战性的任务提高其自尊心和获得心理上的满足。成就动机低的人在完成任务上防止失败的倾向强，在选择目标时倾向于选择或者非常容易或者非常难的任务。选择容易的任务可免遭失败，选择过难的任务，即使失败也能找到借口以减少失败感。总之，这种选择能防止自尊心受伤害和产生心理烦恼。麦克利兰进行的"丢圈套木桩"实验（笔者命名）证实了这一点。实验结果表明：追求成功的被试选择距离木桩远近适中的位置，而回避失败的被试选择距离木桩的位置不是非常近就是非常远。

张春兴（1998）建议教师从六个方面观察学生的日常学习行为表现来了解其成就动机：1. 主动参与学习活动；2. 持续从事学习活动；3. 独立完成指定课业；4. 能容忍失败的挫折；5. 将成败归因于努力；6. 有较佳的学业成就。

需要说明的是，成就动机不是学生学习活动的唯一动机。因此，有的人 T 为负值或 0 时也会努力学习。

成就动机理论把人的动机的情感方面与认知方面统一起来，并用数学模型来简明地表达，揭示出了影响成就动机的一些变量和规律，并用大量的实证研究证实和检验了其理论假设的合理性和客观性。在动机理论研究上取得了突破性进展，有着深远的意义和巨大贡献。但成就动机的理论模型还不够完善，且有缺陷，如过分重视内部因素的作用，忽视了外部因素对成就动机的作用；对认知对动机的影响作用了解比较笼统、模糊，就是对影响成就动机的内部因素的了解和研究也还不够全面和充分，如成就动机作为稳定的人格特征之一，它与整个人格特征的关系问题尚缺乏充分的研究。

(二) 自我价值理论

科温顿（M. V. Covington）提出的自我价值理论（self-worth theory），吸取了成就动机理论的求成需要和避败需要的理念，也受到韦纳归因理论的影响。自我价值理论的特点是从学习动机的负面着眼，从学生自尊需要出发，试图探讨学校教育实际中出现的"有的学生为什么不肯努力学习"、"为何逃避失败"等一系列棘手问题。

科温顿认为，自我价值感是个体追求成功的内在动力。由于我们的社会一向肯定成功的人，个体从小就意识到成功使人自尊心提高，使人产生自我价值感，而要获得成功必须具备相当的能力，所以，在能力、成功、自我价值感之间形成了一个前因后果的连锁关系：有能力的人容易成功，成功使人产生自我价值感；失败则是能力缺乏的表现，会挫伤人的自尊，威胁自我价值感。多次经历后，对自我价值感的追求就成了个人追求成功的内在动机。

在学校里，学生学习动机的一个重要方面就是维护自我价值感。学生渴望学习获得好成绩是因为希望从学习成功的经验中提升自我价值感，将成功归因于能力可使人感到更大的自我价值。但问题在于，学生往往把成功看做能力的展现，而非努力的结果。由于现实生活中成功者永远只是少数，当成功难以取得时，学生为了逃避失败、维护自我有价值的积极意象，就会形成一些应付成败压力的心理对策：不承认自己的能力差、也不认同努力即可获得成功，以达到既维护自我价值又逃避失败的目的。

从而，学习动机的核心就成了逃避失败以维护自我价值。许多在校学生在学习中不愿意付出努力，有能力但不用功读书，其根本原因就是为了维护自我价值。对学生来说，"努力是一把双刃剑"，一方面努力会获得教师夸奖，另一方面，高努力又意味着低能力。所以，大多数情况下，努力被推崇，不努力会受到教师批评，但还是有许多学生不愿意付出努力，原因就在于付出极大努力后仍然失败时，不仅会感到羞愧痛苦，而且可能会因怀疑自己的能力不如别人而丧失自尊和自信。反之，如果未经过努力而遭受失败，心里虽然感到失望，但受到的挫折反而比较低，还可以用"未努力"来安慰自己。

科温顿通过大量研究证实了许多学生用来维护自尊的自我保护策略，包括：1. 制订过高或过低的目标。设置不切实际的高目标可以"光荣地失败"，这样的失败是任务太难而不是能力缺乏；设立简单、容易达成的目标，如选择已掌握的目标，或在考前宣称"我只要及格就行了"，这些目标可以确保成功而不会对能力构成威胁。2. 自我设障行为。指提前为自己的失败找借口，如故意拖延时间或放弃学习，这样失败了也可以为自己找个好理由："我学的时间少，失败了不是我能力差"。3. 找借口。将失败归因于不可控因素，如老师教得不好或生病。4. 假努力策略。不努力会受到老师的斥责，但学生又不愿付出太多努力以免失败后给自己带来低能力的打击，因此就采用假努力策略，比如在课堂讨论中假装关注，故意问简单的问题等。虽然这些策略能够在一定程度上维护自尊，却无益于增强学习动机。

科温顿的研究还发现，学生对能力与努力的归因，随着年级升高而逐渐降低。他发现：小学低年级学生一般相信努力是好学生的首要条件，认定聪明学生都更努力；相信凡是努力的都是好学生，相信努力会使人更聪明；相信教师喜欢努力的学生，都认同"努力才是好学生"的标准；虽然将能力与努力看得同样重要，但考试失败后并不感到羞愧。但小学高年级（五、六年级）学生经过多次竞争失败经验后，对能力与努力二因素与成败的关系有了新的看法，不再把努力和能力看得同样重要，认为努力而获得成功表示能力低，能力低的人才努力。高年级学生认同能力而不认同努力的态度是他们学习动机降低的原因。

科温顿认为，造成学生逃避失败的原因之一是个体所持有的能力观，会影响其在具体成就情境下的行为反应及其对努力的看法。那些在遇到困难时宁愿逃避也不愿努力的学生不仅对自身能力缺乏自信，还常常把能力看做一种固定的、与生俱来的特质，自己无法控制，即使付出努力，能力也不会增长，甚至在某些情况下，付出努力得不到成功，反而是能力低下的标志，高努力就意味着低能力。但在学校里，教师推崇努力，在学习上付出更多努力的学生更容易获得教师的表扬；从而教师的目标与学生的目标发生冲突：教师希望学生付出最大努力学习，而学生则希望在最大程度上保持自己有能力的自我价值感，这就意味着不努力或少努力。

造成学生逃避失败的另一个重要原因是充满竞争的教育环境。科温顿认为，在相对比较的评价体系中进行学习活动，实际上是一种学习竞赛，对成功的奖励不仅在数量上有限，在分配上也不可能公平，因此成功者只能是少数，大多数都是失败者。由于奖励只能被少数有能力的人获得，所以只有具有非凡的能力才能得到，这就又把学习活动从学习竞赛变成了能力竞赛。有能力才能得到奖励，得不到奖励则是低能力的象征。在充满竞争的学习中许多学生不可能获得成功，但又不愿接受失败带来的低能感的打击，只能以逃避失败作为维护自我价值感的手段。

动机的自我价值理论虽然缺乏系统完整性，但它是对前人理论的补充和发展，不仅如此，还切中教育的现实问题，有极强的实用价值，对学校教育实践的启示是：课堂学习动机的激发和培养应当从内部动机入手，着重培养积极的信念，保护学生的自我价值感。该理论的特点在于：解释了学校教学上的现实问题,揭示了两个问题:一是能力强的学生未必有强烈的学习动机;二是学生的学习动机随年级升高而降低。因此学校教育应切实检讨自身,不仅应着眼于教育目标,而且应实实在在帮助学生在课业上获得成功免于失败。

(三) 自我效能理论

自我效能(self-efficacy)是指个体对自己能否成功地进行某一行为的能力的主观判断,它影响着个体对行为的选择,付出多大努力以及坚持多久。这一概念最早由社会学习理论的创始人班杜拉(A. Bandura,1925—)于1977年提出。之后的十年中该理论由于大量实证研究的支持而获得极大的丰富和发展。

班杜拉运用自我效能来解释个体行为的启动和改变。他认为:当个体面对一项挑战性任务时,是否主动、全力以赴取决于两个因素:对工作性质的了解掌握情况;根据经验对自己实力的评估判断,即自我效能感。

他认为,个体的行为不仅受强化的影响,而且受个体对强化的期望的影响。强化指的是行为带来的结果,行为的出现不是由于后效强化,而是由于个体认识了行为与强化之间的依存关系,从而产生对下一步强化的期望。对强化的期望(即,对行为结果的期望)才是行为的先行因素。因此,个体的行为不仅受行为结果的影响,更重要的是受个体对行为结果的期望的影响。

班杜拉还认为,除了传统的对结果的期望(个体对自己某种行为将会导致某一结果的推测。一般认为如果个体推测某一特定行为将会导致某一自己期望的结果,那么这一行为将会被激活和被选择)以外,还有对自我效能的期望。效能期望是指个体对自己能否完成某项活动的能力的推断,即对自己行为能力的推测。如果个体认为自己有能力进行某项活动,就会产生高度的自我效能感,并倾向于选择该活动。也即,只有当学生认为自己有能力完成某项学习任务时,才会去学习。因此学生的学习自我效能感是其学习行为的决定因素之一。

由此可见,班杜拉的"强化"概念与传统行为主义者的强化概念不同,他认为在学习中没有强化也能获得有关信息、形成新的行为,激发个体行为的除了强化,还有对强化的期望。同时,他的"期望"概念也不同于传统的对"结果的期望"概念,而是对自我效能的期望。

自我效能感形成后,对个体行为将产生深刻影响,其功能如下:1. 决定个体对某项活动的选择和坚持,自我效能高者倾向于选择富有挑战性的任务,遇到困难能够坚持,而效能水平低者则相反;2. 影响个体面对困难的态度,自我效能高者敢于面对困难,富有自信心,相信通过坚持不懈的努力能够克服困难,效能水平低者在困难面前缺乏自信,畏首畏尾,不敢尝试;3. 影响个体新行为的获得和已获得行为的表现;4. 影响个体在活动中的情绪状态,效能高者活动时信心十足,情绪饱满,而效能低者充满恐惧和焦虑。

影响自我效能感的因素有:1. 直接经验和归因方式。个体以往从事同类工作的成败经验,这个效能信息源对自我效能的影响最大。一般来说,成功经验会提高效能期望,多次反复的失败会降低效能期望。但事情并不这么简单,成败经验对效能期望的影响还要受个体归因方式的左右,归因方式直接影响自我效能感的形成。如果把成功归因于外部不可控因素效能感就不会增加,把失败归因于内部的可控因素也不一定会降低效能感。2. 间接经验,也叫替代经验,指对别人成败经验的观察学习。如果个体看到他人的成功行为,也会增强同样行为的倾向,自我效能感也会提高,如果看到他人失败的行为就会抑制同样行为的倾向性,其自我效能也会降低。人类许多效能期望来自于观察他人所获得的替代经验。能否获得这种经验,关键在于观察者与榜样的一致性程度高低问题。3. 书本知识和他人的意见,也叫言语劝说,指通过阅读或跟别人交往获得的经验,这种经验如果得到直接和间接经验的支持,效果会更好。但缺乏经验基础的言语劝说所形成的自我效能却是不牢固的。4. 情绪唤醒,高的唤醒水平会使成绩降低而影响自我效能,只有当个体不为厌恶刺激所困扰时,才更可能期望成功。5. 身心状况,个体对自我身心状况的评估也会影响自我效能感。

自我效能理论博取了联结派和认知派动机理论的合理之处,突破了二者的某些局限,拓展了强化理论关于强化的含义,使之更符合实际,也延伸了传统认知学派关于期望的范围,把人的需要、认知、情感有机结合起来,是该理论作为动机理论最具生命力之处。由于该理论采用科学严谨的研究方法,其研究结论具有很强的理论和实践价值。

(四) 归因理论

一个生性残暴的人因杀人罪被判入狱,他有两个儿子。若干年以后,他的一个儿子也因杀人走进了监狱,另一个儿子却事业有成,家庭美满。记者采访他们的时候,让人意外的是,他们说了同样的一句话:"谁让我有这样的一个父亲呢?"

在完成某项任务之后,个体往往会寻找自己取得成功或遭受失败的原因,这就是归因。美国心理学家韦纳提出的归因理论(attribution theory)[①],既是解释学习动机最系统的理论之一,也是最能反映认知观点的动机理论。近年来,该理论引起了国内教育心理学家的广泛关注和研究。归因理论最早由海德(F. Heider, 1896—1988)在研究社会知觉时提出,并认为人们对行为的归因主要分为情境归因(将行为原因归因为情境或环境因素)和性格归因(将行为原因归因为当事人性格因素)。韦纳的归因理论集中于研究个体在行为之后,对自己行为结果成功或失败的认知解释。为了避免混淆两种归因理论,有人特地将韦纳的归因理论称为自我归因论或称为成败归因论,也有的称之为三向(维)度

---

① WEINER B. Theories of motivation [J]. Chicago: Rand Mcnally, 1972: 179.

归因理论。

韦纳对行为结果的归因进行了系统探讨，把人们活动成败的原因主要归结为六种，即能力高低、努力程度、任务难易、运气（机遇）好坏、身心状态和其他（除前五种因素外的外部影响因素，如别人的帮助、教师的教学水平、评分是否公正等）。以上六种原因可分为三个维度：1. 控制点。也称原因来源（即内部归因和外部归因）。2. 稳定性。将外部原因和内部原因再次分为稳定性和不稳定性。能力、努力及身心状态三项属于内部归因，任务难易、运气好坏及其他三项属于外部归因。稳定性指个体自认为导致其成败的原因是否稳定，在类似情况下是否具有一致性。无论是内部还是外部归因，有些是相对稳定的，有些却容易变动。能力和任务两种因素是相对比较稳定的，而其余四种都不够稳定。3. 可控性。它是指个体自认为导致其成败的原因是否受个人意志控制。努力程度是受意志支配的，可控的，其余各种因素都是不受意志支配，不能控制的。

这六种原因分别纳入三个维度之中，可组成如下表的归因模式。

表 3-1 韦纳归因理论的六因素三维度分析

归因种类	归因维度					
	控制点		稳定性		可控性	
	内部	外部	稳定	不稳定	可控	不可控
能力高低	√		√			√
努力程度	√			√	√	
任务难易		√	√			√
运气好坏		√		√		√
身心状况	√			√		√
其他		√		√		√

个体的归因方式将影响其未来活动的选择、坚持性和动机强度。归因的三个维度对学习动机都有重要影响。从控制点或原因来源来看，若将成功归因于内部因素，就会产生自豪感，增强动机，归因于外部因素则会产生侥幸心理；把失败归因于内部因素就会产生羞愧感，归因于外部因素则会生气和愤怒。从稳定性维度看，若把成功归因于稳定因素则会产生自信心，从而增强动机，归因于不稳定因素则会生气。从可控性维度看，若将成功归因于可控因素就会积极努力争取成功，归因于不可控因素则不会增强动机；将失败归因于可控因素会继续努力，归因于不可控因素则会产生绝望感。下面故事中的王毅同学，他就将失败归因于内部、稳定、不可控因素，他不相信自己能通过自己的努力改变现状，也不会再坚

持下去，习得性无力感就此产生了，即在接连不断的受挫后感到自己对一切都无能为力、丧失信心的心理状态。习得性无助感会降低个体的动机水平，并产生认知障碍、情绪失调。

综上所述，韦纳得出三个基本结论：1. 当个体将成功归因于能力和努力等内部因素时，会产生骄傲、自豪感，增强自信心和动机水平；将成功归因于任务容易、运气好、别人帮助等外部原因时，则满意感较少。当个体将失败归因于能力弱、不努力等内部原因时，会产生愧疚感；将失败归因于任务太难、运气不好或教师评分不公正等外部原因时，则较少产生愧疚感。无论成败，归因于努力都比归因于能力会产生更强烈的情绪体验。努力而成功感到愉快，努力而失败也应受到鼓励，不努力而失败会感到愧疚。这与我国传统的观点是一致的。2. 在取得同样成绩时，能力低者应得到更多的奖赏。3. 能力低而努力的人受到最高评价，而能力高但不努力的人则应受到最低评价。

国内学者（陈琦，刘儒德，1997）在研究中得出与韦纳相似的结论，但又有我国学生的特点：1. 中学生理想的归因模式按主次顺序排列为努力、方法、能力、教师水平、家庭环境、任务难度和运气；2. 重点班学生更多考虑能力因素，普通班学生更多考虑努力程度；3. 评人注重努力程度，评己注重能力因素；4. 总体上，重努力因素胜于重能力因素，但随年龄增长，对能力因素越来越重视。

韦纳的归因理论在教育上的意义在于它能从学生的观点显示出学习成败的原因。了解学生的自我归因可预测其今后的学习动机。学生的自我归因未必正确，但却十分重要，教师应注意了解和辅导。长期消极归因有碍学生健康成长。教师的反馈是影响学生自我归因的重要因素，学生的自我归因并不完全以考分高低为依据，在很大程度上受到教师对其成绩的评价和态度的制约。

韦纳的归因理论是对成就动机理论的重要发展，该理论阐明了认知对成就动机的重要作用，并提出了以认知为主的成就动机归因理论。它对成败的原因按照三个维度进行分类，具有高度概括性，其研究结论既有科学性，又有实践价值，不仅为教育实践提供了可行的方法和途径，而且以培养学生完整的人格、优良的心理品质为目标，教会学生形成学习的内在动机和正确地认识、对待失败，不屈服于环境的影响并形成正确的自我意识系统。这不仅有利于人才的开发，而且对成绩差的学生的培养具有更为重要的意义。但该理论也有不足，首先，人对行为结果的归因是复杂多样的，六因素、三维度归因是否能完全解释人类归因尚待验证；其次，按照哪些维度对归因进行分类也值得进一步研究；最后，在可控性上，努力程度是否就完全可控，其他因素是否就不可控，也有争议。有人认为可控性具有相对的意义，它常因人的观点不同而有不同的看法。因此，对各种原因的稳定性和可控性都应持辩证的观点和变化的观点去看待，且不同原因的稳定性和可控性并非截然分为相对的两极，而应是一个向量上的不同点。

第三节 学习动机的培养与激发

学习动机的培养是指使学生建立学习动机的过程，是学生的学习动机从无到有，从弱到强，从错误、低级到正确、高尚的发展变化过程。学习动机的激发是指通过一定的教学措施使学生已有的学习动机由潜在状态转变为激活状态，成为学习活动直接、有效的推动力量。学习动机的培养与激发二者既有本质的区别，又是密切联系的，在教学实践中，往往不能截然分开。

一、学习动机的培养

（一）了解和满足学生的需要，促进学习动机的产生

学生的学习动机产生于需要，需要是学生学习积极性的源泉。学生学习动机的形成及发展的实质是心理需要的唤起和形成，是心理需要与能满足它的目标相互联系的过程。学生的学习需要从根本上讲，是社会生活环境和教育的要求在头脑中的反映。不同的社会，不同的教育对学生的要求不同，因而反映在学生头脑中的学习需要不同。教育心理学对于学生学习动机的研究，就是探讨社会教育的客观要求是如何转变为学生需要的，学生的学习需要是如何形成发展的，从而揭示其形成发展的过程和条件，掌握其规律。教师要培养学生的学习动机，就应当重视研究学生的需要，尤其是学生的心理需要，通过观察法、调查法、谈话法等诸多方法了解学生需要的特点，分析学生需要存在的问题以及合理需要是否得到应有的满足，如是否得到家庭的温暖，是否得到教师的关心和同学的友谊，是否需要出现了偏差而把学习精力用于玩电脑游戏等等，通过采取一些强化和训练手段使学生掌握一系列认知和行为策略，使之内化成心理需要，形成自觉性、坚定性、自制力、有恒性等学习品质。

教师在满足学生的合理需要时，必须考虑选择有效强化物，即选择学生喜欢、想得到的物品或活动来强化其学习动机。如对希望得到获奖证书的学生，教师仅给予奖学金未必能有效强化其行为，还应给予获奖证书。需要注意的是，教师如果一味以学生的喜爱作为有效强化物的标准，则会产生不利于学生发展，甚至有害的不良后果。如有的学生身体肥胖，动作迟缓，喜欢吃零食，教师如果以零食强化其学习动机，学生就会越长越胖，影响其正常生长发育。所以，教师要善于选择适当的强化物来满足学生的合理需要，矫正其不合理需要，促使他们学习动机的产生。

（二）重视立志教育，对学生进行成就动机训练

我国的教育历来强调对学生的立志教育，通过立志教育能够帮助学生认识到学习的社会意义，把自己的奋斗理想和祖国的繁荣富强联系起来，增强学生的责任感与使命感，启发学生自觉、勤奋学习。由于成就动机是一种对国家、民族、

个体的生存发展都非常重要的动机，所以，我们应该重视和加强对学生成就动机的训练。研究发现，成就动机是在一定的社会、教育条件下形成的，所以也能够通过一定的训练程序来培养和提高。科尔布为了促进学生的学习，以高中学习差生为对象，采取"暑假辅导班"的形式，进行了六个星期的成就动机训练，并在刚训练后、半年后、八个月后和一年半后分别进行了测试。结果证明，训练不仅提高了成就动机的水平，而且提高了学生的学习成绩①。

成就动机训练分为两种形式：一种为直接训练，学生直接接受研究者的训练；一种是间接训练，先是教师接受研究者的训练，然后再由教师训练学生。进行训练时可以分成几个阶段：

1. 意识化：通过讲座与学生谈话、讨论使学生认识到成就动机的重要性，注意到与成就动机有关的行为。

2. 体验化：让学生进行游戏或其他活动，从中体验成功与失败、选择目标与成败的关系、成败与感情上的联系，特别是体验为了取得成功所必须掌握的行为策略。

3. 概念化：使学生在体验的基础上理解与成就动机有关的概念，如"成功"、"失败"、"目标"、"风险"等等。

4. 练习：为前两个阶段的重复。多次重复能使学生不断加深体验和理解。

5. 迁移：使学生把学到的行为策略应用到学习场合，不过这时往往是一些特殊的学习场合，这一场合要具备自选目标、自己评价、能体验成败的条件。

6. 内化：取得成就的要求成为学生自身的需要，学生可以自如地运用所学到的行为策略。

很多研究证明，对成就动机进行的训练是有效果的。它的直接效果表现为受过训练的学生对取得成就更为关心，并能够根据自己的实际情况去选择所追求的目标。它的间接效果是能够提高学生各学科的学习成绩。这些效果在原来成就动机低而学习又差的学生身上更为明显。

2002 年，刚从淮阳师范毕业的李灵，看到农村有大量留守儿童辍学在家，便萌生了在家乡办学的念头。在父母和亲朋的支持下，她办起了周口淮阳许湾乡希望小学。在学校，她是校长兼老师。在她的一手操劳下，这个学校有了 7 个班，1 到 4 年级各 1 个，还有 3 个学前班，300 多名学生。由于所有学生全部免费，学校无力为学生购置教辅读物和课外书籍，而且 7 年来，李灵为建学校已欠下 8 万元外债。为让自己的学生有书读，李灵趁着放暑假，向爸爸要了 200 元只

---

① KOLB D A. Achievement motivation training for underachieving high school boy [J]. Journal of Personality and Social and Psychology, 1965 (2): 783-792.

身来到郑州，买了一辆破旧三轮车后，开始收购旧教辅和儿童读物。为了孩子四处奔走，眼角有了皱纹，双手不再细腻，但是她把爱与温暖带进了乡村学校的课堂，她是让全国人民尊敬的"80后最美乡村女校长"。

这位平凡而又特别的女校长只有一个愿望，那就是让农村的孩子有见识。为了这个美丽的愿望，她克服了一切常人眼里无法克服的困难，她建起了家乡里的第一所小学，她为孩子们建起了梦寐以求的阅览室，她凭着自己满腔的热情为孩子们撑起了一片知识的蓝天！

从她的事迹中我们不难看到成就动机的巨大作用。所谓成就动机是指对自认重要或有价值的工作或活动，个人愿意去做，并力求成功的一种内在推动力量。李灵的成就源于她内在的动机，她希望农村的孩子能够摆脱知识落后的现状。就是由于这种成就动机的存在，她在资金短缺的情况下欠债办起了一所小学；就是由于这种成就动机的存在，她坚持着没有放弃；就是由于这种成就动机的存在，她拿着一杆生锈的杆秤，骑着破旧的三轮车顶着烈日穿梭于郑州各小区间收购"废品"；就是由于这种成就动机的存在，让她已经习惯了两三个烧饼，夹点菜，再喝点水这样的午餐，来郑州的十几天里都是如此，因为吃完后可以赶快到另外一个小区收购书籍。

这位乡村女校长的事迹让我们感动，同时也让我们明白了其实做任何事都少不了成就动机。当然，成就动机在学生的学习过程中也起着举足轻重的作用，作为一名合格的老师，应该在教学活动中有意识地培养学生的成就动机。

（三）帮助学生确立正确的自我概念，获得自我效能感

自我效能感是一种主观判断，它与个体的自我概念有密切的关系。例如，一个自我概念过高的学生，其自我效能感也会偏高，由于其自我认知失真，确立的学习目标不合实际，造成学习的挫败。因此，要培养学生的自我效能感应从培养学生正确的自我概念入手。

舒恩克（Schunk，1985）以算术成绩极差的小学高年级学生为被试进行自我效能感培训研究。在为期一周的训练中，每次训练先让学生学习自学教材，然后由示范者演示如何解题，示范者在解题时一边算一边大声说出正确解题的思路，最后让学生自己解题。在学生自己解题之前，让他们把所有的题看一遍，并判断自己有多大把握解出每一道题，以此了解学生解题的自我效能感。结果表明，通过培训，学生的自我效能感逐渐得到增强，而且解题的正确性和遇到难题时的坚持性都得到了提高。

正确的自我概念的标志是具有自尊心。人本主义学家罗杰斯认为,自尊心(self-esteem)是经由自我评价之后自我接纳时的自我价值感(self-worth)。自我接纳(self-acceptance)指个人对自己的评价客观而积极。古柏史密斯(S. Coopersmith)认为,自尊心的满足必须具有三个条件①:1. 重要感(sence of significance),指个人觉得他的存在是重要和有意义的。学生的重要感主要来自父母的关爱、老师和同学的认同。2. 成就感(sense of competence),指个人在具有挑战性的工作中表现出成就,达到预期目标时所产生的满足感。学生在学业上的成就感是形成正确自我观念的关键。3. 有力感(sence of power),指个人觉得自己有处理事务与适应困境的能力。学生能够应付学习任务的压力,独立完成作业,就会产生有力感。有力感是使人敢于面对困难接受挑战的重要心理特征,也是克服困难获得成功的重要因素。基于此,教师应从以下几方面帮助学生确立正确的自我概念,获得自我效能感。

1. 创造条件,使学生获得成功的经验。西尔斯(Sears, 1940, 1941)把小学四、五、六年级的学生组合分成三组:第一组为成功组,被试平时的学习成绩都是最好的,对自己的学业成就很有信心;第二组为失败组,由学习成绩最差的被试组成,由于屡遭失败他们对自己的学业成就毫无信心;第三组为混合组,由语文、数学一门优秀,另一门较差的被试组成。实验内容是让三组被试作解释词义和解答数学应用题的测验。正式测验之前,主试先让被试根据自己的过去经验估计自己能完成多少测验题以及完成所需的时间,然后进行测验。结果表明,成功组的抱负水平较高,他们的成就目标符合其实际情况;失败组的抱负水平较低,他们的成就目标甚至低于其实际水平;混合组的抱负水平则高低不同。由此可见,成功的经验使人意气风发、雄心勃勃,失败的经验使人心灰意懒、丧失信心,甚至产生习得性无力感(learned helplessness)。

习得性无力感指当有机体接连不断地受到挫折,便会产生无能为力、听天由命的心态。此概念最初来自美国心理学家塞利格曼等人的经典实验②。他们在实验中先是将狗固定在架子上进行电击,狗既不能预料也不能控制这些电击。在这之后,他们把狗放在一个中间用矮板墙隔开的实验室里,让它们学习回避电击。电击前10秒室内亮灯,狗只要跳过板墙就可以回避电击。对于一般的狗来讲,这是非常容易学会的,可是实验中的狗绝大部分没有学会回避电击,它们先是乱抓乱叫,后来干脆趴在地板上甘心忍受电击,不进行任何反应。塞利格曼认为,这一实验结果表明,动物在有了"某些外部事件无法控制"的经验后会产生一种叫做习得性无力感的心理状态,这种无力感会使动物表现出反应性降低等消极

---

① 张春兴. 教育心理学[M]. 杭州:浙江教育出版社,1998:407.
② 周国韬. 习得性无力感理论再析[J]. 心理科学,1994(5):297-301.

行为，妨碍新的学习。后来以人为被试的许多研究也得出了相似的结论。

为什么会产生习得性无力感？塞利格曼在习得性无力感理论中对无力感产生的原因进行了说明。根据他的理论，无力感的产生过程可以分为四个阶段：(1) 获得体验，努力进行反应却没有结果的状况被称为"不可控状况"，在这种状况下人会体验各种失败与挫折。(2) 在体验的基础上进行认知，这时人会感到自己的反应与结果没有关系，产生"自己无法控制行为结果或外部事件"的认知。(3) 形成"将来结果也不可控"的期待。"结果不可控"的认知与期待会使人觉得自己对外部事件无能为力或感到无所适从，自己的反应无效，前景无望，即使努力也不能取得成果。也就是说，"结果不可控"的认知和期待使人产生了无力感。(4) 表现出动机、认知和情绪上的损害，影响后来的学习。

当然，在经受了失败和挫折之后，并不是每个学生都会产生无力感，即使产生无力感其程度与表现形式也各不相同。然而一旦学生形成习得性无力感后，对学习会产生很大的破坏性：第一，降低学习动机：对学习无要求，消极被动，兴趣索然；第二，认知出现障碍：自惭形秽，丧失信心，对待学习自我放弃，不战而败；第三，情绪失调：烦躁、冷淡、悲观、颓丧，陷入抑郁状态。所以，教师应高度重视习得性无力感对学生的负面影响，要针对学生的实际学习能力，提供难度适宜的学习任务和成就标准，在学生遇到困难时，给予及时帮助和鼓励，使他们能够从成功的学习开始，体验学习成功的经验，获得自我效能感，避免习得性无力感的产生，这一点对学习困难的学生尤其重要。

2. 为学生树立成功的榜样。班杜拉的观察学习理论发现，学习者通过观察榜样所表现的行为及结果，在自己身上会产生间接的强化作用，并对其自我效能感的形成具有重要的影响。如当某个学生看到与自己能力差不多的同学取得学业成功时，就会增强自我效能感，认为自己也能完成同样的任务；看到与自己的能力不相上下的榜样者遭遇了失败，就会降低自我效能感，觉得自己也不会有取得成功的希望。

这种观察学习对于自我效能感的影响，是通过两种认知过程实现的。一种是社会比较的过程，学习者采用与榜样比较的方式，参考其表现以判断自身的效能。另一种是提供信息的过程，学习者可以从榜样的表现中学到有效的解决问题的策略或方法，了解解决问题的条件，这些都会对自我效能感发生一定的影响。

所以，教师应该根据观察学习的原理，在学生中抓学习典型、树学习标兵。需要注意的是，教师为学生树立的学习榜样，一定要符合学生的实际，具有真实性、接近性、方向性和感染性，只有这样榜样才能对学生的学习起到替代性强化的作用。

(四) 培养学生努力导致成功的归因观

一只黄雀遇到了一只鸽子，连忙向鸽子抱怨道："臭死了，臭死了！不知怎么搞的,我飞到哪里,空气中总是有一股臭味,一定是空气被污染了。我搬了几次家都没有用。你有没有闻到空气中的怪味?"鸽子说:"没有啊。"黄雀说:"一定有的,你再仔细闻闻。"鸽子便靠近了黄雀东闻闻,西嗅嗅,突然恍然道:"原来这股臭味是从你身上散发出来的!"

由此可见,归因不正确,再多的努力也可能是徒劳。

人们在研究中发现,成就动机水平高的人在失败时往往把原因归于努力不够,即使失败也不灰心,相信努力与结果之间具有依随性,不产生无力感,表现出积极的行为。成就动机水平低的人在失败时往往把原因归于能力不足,容易灰心丧气,认为努力也不能带来相应的结果,容易产生无力感。所以,教师应该关注和承认的是学生的努力。因为努力这一内部因素是可以控制的,是可以有意增加或减少的。学生只要相信努力将带来成功,才会在学习中坚持不懈的努力。从提高学习积极性的角度考虑,使学生学会积极努力的归因是最重要的。例如,有的学生学习不好的真正原因是他们的能力低一些,如实告诉这些学生只能使他们感到无能为力;如果让他们感到是努力不够就不会降低学习积极性。布鲁姆的掌握学习理论认为,能力差一些的学生并非不能完成学习任务,只不过所需要的学习时间更长一些,努力更大一些而已。努力可以弥补能力上的不足,这就是通常所说的"勤能补拙",这在生活中已是屡见不鲜。尤其对学习差生,教师更应把他们的成败归因引导到努力这个维度上来。

由于学习差生往往是把失败归因于能力不足,容易产生习得性无力感,造成学习积极性降低,因此更有必要使他们学会将失败的原因归结于努力,从失望的状态中解脱出来。德韦克(Dweck,1973)对一些数学成绩差而又缺乏信心的学生进行了归因训练。在训练中,让这些学生解一些数学题,有的解开了,有的没解开。解开的时候,告诉学生这是努力的结果,没解开的时候,告诉学生努力得还不够。经过训练后,学生不仅形成努力归因,而且增强了学习信心,提高了学习成绩。

此外,教师要教给学生努力的方法。学生学习上的一些问题仅靠加强努力是无济于事的。如果学生付出更大的努力仍然不能带来学业的进步,就会陷入更大的无力感之中。调查表明,学生往往把数学、语文、英语这几门学科的学习成绩归于努力因素,而把音乐、体育、美术的学习成绩归于能力因素,把理科和社会学科归于学习内容的难易程度。在任何时候都把学习上的成败归于努力并不合适。安德森(Anderson,1980)的研究发现,当儿童失败时,使他们归因于学习方法更能提高学习积极性。因为这样归因一方面可以使学生继续努力,另一方面又会使他们考虑如何加强认知技能、掌握正确的学习方法和使用各种策略,即考虑如何去努力,不是蛮干,而是巧学。舒恩克(Schunk,1984)的研究也表明,在归因训练当中一方面要使学生感到自己的努力不够,把失败的原因归因于努力因素，另一方面还要对他们的努力给予反馈，告诉他们努力获得了相应的结果，使他们不断感到自己的努力是有效的。这样，他们才能真正从无力感的状态下解脱出来，从而坚持努力去取得成就。

所以，教师不仅要告诉学生学习需要努力的道理，还需要针对学生在学习上的实际困难或问题，进行具体的帮助指导，如及时的补救学习等。另外，教师还要注意当学生通过努力仍旧达不到学习要求和自己的奋斗目标时，要防止学生因挫折或失败而产生的一些心理问题，如怀疑努力的价值、垂头丧气、怨天尤人、心灰意冷等。教师应告诉学生"不以成败论英雄"的道理，只要学生努力，即使失败都是有价值的，虽败犹荣，使学生能够重振旗鼓，保持积极、健康的心态继续面对学习上的挑战。

教师对学生的归因训练的基本步骤如下：1. 了解学生的归因倾向。2. 让学生进行某种活动，并取得成败体验。3. 让学生对自己的成败进行归因。4. 引导学生进行积极的归因。归因训练的方法主要有三种：一是观察学习法，即学生观察、模仿归因榜样，学会正确归因。二是团体讨论法，小组成员共同讨论学业成败的原因，由一名受过训练的教师或管理人员进行引导，指出归因误差，鼓励符合实际的归因。三是强化矫正法，教师根据学生情况，结合学科教学内容，对有归因偏差的学生予以暗示和引导，鼓励作出正确归因的学生，促使他们形成积极的归因。

二、学习动机的激发

"根据行为主义理论，激励来自旨在塑造行为的奖励和惩罚；激励的认知理论关注的是学生们在思考什么，他们是如何思考的以及他们的想法是如何增加或减少激励的作用的；激励的社会学习理论将激励的行为主义理论和认知理论结合起来，认为激励既来自个体的内在观念，又来自个体的外部环境；激励的人本主义理论认为激励产生于个体内部，是一种希望获得成功、表现卓越的高级驱动力。"① "学习动机的激发是在学习过程中进行的，它主要依赖于教师的教学内容、教学方法以及教学组织。"② 麦库姆斯（Barbara L. Mccombs）和波普（James. E. Pope）在对学习动机的研究中为我们指出两个关键性的问题：首先，动机是个体积极学习和成长的一种先天的能力和倾向，为人内部所固有，因此它可以被激发；其次，教师在课堂上所做的一切都可能对学生的学习动机产生影响③。

---

① 斯滕伯格，威廉姆斯. 教育心理学 [M]. 张厚粲，译. 北京：中国轻工业出版社，2003：344.

② 韩进文. 教育心理学纲要 [M]. 北京：人民教育出版社，2003：234.

③ 麦库姆斯，波普. 学习动机的激发策略 [M]. 伍新春，秦宪刚，张洁，译. 北京：中国轻工业出版社，2002：13，19.

(一) 外部学习动机的激发

行为主义关于动机的研究集中在外部动机上，外部强化被认为是激发外部动机的必要条件，对下一步强化的期待是个体行为的目标和动力源。斯金纳的研究表明，若某种行为出现后给予外部强化，则该行为出现的概率就会增强，即行为相依于外部强化而变化。运用外部强化去激发学生的学习动机时，一定要使学生准确认识到强化与相关行为之间的因果关系，否则强化就达不到预期的效果。

强化训练的形式通常有四种：1. 奖赏训练，其目的是通过奖赏促进某一行为；2. 取消训练，其目的是用奖赏的方式减弱或停止某一行为，这种形式适合于矫正那些无法强制改正的不良行为，适用于不良行为较多的学生；3. 回避训练，其目的是通过惩罚促进某一行为；4. 惩罚训练，其目的是用惩罚的方式减弱或禁止某一行为。

对强化频率的控制称为强化的程序，强化程序通常可分为连续强化和断续强化两种。在连续强化条件下，个体的反应率很高，只要个体想要获得强化，就会作出反应，但只要强化停止，反应也就不再出现。学校教育中，大量使用的是断续强化。断续强化又称间隔强化，从时间上可将其分为固定时间间隔强化和不固定时间间隔强化。实验表明，后者的效果优于前者。根据强化与反应次数的关系，可将其分为固定频率间隔强化和不固定频率间隔强化。实验表明，前者的效果优于后者。

强化量对行为反应有显著影响，理论上讲，强化量越大效果越好。但强化量总是有限的，在教育上，应特别注意相对强化量，只要强化量适宜，也能取得显著的效果。一定量强化的影响大小受个体先行所受强化量的制约，曾得到较少量强化者受到的影响较大，反之，曾得到较大量强化者受到的影响较小。

为了激发和维持学生的外在动机，就要有效地利用各类强化，灵活安排好强化形式、程度和强度。在学校教育情境中，激发外在学习动机的常用措施有以下几种。

1. 设置明确具体适当的学习目标。学生若不知道学什么、为什么要学和怎样学，就不会有学习的动力，因此，教师要让学生明确学习的目的、任务、要求以及所学知识的价值。学生对学习目标了解得越明确、具体，就越有学习的积极性。学习目标不仅要明确具体，而且应当难度适中，让学生力所能及，获得成功的正强化。教师既应善于向学生提出学习目标，又应注意教会学生自己设立目标。

2. 及时反馈学习结果。学习结果的反馈能让学生知道自己的学习成绩，从而激发学习动机。研究表明，不仅反馈能增强学习积极性，提高学习效果，而且即时反馈比延缓反馈效果更佳。

评价不是目的，而是激发学习动机的手段。教师在评价学生及其学习结果时，既要客观公正、恰到好处、以理服人、赏罚分明，又要掌握分寸，才能收到理想的效果。

(二) 内部学习动机的激发

自布鲁纳在《教育过程》一书中强调内部动机的作用以来，人们开始重视内部动机对学习的影响，并发现了内部强化与内部动机之间的相互作用。

认知好奇心（又称认知动机）是内部动机的核心，它是一种追求外界信息，指向学习活动本身的内驱力，表现为好奇、探索、操作和掌握行为。波多野谊余夫（1971）把认知好奇心分为一般的好奇心和特殊的好奇心。一般好奇心表现为对很多事物感兴趣，但追求的信息没有明确的方向。特殊好奇心又称为求知欲，表现为对某些事物感兴趣，有选择地接受某方面的信息。许多实验表明，连动物也都具有一般好奇心，但特殊好奇心（求知欲）是人类特有的。某些信息之所以能引起人们的特殊好奇心，既可能是因为它具有新奇、变化、夸张、复杂、含糊不清等特性，也可能是因为它引起了人们认知上的矛盾（新的信息与认知结构中已有经验不一致），导致心理不和谐状态的出现，使人产生疑问、迷惑、混乱，促使人们产生对信息的探索行为。费斯廷格（L. A. Festinger）指出，当观念、事实之间产生了认知矛盾后，这种不和谐状态会使儿童产生去协调这一状态的动机，出现相应的行为。

内部动机不依存于外部强化，但外部强化对内部动机有影响。德西（E. L. Deci）在他的认知评价理论中认为，外部强化能引起两种作用。一种是控制行为的作用。表现为使人按照外部强化的要求去行为，它往往无视个人的自我决定，促使人们把自己的行为认知为是由外部所决定的，因此，导致内部动机的降低。此外，它还会压制创造性，致使人产生消极情绪以及丧失自尊心等。另一种是提供信息的作用，使人知道行为的正误成败。在这种作用下，会促使人们把自己的行为认知为是内部决定的，从而影响内部动机。但正负反馈的作用明显不同，正反馈或行为的成功会使人增强自我效能感，从而增强人们对这一活动的内在动机；而负反馈或行为的失败会使人降低自我效能感，从而降低或丧失对这一活动的内在动机。

班杜拉则强调如何通过外部强化使内部动机从无到有、从弱到强。他认为，人们的内部动机是后天习得的，是在自我效能感的基础上产生的。当人们掌握了某些知识、技能，显示出自己的能力的时候，外部强化的恰当使用能够促进自身能力的认知。首先，外部强化会促使人成功，而成功的经验会使人产生自我效能感；其次，外部强化会提供信息，使人们看到自己的进步并产生自我效能感。可见，人们并不是因为受到了强化而提高了能力，而是由于能力的提高才得到了强化。所以，提高内部动机的关键在于外部强化是否增强了自我效能感。

由此可见，外部动机与内部动机不是截然对立的，而是相互联系、相互作用的。周国韬认为，在某些情况下人们会在单一动机的推动下进行活动，但大部分的学习动机是内部动机与外部动机二者相结合的，同一学习活动既可能是因为学习内容的奥妙、乐趣的吸引，也不排除是为了取得好成绩、获得奖赏或为了将来工作的需要。米斯（J. L. Meece）等人研究发现，根据学习目标不同可将学生分为三类：第一类学生以掌握目标为主，即内部动机更强，这类学生约占33%；第二类学生掌握目标与成绩目标并重，即内外动机的强度大致相当，这类学生约占40%；第三类学生以成绩目标为主，即外部动机更强，这类学生约占27%。

在学校教育活动中激发和维持学生内部学习动机的措施主要有创设问题情境、竞赛与合作、动机迁移等。

1. 创设问题情境。引起认知矛盾，使学生产生特殊的好奇心是激发内部动机的有效途径，创设问题情境是引起认知矛盾的常用方法。有效的教学应该创设一种"似懂非懂、一知半解"的问题情境，让学生产生疑惑、矛盾、惊讶等心理状态，以引起求知欲望和学习兴趣，激起学习的主动性。创设问题情境是将学生引入到问题之中的过程，通过"设疑"使学生对将要学习的内容产生疑问，出现心理的不和谐状态。有效设疑的策略有：（1）提出与学生已有知识相矛盾的现象；（2）先教给学生基本法则，在学生理解后，再给他们举出不符合这一法则的事例；（3）提出有几种选择答案的问题。

2. 竞赛与合作。竞赛是激发人们奋发向上、力求上进的一种手段。在竞赛中，学生的成就动机更强烈，并能提高学习兴趣，增强克服困难的毅力，表现出更高的学习积极性。研究表明，有竞赛的成绩优于无竞赛的成绩，个人竞赛的成绩优于团体竞赛的成绩。

竞赛有多种方式，不同的竞赛方式对学习动机都有或多或少的激励作用，但若运用不当也会产生一定的副作用，如造成紧张气氛，增加心理负担，常胜者可能产生骄气，常败者可能泄气或不安等。因此，组织竞赛时要注意：（1）次数要适当，不宜过于频繁，否则会造成长期紧张，加重负担；（2）增加获胜的机会，使更多的学生有获胜的机会，如按照学习能力和成绩水平分组开展组内竞赛等；（3）多提倡和鼓励个人和团体的自身竞赛；（4）倡导适当的团体竞赛，以培养学生的合作精神和集体主义精神。

近年来大量研究表明，合作的学习环境比竞争的学习环境更容易使学生产生成功经验，并产生内部学习动机，使学生努力追求掌握目标。因此，要努力创设一种既有竞争又有合作的学习环境。

3. 学习动机的迁移。学习动机的迁移是指把其他活动的动机转移到学习上来，或把对某一学科的学习动机转移到另一学科的学习中去。有效地促进学习动机的迁移，应从以下四个方面入手：（1）分析现有动机，看它是否合理、正确；（2）找出共同之处，即找出现有动机与将要形成的学习动机有哪些相同的地方；

（3）强化共同之处，在强化的过程中，一定要让学生体验到新的学习的重要性（即知识价值）和乐趣；（4）导向新的学习，即把强化后的有利因素与新的学习活动联系在一起，并帮助学生在新的学习中获得成功。

学生内部学习动机的激发关键在于教师要不断加强自身修养，提高教学水平和能力，改进教学方式方法，让学生体验成功的愉悦，培养学生对学习的兴趣，使学生产生自我效能感和自我决定感。

（三）外部学习动机与内部学习动机的相互交替、转化

在学生的学习活动中，有时是外部学习动机在起作用，有时是内部学习动机在起作用，有时是二者在同时起作用，两种动机轮流交替、相互转化、相互交织，贯穿于学习活动的全过程，直至达到既定的学习目的。如一个学生在获得某种奖赏的需要推动下进行学习的过程中，渐渐对学习产生了兴趣、热情或责任感，于是更加积极主动地学习。这时，外部学习动机便转化为内部学习动机。当一个学生在学习兴趣、热情或责任感的推动下进行学习的过程中，取得了优秀成绩而获得意外的奖励，这种奖励又使他进一步增强了学习的动力。这时，内部学习动机又引发了外部学习动机。在课堂教学中，当教师讲得精彩、引人入胜时，当教师强调某一知识点的重要性和价值时，推动和维持学习活动的是内部学习动机；当专心听讲或回答问题受到教师表扬时，"表扬"又成为一种外部动机推动着学生更努力地学习。

利用两种学习动机相互交替、共同作用时，教师应注意以下四点：

1. 在学生没有学习动机时，应创设外部条件，以激发学生的学习动机。

2. 当学生有了一定的外部学习动机之后，应当有目的、有计划地培养学生的学习需要、兴趣、热情、习惯以及理想、信念、世界观和知识价值观等，使学生逐步产生内部学习动机。

3. 当学生有了强烈而持久的内部学习动机之后，仍然要不断激发其外部学习动机，使内部学习动机与外部学习动机相互交织，共同推进学习活动，并不断增强内部学习动机。

4. 以激发和维持学生内部学习动机为主，外部学习动机为辅，内部学习动机和外部学习动机协调一致。

【建议参考资料】

1. 张大均. 教育心理学 [M]. 北京：人民教育出版社，2004.
2. 斯滕伯格，威廉姆斯. 教育心理学 [M]. 张厚粲，译. 北京：中国轻工业出版社，2003.
3. 麦库姆斯，波普. 学习动机的激发策略 [M]. 伍新春，秦宪刚，张洁，译. 北京：中国轻工业出版社，2002.

【问题与思考】

1. 什么是学习动机，学习动机对学习活动有何重要作用？
2. 学习动机的主要理论有哪些？
3. 如何激发和培养学生的学习动机？
4. 为什么随年级升高，学生课堂发言的积极性越来越低？请用有关动机理论加以分析说明。
5. 结合教育教学实际，分析中小学生成就动机的现状，并提出相应的教育对策。

第四章　知识学习与教学

【本章提要】

人类文明的传承和发展主要是依靠知识经验的传递、学习和创造。学校正是通过教师的教和学生的学这一相互影响的过程来获得知识，促进发展。本章首先概述了知识的内涵及其分类，阐述了陈述性知识和程序知识的获得机制，然后分别探讨了陈述性知识、程序性知识和策略性知识的内涵、学习条件和教学策略。

【学习重点】

1. 知识的分类与获取机制。
2. 陈述性知识、程序性知识和策略性知识的定义与分类。
3. 陈述性知识、程序性知识和策略性知识的学习。
4. 陈述性知识、程序性知识和策略性知识的教学策略。

【重要术语】

知识　陈述性知识　程序性知识　策略性知识　同化　上位学习　下位学习　并列结合学习　产生式　迁移　智慧技能　动作技能　认知策略　元认知　自我效能感

第一节　知识学习概述

21世纪，人类社会已经进入了知识爆炸与知识经济的时代。知识更新与变革的速度不断加剧，知识的内涵和种类不断丰富，这影响着学校教育情境中学生学习和掌握知识的有效性。

一、知识的定义及分类

（一）知识的定义

人类探讨知识、尝试解释知识已经大约有3 000多年的历史。早期西方哲学思想下的传统观点认为知识是人们在改造世界的实践中所获得的认识和经验的总和①。受信息论、计算机等学科的影响，现代信息加工心理学把知识定义为"主体通过与其环境相互作用而获得的信息及其组织，储存于个体内，即为个体知

---

① 中国社会科学院语言研究所词典编辑室. 现代汉语词典［M］. 北京：商务印书馆，1996：1612.

识，储存于个体之外，乃是人类知识"①。我国教育类辞书中流行的知识的定义是"对事物属性与联系的认识，表现为对事物的知觉、表象、概念、法则等心理形式。"② 陈琦和刘儒德对其解释为"从本质上说，知识是人对事物属性与联系的能动反映，是通过人与客观事物的相互作用而形成的。人在与外界相互作用的现实活动中获得来自客体的各种信息，用一定的方式对这些信息进行加工和组织，形成对事物的理解，从而形成知识。"③

张大均和郭成认为，可以从三个维度来把握知识的定义。静态维度，知识是认识的结果，是经验的有组织的信息系统，主要承载知识"是什么"的问题；动态维度，知识是认识的过程，是求知的方法，主要指向"怎么用"知识的范畴；整合维度，建构主义强调，知识既是事实、经验的系统，更是人们对这种知识的分析、判断、选择和运用，知识在本质上不是不变的真理，而是不断更新或扩展的过程④。

(二) 知识的分类

从不同角度看知识，会对知识有不同的理解，多样化的理解使得知识的分类也多样化。而对知识不同类别的理解将有助于获取、掌握和运用知识。

表 4-1 知识的分类⑤

依据	划分类型	解释
来源	直接经验知识和间接经验知识	直接经验知识是个体通过自己的亲身实践活动而获得的知识，如实验课上所学的知识。间接经验知识是个体通过书本和大众传播媒介等途径而获得的知识，如对抗日战争的了解。
反映事物的深浅	感性知识和理性知识	感性知识是对事物的外部特征与外部联系的反映，可分为感知和表象两种水平，是通过人们的感觉器官直接获得的，如金鱼的颜色和大小。理性知识是对事物的本质特征与内部联系的反映，可分为概念和命题两种形式，是通过思维活动间接获得的，如知识的定义。
反映事物的范围	一般知识和特殊知识	一般知识是个体具有的对一类事物的普遍知识，如日常衣食住行。特殊知识是个体对具体事物或专门事物的知识，如魔术师的技术。

---

① 皮连生. 教育心理学 [M]. 上海：上海教育出版社，2004：91.
② 顾明远. 教育大辞典（第一卷）[M]. 上海：上海教育出版社，1990：144.
③ 陈琦，刘儒德. 当代教育心理学（修订版）[M]. 北京：北京师范大学出版社，2007：248.
④ 张大均，郭成. 教学心理学纲要 [M]. 北京：人民教育出版社，2006：208.
⑤ 张大均. 教育心理学 [M]. 北京：人民教育出版社，2005：233-234.

(续表)

依据	划分类型	解释
是否易于传递	编码化知识和隐含经验类知识	编码化知识是易于用言语传递，可以编码外显的知识，如文字、数据的陈述和处理。隐含经验类知识是只能意会的内隐经验类知识，如观念、表象。
知识的客观性	主观知识和客观知识	主观知识指个人对事实的解释，相对缺少相关的证明，如个人对事物美丑的看法。客观知识指相对约定俗成的知识，但也不是一成不变的，如人类进化说。
知识的所有权	个人知识和公众知识	个人知识是独特的，如个人的学习方法。公众知识是整个组织享有的，如班规。
解决问题的功能	描述性知识和程序性知识	描述性知识主要反映事物的形态、内容及变化发展的原因，说明事物"是什么"、"为什么"、"怎么样"等问题，如地球上有几大洲。程序性知识是用于具体情境的算法或一套操作步骤（Mayer & Anderson, 1987），说明"做什么"和"怎么做"的问题，如游泳、放风筝等。

依据解决问题的功能，可将知识分为描述性知识和程序性知识，这是教育心理学领域中比较稳定、有一定研究依据的知识分类方式。由于描述性知识解决的是个体从不知到知、再到知之较多的过程，一般可以用言语进行清楚的陈述，因此，也叫陈述性知识。程序性知识与实践操作密切，解决的是个体从不会做到会做再到熟能生巧的过程，因此，也叫操作性知识或过程性知识。布鲁纳于1956年在人工概念研究中提出了认知策略这一概念，即个人在解决思维问题时所采用的思维方法。由此产生了策略性知识。从本质上说，策略性知识由于是指导自己的思维如何操作和加工，所以仍然是一种程序性知识。

二、知识的获取机制

（一）陈述性知识的获取机制

陈述性知识（procedure knowledge）是教学过程中常见的知识种类之一。心理学家认为，同化是陈述性知识获得的心理机制，它指学习者接纳、吸收和合并知识并转化为自身认知结构的一部分。所谓认知结构是学生头脑里的知识结构。广义地说，它是学习者全部观念的内容和组织；狭义地说，它是学习者在某一特殊领域内观念的内容和组织。

奥苏贝尔认为，同化是一个促使知识从一般到个别、由上位到下位逐渐分化和横向联系的相互作用过程。它不仅是知识量变的过程，而且还是知识发生质变的过程。同化有三种模式（如表4-2）。

表 4-2 同化的三种模式

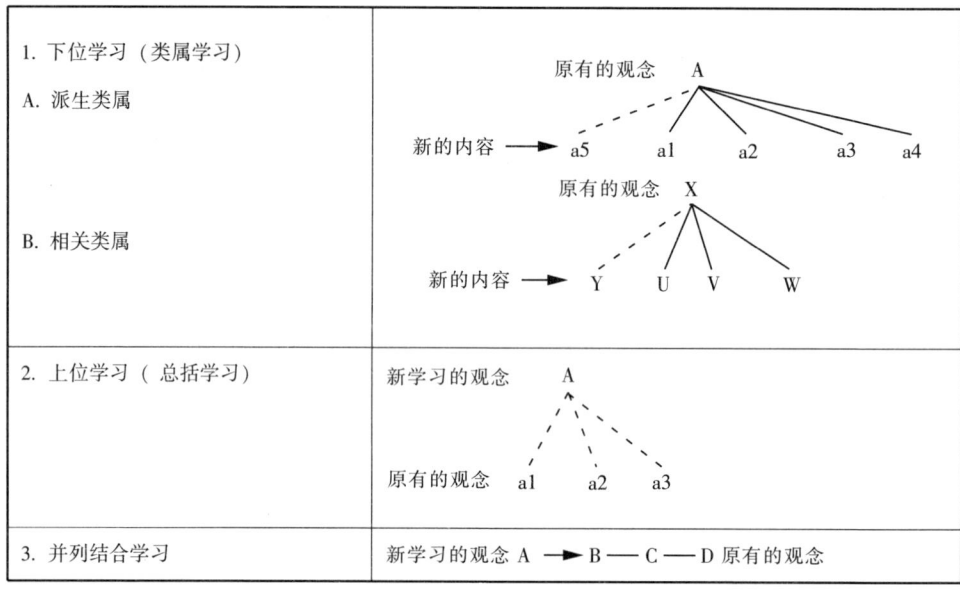

1. 下位学习。下位学习指学习者认知结构中原有的观念在包摄和概括的水平上高于新知识，因而新旧知识之间构成一种类属关系，所以下位学习又称类属学习。分为派生类属学习和相关类属学习。派生类属学习，即新知识是学习者认知结构中原有观念的特例或证实。如学生掌握"汽车"概念后，学习的新概念是"公共汽车"，教师只要告诉学生"公共汽车也是一种汽车"，学生便懂得了公共汽车具有汽车的本质属性。原有概念（汽车）的本质属性并没有发生改变。相关类属学习，即新知识纳入原有的观念后，原有的观念得到进一步扩展、深化、精制或限制。如学生已形成自然数的概念，再学习新概念"负数"，当"负数"纳入到原有的数概念后，原有的数概念扩展为"有理数"。

2. 上位学习。上位学习指学习者的认知结构中已经形成了若干观念，在此基础上学习包摄程度更高的知识，这种学习又称总括学习。如学生学习猫、狗、猪等概念后，概括出这类动物的共同特征"胎生"、"哺乳"，从而获得"哺乳动物"的概念。又如学生通过观察三角形、时针、折扇等而形成"角"的概念。

3. 并列结合学习。当新知识与学生认知结构中的原有观念既不是下位关系，也不是上位关系，而是并列或类比关系时，便产生并列结合学习。如学生学习的新知识是雷达，但他们对雷达利用电磁波反射工作的原理不易理解，而对声波却是熟悉的，有过在建筑物前或峡谷里喊叫，稍后就能听到自己回声的经验。教师可以利用其经验，运用声波知识进行类比，帮助他们理解雷达的工作原理。

(二) 程序性知识的获取机制

现代认知心理学运用产生式理论来解释程序性知识获得的心理机制。产生式（production）术语来自计算机科学，美国信息加工心理学创始人西蒙和纽厄尔于1970年首次引用于心理学来说明程序性知识的表征和获得机制。他们认为，人和计算机一样，都是物理信号系统，其功能都是操作符号。计算机之所以具有智能，能完成各种运算和解决问题，是由于它储存了一系列以"如果……那么……"（if...then...）形式编码的规则的缘故。人经过学习，头脑中也储存了一系列以"如果……那么……"形式表示的规则，这种规则称为产生式。

产生式由条件（condition）和行动（action）两部分组成。产生式的基本原则是"如果条件为X，那么实施行动Y"，即当一个产生式的条件得到满足，则执行该产生式规定的某个行动。例如，识别哺乳动物和识别等边三角形的产生式表示如下：

Production1	如果一个动物是胎生的，且这个动物能够哺乳，那么这个动物为哺乳动物。
Production2	如果已知一个图形有三条边，且这三条边相等，那么这个图形是等边三角形。

通常解决一个简单的问题只需要一个产生式，而解决一个复杂的问题则需要若干的产生式，这些产生式组成了产生式系统。所谓产生式系统，就是人所能执行的一组内隐的智力活动。例如，解决"1/4+1/5"这样问题的产生式系统如下：

Production1	如果求两个分数之和，且分母不同，那么先求出两个分数的最小公分母。
Production2	如果求两个分数之和，且已知最小公分母的值；那么以公分母的值分别作为两个分数的分母，两个分数的分子扩大与其分母扩大相应倍数。
Production3	如果求两个分数之和，已知两个分数的分母相同，那么直接将两个分数的分子相加，分母不变。

程序性知识的学习本质上是掌握一个程序，即在长时记忆中形成一个解决问题的产生式系统，以后若遇到同样类型的问题，就可以按照这一产生式系统的程序，一步一步地做下去，直至解决问题。现代认知心理学家所提出的产生式系统

理论，为揭示程序性知识的表征和获得的心理机制提供了新的思路，为程序性知识的教学提供了便于操作的科学依据。

第二节　陈述性知识的学习与教学

陈述性知识的学习是学校智育的重要目标之一，如何根据学生学习的心理特点将知识有效地传授给学生，使学生的学习达到事半功倍的效果是教育者共同关注的问题。

一、陈述性知识的分类

不同的心理学家从不同的角度，对陈述性知识有不同的分类。

（一）符号、事实和有组织的知识

加涅把陈述性知识视为言语信息，把它由简到繁分为符号、事实和有组织的知识。符号（labels），主要指各种事物的名称或标记。如氢气的符号是"H_2"。事实（facts），主要指表明两个或两个以上事物之间关系的言语陈述。事实又可以分为具体的和抽象的，前者如氢气的物理性质，后者如氢气的化学性质。有组织的知识，主要指由多个事实联结成的整体。如氧化反应、还原反应。

（二）表征学习、概念学习和命题学习

奥苏贝尔认为，陈述性知识的学习为有意义学习，他将陈述性知识分为表征学习、概念学习和命题学习。表征学习（representational learning），指学习单个符号或一组符号的意义，或者说学习它们代表什么。表征学习的主要内容是词汇学习（vocabulary learning），即学习单词代表什么。概念学习（concept learning），指掌握以符号代表的同类事物或性质的共同的本质特征。如学习"氢气"的概念，就是掌握"氢气是无色无味的气体。氢气难溶于水，在标准状况下的密度为0.0899克/升，比空气轻，约是空气密度的1/14"的本质特征，而与它的多少等特征无关。命题学习（propositional learning），指学习某个句子的意义。由于构成命题的基本单位是概念或词汇，所以，命题学习实际上是学习概念之间的关系。学习者必须先了解组成命题的有关概念的意义，才能获得命题的意义。例如，学习者没有获得"可燃性"、"还原性"，便不能学习"氢气具有可燃性和还原性"这个命题。

二、陈述性知识的学习

陈述性知识的学习本质上是个体知识的形成过程，亦即个体运用已有的知识同化、理解新知识，使其在头脑中得到储存并用于解决有关问题的过程。这种学习不只是主观反映客观，更重要的是主体的建构和发展。陈述性知识的学习无论对于丰富学生的知识经验，增长学生的见识，还是对于形成学生的各种技能，发展学生的智能都具有重要作用。

　　陈述性知识的学习过程主要包括三个阶段：第一，习得阶段，即新信息进入短时记忆，与长时记忆中被激活的相关知识建立联系，从而形成新的意义建构；第二，巩固和转化阶段，即新建构的意义储存于长时记忆中，如果没有复习或新的学习，这些意义会随着时间的延长而出现遗忘；第三，提取与应用阶段，即意义的提取和运用，这一阶段，人们运用所获得的知识解决同类或类似问题，使所学知识产生迁移。

　　认知同化论认为，学习者获得新知识的意义以后，新旧观念的同化并未停止，因为新知识不是原封不动地储存在认知结构中，而要经过进一步的加工和组织以构成新的认知结构，即新知识将会被融合到原有的认知结构或在改变原有认知结构后成为新的认知结构的一部分。因此，从某种角度讲，保持是指新意义的可利用性的维持。反之，遗忘则是已经获得的意义的可利用性的下降。认知同化论假设，新意义在保持的初期既与同化它的原有观念相联系，又可以从原有观念中分离出来，即新旧知识存在着可分离性。所以，人们在新的意义获得的初期，能够较好地保持、回忆和区分新旧知识的异同。

　　采取必要的措施延长新旧知识的可分离性，如有针对性地复习、提高加工水平、多重编码、过度学习以提高新旧知识的区分度，促进新知识的保持。此外，从动态的角度看，陈述性知识的获得和保持，并不是两个截然区分开来的阶段，而是几乎同时发生的过程。因为同化论假定，学生原有的知识是一个分层次组织的结构，储存在人的长时记忆系统中。新学习的知识与原有知识建立实质性的和非人为的联系，包括由个别到一般的上位关系、由一般到个别的派生关系和相关关系，以及横向的并列结合关系。这些关系的网络本身就蕴涵着新意义储存和保持的机制。这也是有意义学习比机械学习学得快、保持得好的根本原因所在。

三、陈述性知识的教学

（一）陈述性知识的迁移

　　"为迁移而教"是教育界认识到迁移现象在学习中的普遍性和重要性后提出的。教师要让学生学好陈述性知识，需要掌握如何指导学生进行陈述性知识的迁移。学习迁移是一种学习对另一种学习的影响。如学生掌握了氢气的相关知识，学习其他气体时将会更快。

　　教育心理学对陈述性知识的迁移研究分为两个时期：第一，重视从学习活动的形式、学习活动的共同要素等方面研究陈述性知识的迁移；第二，重视用认知的观点与术语，从认知结构的重要性及认知结构的形成等方面研究陈述性知识的迁移。

　　在众多陈述性知识的迁移理论中，对教育界影响比较大的主要有以下几种。

　　一是形式训练说（formal discipline theory）。该理论来自官能心理学（faculty

psychology），这是一种古老的学习迁移理论。它认为人类的心理由许多不同的心理官能，如观察、注意、记忆、想象、思维等组成。这些心理官能只有经过训练才能发挥作用。知识的迁移就是心理官能得到训练的结果。他们把训练和改进心理官能作为教学的重要目标，忽视学习的内容。这种理论运用到教育上造成的直接后果就是题海战术，偏重学习所学内容的难度和训练价值。这种学说对近现代教育产生过重要的影响，后来由于通过实验证明缺乏科学依据，而受到许多学者的反对。

二是共同要素说。桑代克和伍德沃斯（Thorndike & Woodworth，1901）通过让大学生判断一系列不同大小和形状的面积的实验发现，学习迁移是由于两种学习情境存在共同要素（identical elements）。如学生学习"going"的"ing"，就能拼"morning、playing、coming"，且记忆方便。不过共同要素说只能解释部分知识迁移的现象，难以揭示全部知识迁移的实质。如难以解释由于两种学习材料的相似成分愈多，干扰愈烈的前摄抑制和倒摄抑制现象。

三是概括化理论。贾德（Judd，1908）通过著名的"水下击靶"实验而得出概括化理论（general theory）。他让一组儿童学习折光原理，另一组儿童不予学习，让两组儿童用镖枪投掷水下的靶子，起初射击离水面1.2英寸的靶子时，两组儿童的射击成绩大致相等，后射击离水面4英寸的靶子时，掌握了折光原理的一组儿童，其射击成绩在速度、准确性上都超过另一组儿童。贾德认为是这组儿童掌握了折光原理，把折光原理迁移于射击中的结果。于是他认为，两种学习之间的共同成分只是学习迁移产生的必要条件，概括出两种学习活动的共同原理是学习迁移产生的关键。后来有些心理学家做过类似的实验，不仅证实了贾德的概括化理论，而且发现学生是否善于概括与教师的教学方法、学生的思维水平等有密切的关系。

四是认知结构迁移理论。奥苏贝尔认为，学习者的认知结构是影响学习迁移的重要因素。一切有意义学习都是在原有认知结构基础上产生的。在有意义学习中，学生积极主动地使新知识与认知结构中有关的旧知识发生相互作用，利用旧知识理解新知识，结果旧知识得到充实或改造，新知识获得了实际意义。这个过程实际上是陈述性知识迁移的过程。认知结构是影响迁移的关键因素。奥苏贝尔认为，认知结构的加强能促进新知识的学习与保持，教学的目标就是使学生形成良好的认知结构。

（二）教学中迁移的应用

1. 科学编排和呈现教材，促进学生形成良好的认知结构

根据奥苏贝尔认知结构迁移理论，学生的认知结构是从教材的知识结构转化而来的。好的教材结构能够简化知识，促进知识的迁移。所以，教材的呈现应体现以下要求：（1）有序性。由于学生实现迁移的重要条件是发现新旧知识之间

的相同点，因此，教材的呈现顺序要合理，尽量在回忆旧知识的基础上引出新知识。好的教材本身就可以起到"组织者"的作用。最佳的教材序列要反映知识的逻辑结构，体现不断分化和融会贯通的原则，并要适合学生的认知发展水平。教材的呈现应由浅到深，由易到难，从已知到未知。（2）概括性。教材中要有较高概括性、包容性和强有力解释效力的基本概念、原理和规则。它们是教材的中心，学生领会这些知识，可以促进举一反三、触类旁通。（3）实用性。教材的内容要考虑有用性，学生通过学习后，能经常运用这些知识。如将氢气的学习排在氧气之后，对氧气的学习便可迁移到氢气的学习上。

2. 重视基础知识的教学，提高学生的概括水平

贾德的概括化理论表明，学生一旦掌握有关的原理并概括化，就能产生广泛的迁移。因此，教师要重视对基础知识，即基本概念和原理的教学。因为基础知识总是包含某些一般原理，是知识结构中的骨干和联系知识的中心，具有普遍性和概括性。学生掌握的基础知识越多，越容易产生迁移。教师要采取多种教学措施，帮助学生理解所学的基本知识，使学生学会概括的方法，提高学生的概括水平，并在此基础上进行复习和练习，以达到熟练记忆和运用的目的。

3. 注意学习材料的共同性，促进学生知识的综合贯通

根据桑代克的迁移理论，两种学习之间要产生迁移，关键在于发现它们之间的一致性或相似性。而在实际的学习中，知识之间的共同因素往往潜藏于内部，这就要求学生具有一定的辨别能力。要培养学生的这种能力，教师应给学生提供认识事物之间同一性或相似性的机会，使学生形成概括或归纳思维，善于发现事物的共同性。此外，教师要引导学生把课堂知识迁移到其他学习情境中，如数学课同实地勘测相结合，促进学生知识的综合贯通，学以致用。

（三）知识的转化

除了注重迁移的教学外，还应注重陈述性知识转化的教学。即把陈述性知识转化为程序性知识，以期提高学生的能力和素质。程序性知识的形成以掌握陈述性知识为必要条件，陈述性知识转化为程序性知识，主要涉及陈述性知识的概念和规则的运用。从知识的结构看，知识就是概念与规则形成的这样或者那样的联系。没有概念和规则，人们就不能进行抽象思维，不能建立对于客观世界的一般理论框架和解决问题的法则，不能进行知识经验的传递和运用。所以，陈述性知识转化为程序性知识的重要标志，就是学生能否运用所学的概念与规则去解决问题。教师促进学生的陈述性知识向程序性知识转化主要包括以下策略和方法。

1. 强化学习材料的逻辑意义，调动学生学习的心向

奥苏贝尔的有意义学习理论的研究发现，有逻辑组织的学习材料便于学生理解、保持和应用。而在教学中，有的教师却违背学生学习的规律，随意向学生呈现一些毫无关系的事实、命题或原理，使学生不得要领，出现呆读死记的机械学

习。要克服上述问题，教师给学生呈现的学习教材必须具有逻辑联系，同时还要注意调动和保持学生理解学习的心向，即指导学生发现新旧知识之间的内在逻辑联系，促进学生认知结构的改组和重构，使其能够产生有意义学习，更好地理解新知识。

2. 采用恰当的教学方法，帮助学生形成概念或规则

从教育心理学的角度看，概念是具有一类共同关键属性的人、物体、事件或观念的符号。规则是计算公式、处理事情的法则、科学原理、定律等。学生学习概念和规则就是获得其意义，掌握其本质特征。奥苏贝尔认为，概念学习通常有两种方法：一是概念形成，即学生通过直接观察某类事物，经过分析、比较、抽象、概括、假设、检验等思维活动，找出这类事物共同的关键特征，并用词表示这个概念；二是概念同化，即在学生已有认知结构的基础上，教师以定义的方式直接向学生讲授概念的关键特征，使其获得概念。

加涅认为，规则学习就是理解若干概念之间的关系。掌握概念是掌握规则的前提条件。如学习功的计算公式，即 $W=F\times S$。学生必须弄清楚 W 代表功，F 代表对物体的作用力，S 代表位移，预先掌握这些概念，才能掌握功的计算公式。规则学习，也有两种主要的方法：一是例规法，即教师先向学生大量举例，要求学生从例子中概括出相应的规则；二是规例法，即教师先向学生讲授规则，然后举例证明其规则。

（1）变式。即变换各种直观材料或事例的呈现形式，以突出概念或规则的本质特征。如教师讲授"氢气"的概念："在标准状况下的密度为0.0899克/升，比空气轻，约是空气密度的1/14"，除让学生观察提取出的氢气外，还应让学生观察氢气球的制作。变式运用的关键是要注意其正确性、典型性，帮助学生摆脱感性经验的片面消极影响。

（2）正例与反例的运用。正例传递了概念或规则最有利于概括的信息，反例则传递了最有利于辨别的信息。如氧化还原反应，在反应过程中有元素化合价变化的化学反应叫做氧化还原反应。这种反应可以理解成由两个半反应构成，即氧化反应和还原反应。$2H_2+O_2=2H_2O$ 为正例，反例 $CO_2+H_2O=H_2CO_3$ 为化合反应。

（3）比较。即帮助学生认识新旧知识异同的主要方法。首先，教师要确立比较的标准。因为事物的本质是多种多样的，不同的比较标准往往会得到不同的结论。其次，要采用正确的比较方法。对相似、相近、相关知识的比较，宜采用同时对比法。对事物的历史形态或发展变化的比较，宜采用前后对比法。

3. 指导学生科学练习，促进学生运用程序性知识

练习是促使陈述性知识向程序性知识转化的必要条件。没有练习，陈述性知识只能以命题及命题网络表征储存在人脑的记忆中，无法实现程序化，更无法达

到自动化的熟练运用。目前我国的教育现状是，教师讲得太多，留给学生思考和练习的时间太少，使有的学生"习得了知识，没有习得技能"，学生对程序性知识的学习仅停留在陈述性阶段，只能背诵一些概念、公式、定理，却不会使用。要避免上述问题的产生，教师就要注意做到精讲多练。"精讲"就是教师上课要突出重点、难点，讲关键、讲主干、讲方法；"多练"不是教师搞题海战术，而是通过适度适量的变式练习、操作等学习活动，增加学生灵活应用知识的机会，促使学生程序性知识的运用。

第三节 程序性知识的学习与教学

现代素质教育要求教师不仅要把丰富的陈述性知识传授给学生，使学生知道"是什么"，而且还要使学生形成程序性知识，知道"怎么办"、"如何做"。教学的关键就是要使学生的陈述性知识转化为程序性知识，发展其能力。

一、程序性知识的种类

按程序性知识的性质和特点，可以把程序性知识分为智慧技能、动作技能和认知策略。

（一）智慧技能

智慧技能也称心智技能。我国过去大部分教育心理学方面的教科书和词典把智慧技能解释为借助于内部言语在头脑中进行的智力活动方式，其中抽象思维因素占据着最主要的地位。随着认知心理学的发展，以加涅（1977，1985）为代表的一批西方心理学家对智慧技能的解释成为主流看法。他们认为，智慧技能是将已习得的知觉模式、概念、规则运用于实际情境，从而顺利完成任务的能力。按其复杂程度可将智慧技能分为五个层次。第一，辨别。能区分刺激物的特征，发现事物之间的差异，如区分大和小、人与入等。第二，具体概念。能列举事物的名称，如能识别各类轿车的共同属性，并赋予其类别术语。第三，定义概念。能理解以命题或公式表达的事物的本质属性，如能理解哺乳动物的本质特征。第四，规则。能按规则进行操作，作出正确的反应，如造句、解化学方程式。第五，高级规则。能用简单规则解决较复杂的问题，如运用 $U=IR$ 的公式来对串联、并联电路的 U、I 或 R 求解。

另外，认知心理学家根据自动与受控维度，将智慧技能区分为受意识控制的智慧技能和自动化的智慧技能。前者如学生对作文的审题、立意、选材、确定中心等一系列步骤，这些步骤受学生的意识控制。后者如人们在说话时，一般只注意说话的内容，对词之间的读音和搭配往往是自动进行的，一般不需要有意识注意。

上述对智慧技能的划分，只是指出了每一维度的两极情况。介于这两极之间，还有许多非典型的中间类型。尽管不同的心理学家对智慧技能的解释不尽相同，但他们的看法中却蕴藏着某种内在的一致性。第一，他们都认为智慧技能不是由单一因素构成的，是由复杂因素构成的。第二，智慧技能也是一种操作方法，其发展存在着从低级到高级、从简单到复杂的过程。

（二）动作技能

动作技能也称运动技能。克龙巴赫（Cronbach，1977）认为，动作技能是习得的，能相当精确且对其组成的动作很少或不需要有意识地注意的一种操作。加涅认为，运动程序性知识是协调运动的能力，或者与运动的选择有关，或者与运动的顺序有关。而我国的传统动作技能概念来自苏联，认为动作技能是依靠肌肉、骨骼与相应的神经系统活动实现的活动方式。根据现代认知心理学研究成果，我国有的教育心理学家把动作技能定义为在练习的基础上形成的按某种规则或程序顺利完成身体协调任务的能力（皮连生，1994）。

尽管心理学家对动作技能的定义不尽相同，但都认为动作技能的构成包括三种成分。第一，动作或动作组。动作并非动作技能，只有当人们用一组动作去完成一项具体任务，如用一组身体动作（舞蹈语言）去表现情感，这时才被称做动作技能。像走路、穿衣、吃饭、摇头、打哈欠等不是动作技能。第二，体能。主要包括耐力、力量、韧性、敏捷性等。第三，认知能力。包括视觉、听觉、触觉、动觉等多种知觉能力，其中手脚协调、身体平衡对完成动作技能意义更大。知觉能力的完全丧失或部分缺陷往往难以完成动作技能。此外，学习者还需要理解和记住训练的项目，富有想象力和创造性地解决问题等。因此，我们认为，动作技能是在练习的基础上，由一系列实际动作以合理、完善的程序构成的操作活动方式。

根据动作是否连贯，动作技能可分为连续和不连续的动作技能。动作技能也可按动作过程中外部情境是否变化，分为开放性和封闭性的动作技能。还可以根据动作技能的反馈条件，把动作技能分为内循环和外循环两类。

（三）认知策略

认知策略作为一种对信息的加工方式方法，是个体在信息加工过程中对自己思维过程的调节、控制和选择。从本质上讲它属于程序性知识的范畴，但它与程序性知识的主要区别在于认知策略是对内调控的程序性知识，而程序性知识是对外办事的程序性知识。因此，从本质上讲，认知策略就是学习者内部组织起来的、调控学习、思维等活动的程序性知识。

怀特（White）和维特罗克通过研究提出了问题解决过程中的四种认知策略：第一，运用原理解决问题，寻找深层意义的策略；第二，把问题中的许多小目标连成一串目标，采用逐步接近，承认局部目标的策略；第三，不受一种思维方法局限，灵活探索策略；第四，将部分综合成整体的策略。加涅对个体信息加工过程中的认知策略进行研究后认为，认知策略主要可分为注意、检索、编码和思维等几种。更多的心理学家将认知策略扩展到一切认知过程，凡是涉及人们的感知、记忆、思维和想象等一切认知领域的策略都是认知策略。如李伯黍（1995）认为，认知策略主要有知觉策略、机械记忆策略、目标递归策略、模式策略。

二、程序性知识的学习

（一）智慧技能的学习过程

1. 加里培林的智慧活动阶段形成理论。苏联心理学家加里培林（П. Я. Гальперин，1902—1988）提出了著名的智慧活动按阶段形成的理论。他认为，智慧活动是外部的、物质活动的反映，是外部物质活动向知觉、表象和概念等方面转化的结果。这种转化要经过下列五个阶段才能实现。

（1）活动的定向阶段。这是智慧活动的准备阶段。在该阶段，学生要了解活动的任务，知道做什么和怎么做，在头脑中构成活动本身和结果的表象，对活动进行定向。因此，这个阶段教师应向学生提供活动的样本，指出活动的操作程序及关键点。以进位加法教学为例，它的定向是在演示这种演算时，使学生知道演算的目的是求两个数量之和，知道运算的客体是事物的数量，运算的关键点是进位、为什么要进位以及如何进位等。

（2）物质活动或物质化活动阶段。这个阶段是借助于实物或实物的模型、图表、标本等进行学习。学生审题、解题时，教师要求他们用文字、图表等形式列出题目的条件、问题，来培养学生的智慧活动。加里培林认为，这一阶段在智慧活动的形成上具有重要作用。他认为，只有物质或物质化的活动形式才是完备的智慧活动的源泉。此阶段的关键，一是展开，二是概括。展开即把智慧活动分为大大小小的操作单元，全部展示给学生观察了解。展开是智慧活动进行压缩的基础，展开工作做得越好，以后的压缩越容易。所谓概括是指在学生初步掌握展开的外部操作的直观水平上，形成关于智慧活动的较为概括的表象，要求学生把操作与言语结合起来（即边做边说），以促使智慧活动向第三阶段转化。

（3）出声的外部言语活动阶段。该阶段智慧活动已摆脱了实物或实物的替代物，代之以外部言语为支持物。如学生进行加法运算，不再借助于小棍、手指，而是用言语表现"数位对齐，个位对个位"的运算过程（即口算）。本阶段是外部的物质活动向智慧活动转化的开始，是智慧活动在形式上发生质变的重要阶段。

（4）无声的"外部"言语阶段。这一阶段的特点在于智慧活动的完成是以不出声的外部言语来进行的，即只看到嘴动，听不到声音，如学生心算。与前阶段相比，此阶段似乎很简单，只是言语减去声音而已。其实不然，它要求学生对言语机制进行很大改造，即在出声言语时是眼、口、耳、脑同时协调活动，这一阶段则要改为仅是眼、脑同时活动，因而这种言语形式要求学生进行专门的练习。

（5）内部言语活动阶段。这是智慧活动形成的最后阶段。其主要特点是智慧活动的压缩和自动化，智慧活动似乎不需要意识的参与，脱离了自我观察的范围，在言语的结构与机制上都发生了重大变化。在结构上，外部言语必须符合语法，连贯流畅，清晰易懂，而内部言语常常被压缩得不合语法，可以用一个词或词组代替一个句子或想法，是片断和简约的；在机能上，外部言语是与他人交际的手段，是指向他人的，而内部言语则为自己所用，是为调节智慧过程的进行服务的。正因为内部言语与外部言语相比有根本区别，所以，一旦程序性知识形成达到内部言语活动阶段，人们就觉察不到自己智慧活动的过程。如"9+2=?"，学生熟练掌握进位加法的运算技能后，会一口报出答案，运算过程已经简化和自动化，他已觉察不出运算的过程，只觉察到运算的结果。

2. 认知心理学的认知加工阶段理论。认知心理学从智慧技能形成过程中的认知加工活动的不同，把智慧技能的形成分为两个阶段：

（1）模式识别学习（pattern recognition），指学习者对某一特定内外刺激模式进行辨认和判断，即学习一个简单的产生式所需要的条件和相应的动作。模式识别具有两种不同的水平：低级水平的模式识别主要是识别事物的外部物理或化学的特征，如识字、听声音、辨别味道等；高级水平的模式识别则是识别同类事物的共同本质特征。通过模式识别，我们才能对事物加以分类和判断。模式识别与陈述性知识的运用不同，如"什么是哺乳动物"，我们可用"哺乳动物是胎生和靠母体的乳腺分泌乳汁哺育的动物"这一陈述性知识来回答。而对于"下列图形中哪些是哺乳动物"这类问题，则需要运用模式识别这种认知加工活动来解决。

（2）动作步骤学习（action sequence procedures），指学习者学会顺利执行完成一项活动的一系列操作步骤。如学生学习两位数的乘法时，必须理解并记住两位数的乘法规则，根据其规则进行练习直到运算熟练，达到自动化程度。动作步骤的学习实际上是从陈述性的规则和步骤开始，动作步骤的执行则从模式识别开始，即只有对需要执行某一动作步骤的情境条件的模式作出准确判别，动作步骤的执行才能有效地解决问题。

（二）动作技能的学习过程

动作技能的形成是通过领悟和练习逐步掌握某种动作操作程序的过程。复杂运动技能的形成，一般要经历四个主要阶段。在不同的阶段，学习者学习的重点及表现出的特征不同。

1. 认知阶段。这是动作技能形成的开始阶段。从传授者角度看，主要是讲解与示范；从学习者角度看，主要是理解学习任务，形成目标表象（goal-image）

和目标期望（goal-expectancy）。目标表象是指学习者了解和认知动作的要求，记住有关动作的知识及事项，在头脑中形成动作的完整表象，以此作为实际操作的参照。目标期望是指学习者根据以往成功与失败的经验，以及自己的能力和任务的难易程度，对自己所能达到的操作水平的估价，即明确自己能做得如何。例如，上体育课，学生通过视觉观察教师的示范，通过听觉倾听教师讲解的动作要领，并把教师的示范、讲解进行编码，形成体操表象，作为自己学习体操的指南，来调节控制自己做体操的动作方式。

2. 分解阶段。在这一阶段，传授者把整套动作分解成若干局部动作，学习者则初步尝试，逐个学习。由于初学，学习者注意的范围狭小，虽然分解后的动作较简单，容易掌握，但在前后两个动作的交替和过渡上则比较困难，因而导致学习者出现动作忙乱、紧张呆板、不准确协调、顾此失彼等现象。如儿童初学写字时，往往头部过低，身体歪斜，握笔太紧，用力过大；中学生初做实验时手忙脚乱等。

3. 联系定位阶段。该阶段重点是使适当的刺激与反应形成联系而固定下来，整套动作成为整体，变成固定程序式的反应系统。学习者首先要弄清刺激与反应之间的步骤，使之形成联系。其次，要增加练习次数和练习时间，加强动觉反馈，以提高动作的熟练性和准确性，提高动作质量。注意排除过去经验中的习惯干扰，防止负迁移产生。

4. 自动化阶段。这是动作技能的熟练期阶段。各个动作似乎自动流出，娴熟协调，得心应手，甚至出神入化，令旁观者眼花缭乱，叹为观止。如熟练的车技演员一边骑车，一边做优美、复杂的动作。

（三）认知策略的学习过程

大量研究证明，认知策略是可以学习的。学习认知策略的根本目的就是学习者不仅能在学习情境中应用某种认知策略，而且能把习得的策略迁移到未训练的情境之中，用于解决问题。关于认知策略的学习过程，研究较少。但大致有两种情况：其一是自上而下的学习，即学习者有目的、有意识地通过对相关认知策略的含义、作用的感知、理解，并在特定的问题解决情境中进行具体的练习，进而掌握该策略并能迁移到其他情境之中；其二是自下而上的学习，即学习者在大量解决具体问题的过程中，通过不断的经验积累，最后归纳、概括出具有一定抽象程度的相关认知策略，作为今后解决问题的一般方法。

三、程序性知识的教学

（一）智慧技能的教学

智慧技能的学习是获得一系列的产生式，运用已获得的产生式去解决新情境中的问题。在掌握智慧技能时需要做到：

1. 帮助学生形成条件化知识，掌握产生式规则

智慧技能形成的关键是把所学知识与该知识的应用触发条件结合起来，形成条件化知识（conditionalized knowledge），即在头脑中储存大量的"如果……那么……"的产生式。教师帮助学生形成条件化知识的主要途径包括：编制产生式样例学习、向学生呈现与实际生活背景相似的知识，提高知识在解决问题中的可检索性和应用性。所谓样例，是一套通向问题解决的解题程序，其中蕴涵着"条件—行动"的产生式。样例学习就是学生通过学习或阅读样例，从中找出解决问题的条件，根据条件采取行动，最终形成解决问题的产生式系统。例如，学生学习"9+2=9+1+1=10+1=11"的例题，就包含了这样的条件化知识：如果两个一位数相加的和超过10，那么将其中较小的一个加数分成两个数，分出来的一个数要和较大的一个数加起来为10……学生在样例学习中能得到一个智慧技能习得所必须的信息或步骤，把一些无关的信息排除在知觉范围之外，从而减轻认知负担，促进学生对产生式"条件"的认知与概括，最终掌握一般的产生式规则。

2. 促进产生式知识的自动化，熟练解决问题

产生式知识必须经过练习才能达到自动化程度，变成一种心智技能。西蒙等对专家和新手的实验证明了这一点。他们向被试呈现的问题是：一颗子弹射出的速度为400米/秒，枪膛长半米，假定子弹在枪膛内作匀加速运动，求子弹在膛内的平均速度。研究者对被试的口头报告的分析发现，新手解决问题所花的时间是专家的四倍，新手会出错，专家没有类似错误。尽管专家与新手在有的方面是一致的，比如他们都从阅读问题开始，都能回忆用哪个方程式，都能解决这个问题等，但专家解题时是两步或几步合成一步，解题时并不具体想某个公式、定律或方程，而新手总是先从以前学过的公式、定律中选择某一关系进行解题。因此，专家的言语记录比新手的言语记录短得多，专家说话的速度也比新手快一倍，而说话的数量只是新手的一半。这是由于他们对问题所需要的一系列产生式规则已异常熟悉，看到题目即可不假思索，立即作出相应的操作运算。

3. 加强学生的言语表达训练，促使智慧活动内化

许多学者的研究发现，言语活动能体现人们的内部思维水平，减少思维的盲目性，使注意集中于解决问题的关键因素，提高解决问题的速度和迁移水平。因此，教师要为学生创造一个民主、宽松的课堂心理环境，使学生喜欢、愿意和敢于言语表达。要加强对学生言语表达能力的训练，如要求学生大声报告思维活动，鼓励学生相互讨论等，促使学生智慧活动的内化，促进其思维水平的提高。

（二）动作技能的教学

动作技能的学习同样存在着迁移问题，即一种动作技能的掌握对另一种动作技能的形成产生影响。动作技能的迁移主要有以下几种。一是两侧性迁移，指身体一侧器官进行的学习向另一侧器官的迁移。二是言语—动作迁移，即事先的语

言训练有助于动作技能的形成。如在学习某动作时，首先进行言语指导，从而提高语言的辨别能力，最终可达到提高动作技能掌握的目的。三是动作—动作迁移。如学会骑自行车有助于掌握骑摩托车的技能。促进学生动作技能的迁移应注意以下问题。

1. 帮助学生理解任务性质和学习情境

学习任何一种动作技能都必须首先理解任务的性质和学习的情境，这是培养动作技能的必要条件和内在原因。首先，教师要使学生懂得掌握某种动作技能的重要性，形成强烈的学习动机，使学生乐于学习，认真钻研，力求掌握。其次，要向学生明确提出动作技能应达到的目标，使学生明确"做什么"和"怎么做"，形成对自己的正确估计，根据自己的能力与学习任务的目标调控自己的练习过程。

2. 教师的示范与讲解要准确清晰

教师的示范与讲解在动作技能的形成中具有导向功能，使学生能够形成规范性的动作。研究表明，指导者的示范与讲解不同，学习者的学习效果不同。如汤普森（L. Thompson）曾把儿童分为五组，在不同的示范方法下让其学习装配齿轮的七巧板，由于示范时，对各组儿童活动的要求不同，各组儿童独立完成拼装的效果呈现明显的差异。由表 4-3 可见，教师示范—学习者描述示范动作—教师纠正学生的错误（即第五组）是最有效的指导方法。

表 4-3　不同指导方法的不同效果

组别	儿童在观察时的活动	示范者的言语解释	拼容易的七巧板的时间/min	拼困难的七巧板的时间/min
1	连续加 2 至 100	无	5.7	25*
2	说出示范者所演示的	无	3.1	22
3	静默观看	不完整的描述	3.5	16
4	静默观看	完整的描述	3.2	14
5	说出示范者所演示的	纠正儿童叙述中的错误	2.2	12

*25 名儿童中仅有 3 名完成了任务。

根据观察学习原理，教师在示范之初要注意降低示范速度，分解示范动作，以提高学生的注意力，使学生能够准确把握动作结构与特点，更好地观察与模仿。

3. 加强学生的练习与反馈

任何复杂的动作技能都必须通过练习才能达到熟能生巧的程度。但不是简单的机械重复的练习。必须调动感知、记忆、思维等多种认知成分的积极参与，才能有效形成和掌握动作技能。其方法主要有以下五种。一是实地练习法，即在实习基地，学生依据所学知识从事实际操作，以形成动作技能的办法。二是程序训练法，即运用程序教学原理，把动作技能划分为若干阶段，要求学生由易到难、由简到繁地学习，教师不断给予强化矫正，以提高动作效率的方法。三是动作—时间分析法，即测量每个动作所需要的时间，排除无效动作，减少不必要的动作环节，取得最佳活动效率的办法。四是心理练习法，即身体不实际活动，而是在头脑内进行练习的形式。五是集中练习与分散练习法。集中练习是指连续练习到掌握为止，分散练习是将练习的时间分为多次进行。一般说来，分散练习可以避免长时间练习所产生的疲劳或厌烦情绪，效果较佳。

（三）认知策略的教学

认知策略的学习要经过陈述性知识的获得，然后在相同或不同的情境中应用，转化为程序性知识，认识到一套操作步骤适用的条件，达到反省认知阶段，才有广泛迁移的可能性。因此，教师要注意以下问题。

1. 培养学生树立正确的学习动机

早期的认知心理学家认为，任何认知策略都可用一套规则来描述，只要教师告诉学生某些认知策略的规则，并要求学生记住，就能使他们掌握该策略，提高学习成绩。后来的研究发现，如果学生厌恶学习，认为即使通过努力也不能达到学习目标，学习结果对他毫无价值，就不会花大量时间去尝试应用多种策略解决面临的问题，付出更多努力。只有当学生认为能控制自己的内部认知加工活动，外来的指导被他们所接受并改变他们的信息加工过程时，才能改进学习。比格斯（J. B. Biggs）的一项研究表明，学生的动机决定他们选择什么策略，决定他们使用这些策略的效果。动机强的学生倾向于经常使用他们习得的策略，动机弱的学生对策略的使用不敏感。所以，教师在认知策略的教学中，应根据学习动机的原理，注意培养学生树立正确的学习动机。

2. 丰富学生的知识背景

根据信息加工过程理论，认知策略对整个信息加工过程起调控作用，使用策略的目的就是提高信息加工的效率。这就使得策略的应用与它所加工的信息有着十分密切的关系。研究表明，策略的应用离不开被加工的信息本身，丰富的知识背景为认知策略的形成提供了基础，同时又促进学习者认知策略的应用。如林德伯格（M. Lindbergh）要求小学三年级学生和大学生记忆猫、狗等动物单词共30个，结果大学生比小学生回忆的数量多。但当他们去记忆另外30个有关周末电视节目和儿童卡通人物的名字时，小学生比大学生回忆的数量多。在第一个实验中，大学生的动物知识远远超过小学生，他们能根据动物的种属关系去记忆，小学生只是随机记忆而已。反之，第二个实验中，小学生更易采用归类的记忆方式。由此可见，学生原有知识背景是认知策略学习与应用的一个重要条件。学生学习新知识时，教师可以先进行任务分析或进行诊断性评价，了解学生达到新的教学目标所需要的知识和技能，并针对其知识背景不足的情况给予补充与扩大相应的知识经验，以加深他们的理解。

3. 根据学生的元认知水平进行策略训练

大量的研究发现，学生的认知策略与其元认知水平有关。善于灵活运用多种策略去达到特定的学习目标的学生，往往具有较强的元认知能力，并善于控制自己的学习过程（Hannafe & Carry，1981）。麦基奇（1984）通过实验研究同样发现，要使学生学会认知策略必须引导学生掌握元认知。而学生的元认知水平受学生自我意识水平的影响和制约。小学生由于其自我意识水平较低，要正确掌握并恰当运用认知策略是比较困难的，这也是低年级儿童使用策略效果较差的原因之一。随着儿童年龄的增长，他们的元认知水平也不断地发展和成熟起来。同时，他们利用其元认知调节与控制认知策略的使用，形成新的认知策略的能力也随之得到了发展。因此，我们对学生的认知策略的训练应考虑学生的元认知水平和自我意识水平的限制，遵循由简单到复杂、由低级到高级的原则，精心选择认知策略，以适合不同年龄的学生，才能达到事半功倍的作用。

4. 制订一套外显的可以操作的训练技术

尽管认知策略是个体对自己的内在过程的调控活动，具有内隐性的特点，但仍然可以通过个体的认知行为表现和揭示出来。如西蒙等人运用内省法或言语报告法、用录像带进行的刺激回忆法、同伴辅导法等，对学生的认知策略进行诱发、估价和分析，揭示了表现在学习过程中的有关认知策略，概括和总结出一定的可表征的知识体系，从而为教师的认知策略的教学提供了依据。如果教师善于把认知策略转化为一套外显的可操作的技术来控制学习者的认知行为，就能培养他们的认知策略。因此，教师要有意识地提高自己的语言表达能力，通过生动形象的语言描述，将自己的内部加工活动外化或展示给学生；另外，教师要通过具体实例向学生示范策略应用的情形，使学生能够从仿效逐渐形成自己的内部调控技能。

5. 变式与练习

促使认知策略从陈述性形式向程序性形式转化的最重要的教学条件是在相似情境和不同情境中的练习。学生在解决一类问题或学习一类课题时，所掌握的一般的认知方法，能促使类似问题的解决与类似课题的学习。所以，练习中要保持课题的同一性和连续性，通过一系列彼此联系的练习，促进学生对认知策略的学习掌握。教师要有意识、有计划地指导学生逐步概括出一类课题的共有特征和共有方法。需要指出，同类或相似课题间的不断练习，会干扰对灵活性课题的学习。因此，练习时要考虑在练习课题的同一基础上，注重课题变化，告之各种概念、原理、公式的特征和适用范围，帮助其牢固掌握这些知识的特征。教师还需要教会学生去辨认各种现象，或需要解决问题的特点，才能保证学生顺利迁移。

第四节 策略性知识的学习与教学

中小学生常常为记忆语文课文、数理化公式、历史人物事件等折磨得焦头烂额，总是希望所学知识能够过目不忘、直接存贮大脑。当然在人脑中直接存贮知识，这只能是幻想，但如何能够提高记忆效率，将更多的知识存储入大脑之中并能够被有效地保持及利用，这就涉及到策略性知识的学习和应用。

一、策略性知识的定义与分类

（一）什么是策略性知识

当代认知心理学将知识划分为陈述性知识、程序性知识和策略性知识，认为程序性知识和策略性知识并列存在，其中策略性知识是关于如何学习、如何思考的方法性知识，它处于个体知识结构的最高层次，对陈述性知识和程序性知识的学习过程起监视和调控的作用[1]。而张承芬认为策略性知识是属于程序性知识的一种[2]。此种分类方式将程序性知识分为策略程序性知识和非策略程序性知识，而策略程序性知识即策略性知识。当今教育领域对策略的研究主要涉及学习策略、元认知和自我调节的学习等研究领域。至今，对策略性知识的界定尚没有达成统一的共识。

目前对策略性知识的界定主要存在着三种取向：一是把策略性知识视为学习活动或步骤；二是将策略性知识视作学习的规则、能力及技能；三是将策略性知识认定为学习计划。这三种取向的共同之处在于将视点聚焦于学习本身的活动中，分歧则在于对策略性知识的特定性水平（即抽象性水平）定位的差异（张大均，郭成，2006）。

策略性知识在本质上是程序性知识，但有其自身的特殊性。其一，策略性知识的作用方向不是"对外办事"，而主要是"对内监控"，即策略性知识的作用对象不是客观现实世界，而是主体的主观内部世界中的信息加工过程。其二，策略性知识的基本功能是解决怎么办，即如何学才最好、最有效的问题。比如数学学习中的心算问题，关于"会不会心算"的问题是由程序性知识（即通常意义上的智慧技能）来完成的，策略性知识在这里是要解决"如何算才迅速与准确"的问题。基于策略性知识本身的特殊性，策略性知识是指用以提高效率与效果，直接作用于主体认知过程（或信息加工过程）的程序性知识。

---

[1] 邱江，张庆林. 策略性知识教学综述 [J]. 教学研究，2002（12）：309-313.
[2] 张承芬. 教育心理学 [M]. 济南：山东教育出版社，2000：211.

(二) 策略性知识的构成

奈斯伯特和舒克史密斯（Nisbet & Shucksmith）认为，策略性知识包括提问、计划、调控、审核、矫正与自检六个因素。温斯坦（Weinstein，1985）认为，策略性知识有认知信息加工策略、积极学习策略、辅助性策略和元认知策略四类。迈克卡等（McKeachie et al，1990）则将策略性知识分为三类：认知策略、元认知策略和资源管理策略（如图4-1）[①]。

```
                    ┌ 复述策略：如重复、抄写、记录、画线等
          认知策略 ┤ 精细加工策略：如想象、口述、做笔记、类比、答疑等
                    └ 组织策略：如组块、选择要点、列提纲、画地图等

                    ┌ 计划策略：如设置目标、浏览、设疑等
策略性知识 元认知策略 ┤ 监视策略：如自我测查、集中注意、监视领会等
                    └ 调节策略：如调整阅读速度、重新阅读、复查、使用应试策略等

                    ┌ 时间管理：如建立时间表、设置目标等
          资源管理 │ 学习环境管理：如寻找固定地方、安静地方、有组织的地方等
          策略    ┤ 努力管理：如归因于努力、调整心境、自我谈话、自我强化等
                    └ 其他人的支持：如寻求教师帮助、伙伴帮助、获得个别指导等
```

图4-1　策略性知识分类

二、策略性知识的学习过程

策略性知识的学习目前主要有三种模式：解决问题的一般性策略知识可以直接教授，而且可以表现出向其他情境的推广；一般的解决问题策略可以教，但不是直接传授，相反，一般的解决问题的策略很可能是一些具体的任务策略的概括而间接发展起来的；一般的解决问题的策略具有广泛的可推广性，但它们对解决问题的帮助甚微，即这些策略对解决问题并不完全有用。

就策略性知识的学习过程，赖丁（R. J. Riding）和雷纳（S. Rayner）的四阶段论较为典型[②]。他们认为，策略性知识的学习过程主要包括感知与偏好、选择、拓展、形成储备库四个阶段。

（一）感知与偏好

策略性知识学习的第一步就是个体意识到某些特定的形式或情境更有助于、更适合于自己。一般来说，当个体面对一种学习情境或任务时，必定会感受到情

---

① 陈琦，刘儒德．当代教育心理学［M］．北京：北京师范大学出版社，1997：181-183.

② 赖丁，雷纳．认知风格与学习策略［M］．庞维国，译．上海：华东师范大学出版社，2003：82-87.

境或任务的适宜程度,这种适宜程度的把握一般是透过学习者对学习任务难易程度的觉知来把握。学生对学习情境适宜度的认识,通常表现在三个方面:学习任务呈现方式的适宜程度,学习材料结构的适宜程度,社会情境的适宜程度。

(二)选择

当个体意识到某些策略适合于自己的学习时,他们就开始选择那些最合适的学习方式。如,表象型者更喜欢注意书本中的图画而不是文本。对个体来说,选择与其风格相适应的方式这一策略的发展,能够引发更为有效和有意识的策略开发。需要注意的是,不存在能够普遍适用于所有个体的"正确"的学习方式,也就是说,认知风格代表的是思维类型上的差异。因此,教师需要避免这样的观点:"这才是一种好的学习方式。"相反,教师需要做的是激励学生使用适合自己的学习方式。

(三)拓展

这一阶段至少有三种方法有助改善学习,即转换、适应和减轻加工负荷。转换,是指把呈现方式不适合个体风格的信息,转换成一种更易于加工和理解的形式。比如,表象型者可能把一页文本变成一个图表,使之以视觉方式表征同样的信息;言语型者可能用语言来描述一张图画。适应,是指一个风格维度被迫起作用,因为个体的另一个风格维度不起作用。比如,分析—表象型个体在对情境或信息形成完整的观点时,显然不如整体型者更具备有利条件,但是,通过对整体生成一种表象,也经常获得一种整体观。减轻加工负荷,是指通过一种节俭加工过程,把信息加工负荷降低到最小程度。尽管我们通常没有清醒地意识到这一点,但是,我们必须对所看到和听到的任何信息进行分析、加工,以理解其意义。这种分析要占用大脑的加工容量。如果该信息被以偏好的方式进行加工,那么加工时的信息负荷就会小于以非偏好的方式进行加工时的负荷。对个体来说,额外的加工负荷至少会导致学习该信息的时间延长。极端的情况是加工负荷超载,可能导致学不到信息。

(四)形成储备库

通过以上三个阶段,个体基本上可以获得单个的策略性知识,但要达到有效学习还必须将单个的策略整合为一个系统,并形成学习策略储备库。一是培养学习者通过自我反省等方式深入发掘自己的学习风格,在清晰把握自己学习风格的基础上,尝试将不同形式的学习内容、材料与情境转换成与自己学习风格相一致或相近的形式,从而获得多维度的策略,最后有意识地将这些策略整合为一体,形成自己的学习策略储备库;二是拓展个人的学习策略储备库,即采用反向策略把个体特征引入有意支持和强化个体学习风格的教学。

三、策略性知识的教学策略

(一) 策略性知识教学的主要原则

无论是策略性知识教学内容的确定、教材的选择还是教学方法的设计，都必须适应策略性知识学习的特点，而不是简单地将其等同于一般知识的教学。因此，策略性知识的教学受其自身的特殊性及具体策略的适用性所制约。有效的策略性知识的教学需要坚持以下教学原则。

1. 特定性原则。指策略性知识一定要适合于学习目标和学生的类型，即通常所说的具体问题具体分析。例如，研究者发现，同样一个策略，年长的和年幼的，成绩好的和成绩差的，用起来的效果就不一样。阅读时写提纲对于成人来说可能是一种有效的学习方法，但对儿童则可能相当困难。

2. 生成性原则。指在学习过程中要对学习策略重新加工，产生某种新的东西。这就是要求学习者进行高度的心理加工。要想使一种学习有效，这种心理加工是必不可少的。生成性程度高的策略有写内容提要、提问、列提纲、图解要点之间的关系，向同伴讲授课的内容要求等。生成性程度低的策略有不加区分的画线、不抓要点的记录、列出不抓重要信息的肤浅的提纲等。

3. 监控性原则。指教学生何时、何地与如何使用所学策略。这个问题的重要性虽然是显而易见的，但教学实践中却经常被忽视，这可能是因为教师没有意识到其重要性，也可能是因为他们认为学生自己能行。要知道，如果交待清楚何时、何地与如何使用一个策略，那么学生就更有可能记住和应用它。

4. 自我效能感原则。指相信自己能够使用某种策略，相信所学策略能够有效解决问题，从而增强学生愿意使用该策略的信心和主观愿望。学生可能知道何时使用策略，但是如果他们不愿意使用这些策略，他们的学习能力是不会得到提高的。那些能有效使用策略的人相信使用策略能影响他们的成绩。教师一定要给学生一些机会使他们感觉到策略的效力。有些策略训练课程必须包括动机训练，学生应当清楚地意识到一分努力一分收获。学生还要有信心学好学习策略。教师要树立这样一种意识：在学生学习某材料时，要不断向学生提问，并且根据这些评价给学生定成绩，如此促进学生使用学习策略，并让学生感到，使用学习策略就会有更大的收获。

(二) 策略性知识教学的技术

策略性知识教学的目的是为了提高学生的学习能力，也就是促使其最终形成自觉、自动、灵活的学习与控制，从而有效地在各种实际情境中应用所形成的学习策略。策略教学可以在两种情境下进行：一种是把它放在自然的学习情境中进行，同具体学科知识的教学结合起来；另一种是把它从具体学科的教学中分离出来，进行专门的教学。一般来说，较为具体的、适用于某类材料和学习情境的策略性知识，适合于在第一种教学情境中传授，而更为一般的、适用范围较广的策略性知识适合在第二种教学情境中传授。加强学习策略的教学，应注意以下几点。

1. 元认知学习的调节与控制的明晰教学

元认知能意识和体验学习情境中各种变量间的关系及其变化，并导致感情活动的形成，而成熟的学习则能根据上述体验来监视并控制学习方法的使用，使之自始至终伴随学习过程并适合于新的情境下的学习。比较典型的四种教学技术是：第一，自我管理教学，仅让学生自己运用具体的学习方法（如如何写纲要）；第二，规则教学，明晰地告诉学生如何使用具体的方法并示范；第三，"规则+自我管理"的教学，即把上述两种教学方法结合起来的教学；第四，"控制+监视"教学，接受这种方法的被试不仅被告知如何使用学习方法（包括有关学习方法怎样使用和何时使用的知识），而且知道何时和如何检查学习策略的使用（包括有关学习的监视与控制和知识）。实验结果表明，在上述四种教学中，第四种教学效果最佳，第三种次之，第二种更次，而第一种则没有取得明显的效果。

2. 教学目标中必须有策略性知识的地位，必须确立有检查"学生学会学习"的目标

任何一堂课都有特定的教学目标，它是开展教学活动的第一要素，也是检查与评定教学效果的最高标准。传统的教学目标常常只有检查陈述性知识和程序性知识的目标而忽略了策略性知识的目标，只考虑到学生对知识掌握的多少，而忽略了学生对学习知识的方法掌握情况的检测，这是"应试教育"的一个突出的弊端。应将策略性知识的掌握作为教学目标的重要组成部分，并设计相应的检测与评价手段，检查学生能否用所学知识解决新问题；能否总结出自己在学习中学会的有效的学习方法；能否将获得的新信息与头脑中已有的知识经验有机地结合起来，以促使其对获得的信息进行更深、更广的加工处理，去发掘比字面意义更深层次的意义和更完美的结构，学到更多的知识；能否用已有的知识去创造出新的成果。这样，既使学生获得了基础的知识，同时又使学生在一系列的智力活动中，学会了学习、如何去处理新的知识，学会了以自己独到的思维方式去分析、解决学习中出现的新问题，从而从根本上提高学生学习的效率。

3. 展示思维活动过程，增强策略性知识的感性体验

教育者要善于将自己内隐思维活动的展开、调节和控制过程展示出来供学生模仿，让学生获得对策略性知识的感性认识。思维活动是一个内隐的心理过程，但教育者在传递策略性知识的同时，就应善于将自己对某一知识的认识过程展示出来，比如作文老师要将自己怎样观察事物、加工处理观察材料、有机结合观察材料、字词句的提炼、初步形成作品、对作品的精雕细刻到形成一个完美的作品这一思维过程用生动的语言展示出来；而数学老师则要将审题、联想、论证、运算得出结论甚至在这一过程中可能发生的错误倾向展示给学生，使学生体验对比自己的思维过程，从中找出不足，并学习、模仿老师的思维方式，从中吸收养

分，学习正确的思维方法，培养独立思维的能力。

4. 加强三类知识的相互关联

把策略性知识的教学与陈述性知识和程序性知识的教学有机地结合起来，突出学习方法教学的成功。成功地进行策略性知识的教学必须有坚实的陈述性知识和程序性知识做保障，离开了陈述性知识和程序性知识，策略性知识的教学只能是空谈。因此，强调策略性知识的教学并不等于忽视陈述性知识和程序性知识的教学。恰恰相反，策略性知识的教学对陈述性知识和程序性知识的教学提出了更高的要求，三者应有机地统一在整个教学过程中。

5. 考虑学生的年龄特征、学科特点，做到因材施教

学生年龄特征不同，对策略性知识的理解形式与程度就不相同，因此，策略性知识的教学应根据每一年龄阶段学生的心理水平来进行。对小学、初中低年级的学生，应采取形象、直观的手段来进行，以便于学生理解；对初中高年级以上的学生，则应用抽象的理论讲解再配以适当的直观手段来进行，使学生的策略性知识水平逐步提高。同时，每门学科都有自己特定的研究对象、内容和方法，从而构成每门学科的特点。教育者应根据所教学科的特点，有针对性地传授与学习该学科相关的策略性知识，教会学生如何学习本学科，并用本学科的基础知识去分析问题、解决问题，并引导学生集各门学科之长，从中总结出带有规律性的学习方法，形成自己独特的学习风格。另外，不同的课型对策略性知识的要求也不同，传授方式也不一样，如诊断测评课，就要教给学生答题的技巧、从记忆中提取知识的方法、对各种考题的思维方法。同时，教学生学会调整自己的心态，这样，在良好的竞技状态下，即便具有中等能力，也可以发挥出较高的水平。总之，策略性知识的教学应考虑到学生的年龄特征、学科特点、课型等诸多因素，以此来决定其方式方法和具体内容，做到因材施教。

"教是为了不教"，"为迁移而教"是教学的最终目标，策略性知识的教学正是实现这一目标的有效途径。因此，教育者应树立明确的策略性知识教学的意识，不断丰富自身的策略性知识，深入钻研策略性知识的教学方法，在课堂教学中有效地实施策略性知识的教学。

【建议参考资料】

1. 皮连生. 教育心理学［M］. 上海：上海教育出版社，2004.
2. 陈琦，刘儒德. 当代教育心理学（修订版）［M］. 北京：北京师范大学出版社，2007.
3. 张大均，郭成. 教学心理学纲要［M］. 北京：人民教育出版社，2006.
4. 张大均. 教育心理学［M］. 北京：人民教育出版社，2005.
5. 赖丁，雷纳. 认知风格与学习策略［M］. 庞维国，译. 上海：华东师范大学出版社，2003.

【问题与思考】

1. 简述陈述性知识的种类及其教学策略。
2. 简述程序性知识的种类及其教学策略。
3. 简述策略性知识的教学原则和策略。
4. 在教学过程中如何促进三类知识的相互转化和有机统一?

第五章 问题解决教学与创造性培养

【本章提要】

问题解决是一种高级的认知学习,是通过对不同类型知识的综合运用从而达成解决问题的目的。问题解决不仅涉及学生的学习,教师的教学,更涉及到我们的日常生活,可以说教育的最终目标就是要教会学生创造性地解决问题。如果想要了解学生是否掌握相应内容,掌握到哪种程度,问题解决尤其是创造性的问题解决是最有力的检验手段。因此,"创造性的发展"也被认为是现代人心理素质的高级成分。本章将主要阐述问题解决的概念及其相关理论,介绍问题解决的过程与策略,探讨培养问题解决能力的教学措施,同时还将介绍什么是创造性的内涵,阐述创造性的心理结构、创造性与问题解决之间的关系,最后探讨对学生创造性培养的具体教学策略以及如何将其策略运用到培养学生创造性的实践教学活动当中。

【学习重点】

1. 理解问题解决的内涵,明确影响问题解决的因素。
2. 了解有效问题解决者的特征。
3. 掌握问题解决教学的原则和具体教学策略。
4. 理解创造性的内涵和基本心理结构。
5. 掌握培养学生创造性的具体教学策略。

【重要术语】

问题解决 问题表征 问题空间 图式 问题解决策略 元认知 思维定势 功能固着 创造性 创造性心理结构

第一节 问题解决概述

我国北宋时期著名的政治学家、历史学家,《资治通鉴》的作者司马光从小聪明伶俐,善于思考,积极寻求线索发现和解决问题。有一次,司马光和小伙伴们在后院玩耍,院子里面有一口大水缸。一个小孩爬到了缸沿上去玩,一不小心就掉进了水缸里。缸大水深,眼看那个小孩就快看不到顶了。别的小伙伴一看出了事,都吓得边哭边喊,跑到外面寻求大人的帮助。这时候司马光急中生智,捡起一块石头，使劲儿向水缸砸去，"砰"，水缸破了，被淹在里面的小孩也因此得救了。这就是广为流传的"司马光砸缸"的故事。通过这个故事，你想到了什么？这个故事对我们理解问题及问题解决有什么启示呢？

个体掌握各种知识，最终目的是用于解决问题。那么什么样的情境可以被称之为问题，它的类型有哪些？什么又是问题解决？问题解决有哪些特征？这些是我们首先需要明确的问题。

一、问题及问题解决

（一）问题的定义及其类型

1. 问题的界定

要深入了解问题解决，必须先清楚心理学家是如何看待问题（problem）的。目前学者们比较公认的观点，把问题界定为在给定状态与目标状态之间存在某些障碍，需要加以克服的任务情境。如迈耶（R. E. Mayer）认为，当问题解决者想让某种情境从一种状态转变为另一种不同的状态，而且问题解决者不知道如何扫除两种状态之间的障碍时，就产生了问题。纽厄尔和西蒙把问题界定为这样一种情境，即个体想做某件事，但不能马上知道这件事所需采取的一系列行动，就遇到了问题。一般来说，问题包含三个基本成分：（1）给定状态，即问题初始状态，表现为一组给定结论的描述；（2）目标状态，即问题的目标状态，关于构成问题结论的描述，即问题要求的答案或目标状态；（3）在问题的初始状态与目标状态之间存在的障碍，正确的解决方法并非直接的或显而易见，必须间接地通过一定的认知操作才能改变给定状态，逐渐达到目标状态。

用"司马光砸缸"的故事来分析，如果是成年的司马光做出这样的举动也许就不会让这个故事如此广为流传，因为对于成年人来讲这并不困难，也不会有障碍。而对于幼儿来说，他们既没有成人这样完善的思维，更没有掌控局面的能力。年幼的司马光更显出类拔萃，在遇到同伴淹水的情况下，大多数孩子都吓得手足无措，而他却开动脑筋，想出了用"砸缸"的方法来解决问题，从而救出同伴。

2. 问题的类型

在心理学研究中，目前人们比较公认的问题类型主要有以下三种：

（1）根据问题解决者对问题的熟悉程度，分为常规问题和非常规问题

常规问题是指问题解决者以前已经解决过或非常类似的问题。在解决这类问题时往往只需要再现性思维。在这里我们同样还是以"司马光砸缸"的故事为例，如果在场的孩子中有人以前有过同样的经历，并且用同样的方法施救并获得成功，那么对于这个孩子来讲就是一个常规问题。不过从严格意义来讲，这类问

题不符合我们的问题定义,因为初始状态与目标状态之间没有任何障碍。非常规问题则需要给出一个全新的解决方案,这类问题通常是你以前所不曾遇到的,没有任何解决经验。正因为司马光和小伙伴们都没有过这样的经历,要想及时救出同伴,这就是一个非常规问题,即它需要问题解决者努力去挖掘自己的认知潜力。联系我们的生活实际,学校中学生完成老师布置的作业大都属于常规问题,而现实生活中遇到的问题大都是非常规问题。

(2) 根据问题结构的完整性,可分为结构良好问题和结构不良问题

结构良好的问题是指初始状态、目标状态以及初始状态如何达到目标状态的一系列过程都很清晰的问题。例如现在有6个苹果,来了2个人他们分别每人吃了1个苹果,问小朋友还剩几个苹果。结构不良问题是指对初始状态、目标状态以及这两者之间转换状态中的一项或几项缺乏明确的界定的问题。比如如何提高学生的阅读能力,这样的问题并没有告诉我们在提高之前本身水平怎样,要求提高到什么程度以及明确的提高方法,这就是一个结构不良的问题。

(3) 根据问题解决所需要的相关知识,可分为一般领域问题和专业领域问题

一般领域的问题是指解决问题时所需要的特定领域的专业知识相对较少,习惯上又称为知识贫乏的问题。专业领域的问题则包含了大量特定学科领域的专业知识,习惯上又称为知识丰富领域的问题。比如要求学习文学的学生进行计算机编程等,就属于一般领域的问题,而对于计算机专业的学生来说编程就是典型的专业领域问题。不过这两类问题是相对的,可以相互转化。

(二) 问题解决及其步骤

1. 问题解决的定义

问题解决一般是指个体通过应用已学知识并在此基础上有所超越从而产生一个新答案的过程。现代信息加工心理学认为问题解决是一种以目标定向,通过问题表征,搜寻问题空间的认知过程。个体必须对原有知识经验和当前问题的组成成分进行改组、转换或联合,才能达到既定目标。

所谓问题表征,是指将一种事物转换为另一种较为抽象的符号,用以代表原来事物的心理历程,又称之为心理表征。对问题作出什么样的表征,这种表征是否适宜,是成功解决问题的关键。不同的表征形式有不同的效果。随着近年来对问题解决研究的进一步深入,研究者们也开始意识到在教育教学活动中,师生对各个学科的心理表征在该学科的学习或复杂问题的解决中同样有着重要作用。比如数学心理表征就包括符号建构、数学概念意义的确立、视觉图式、空间图式和策略启发等过程,还包括与数学相联系的情绪情感因素,如学生的态度、信念和价值观等,情绪情感可促进或阻碍对数学的理解。

所谓问题空间,从前面关于问题的定义可以看出,一个问题一般是由初始状态——开始时不完整的信息或令人不满意的状况、目标状态——期望达到的信息

或状态、操作——使初始状态转换为目标状态而采取的相应步骤三个部分构成，问题的这三个要素加在一起就是所谓的问题空间。纽厄尔和西蒙认为，问题空间就是指问题解决者对所要解决的问题的一切可能的认识状态，包括对问题的初始状态和目标状态的认识，以及如何让初始状态转化为目标状态的认识等。他们还指出，问题解决就是对问题空间进行搜索，以找到一条从问题的初始状态到达目标状态的通路。我们仍然用司马光的故事为例来详细说明什么是问题空间：首先小伙伴掉进了水缸，缸大水深（初始状态）；必须马上成功营救小伙伴（目标状态）；但是凭小孩子的能力想要站到水缸边沿直接将他拽出来几乎是不可能的，这就必须要开动脑筋，寻找一个既快速又精准的办法，于是司马光发现了地上的石头，用石头砸缸（初始状态向目标状态的转换即操作）。

2. 问题解决的特征

一般来说，任何一个问题解决活动都具有如下四个特征：

（1）问题解决具有目标定向性。它旨在实现状态之间的转换，以求得问题的答案，因此无目标的幻想不是解决问题。

（2）问题解决具有认知性。它是在个体认知系统内进行的，只能通过解题者的行为来间接推测它的存在。任何问题最终解决的效果都取决于认知活动参与的强度和质量。

（3）问题解决包括一系列心理运算和心理操作，通过选择不同算子达到最终的目标。像回忆电话号码这样的简易活动不是解决问题。

（4）问题解决具有个人性。不同个体之间在解决同一问题时由于知识、策略、思维定势、元认知等诸多因素的影响可能会表现出很大的差异。因此问题解决具有较强的个人色彩。

虽然人们强调问题解决的认知性，但实际上它是个体各种心理成分综合参与的结果。它既包括了认知成分，也有情感动机成分和行为成分。例如教师让学生写一篇作文，若学生认为不值得花时间完成或者不知道如何表达自己的思想，也就不可能很好地解决这一问题。只是目前心理学对问题解决的研究还大多集中在认知方面，近年来人们才意识到情感成分对问题解决的重要影响。因此如何把各种心理成分结合起来以形成一个完整的问题解决理论观点还有待进一步探索。

3. 问题解决的基本步骤

问题解决一般分为五个步骤：第一步，确定问题，了解问题的情景（即各种条件）；第二步，综合问题各种可能的状态；第三步，选择最佳问题解决方案；第四步，有效地监控问题解决的具体步骤；第五步，反馈与评价，根据解决问题的初步结果调整策略，以求达到目标。

如果依旧用"司马光砸缸"的例子来进行说明，依照上面的五个步骤就是：第一步，确定问题——司马光的小伙伴掉进了水缸，了解问题情景——水缸很大，里面的水很深，在场的全是小孩子；第二步，综合问题各种可能的状态即如果不马上救出同伴，他就完全有可能被淹死，但是在场的都是小孩儿，存在解救困难；第三步，选择最佳问题解决方案，即既然没有能力对伙伴进行直接营救，那要么寻求大人的帮助，要么采取其他的办法。但是要想不在时间上拖延，最好的办法就是立即采取其他办法——用石头砸缸；第四步，有效地监控问题解决的具体步骤，司马光在选择石头砸缸的时候，也许需要考虑石头的大小，以及"砸"的力度，即是否可以将缸直接砸破；第五步，反馈与评价，水缸被砸破，小伙伴也被救了出来，因此达到了目标，使问题解决。

二、问题解决的模式

问题解决的模式是教育心理学一直以来探讨的重点之一。从 20 世纪初至今，许多心理学家致力于该课题的探讨，迄今已形成了解释问题解决过程和能力的不同理论模式。

（一）行为观

桑代克通过让猫走迷宫的系列实验提出了早期的解释问题解决过程的行为观。该学说认为，所谓的问题就是有机体缺乏现成反应可以利用的刺激情境，解决问题也就是有机体获得对新的刺激情境作出适当反应的过程。如桑代克研究中的猫学会抓住连着门栓的金属绳，把箱门打开，逃出迷箱，就是解决了问题。该观点强调问题解决过程首先要通过一系列的盲目操作，不断地尝试错误，最终发现一种解决问题的方法，即形成刺激情境与恰当反应之间的联结，通过不断巩固这种联结最终达到解决问题的目的。这种观点虽然认识到了问题解决过程中存在一系列建立刺激情境与恰当反应新联结的阶段，重视问题解决的系列操作，但没有认清人类与动物解决问题的不同实质，而且否认解决问题中的目的性以及认知因素的重要作用。

（二）完形观

格式塔派代表人物苛勒以黑猩猩拿香蕉的经典实验为基础，提出了截然相反的理论认识即完形观。该观点认为，问题是有机体完形上出现的缺口，而问题解决则是弥补完形缺口的过程。个体遇到问题时，会对问题情境的当前结构进行重组，以弥补问题与答案之间的缺口，达到新的完形，从而产生一种合理的解决方案。如苛勒研究中的黑猩猩面对高处的食物（香蕉）和两根短棒，它拿起任何一根短棒都够不着高处的食物时，它的知觉完形上存在着缺口。苛勒观察到，黑猩猩拿一根短棒试着够到高处或远处的食物，当它的尝试失败以后，就开始生闷气。后来它似乎突然领悟到，两根短棒可以接起来，于是终于用两根接起来的短棒够到了食物。完形观非常强调"顿悟"在个体解决问题中的作用，但顿悟过程在完形观看来是瞬间完成的，而且认为个体的顿悟是一种先验能力，这就否定了考察问题解决的过程和培养问题解决能力的可能性。

（三）信息加工观

20世纪50年代开始出现的信息加工观将问题解决看做信息加工系统对信息的系列加工过程。以纽厄尔、西蒙等为代表的信息加工研究者首先区分了问题的客观方面和主观方面。问题的客观方面又称为任务领域（task domain），指问题的客观陈述。问题的主观方面是解题者对问题客观陈述的理解，称为问题空间（problem space）。问题空间由三个成分构成：1. 起始状态，即任务的给定条件；2. 目标状态，即任务最终要达到的目标；3. 中间状态，即任务从起始状态向目标状态转化的若干可能解答途径。每一解答途径又由若干步骤构成。信息加工观通常认为问题就是给定信息和目标之间有某些障碍需要被克服的刺激情境，问题解决也就是一种目标定向的搜寻问题空间的认知过程。其中原有知识经验和当前问题的组成成分必须重新改组、转换或联合，才能达到既定目标。该观点从信息加工状态转换的角度来理解问题解决，为人们增加了新的认识角度，对于深入探索问题解决的实质和问题解决教学具有重要启示。

（四）现代认知观

受信息加工观的启发，以奥苏贝尔、基克（M. L. Gick）、布兰斯福特（J. Bransford）为代表的一些学者开始深入探讨人类解决某类问题的实际过程。他们在对上述几种理论观点综合的基础上，运用"认知结构"、"图式激活"、"问题表征"等术语对问题解决的实际过程进行了更为深入的描述，并且非常注重各阶段之间的动态联系。持这种理论观点的学者都认为，问题解决就是把问题分为几个成分，从记忆库中激活旧有的信息或者寻求新的信息。若失败就会另寻方法或重新定义问题。而且这种问题解决不是线性的，解题者可能会跨步或联合某些步骤。这种观点虽然对学生问题解决能力的培养和教学具有直接的应用价值，但由于关注的大多是学科问题，对于如何促进人们现实问题解决能力的提高还缺乏相对有效的指导措施。

（五）情境观

近些年来，随着建构主义学习理论的崛起，以乔纳森（D. H. Jonassen）、格里诺（J. G. Greeno）为代表的另一批学者逐渐从情境角度对问题解决及其教学进行了重新阐释，认为问题解决实际上是个体在一定社会文化环境中运用原有知识经验与他人分析、讨论真实任务并主动建构问题意义的过程。这种观点非常关注结构不良问题的解决过程及其教学问题，认为学生在学校中应尽可能学会解决那些源于真实生活的日常问题。在情境观的支持者看来，只有这类问题的正确解决才能对学生的社会生活适应产生最广泛的迁移效应。建构主义学者认为这种源于生活的真实问题的解决有一些特殊之处。乔纳森根据以往的研究，提出了这类问题的一般解决过程，认为主要由以下几个步骤构成①：

1. 清晰表达问题空间和情境限制因素；2. 鉴别并阐明有关成员的其他观点和立场；3. 形成可能的问题解决方案；4. 构建理由来评价其他方案并清晰表达个人观念；5. 监督问题空间和解决方案；6. 实施并监督解决方案；7. 调整解决方案。

通过上述分析不难发现，人们对问题解决模式的认识经历了一个不断深化的过程，每种观点所强调的方面各有不同。实际生活中的问题解决是复杂多样的，也需要我们从不同角度去探索。了解这些不同的理论观点对帮助教师有效提高学生的问题解决能力有重要启发。

第二节 影响问题解决的因素

我国四大名著《三国演义》中有一个"草船借箭"的故事。周瑜为了除掉诸葛亮，让他监造10万支箭。周瑜说："10天之内，能造完吗？"诸葛亮答道："10天太多了，我只用3天，就可以交上10万支箭。"自然，军中无戏言，诸葛亮立了军令状。事后，他请鲁肃帮忙借来20只船，每船内派30名士兵。各船用青布蒙好，船两边扎上一千多个草把。第三天夜里，满天大雾。这20只船向曹军水寨冲去。由于江中有雾，曹军不敢轻举妄动，布置水旱两寨1万多弓箭手，一齐向江中发箭。过了一阵子，诸葛亮叫把船掉过来。这样20只战船的草把上，都插满了箭。他下令急速开船，又叫军士一齐高喊："谢丞相赐箭。"

在这里我们对周瑜陷害诸葛亮一事，暂且不提。只问为得到10万支箭，周瑜和诸葛亮在思路上有什么不同？很明显，周瑜的思路只是传统的"造"，而诸葛亮的思路却是"借"。从问题解决的角度来讲，遇到问题，不要总是跟着别人的思路跑，要独立思考变更思路，这是"草船借箭"给我们的启示。如果我们进一步思考，不难发现问题解决实际是受多种因素的影响。在这个故事中"草船借箭"之所以会成功，与自然和人为两方面的原因都密不可分，既要有自然界送来的"雾"，也需要孔明的"智"。我们亦称为对问题解决的主、客观因素影响。因此，什么是问题解决的关键？影响问题解决的因素有哪些？将是我们这一节要学习的重点。

一、问题解决的必备条件

（一）是否能成功排除障碍从而发现问题，是解决问题的基础

在我们的生活中许多问题看起来非常明显，但要发现它们却并非易事，因为

---

① JONASSEN D H. Instructional design models for well-structured and ill-structured problem-solving learning outcomes [J]. Educational Technology Research & Development, 1997, 45 (1): 65-94.

在这个过程中会有很多因素让我们对这些问题的发现产生阻碍。目前研究者已确认了许多阻碍人们进行有效发现问题的因素,主要集中在以下四个方面:

1. 没有养成积极主动寻找问题的习惯。这一点在学生中表现尤其突出,主要是因为课堂情景中的问题大都属于界定良好的问题,根本就不需要学生辨别。学生虽然学习时间很长,但普遍缺乏发现问题的习惯和经验。

2. 问题解决者缺乏与问题相关的背景知识。在形成图式、使信息获得意义以及理解的建构过程中,具体领域的背景知识是十分重要的,在问题解决中同样如此。比如一个十分简单的例子,需要学生做一道计算正方形面积的数学题,这就要求学生在完成之前必须对正方形的概念、性质以及计算公式等要有一定的了解,否则将无从下手。因此在我们的日常教学中,教师有必要在要求学生寻找问题解决方案之前对问题进行分析和讨论,以帮助学生获得相关的背景知识。

3. 不愿花费时间去发现问题,而宁可直接去寻找问题解决的方案。利用充足的时间来思考问题的本质将极大地深化对问题的发现,从而有利于接下来的问题解决活动。而个体的坚持性在面临最初的困难时会影响是否继续花时间发现问题。有些人不能坚持,可能会轻易地放弃,这也直接影响发现问题的概率。

4. 不愿进行发散思维的倾向。作为中国传统教育模式下的学生,由于习惯了教师长期"填鸭式"的教学方式,他们头脑中的思想往往都是老师"给"的,而不是自己"想"的。课堂上要解决的问题常常都只有一个标准答案,老师也基本围绕这个唯一答案进行教学。就像我们在"草船借箭"这个例子中所谈到的一样,周瑜的思路只是传统的"造",而诸葛亮的思路却是"借"。正因为有了他这种发散思维,才能把原本很困难复杂的问题变得简单容易化。

(二) 对问题的表征是否恰当,直接影响到问题解决的难易和速度

近年来国外的研究表明,问题表征的主要功能包括:1. 引导个体对问题的有关信息作出进一步解释;2. 促使个体根据自身知识结构的特点选择可模仿的解决方式;3. 帮助个体联想并提出一个具体的解决方案图式[1]。国内研究也表明:正确的问题表征是解决问题的必备条件,在错误的或者不完整的问题空间中进行搜索不可能求得问题的正确解决[2]。因此,是否对问题有清晰准确的理解是成功的关键。

问题表征常以两种形式出现:一种形式就是简单地思考抽象意义上的问题,而不管字面的意义,称为内在表征。另一种形式就是用某种切实可行的形式加以

---

[1] SAVELSBERGH E R, JONG T D, FERGUSON-HESSLER M G M. Competence-related differences in problem representations [M] // VAN SOMEREN, et al. The role of multiple representations in learning and problem solving. Amsterdam: Elsevier Science, 1998: 262-282.

[2] 位焕弟. 问题解决的影响因素分析 [J]. 黑龙江教育学院学报, 2009, 28 (10): 71-73.

表示，如图画、示意图或者方程等，称为外在表征。用外部具体形式来表征问题有许多重要优点：第一，利用某种外部表征形式就能很好地降低在确认和解决问题时需要同时记忆的信息量；第二，外部表征可以降低问题解决的难度。有的问题很难在头脑中得到解决，因为我们需要考虑太多的可能方案，使用一个可见的表征形式往往就能帮助问题解决者更清晰地得到解决方案。

（三）能否选择恰当的策略，是解决问题的重要环节

策略好比工具，是否选择了正确的工具，工具使用得好不好，对目标的实现至关重要。现代认知心理学研究认为，问题解决活动一般包括两类思维搜索策略：算法式（algorithms）和启发式（heuristics）。算法式即逐个尝试解决问题的各种可能性，直到找出问题解决的正确方法，它可以保证问题得到解决，但费时费力，而且往往不容易实现；启发式则以一定的过去经验为基础，采用选择性的搜索解决问题，这类策略简单省事，效率高，但不能保证问题的成功解决。

人类在解决问题时大多运用启发式策略，这类策略也是教学中要着力培养的重要思维策略。目前常用的启发式策略主要包括手段—目的分析法（means-ends analysis）、爬山法（mountain climbing）、逆推法（working backward）、联想法（associational thinking）、类比法（analogical thinking）等。

1. 手段—目的分析法

手段—目的分析法是指人们认识到当前问题与所要达到的目的存在着差异，把要解决的问题划分为一系列子目标并寻找达到子目标的手段，通过逐个解决子目标而缩短问题的初始状态与目标状态之间的差异，最终达到问题解决。可见，手段—目的分析中的"目的"就是任务目标，"手段"则是通过什么方式去达到该目标。这种方法是广泛应用于各类型问题解决的常用策略。

2. 爬山法

爬山法实质是手段—目的分析法的一种变式。它以渐进的步子向目标状态靠近。假如你在爬山，那么目标就是山顶。从山脚到山顶的过程中，你每迈出一步就离山顶即目标越来越近。这种方法可以使问题解决者对每一步是否接近目标进行评价，这样就会越来越接近目标。它是一种向前工作的方式，同手段—目的分析法不完全相同，后者有时会运用倒退工作的方式。医生在治疗慢性病患者时，往往运用爬山法，通过将药剂量的增减与疗效进行比较，来为这类患者寻找最佳用药量。爬山法最大的弱点是常常达到的不是最终目标，而是中间状态。因此在使用爬山法时，个体最好选择几个不同的起点（或方法）一起尝试，如果都达到同一点，就可以确定这是最终的目标了。

3. 逆推法

逆推法是从目标状态出发，考虑如何达到初始状态的问题解决方法。它比较适合当与目标状态相联系的解决路径明显少于同初始状态联系的路径这种情况。

最常见的例子就是儿童玩的迷宫问题。但使用逆推法来解决问题时需要解决者具备相应的问题领域内的知识，这种方法与手段—目的分析法有所不同。虽然两者都考虑目标状态并确定使用哪种手段来达到目标，但手段—目的分析法要考虑目标状态同当前状态之间的差异，而逆推法则无须考虑，所以手段—目的分析法在搜索问题空间时常受到较多限制。

4. 联想法

联想法是指根据当前的问题，充分联想自己以前解决过的相同或类似的问题，并借助该问题的解决思路来解决当前问题的方法。联想法非常强调以往经验对当前问题解决产生的启发。例如学生在解决代数应用题时，就常常需要问自己：这道题我以前解过吗？解决方法能用到这道题上吗？研究表明这种自我提问的方式能帮助学生激活过去的相关解题经验。但值得注意的是在使用联想法时，必须联想同当前问题本质特征相同或相似的事物，而不应被表面特征的相同或相似所迷惑。这是解决具体领域问题的一种常用策略，具体来说，联想法包括了相似联想、接近联想、对比联想和因果联想等多种形式。

5. 类比法

类比法是将先前解决问题的经验运用到理解新问题上的策略。有学者认为这种方法是人们在解决不熟悉问题时的主要策略。运用类比法时，首先要对问题进行表征，然后到与当前问题有关而我们又比较熟悉的领域中提取相关的解决办法，最后再评价方法的适当性。虽然类比法和联想法都涉及使用以往的经验，但类比法往往是跨领域的，而联想法则大多在同一领域内发生。个体在采用类比法时同样要求对所涉及的那个领域要有足够了解，因为具体领域知识影响了人进行类比的能力。即使是专家，在自己不熟悉的领域内使用类比法时的表现也并不比新手好许多。

总之，人们在解决问题时可供使用的启发式策略是比较多的，但人们一般不去寻找最佳的解决途径，而是倾向于寻找一个自己最满意的途径（即西蒙提出的满意原则）。所以对不同启发式策略的使用尽管可能会受到一些客观因素的影响，但作用更大的还是个体的主观心理因素。

（四）应用策略解决实际问题

是否能够成功将策略在实际问题上进行应用对问题解决有直接影响。在这一环节上存在着很大的个体差异。有的人可能应用策略相当熟练，可以迅速正确地解决问题；而有的人则可能首次使用该策略，容易出现一些错误。有经验的人可以在应用中发现策略是否恰当并能作出迅速改变，表现出比较强的灵活性；相反，没有经验的人则只能一贯使用一些陈述性知识进行有意识的系列加工，他们更急于寻找解决方案而不是分析问题，因此不愿改变不恰当的策略。个体成功应用某种策略在很大程度上取决于他对问题的表征形式和选择的策略类型。

（五）学会评价和反思

作为问题解决的最后一步，评价和反思时常被人们忽略。有人认为评价反思并不重要，因为问题已经得到了解决。实际上不愿进行评价反思的个体失去了提高自己问题解决能力的宝贵机会。评价能帮助学生更好理解具体策略的用途和使用范围。另外评价反思可使学生在更深层次上理解问题解决过程。因此，对任何复杂的问题解决任务都应该进行反思。评价反思主要可以从两个方面来进行：一是对获得结果的整个思考过程进行检查，检验推理是否合理，答案是否正确；二是可以从该问题解决活动中得到一些值得以后借鉴的经验和教训。

二、影响问题解决的主客观因素

（一）主观因素

1. 知识经验

知识经验能促进问题解决者对问题的表征和解答。它是个体解决问题的必要而不充分条件。没有足够的知识经验，谈不上培养问题解决的能力。一般认为，知识经验应包括某一专业领域中的以命题网络表征的陈述性知识、以产生式表征的程序性知识和作为特殊程序性知识的认知策略知识和元认知知识。它们主要是通过数量（知识总量）和质量（知识结构）两方面来制约问题解决效率的，这在学科问题解决中表现尤为明显。

关于对知识在问题解决中的作用的认识，主要来自于有关专家与新手解决问题的差异研究。大多数心理学家一致认为，有效的问题解决是以丰富的某一问题领域的知识存储量为基础的。在某一领域，专家拥有大量的陈述性知识，如事实、概念和原理等，并且这些知识都必须精细加工和组织化，以便需要时能很容易就从长时记忆中提取。另外，专家还以自己的方式存储大量的程序性知识和策略性知识，即条件产生式（condition-action schemata）——关于在什么情境下采取什么行动的知识。也就是说，专家能熟练地操作陈述性知识去解决问题。这样，理解问题和选择解答这两个步骤就自然而然地一起发生了，由此可以减轻工作记忆的负担，从而促进新的问题的解决。最后，由于问题解决经常不只一条途径，这就需要个体对自己的解题操作进行监控，即元认知监控。很多学生在解决问题时效率不高，往往不是缺乏知识和策略，而是不知在什么时候，以及怎样使用它们，缺乏对自己解决问题过程的认识与调节，而认知和元认知策略对问题的表征、解决计划的制定、执行以及结果评价都具有重要的指引和调节作用。

2. 思维策略

思维策略是指个体在信息加工活动中，根据一定要求和情况而采用的一些解决问题的方式方法。大量相关研究发现，思维策略是影响个体问题解决效率的最直接和最重要的原因之一。某种特定的策略与特定的思维加工过程以及思维成效有着直接联系。它直接控制着个体在什么时候应使用哪些知识和技能，该如何使用这些知识和技能。现有研究将思维策略按照结构的不同分成了特殊策略、一般策略和核心策略三类。特殊策略是指在特定学科内使用的策略，例如数学领域中常见的换元策略、数形变换策略等都属这种策略。特殊策略由于同学科知识联系紧密，对特定学科的学习有着直接的促进作用。一般策略则是指能在广泛情境中使用的策略。核心策略则是指那些在个体的一般思维活动中作用最为明显的策略。美国心理学家巴龙（J. Baron）认为有三种核心策略：(1) 联系性搜索策略，用于发现当前问题与过去知识经验之间的联系；(2) 刺激分析策略，用于分析问题情境中各要素的特性及其相互关系；(3) 检查策略，用于评价自己的认知活动并修正不恰当的问题解决方法①。需要说明的是，思维策略种类的这种划分只是相对的，因为在问题解决过程中，个体并不是孤立地使用某一种策略，往往是几种策略联合在一起发挥作用。

3. 个体的智能与动机

智能水平是影响问题解决极其重要的因素。智能的变量主要通过以下三种中介作用于问题解决。(1) 提取以及运用背景性命题（指解决问题所需运用的规律、原理、定理、定义、规则）；(2) 突破心理定势；(3) 运用问题解决策略。处于智能发展水平不同阶段的问题解决者只能解决同他智能发展水平相当的问题。智能水平高的学生，解决问题较易取得成功，智能水平低的学生，情况则相反。这是因为智能中的推理能力、理解力、记忆力、信息加工能力以及分析能力等重要组成部分都影响着问题解决。此外，智能发展水平还影响问题解决的方法，智能水平高的儿童善于检验暂时提出的解决方法，在解决比较复杂的问题时，更喜欢设想这样那样的假设。

另外，人们对解决问题的动机可以直接影响到问题解决的效果。动机强度不同，问题解决的效果也不同。心理学家的实验结果表明，在一定限度内动机强度和问题解决的效果成正比，即动机越强，效果越好；但超过一定限度则不利于问题的解决，因为动机过强容易导致人心理紧张，从而降低问题解决的效果。动机过弱则会导致在解决问题过程中无法集中精力、懒于思考甚至半途而废等情况。由此可见，中等强度的动机对问题的解决具有促进作用。不过，动机的最佳水平不是固定不变的，而是随着问题复杂程度的提高而不断上升的。

4. 问题情景与表征方式

有两个或两个以上的可能性可供选择时即形成情景。如果情景与人们过去已经获得的经验不一致而发生冲突时就形成问题情景。问题的解决是在问题情景中开始的。问题情景中各元素的空间集合方式直接影响问题的解决。实际教学与研究发现，学生解决抽象而不带具体情节的问题时比较容易，解决具体而接近实际的问题时比较困难。解决不需通过实际操作的"文字题"时比较容易，解决需

---

① 张大均. 教学心理学 [M]. 重庆：西南师范大学出版社，1997：375.

要实际操作的"实际题"时比较困难。

问题的呈现方式也会影响问题解决的过程。问题呈现方式主要是通过影响问题解决者形成问题表征从而影响其问题解决过程，如提取背景性命题、是否产生定势、运用解题策略和操作算子等一系列问题解决活动。因此，对问题的表征是否恰当，会直接影响到问题解决的难易和速度。问题表征就是对问题呈现的内化，是关于问题呈现的内在心理状态。同一问题呈现可能引起几种不同的问题心理表征。解决问题首先需要针对问题呈现形成问题心理表征，然后才有搜索解题路径达成问题目标可言。

5. 元认知

元认知是现代心理学研究发现的制约问题解决效率的又一重要因素。由于问题解决经常不止一条途径，这就需要个体对自己的解题操作进行监控。目前很多学生在解决问题时就缺乏对自己解决问题过程的认识与调节，即元认知监控。它的作用体现在问题解决过程的各个环节上，使问题解决有效地向目标逼近。大量研究表明，问题解决能力差的学生没有明显的元认知监控意识和习惯，解题过程机械呆板，往往只会照搬教师讲授的方法，解题受阻时往往也不能有条理地分析症结所在，只关心答案正确与否，很少反思过程和总结方法。而问题解决能力强的学生则表现出主动地监控自己的解题过程，例如检查问题表征是否有误，制订解题计划，解题过程中也能监控个人的行为，并作出及时调整。他们在解题之后往往进行及时反思，分析自己的得失，从而优化自己的知识结构。所以人们经常发现能力强的学生能从一道题中得到很多启示，而能力差的学生往往就事论事，不善于及时总结。因此在教学中教师必须培养学生的元认知能力和监控习惯。

6. 心向

心向是指以最熟悉的方式作出反应的倾向。它有时会促进问题的解决，但有时也会给问题的解决带来一些障碍。心向主要以两种形式发挥作用：思维定势和功能固着。

（1）思维定势

所谓思维定势就是指在问题解决的过程中作了特定加工的准备，它常常限制人的思维范围，并使所尝试的问题解决方法固定化，从而严重影响了学生创造力的发挥。教学实践中发现，学生解题中的许多失误，都是由不良的思维定势造成的。为什么呢？根据唯物辩证法观点，不同的事物之间既有相似性，又有差异性。定势思维所强调的是事物间的相似性和不变性。在问题解决中，它是一种"以不变应万变"的思维策略。所以，当新问题相对于旧问题，是其相似性起主导作用时，由旧问题的求解所形成的思维定势往往有助于新问题的解决。而当新问题相对于旧问题，是其差异性起主导作用时，由旧问题的求解所形成的思维定势则往往有碍于新问题的解决。另外，从思维过程的大脑皮层活动情况看，定势的影响是一种习惯性的神经联系，即前次的思维活动对后次的思维活动有指引性的影响。所以，当两次思维活动属于同类性质时，前次思维活动会对后次思维活动起正确的引导作用；当两次思维活动属于异类性质时，前次思维活动会对后次思维活动起错误的引导作用。

（2）功能固着

问题解决还容易受"功能固着"心理的影响。所谓"功能固着"是指一种特殊类型的消极定式，是把某种功能赋予某种物体的倾向，它往往影响人们解决问题的灵活性。在日常生活中经常会碰到这种现象，如对于电吹风，一般人只认为它是吹头发用的，其实它还有多种功能，可以做衣服、墨迹等的烘干器。能否改变事物固有的功能以适应新的问题情景的需要，常常成为解决问题的关键。

7. 原型启发与酝酿效应

（1）原型启发

原型启发就是通过与假设的事物具有相似性的东西，来启发人们解决新问题的途径。能够起到启发作用的事物叫做原型，原型通常来源于生活、生产和经验。如鱼的体型是创造船体的原型。原型之所以有启发作用，主要是因为原型与所要解决问题有某些共同点或相似之处，它能引起联想，启发思维机制，使人们的认识发生飞跃。对于学生来讲，知识的原型实质上是包摄性、概括化程度很高的基本知识、基本原理。当学生完成对知识的"理解—深化—巩固"的过程并对概念、性质、方法、规律、数量关系的理解逐步达到概括化程度时，认知结构中便积累了越来越多的活跃着的知识原型。在面临新的情境时，这些原型便会不召自来，使学生产生活跃的联想，催化出迁移、类比、假设、化归等数学思想，灵犀骤通，进而产生新的思路，使问题迅速得到解决。

（2）酝酿效应

所谓酝酿效应在心理学上的描述是指在反复探索一个问题而毫无结果时，把问题暂时搁置几小时、几天甚至几个星期之后，由于某种契机突然产生灵感，使梦寐以求、百思不得其解的问题迎刃而解，是一种"踏破铁鞋无觅处，得来全不费工夫"的现象。这种有如神助的现象，被称之为酝酿效应。

（二）客观因素

影响问题解决的客观因素主要就是问题自身的难度。一般认为问题的难度包括三个方面：第一是问题的空间大小，问题的空间越大，搜索的路线越多，问题就越难。第二是问题本身的结构特点，问题的呈现方式越符合人们的经验和知觉习惯，人们越容易知觉问题情景，问题的解决也就越容易，例如，用四条直线将九个点全部连接起来，但中间不能间断，不能重复，应该如何画线？在解决问题时，人们的思维往往限制在正方形内。事实上，如果突破了这个界限，就很容易解决这个问题了。第三是问题中所包含的无关信息的干扰，在问题中增加无关信息，会提高问题的难度，干扰问题解决。

第三节 提高问题解决能力的教学策略

问题解决作为一种能力，一直是学校教育教学高度关注的问题。如何在学科教学中教给学生思维策略，提高其问题解决的能力，成为制约教学有效性的重要指标。而要有效实施问题解决教学，首先必须要了解一个有效的问题解决者应该具有哪些特征？该遵循哪些教学原则才能培养和提高学生的问题解决能力，这是本节着重探讨的问题。

一、有效问题解决者的特征

什么样的人是有效的问题解决者？他们身上通常都有哪些特征？这是教育工作者在培养学生自主解决问题能力所需了解的首要问题。在解决问题能力培养的过程中，将这些特征作为教学目标，是快速提高问题解决能力的有效捷径。国外学者（Glaser & Chi，1988）认为，专家之所以能够高效率地解决问题，是因为他们具备以下七个显著特征。

（一）在擅长的领域表现突出

专家一般在解决自己擅长领域的问题时较为出色，而不是在所有的领域，即专家长期积累的经验只能在具体领域中发挥作用。在某一领域的专门知识不太容易运用到其他领域里。往往这种专门知识积累起来非常缓慢，而且需要大量精力的投入。因此专家只能在自己熟悉的领域内高效率地解决问题。

（二）以较大的单元加工信息

研究发现，专家之所以能更有效地组织信息，是因为他们能将信息转换为更大的、更高效利用的单元。例如，有学者就发现象棋大师和新手的工作记忆容量并没有明显差异，但是前者往往能分析并记住大量的信息（如能回忆出一些复杂的实战棋局），因此他们具有出色的分类能力。他们能将当前有意义的信息加工成为自己熟悉的图式，但对于加工无意义的信息（如回忆随机摆放的棋子的位置）则并不一定比新手表现更好。

（三）能迅速处理有意义的信息

这是因为专家往往能更有效地搜索和表征问题。如果有机会观察一位数学家解决数学应用题的话，你就会发现他能轻而易举地确认相关信息、选择恰当策略。这主要是因为他们以前解决过大量的类似问题，积累起来的这些经验使专家通过回忆类似问题和解决方法并很容易找到合适的策略。他们已将一些基本技能的执行完全自动化，而且在收集信息的过程中就能进行直觉推理。

（四）能在短时记忆和长时记忆中保持大量信息

专家在解决问题时观念和行动的产生都是高度自动化的。这种自动化操作使他们以更有效的方式运用自己的短时记忆。例如，数学家能有效地激活和使用恰当的解题策略，这对他们的认知资源几乎没什么要求。这样他们的认知资源就能用于完成一些更高层次的认知任务，如监视自己解题的进度、评估解决方法等。

（五）能以深层方式表征问题

专家通常将他们的注意力放在问题的基本结构上，而不是问题表面特征上。专家更倾向于将问题分解成子目标并通过顺向推理的方式来最终解决问题（即使用手段—目的分析法）。

（六）愿意花费时间分析问题

在许多研究中人们都发现专家花费了更多的时间来确认和表征问题，而一旦问题得到了理解，在选择解题策略时就耗时甚少。他们为了简化问题，往往会使用一些复杂的分析策略。大多数数学教师都清楚，数学成绩好的学生在解决数学题之前，都会对问题形成一个有意义的表征，而后进生往往是将数字直接代入公式，很少考虑问题和公式的意义。

（七）能很好地监视自己的操作

在解决问题之前专家更可能产生其他的假设，在解题过程中更可能迅速排除不恰当的解决方法。而且研究也证实，他们能更为准确地判断出问题的难度，在问题解决的各个阶段，能始终保持反思，给自己提出一些恰当的疑问，能较好地监督自己的问题解决过程。

二、问题解决教学的原则

（一）加强学生问题解决的态度训练

在影响问题解决效率的诸多因素中，许多因素与个体的主观态度有密切关系。有研究者曾将成功解决问题的人和失败者进行比较，发现他们在态度方面存在如下差别：成功者在解决问题时更有自信心；更重视认真思考和推理，而不是乱猜；精力更集中，而较少分心；更有耐心和毅力，较少烦躁和厌倦；随时愿意抛弃已有的思路和答案，而积极寻找更好的思路与答案①。因此教师在培养学生问题解决能力时，首先要注意加强态度的训练，至少有三个方面需要注意：一要训练学生积极思考问题，二要注意培养学生解题的自信心，三是要求学生严谨地思考问题。

（二）问题解决的思维训练与学科教学紧密结合

问题解决能力的培养只有与学科知识的教学相结合才是真正有效的。现代心理学非常强调结合学科教学进行问题解决能力的训练，能使学科知识的传授和能力训练相互渗透，便于学生领会、掌握和迁移。当然在这样训练时，不能涉及过

---

① 张庆林．当代认知心理学在教学中的应用［M］．重庆：西南师范大学出版社，1995：215．

于高深的学科知识。如果学生能在不同学科同时得到训练,相信他们的问题解决能力和学科学习成绩都能得到不同程度的提高。

（三）注重结构不良问题的训练

学生在学科领域中遇到的问题大多属于结构良好的问题。而现实中可能遇到的问题,绝大多数情况下都是结构不良问题。目前学生所接受的问题解决训练基本上都属于结构良好的问题,对于学生实际问题解决能力的提高成效并不显著,一遇到实际问题,学生往往不知道如何着手解决。因此教师在实际教学中必须加强对结构不良问题的训练。例如提供的已知条件偏多,让学生判断哪些条件有关或无关,或提供的已知条件不足,让学生自己补充,也可创设一个问题情境,让学生去发现问题。

（四）强调一般思维方法和具体问题解决技能的有机结合

心理学的研究表明,当训练内容由具体的和个别的问题解决技能构成时,迁移效果较好,这样个体习得的能力容易在类似的任务中迁移。因此问题解决能力的培养不能脱离实际,必须将一般思维方法和具体技能结合起来。这样教师需要事先对训练目标进行细分,只有这样,才能在平时教学中将问题解决能力的训练落到实处,以对症下药,不断提高训练效果。由于学生问题解决能力的提高是一个长期的过程,国内有学者建议将问题解决训练目标分为三级：能力目标、学科目标和学期目标[1]。三级目标彼此相扣,相互对应。目标越往下,越具体,越便于教师操作；越往上,抽象程度越高,迁移范围越广。目前这方面的研究工作仍在进行中。

三、有效问题解决的教学策略

学生问题解决能力的提高并非是一蹴而就的,它需要教师多方面的指导。现代心理学研究认为,有许多具体的教学策略可以帮助学生成为更好的问题解决者。

（一）样例教学

样例教学（worked example instruction）是利用样例促进学生问题解决图式形成的一种有效教学策略。样例是包含特定类型问题具体解决方案的实例,一般认为由对问题的详细说明、解决步骤和最终答案三部分构成。澳大利亚心理学家斯韦勒（J. Sweller）根据认知负荷理论（cognitive load theory）最早提出了这一策略[2]。他认为学生能否成功地解决问题取决于是否具有构造良好的问题解决图式,而且图式所涉及的规则（定理、法则、公式等）是否达到了熟练的自动化

---

[1] 张庆林,杨东. 高效率教学 [M]. 北京：人民教育出版社,2002：73.

[2] SWELLER J. Cognitive technology: some procedure for facilitating learning and problem solving in mathematics and science [J]. Journal of Educational Psychology, 1989 (4): 457-466.

水平。他认为传统教学模式习惯于先由教师讲解例题,然后由学生练习大量习题,这并不利于图式的形成。因为学生在解答传统的习题时,头脑中最重要的目标是找出未知条件,注意力集中在已知条件、未知条件、当前问题的状态上,认知负担非常重,几乎没有认知资源可以用来形成图式。而使用样例就可以使学生将更多的认知资源用于确定并记忆问题结构和规则的运用,从而加速问题解决图式的形成。一般认为它适用于界定良好领域的问题解决教学,如数学、物理、计算机编程等学科。已有研究和实践表明,该教学策略的实施过程主要包括三个通用步骤:1. 引入新主题,教师首先要给学生呈现该主题所涉及的背景知识、原理和规则;2. 示范证明,教师运用少量的样例向学生展示如何使用所介绍的原理或规则;3. 课堂练习,教师要求学生解决一些目标具体的常规问题来练习如何运用相关解题原理和规则。

大量研究已经证明,样例教学策略能促进学生问题解决图式的形成,并能节约教学时间。例如,朱新明和西蒙合作的教学实验就表明,采用这种方式可以用三年的时间学完四年的数学内容[1]。此外这种策略还有利于提高学生的练习强度,培养他们自主学习的能力,降低学生学习上的自卑感和无助感。但必须注意这种策略并不适用于所有学生。近年来的研究已揭示,它主要在以下情况比较有效:1. 对某学科领域不熟悉的新手型学生能从有指导的直接样例教学中受益;2. 随着学科内容对于学生变得更为容易,教师指导的力度要逐渐降低;3. 随着学生相关知识经验的增加,样例要逐渐从特定内容的教学中消失[2]。

(二) 基于问题的教学

基于问题的教学(problem-based instruction)又称为抛锚式教学(anchored instruction),是一种教师促使学生积极主动地解决实际情境或接近实际情境中的复杂问题的教学策略。它是当代建构主义理论提出的一种有效教学策略。建构主义认为学生的学习应在与现实情景相类似的情景中发生,以解决学生在现实生活中遇到的问题为目标[3]。教学应创设与真实任务类似的问题情境,尽可能让学生在这个完整、真实的问题情境中产生学习的需要和兴趣,并通过亲身体验和感受,主动识别、探索、发现和解决问题。教师在这种教学中所扮演的角色是提出问题、促进探索和交谈,最重要的就是要给学生提供恰当的框架,促使他们进行

---

① ZHU X, SIMON H A. Learning mathematics from examples and by doing [J]. Cognition & Instruction, 1987 (4): 137-166.

② KALYUGA S, CHANDLER P, TOUVINEN J, SWELLER J. When problem solving is superior to studying worked examples [J]. Journal of Educational Psychology, 2001, 93 (3): 579-588.

③ CUNNINGHAM D J. Assessing constructions and constructing assessments: a Dialogue [J]. Educational Technology, 1991, 31 (5): 13-17.

探索和实际问题解决能力的增强。它主要适用于界定不良领域的问题解决教学。

研究表明，该教学策略的实施过程主要包括如下步骤。1. 组织小组。在作为一个小组探索问题之前，学习者和促进者（facilitator）（通常为教师）分别自我介绍，互通姓名，形成良好的氛围。2. 开始一个新问题。教师用少量的信息给学生提供一个复杂的问题，这个问题应该尽量与其在现实世界中的情况相接近。学生要选一个人做记录员，负责在"白板"上记录解决问题的过程，包括问题中的事实信息、想法和假设以及所确定的学习要点和活动计划。在开始之前，学生和促进者要对问题解决的目标达成共同的理解。在解决问题的过程中，学生要确定对解决问题而言很重要而他们又不太理解、需要进一步学习的概念，即学习要点（learning issues）。起初，教师可能会更多地引导。随着学习的进行，学生能更多地管理他们的学习要点，促进者就要慢慢地"隐退"。3. 后续行动。小组成员再次集合，沟通他们所学的东西，基于他们新学习的东西生成新的解决问题的假设。4. 活动汇报。各小组利用各种不同形式来报告自己的结论以及得出结论的过程，比如数学分析、图表、口头报告、戏剧表演等。5. 问题后的反思。教师引导学生们有意地反思问题解决的过程，要求考虑这个问题与以前所遇到的问题的共同点与不同点，这可以帮助他们概括和理解新知识的应用情境①。国外大量研究已经表明，基于问题的教学是一种相当有效的问题解决教学策略。例如，有学者对采用该教学策略与传统教学方式下医学学生解决问题的过程作了对比，同时与生物化学家和内科医生解决问题的策略作参照。结果发现，传统教学下的学生和内科医生解决问题时采用的是以记忆为基础的方法，而采用该教学策略的学生以及生物化学家则倾向于采用以分析为基础的方法，后者解决问题的准确性更高②。

（三）配对解题

配对解题（pair problem solving）是一种面向高层次思维策略的教学策略，它能给学生及时提供反馈信息，使学生明白在解题过程中自己已经理解的和尚不清楚的信息。这种策略要求学生在解决某个问题时将自己头脑中出现的所有内容大声连续地告诉他人，而配对者（教师或其他学生）要仔细倾听和分析该学生解题时的加工活动和进展，检查并指出其所犯错误。它使学生解题时的思维过程具体化，从而帮助学生从一个崭新的角度看待自己的想法。国外学者认为这种技术就是解题者和倾听者来配对解决问题并且不断互换各自的角色。研究表明，

---

① HMELO C E, FERRARI. The problem-based learning tutorial: cultivating higher order thinking skills [J]. Journal of the Education of the Gifted, 1997, 20 (4): 401-422.

② BOSHUIZEN H P A, SCHMIDT H G, WASSMER L. Curriculum style and the integration of biomedical and clinical knowledge [C]. Paper presented at the second international symposium on problem-based learning. Yogyakarta, Indonesia, 1990.

使用这种策略，教师可以使学生学会复述解决问题所必需的概念，并将这些概念同已储存的背景知识取得联系，从而对问题产生更深的理解。因此这种技术在课堂实践中有着非常重要的应用价值。该策略的具体实施过程如下：教师可以让全班学生搭配成对，给每对学生提供一系列问题。在解决每个问题时让学生轮流承担解题者和倾听者的角色。解题者大声阅读问题并说出问题答案，倾听者要跟踪解题者的解决步骤并察觉出现的任何错误。为了提高倾听的效率，倾听者必须理解解题者每个解题步骤背后的推理过程。当解题者对自己的解题步骤不清楚时，倾听者需要提出一些询问性问题，但必须注意这些问题既不能引导解题者得到答案也不能明确强调某个具体错误。

国外的一些研究已证明了配对解题策略的有效性。例如，金（A. King）让学生解决几个类似电子游戏的问题。他把学生随机分成三组（有指导的相互提问组、单纯提问组和对比组）。每周训练2次，每次45分钟，共持续了3周。训练后的测验表明，有指导的相互提问组的成绩都明显高于另外两个组，表明训练学生两人一组对解题过程和认知策略相互提问有助于他们问题解决能力的提高①。

（四）出声思维

出声思维（thinking aloud）是传授高层次认知策略的另一种有效教学策略。出声思维策略和配对解题策略较为类似。它同样需要个体在解决问题时大声说出能意识到的所有解题步骤和心理加工。当学科领域专家使用这种策略时，就可以将他们的思维过程示范给所有学生，从而使学生明白如何着手解决和思考一个具体问题。教师使用这种教学策略可以帮助监督和改善他们对问题的理解，防止解题时过于匆忙，导致不必要的错误。当教师让学生单独解题时，这种技术尤其有价值。它会使学生在完成学业任务时更清楚地意识到自己头脑所发生的一切，从而更好地提高自己的成绩。因为出声思维技术能让学生更系统地思考问题，避免解题时在错误的方向上浪费太多精力。虽然许多学生在实际解题活动中已经不自觉地运用着这种策略，但教师仍有必要在教学中强调，使学生清楚地意识到在解决复杂问题时出声思维是一种有效的方式。

该策略的具体实施过程如下：1. 教师或学生将自己头脑中出现的内容（如观念或表象）转化为语言并大声表达出来；2. 解决问题时要讲出所有的思考步骤，无论这些步骤是多么不重要或显而易见；3. 在着手解决某个问题之前，就先说出头脑中思考的内容，例如准备做什么、为什么要做、如何做、何时做等。即使是猜测，大声报告也是非常重要的。也许会说："我想应该使用几个星期之前用过的一个复杂的公式，好像是二次方程式……不，不对……应该用昨天课堂

---

① KING A. Effects of training in strategic questioning on children's problem solving [J]. Journal of Educational Psychology, 1991 (3): 307-317.

上学的那个公式",等等。

第四节　创造性培养

法国著名科学家法伯发现了一种很有趣的虫子,这种虫子都有一种"跟随者"的习性,它们外出觅食或者玩耍,都会跟随在另一只同类的后面,而从来不敢另寻出路。法伯做了一个实验,他花费了很长时间捉了许多这种虫子,然后把它们一只只首尾相连放在一个花盆周围,在离花盆不远处放置了一些这种虫子很爱吃的食物。一个小时之后,法伯前去观察,发现虫子一只只不知疲倦地围绕着花盆转圈。一天之后,法伯再去观察,发现虫子们仍然在一只紧跟一只地围绕着花盆疲于奔命。七天之后,法伯去看,发现所有的虫子已经一只只首尾相连地累死在了花盆周围。后来,法伯在他的实验笔记中写道:这些虫子死不足惜,如果它们中的一只能够越出雷池半步,换一种方式,就能找到自己喜欢吃的食物,命运也会迥然不同,最起码不会饿死在离食物不远的地方。其实,与这些虫子一样,在我们的生活中有时换一种思维方式会带给我们不一样的精彩人生。不墨守成规,应用新颖的方式解决问题,这就是"创造性"。

"创造性"是人类心理发展中最美丽的花朵,是人的高级心理素质。然而,现行教育并未像重视知识传授那样重视创造性的培养。本节将简要探讨创造性一般原理,重点探讨创造性培养。

一、什么是创造性

近年来,创造性研究成为心理学领域中十分活跃的研究领域。虽然人们一直强调创造性对于个体发展的重要性,但对于什么是创造性,目前并没有一个公认的观点。我们通过对众多创造性定义的归纳概括发现,对创造性的理解主要有四种观点,这四种观点也体现了创造性研究的四种范式和方向。

（一）能力观

依据创造性人才的能力水平,把创造性看做是"发现新联系,产生不寻常观念和背离传统思维方式的一种能力"。如吉尔福特（J. P. Guilford, 1986）把创造性看做是以追求多种答案和解决问题的方法为特征的发散思维能力。拉姆斯登（Charles J. Lumsden, 1999）认为:"创造性是一种发明新事物、获得重大发现的能力。"斯滕伯格（R. J. Sternberg, 2003）认为:"创造性是指创造新颖的、高质量的恰当事物的能力。"我国学者林崇德认为,创造性是"根据一定目的,运用一切已知信息,产生出某种新颖、独特、有社会或个人价值的产品的智力品质"。现在多数心理学家同意,"创造性是一种创造新产品的能力,这种产品既新颖（独创的、预想不到的）又适宜（不超出现有条件的限制,产品是有用的）。"但创造性究竟属于什么能力却有分歧。一种观点认为创造性是特殊能力；另一种观点认为创造性是综合能力。当前创造性的系统观强调构成个体创造性的能力因素是多种多样的，是多种能力的综合体。

（二）过程观

个体的创造性总是体现在问题解决活动中。依据创造活动的发展进程和个体创造活动的认知过程，将其分为不同质的几个阶段。例如沃拉斯（Wallas）把创造过程分为准备、酝酿、分析、验证四个阶段；托兰斯（Torrance，1962）把创造性视为"这样一个过程，即对问题、不足、知识上的缺陷、基本元素的丢失、不协调、不一致等现象变得敏感，并找出困难，寻求解决途径，作出猜想或构成假设，对假设进行检验和再检验，也许是修改和再检验，达到最终结果"。就认知过程而言，梅德尼克（Mednik，1967）强调创造性就是已有观念或关系的重新联结与组合过程，并认为在新的情境中，联想与组合的各种因素越是遥远，其创造性越突出。国内学者彭聃龄则认为，"创造性是指人们应用新颖的方式解决问题，并能产生新的、有社会价值的产品的心理过程。"尽管过程观的研究取向重视对创造性的心理结构和过程的分析，开创了创造性研究的新思路，但是却忽视了创造性个体的人格因素和社会因素，受到人们的批评。

（三）人格说

人格说强调创造性个体的人格因素，认为创造性的本质在于个体在创造活动中表现出来的不同于一般的某种人格特征。为了验证这一假设，有研究者将名人（被认为有创造性）和普通人进行对比，结果发现他们在某些人格特质上确实存在显著差异，这些特质包括独立判断、自信心、对困难的兴趣、审美倾向和冒险性。斯滕（Stein）与米尔（Meer）采用墨迹测验对化学家的人格特质研究也发现，其人格测验分数与他们的同事们对于其创造能力的评定分数的相关系数高达0.88。梅克凯南（Mackimmon）对建筑工程师的创造性进行研究则发现，从被试选择的形容词来看，创造能力强的人具有独特的个性，即不平凡的志趣和自由表现的特点；创造能力稍差的人，则有一般的良好品质，如做事有责任感，对人态度友善。持这种观点的学者一般都倾向认为具有创造性的人，总是具有好奇、进取、探究、专注、热情、自信、坚韧、自制、挑战和敢于冒险等明显的人格特征。

（四）产品观

近期西方心理学家主要从创造性产品这一角度来界定创造性。关于创造性产品，许多研究者都强调了其新颖性和恰当性两种重要特征。格鲁伯和沃拉斯（Gruber & Wallace，1993）认为：“创造性是新颖和价值的统一体。具有创造性的产品应该既新奇，而且从某种外在的标准来看是有价值的。”斯滕伯格（2003）在强调创造性作为一种能力和人格品质的同时，也强调了创造性产品的重要性，认为个体的创造性活动必须产生新颖的、高质量的恰当事物。事实上，创造性是深藏于主体内部的心理品质，很难客观评价，但创造主体在某一创造情境下进行的创造活动最终会表现为一定的创造产品，那么，创造产品在一定程度上就体现了主体的创造过程，反映了主体的创造性品质，因此，从创造产品角度定义创造性，来分析创造性的本质，具有相对的客观性。但是人们对新颖性的界定，却有不同标准。如有的强调对一门学科或文化而言是"新的"时，该观念或产品才具有新颖性，才能称得上是创造性的；而学校教育情境中的新颖则更多地是强调创造性的观念或产品必须对生产者个体而言是独创的、新颖的。

尽管关于创造性定义的理论探讨众说纷纭，各有特色，很难在短时期内形成较为统一、普遍可接受的看法，但人们总体上仍倾向于有必要在实际应用层面提供一个相对明确、便于理解掌握和运用的操作性定义，认为这对于明确教育目的和培养目标、制订教学计划大纲、选择组织教学内容、课程设置及教材、教法、教学组织形式的落实，乃至教育体制改革都具有重要的实践指导意义。综合已有的研究成果，张大均等认为，创造性是个体利用一定内外条件，产生新颖独特、有社会和个人价值产品的能力与相应的人格特征整合的心理品质①。这种心理品质不是单一的，而是综合的，不是线型的，而是多维的，它包括与创造活动密切联系的认知品质、人格品质和适应性品质。创造性表现于创造活动（过程）之中，其结果以"产品"为标志，其水平以产品的"价值"为标准。

要进一步明确创造性的内涵，还必须把握创造性与智力的关系。研究发现，创造性与智力并不呈线性相关。总结已有研究成果，其关系主要表现为：1. 高创造性者，智力一定很高；2. 高智商者，创造性可高可低；3. 低智商者，创造性一定低；4. 低创造性者，智商可高可低。结合创造性的"门槛效应"，智商低于 120 分，可能较难进行有创造性的工作，但智商超过 120 之后，智商的增加并非意味着更高的创造性。低智商会影响创造的成就这是显而易见的，但智力超常同样也可能影响个体的创造性。比如，有些高智商的人会自满、自负，由于有超常的智力作保证，他们失去了对获得新事物至关重要的好奇心；高智商的人很容易学习知识，按现存的规则行事，因此他们就没有动力去怀疑和改善现有的知识。

二、创造性的心理结构

关于创造性的心理结构问题，是直接决定着在学校教育中能否科学地培养和发展学生创造能力的重要理论问题。当前越来越多的心理学家认为，创造性是由多种心理因素构成的复合体，其心理结构具有多维性。张大均等研究者认为创造

---

① 张大均. 教育心理学 [M]. 北京：人民教育出版社，2005.

性是由多种心理品质有机结合构成的心理结构系统，主要包括创造的认知品质、人格品质和适应品质三个子系统。

（一）创造性认知品质

创造性认知品质是指创造性心理结构中与认知加工有关的部分，它是创造心理活动的核心，为众多研究者所强调。结合已有研究，我们认为创造性认知品质主要包括创造性想象、创造性思维、创造性认知策略三个方面。

1. 创造性想象

创造性想象是在人脑中对已有表象进行选择、加工和改组，形成独特的新形象的心理过程。创造性想象是创造的翅膀，是人类创造性活动中必不可少的因素。没有创造性想象的参与，就很难创造出新事物。爱因斯坦正是借助于超越时空的想象，创造了相对论；潜水艇的发明正是得益于80多年前著名科幻小说家凡尔纳的想象。因此，可以说想象推动了创造，创造得益于想象。创造性心理学家奥斯本曾指出，人的创造能力就是想象的能力；爱因斯坦也断言"想象比知识更为重要"。

2. 创造性思维

创造性思维是创造性认知品质的核心，它通常与常规思维相对而言。常规思维是指人们运用已获得的知识经验，按现成的方案和程序直接解决问题的心理过程。而创造性思维则是指用超常规方法，重新组织已有知识经验，产生新方案和新成果的心理过程。其主要特征：（1）流畅性。是指在给定时间内能产生、联想起更多的观念，它反映了思维的敏捷性。（2）变通性。是指能超越习惯的思考方式，在更广阔的视角下开创各种不同的思路，展示众多的思考方向，体现了思维的广度。（3）独特性。是指善于对信息加以重新组织，产生不同寻常、与众不同的见解。（4）综合性。是指创造性思维是各种思维的综合，是抽象思维与形象思维、发散思维和聚合思维、逻辑思维和非逻辑思维相互作用而出现的整体思维功能。（5）突发性。是指创造性思维往往在时间上以一种豁然开朗标志着某一突破的获得，通常表现出一种非逻辑性的特征，这是长期量变基础上的质的飞跃，主要表现形式是灵感和顿悟。不过，现在多数研究者认为，创造性思维是一个复合体，它是由多种思维有机组成、协同作用的。首先，创造性思维是发散思维与聚合思维的统一。其次，创造性思维是逻辑思维与非逻辑思维的统一。

3. 创造性认知策略

创造性想象和创造性思维是创造性中极其重要的心理因素。但是，如何进行创造性思维和想象才能更好地从事创造活动？这就涉及到创造性思维和想象的策略问题，可称为创造性的认知策略。它是指有效地进行创造性思维和创造性想象的方法和操作程序，为近年来众多创造性心理学家所关注，并提出了许多有助于创造性思维和想象的认知策略，如克劳福德（P. R. Crawford）的"属性列举法"、泰勒的"幻想法"、奥斯本的"头脑风暴法"、戈登（W. J. Gordon）的"分合法"、爱德华·德·波诺（Edward de Bono）的"旁通思维法"等。

在创造性认知策略中，有一种重要的策略，那就是元认知策略，它倍受心理学家的关注。帕森特（Pesut）认为，既然创造性是一个认知过程，那么元认知就将作为它的基础并影响它。费尔登豪森（J. F. Feldnhusen，1995）正式将元认知技能作为与知识基础、人格因素相并列的创造性的三方面之一，并认为创造性过程中应当有一系列加工新信息和使用原有知识基础的元认知策略。斯滕伯格在其"创造力三维模型理论"中也强调了元认知的作用。他认为元认知在创造性解决问题的过程中起着计划、监控和评价的作用。其实，元认知在创造性认知活动中的作用就是提供创造性活动的反馈信息，以利于随时纠正可能出现的错误，达到创造性地解决问题的目标。

（二）创造性人格品质

创造性人格品质是有创造性的人所具有的个性特点，它对创造性的发挥起着极重要的推动作用。创造人格品质包括创造动力特征、情意特征、人格特质等。

1. 创造动力特征

创造动力主要表现为创造动机，它反映的是个体从事创造性活动的目的和意图。根据创造动机对创造活动的不同影响，可分为外部动机和内部动机。如果一个人的创造性活动受外界奖赏如获得物质利益、他人表扬或自我保护的需要驱动，那么，他的创造性活动就是受外部动机驱使的。这时，其创造性活动就是达到某个较长远目标（如使自己成为社会尊敬的人）的手段，它本身不是目的。外部动机是以集中注意力于外部奖励、外部认同、工作的外部方向为标志。如果一个人的创造性活动受他的好奇心、探究欲望、认识兴趣所驱使，受所探究问题的感染和吸引，以获得新颖独特的问题解决方法为目的，那么，他的创造性活动就是受内部动机驱使的。这种动机是以创造性活动本身为目标，以工作本身的挑战性和愉悦性为标志。许多研究发现，内部动机会比外部动机导致更高水平的创造性，过高的外部动机会阻碍创造性水平的发挥。尽管外部动机不如内部动机对创造性的作用大，但并不是说外部动机根本不推动创造性的发挥。有些人对某项工作并无兴趣，但由于他意识到该工作对他的地位很重要，他也能通过意志努力去干好工作，并常表现出卓有成效的工作效率。

2. 创造情意特征

创造的情意特征主要包括创造情感和创造意志两个方面。其中创造的情感主要表现为对创造具有积极的情感体验，有较高的创造热情，有强烈的创造欲望。研究发现，高创造性的学生往往表现出情感丰富的特点，他们办事热心，对创造充满热情，有高度的责任心。创造的意志是指人们自觉调节创造行动，克服创造活动中的各种困难以实现创造目标的心理品质，具体表现为对创造活动坚持不懈，即使失败也不气馁，而要敢于面对、敢于挑战，努力克服。其实，个体的意志往往表现为一种毅力，反映的是个体坚持、有恒、自我控制和调节的优良品质。坚强的意志品质是个体产生创造性思维的有力保证。研究发现，高创造者总是表现出对创造活动具有坚强的意志品质，他们不怕失败和挫折，敢于挑战。

3. 创造性人格特质

创造性的人格特质在创造性中有着不可忽视的地位和作用。斯滕伯格研究曾指出，人格的某些因素在个体创造性活动中起着与认知因素同样重要的作用，其中克服困难的意志力、动机、求知欲、冒险精神及对认可的期望等人格特质是创造性个体的典型特征。如吉尔福特等通过对创造性个体的研究发现，其典型人格特征主要有：(1) 有高度的自觉性和独立性，不肯雷同；(2) 有旺盛的求知欲；(3) 有强烈的好奇心，对事物的机理有深究的动机；(4) 知识面广，善于观察；(5) 工作中讲求条理性、准确性和严格性；(6) 有丰富的想象力、敏锐的直觉，喜好抽象思维；(7) 有丰富的幽默感，表现出卓越的文艺天赋；(8) 意志品质出众，能长时间地专注于某个感兴趣的问题之中。我国学者董奇（1993）认为，创造型儿童的一般人格特征主要表现为：具有浓厚的认知兴趣；情感丰富、富有幽默感；勇敢、甘愿冒险；坚持不懈、百折不挠；独立性强；自信、勤奋、进取心强；自我意识发展迅速；一丝不苟。陈国鹏等人对创造力得分甚高的中小学生进行了人格测试发现，他们在智慧性、乐群性、敢为性和低紧张性等特征上得分也甚高。我们综合已有的众多研究观点认为高创造者所具有的共同的人格特征为：(1) 强烈的好奇心和求知欲，乐于接受新事物，对智力活动和游戏有广泛兴趣；(2) 想象丰富，好幻想，富于直觉；(3) 勇于探索、渴求发现，不满足于现有结论，具有挑战性和冒险性；(4) 独立自信，不盲从，不轻信；(5) 自制力强，能克服各种困难，专注于自己感兴趣的问题之中；(6) 富有幽默感。

(三) 创造性适应品质

创造性适应品质是指个体在其创造性认知品质和创造性人格品质的基础上，在自己特定年龄阶段所规定的社会生活背景中，通过与社会生活环境的交互作用，所表现出来的对外在社会环境进行创造性的操作应对，对内在创造过程进行调适所表现出来的创造性行为倾向，具体表现为创造的行为习惯、创造策略和创造技法的掌握运用等。个体内在的创造性认知特性和人格特质是创造性行为倾向产生的内在条件，外在特定性质的社会生活环境是创造性行为倾向产生的外在条件，而个体与社会环境的交互作用是创造性行为倾向形成的决定性因素。其中，创造的技术与技巧是个体进行创造性行为的工具，个体一旦形成或掌握相应的创造技法和思维策略，就有助于使其形成有益于创造的态度和心理习惯，如判断的独立性，探索复杂问题的意愿，超越最初观念的坚持不懈。创造性适应品质发展较高的个体，总是具有较高水平的发散思维策略，他们面对问题常常表现出这样的思维习惯：想出许多的观念，即"我能想出多少种方法？"（流畅性）；想出多种多样的观念，即"有多少种其他不同的想法吗？"（灵活性）；想出与众不同的观念，即"努力想出一些别人想不到的东西"（独特性）；为观念增添细节，使其变得更好，即"我应该怎样改进这个观念呢？"（精细性）。其实，这些思维习惯就是高创造性者所具有的创造行为习惯，也就是创造性适应品质的具体表现。

总之，创造性心理结构的三要素既互相独立又相互联系。它们分属不同的心理范畴，但又处于同一心理结构之中，为创造这一共同的心理机能服务。然而它们各自在创造中的地位和作用是独特的，不可代替的，任何只强调其中一种因素而忽视其他因素的做法，其结果都将严重阻碍个体创造性的发展和发挥。

三、创造性的培养措施

（一）营造鼓励创造的环境

环境主要包括社会环境、学校教育教学环境和家庭环境几个方面。有研究者通过实验证实，很多环境因素诸如外部评价、监督、外部奖赏等都有碍于人的创造性。人本主义心理学家罗杰斯指出，有利于创造活动的一般条件是心理安全和心理自由。当代著名神经病学家艾略特（S. Arieti）认为，最有利于创造性培养的社会环境是：1. 能够充分接触和使用各种文化手段；2. 具有对文化刺激的积极接受性；3. 注重发展而不仅仅着眼于眼前；4. 任何公民不受歧视，一律平等；5. 在受到严酷的压迫和排斥之后，能享有自由；6. 能正视不同的甚至相反的文化刺激；7. 容忍不同观点；8. 接触有价值的人；9. 提供刺激和奖励。

学校本身是发现、培养学生创造性的场所，然而现实并非如此。大多数学校太注重学科知识传授或考试而排斥了其他方面，这样就压制了学生创造性才能的发挥。因此，营造有利于学生创造性发展的学校环境是促进儿童青少年创造性发展的必要条件。就学校和家庭教育环境而言，首先，应倡导民主式的教育和管理，放弃权威式的教育和管理，给学生思想和行为的自由。其次，改革考试制度，为学生创造宽松的学习环境，使有创造性的学生有时间干自己想干的事，有机会干自己爱干的事。第三，增加自主选择课程的机会和有针对性的课程设计。第四，为学生提供创造性人物的榜样，通过这些榜样人物的激励，使学生潜移默化地受到影响。

（二）培养创造型的教师队伍

在一堂高中语文课上，语文老师正在给学生们讲解信陵君盗兵符救赵的课文。硬生生的"中心思想"之类的题目肢解了这个有趣的历史故事，课堂显得有些枯燥。这时，一只突兀的手举了起来，接着是一个学生的提问："老师，你能给我们讲讲信陵君与如姬的故事吗？"老师略微停顿了几秒钟，放下了粉笔和课本，反光的眼镜片看不见老师的眼睛，学生们担心这个突如其来的问题会招来老师的批评，老师扶了扶眼镜给学生们讲起了故事：信陵君和如姬的故事是一段"野史"，话说信陵君与如姬之间有段不被接受的恋情，用现在的话来讲也就是小叔子和嫂子相爱了……当下课铃声响起时，故事也接近了尾声。老师收拾起书本对同学们说：故事结束了，今天的作业是请大家充分发挥自己的想象描写出你们心中信陵君与如姬的爱情故事。有的学生写得很美，文章中写道：如姬飘然的倩影让信陵君不敢正视……而有的学生却写得略微干瘪，甚至一位男生在文章末尾写到：老师的要求实属强人所难，故事没有被证实，何有细节可言。

这是一堂"难能可贵"的语文课，没有一味的灌输，没有过于详细、琐碎的教学内容，没有枯燥乏味的重点讲解，没有压抑的课堂纪律。老师用有趣的故事激发了学生的学习兴趣、营造了良好的课堂氛围、丰富了学生的课余知识，并且给予了学生想象的范围和创造的空间。老师并没有因为学生打断教学计划而生气，这样的宽容给了学生安全感，这是一种无声的力量，支持着学生的创造精神。老师也并没有以简单的故事草草收场，而是不失时机的布置了"另类的"家庭作业，使学生在充分发挥想象的同时，也考查了学生的爱情观。这可谓是创造型教师的典范。

要培养富有创造力的学生，首先需要创造型教师。托兰斯研究发现，那些善于培养学生创造性的教师所具有的典型特征是：1. 尊重与众不同的疑问；2. 尊重与众不同的观念；3. 向学生证明他们的观念是有价值的；4. 给予不计其数的学习机会；5. 使评价与前因后果联系起来。比夏普（W. Bishop）采用教师特征量表对109名被超常少年确认为是成功的、富有创造性的教师进行研究，总结了创造型教师的一般特征：他们往往具有很强的成就动机，总是全力以赴地去解决各种问题，努力争取比别人做得更好；他们热爱自己的工作、喜欢学生，对学生表现出友好和善的态度。同时，他们的教育观点多是以学生为中心的；创造型教师在课堂及班级事务中表现得更富有责任心，更有效率，更有条理。较之一般教师，他们也更有活力，更具有想象力，而且这些教师对教学和学生具有很高的热情。在教学管理方面，创造型教师有着自己独特的管理艺术：1. 使学生相信，教师并不是有最高创造力的人。学生的创造性有可能超过老师并有更好的创造性；2. 公平地对待班上的每一个学生；3. 对敢于提出意见的学生表示赞许；4. 对学生所提出的新奇意见应予以重视，并鼓励学生对其独特之处进行分析；5. 对学生自发提出的问题，教师不要先行回答，而应鼓励学生进行思考，共同寻求可能的解决方法；6. 鼓励学生相互讨论问题，制止学生间相互攻击、嘲讽和贬损的态度；7. 适时地参加学生的讨论，应以平等的态度与学生共同交换想法，使其忘却师生界限，师生双方完全以探讨和解决问题为中心；8. 对于爱好表现的学生，一方面肯定他们帮助他人和与人合作的行为，另一方面也要对他们指出，应该给别人留有表现的机会，只有这样，才有利于吸收他人精华，改进自己的思路；9. 对不希望表现的学生，应尽量利用各种机会，鼓励其进行创造性的表现，使其有与别人相等的表现机会；10. 教师还应注意避免因鼓励学生独立、自由的思考和表现而使整个集体处于涣散松懈的状态（董奇，1993）。

没有教师创造性素质的提高，学生创造性的培养便无从谈起。为此，要培养学生的创造性，必须对教师进行有关创造性的相应培训和专门指导。首先，要转变教师的教育教学观念，使教师形成理解并鼓励学生的创造，把培养创造性作为一种教学目标等现代教育理念；其次，要教给教师必要的创造技法和思维策略，提高他们自身的创造意识和创造能力；再次，要为教师提供比较明晰的具有实际应用价值的关于创造性的操作定义、相应的评价标准和程序、有效的教学策略和技能。最后，作为一个教师，应不断学习关于创造性的心理学知识，有意识地根据心理学的理论去指导自己的实践，并在教学实践中熟练运用那些已被证明是卓有成效的创造性认知策略，从而促进学生创造性的发展。

（三）发展和培养创造性思维

在作文课上，老师要求学生以《春》为题完成一篇命题作文。班里一部分学生写景，一部分学生写事。其中一学生从春入手，写到春兰空调，还说自己家以前生活怎样不好，后来爸爸工资提高，一家人买了台春兰空调，一台不够还买了两台。从中反映改革的春风对中国人民生活的影响。老师将这篇作文作为范文向全班同学展示，并以这篇角度新颖的作文激发学生的创造性。这样大力提倡学生有新见解，学生的创造性思维能力才能得以发展。

创造性思维是创造性的核心。关于创造性思维的培养，哈尔曼（R. Hallman）建议：1. 使学生主动地学习，自己发现问题，进行试验和提出假设；2. 在班上形成相互合作的民主作风，避免权威态度；3. 使学生不断接受新信息，鼓励"过度学习"；4. 采用专门的创造思维训练法，如鼓励回忆与自由联想，鼓励提出（哪怕是不寻常的）主张，鼓励采用不为人知的方法去使用熟悉的物体，鼓励以不寻常的方式使用材料和概念等；5. 应推迟对学生的意见的判断；6. 促进智力灵活进步和取得成绩；7. 培养对问题的敏感性；8. 认真对待学生提出的问题，教师的提问不应局限于书本；9. 让学生与不同事物积极接触；10. 培养学生忍受挫折的能力；11. 引导学生抓住事物的整体结构。

戴维斯（Davis）还提出了四种培养创造性思维的教学策略：1. 局部改变法，要求学生改变事物的局部结构或属性；2. 棋盘法，要求学生使用方格式棋盘，作纵横交错的组合性思考；3. 检核表法，要求核对事物的各种属性是否有任何改变的可能，并考虑如何改变；4. 认同法，要求学生提出类似问题的已知解决办法。

此外，还要注意加强直觉和灵感等非逻辑思维的培养。我国现行的教学对非逻辑思维的培养重视不够，有时甚至背道而驰。结合我国的教学现状，非逻辑思维的培养应注意以下几个方面：1. 加大思维的"前进跨度"，提倡大步骤思维，培养思维的跳跃能力；2. 加大思维的"联想跨度"，养成学生敢于把人们容易忽略的习惯上认为毫不相干的、表面上看来微不足道的问题联系起来或进行移植；3. 加大"转换跨度"，引导学生敢于否定原来的设想，善于打破固有的思路；4. 给学生大胆探索与推测的体会，教师授课不要总是给予清晰、明确的答案，而应有意识地给予一定的模糊度，留给学生推测与探索的空间。

（四）开设创造课程，教给创造技法

教学是培养学生创造性的重要途径。因此，开设创造性课程已成为国内外开发创造性的有效途径，尤其是一些发达国家已开设多种创造性课程。如创造发明课、自我设计课、推测课、假设课、发散思维训练课等。实际上，从我国学校教育现状来看，创造性思维的训练主要应通过各科教学，结合学科特点进行。无论是语文还是数学，自然科学还是美术音乐等，都可结合学科特点来训练学生的发散思维。

在创造性课程的教学中，注重教给学生基本的创造技巧与方法是培养创造性的有效措施。其中，促进创造性发展的主要创造技法有：1. 头脑风暴法，意即像暴风骤雨一样给头脑以思想冲击。通过多人集体讨论，在相互激励、相互启发、相互感染的集体氛围中，摆脱固有观念的束缚，逃出僵化的习惯思维，焕发想象力，从而引起创造性思维的连锁反映，形成综合创新思路。2. 系统探求法。为打破传统思维束缚，对问题的解决进行系统设问，特性列举等来培养和提高学生的创造性思维。3. 联想类比法，即由一个事物想到另一个事物，如接近联想、类似联想、对比联想、因果联想、从属联想、遥远联想等。4. 组合创新法，即按照一定的技术需要，将两个或两个以上的技术因素（如性能、原理、功能、结构或模块等）通过巧妙的组合，去获得具有统一整体功能的新技术产物的过程。5. 对立思考法，即从事物完全对立面来考虑问题，得出新的观点。6. 转换思考法，是一种在没有直接解决问题的通路时，走间接的通路巧妙绕过问题解决障碍而实现问题解决的方法。也就是平常说的"换个角度想想"、"另辟蹊径"等。

（五）塑造创造性人格

创造性人格是创造性的重要组成部分，培养学生的创造性人格是培养创造性的重要内容。如何培养学生的创造性人格，心理学家提出了种种建议。概括说来主要有以下几点：1. 保护好奇心。研究表明，好奇心、自尊心与创造性有正相关。好奇是创造活动的原动力，它促使学生对未知的东西进行主动的尝试与探索。但是，如果学生的好奇心、求知欲在早年未得到支持与扶持，就会衰退，其创造性就会降低。因此学生的好奇心、求知欲以及由此引起的各种探索活动，应该受到鼓励和奖赏,不应受到摧残而过早夭折。2. 解除对错误的恐惧心理,培养冒险性和挑战性。怕犯错误的焦虑会严重阻碍独创性。学生怕犯错误,就会"保险起见",放弃新的探索与尝试,而循规蹈矩,这就会泯灭创造性活动所需要的"甘愿"冒险、敢于挑战的可贵精神。3. 鼓励独创性与多样性。创造就是要出新东西,它是独创性与多样性的表现。在教育活动中,应注意培养学生独立自主的能力,重视学生与众不同的见解、观点,支持学生以不同的方式理解事物,以多样的手法表现同一主题,发展学生的个性和独创性。此外,自信与乐观、忍耐与有恒、合作、严谨等也是创造性人格培养的重要方面。

【建议参考资料】

1. 皮连生. 智育心理学 [M]. 北京:人民教育出版社,1996.
2. 张大均. 教学心理学 [M]. 重庆:西南师范大学出版社,1997.
3. 刘爱伦. 思维心理学 [M]. 上海:上海教育出版社,2002.
4. 张庆林,斯滕伯格. 创造性研究手册 [M]. 成都:四川教育出版社,2002.
5. 张大均,郭成. 教学心理学纲要 [M]. 北京:人民教育出版社,2006.

【问题与思考】

1. 什么是问题解决?影响问题解决的主客观因素有哪些?
2. 有效问题解决者具有哪些特征?
3. 问题解决教学应遵循哪些原则?有哪些教学策略?
3. 什么是创造性?创造性主要包括哪些心理要素?
4. 为什么存在"高分低能"现象?学科教学能传授问题解决技能吗?
5. 中小学应如何培养学生的创造性?

第六章 规范学习与教育

【本章提要】

  日常生活、学习和工作中普遍存在规范。没有规范和规范的遵从，社会就难以存在下去，更谈不上发展；没有规范和规范的遵从，生活和工作就会陷入混乱。规范学习对人的发展至关重要，它是个体全面发展的要求，是个体社会化的重要途径。本章首先探讨了规范学习的内涵、特征及其作用，介绍了主要的规范学习理论；其次分析了影响规范学习的因素；最后提出了规范教育需要遵循的原则和教育策略。

【学习重点】

1. 理解规范学习的概念与特点。
2. 了解规范学习的主要理论。
3. 明确影响规范学习的因素。
4. 掌握规范教育的原则和策略。

【重要术语】

  规范　规范学习　情境化策略　强化法　价值辨析法　群体讨论法　移情法　说服性沟通法　角色扮演法

第一节　规范学习概述

  吴王阖闾给孙武出了个难题，要求孙武操练宫中一百多名宫女。孙武把这些宫女分为左右两队，并指定吴王最为宠爱的两位美姬为左右队长，让她们带领宫女进行操练。孙武站在指挥台上，认真宣讲操练规范：向前，就是目视前方；向左，视左手；向右，视右手；向后，视后背。孙武同时向宫女们交待了不同的击鼓声代表以上动作的标准。安排就绪，孙武便击鼓发令。然而尽管孙武三令五申，两位队长与其他宫女们都因感到新奇、好玩，而不听号令，捧腹大笑，于是队形大乱，操练难以为继。孙武召集军吏，根据兵法，要斩两位队长。吴王听说孙武要杀掉自己的爱姬，派人传命，要求赦免她们。但孙武执意杀掉了两位队长，任命两队的排头充当队长，继续练兵。当孙武再次击鼓发令时，众宫女前后左右，进退回旋，跪爬滚打，全都合乎规矩，阵形十分齐整。

以上故事说明，规范和执行规范是一项工作取得成功的保证。事实上，规范在社会生活、工作和学习中普遍存在，它是维护社会秩序，保证工作和学习顺利进行所必需的，规范学习对学生的社会适应也非常重要。研究规范学习首先要明确什么是规范和规范学习，规范学习有哪些特点，关于规范学习有哪些理论观点。

一、什么是规范学习

规范是一个熟悉的概念，但在学术界对其界定却很不统一，分析规范的内涵应从词源开始，综合各家观点，抓住各概念界定的核心要素。

（一）规范的含义

在汉语中，"规"本义指画圆的器具，引申为圆形、法度等义；"范"本义指一种祭祀活动，假借为法则、模范等义。在现代汉语中，规范指明文规定或约定俗成的标准。英语中，"规范"一词来源于拉丁文"norma"，本义指木匠手中的"规尺"。在现代英语中，在不同领域用不同的单词来指称"规范"，如standard，norm，specification 等皆有规范之义。

规范在社会各领域广泛存在。在政治活动领域有其规范，如我国的四项基本原则，世界大多数国家都有的民主平等原则等；在经济活动领域有其规范，如等价交换原则，经济活动主体平等原则等；在社会生活领域有其规范，如法律法规、待人接物的礼仪礼节等；在社会各群体中也有各群体内部的规范，如不同民族具有的民族习俗；在社会各行业都有其活动规范，如各生产行业的产品性能标准，各服务行业的服务原则、职业道德等；社会各种活动中都有其具体的规范，如论文写作规范、档案管理规范、会计核算规范等等。

不同学科、不同学者对各自研究领域的规范展开研究，作出了不同的规范界定。美国著名科学哲学家托马斯·萨缪尔·库恩（Thoms Samual Kuhn）提出科学研究领域存在规范即范式（paradigm），并认为规范是群体内成员所共有的，决定着群体内成员的世界观和价值观的一套信念和价值标准（P. Eduards，1967；冯锲，1911）。著名经济学家凡勃伦认为，规范是个体意识的集中，它在个体的互动过程中变得具有公理性。当代美国社会学家伊恩·罗伯逊认为，规范是人们共同遵守的对特定环境中的人的正当行为方式作出规定的准则[①]。社会心理学家谢里夫，将规范理解为社会规范，认为规范是建立在群体中引导社会成员作出反应的那种共同标准或思想。行为科学认为社会成员共有的行为规则和标准就是规范（R. Gwin & P. Norton，1993）。

不同学科、不同学者对规范的理解不一致，但是这些观点却表达出规范具有

---

① 伊恩·罗伯逊. 现代西方社会学［M］. 赵明华，译. 郑州：河南人民出版社，1988：75.

三方面含义。第一，规范主要是指社会规范。规范最初的意义指客观物，如规尺等，后来规范一词用于社会领域，指社会规范，并成为其最主要的含义。第二，规范的本质是一种价值标准体系，即是社会成员或团体对某一存在或事件怎样才算好、怎样才是合理、正确和令人满意的问题的一致认识与看法，如小学生行为规范，就是我们对小学生的行为怎样才算合理，才算正确的认识或看法。第三，规范表现为一系列的行为准则，如人际交往过程中的规范，就是关于怎样待人接物、应该做什么和不应该做什么的一系列行为准则。

概括这些分析，我们认为，规范主要指社会规范，它是某些社会成员或团体对某一存在的好坏、优良等的较为一致的认知与看法，它往往以明文规定或约定俗成的行为标准表现出来。简单地说，规范就是体现一定价值标准的明文规定或约定俗成的行为标准。

（二）规范学习的含义

规范学习指学生获得一定的规范认识，将规范所确定的行为标准内化为其价值体系的一部分，从而建构起内部的行为调节机制的过程。

规范学习首先需要获得对一定规范的认知，即在学习者心里形成对某一规范的记忆、理解以及对遵循规范的重要性的认识。其次，通过个体与环境的交互实践活动，将认知的规范内化为学习者内部的价值体系的一部分。至此，学习者深信规范的正确性和遵循规范的必要性，并产生应该怎样行为做事的心理意向。最后，规范学习最终要实现用内化的规范、新生成的个人价值体系来调节自己的行为，形成行为习惯，并用新的价值体系评价他人的行为表现。例如，学习者学习"爱护公共卫生"这一规范，首先学习者要知道爱护公共卫生，就是自己的行为不能破坏公共场所的卫生，如果公共场所的卫生遭到破坏，要以自己的行为恢复其卫生的环境；同时还能认识到，维护良好的公共卫生，对自己、对整个社会或某一群体来说是有重要意义的。在获得维护公共卫生的认识的基础上，学习者深信维护公共卫生是自己应尽的责任，不维护公共卫生的行为是不正确的，从而在学习者的价值体系中生成维护、热爱公共卫生的内容。最后学习者用自己的关于必须维护公共卫生的价值观念调节自己的行为，使自己的行为与自己的价值体系一致，符合规范的要求，并在看到别人爱护公共卫时产生肯定的积极评价，看到别人破坏公共卫生时产生否定的消极评价。

规范学习是一个认知与行为过程，也是一个情感过程。规范学习的认知过程指学习者通过对规范内容与意义的学习，获得规范的相关知识，形成规范观念和规范认知能力的过程；规范学习的行为过程是指学习者积累规范的操作性经验，获得与规范相一致的行为方式与行为习惯的过程；规范学习的情感过程是指形成与规范相一致的情感体验与需要状态的过程。规范学习就是通过这三个过程，规范主体的活动实践，构建知、行、情的一体化结构的过程。规范学习缺少某一环节都不是成功或不完整的学习。例如，某学生学习"热爱同学"这一规范，如果他（她）知道怎样才算热爱同学，在实际活动中也有热爱同学的行为表现，从不打骂同学，但是对别人有欺负同学的行为却不产生厌恶的情绪，也没有相应的行为表现，那么我们说这名学生的规范学习是不成功和不完整的。

二、规范学习的特点与作用

分析规范学习的特点，有利于在规范学习与规范教育中，利用其特点，采取更有效的学习与教育方法；分析规范学习的作用，可以增强我们搞好规范学习与规范教育的决心。

（一）规范学习的特点

规范学习是一种让学生学会"做人"的学习，它与让学生学会"做事"的知识、技能的学习迥然不同。规范学习的特点主要体现在以下几点方面：

1. 情感性

规范学习的情感性是指规范学习整个过程都伴随着情感过程，它是规范学习区别于一般的知识和技能学习的本质特征。在规范学习中，情感过程渗透在认知学习和行为学习的所有方面，可以说没有情感，就没有规范的内化。没有情感体验相伴随的规范认知是一种僵化的教条，难以实现其对行为的导向功能；没有情感驱动的规范行为是机械被动的行为或虚假行为，失去了规范学习的本来意义。因而，情感在规范学习中绝不仅是三分之一的成分，而是反映了规范学习的本质特征。

2. 实践性

规范学习的实践性是指规范学习与实践联系紧密，实践既是规范学习的途径，也是规范学习的出发点和归宿。与知识的学习相比，规范的学习与实践联系更为紧密。规范学习的最终目标是要形成符合规范的行为方式或行为习惯，而行为习惯的养成离不开实践。规范学习需要学习者在实践中，在主客体相互作用的过程中，将外在的规范内化为内部需要，在此基础上，还能在实践活动中，用内化了的规范调节控制自己的行为。在现实生活中常常会发生这样的情况：学习者虽然掌握了规范，形成了对规范的基本认知，却由于缺乏必要的行为技能与行为习惯，导致不符合规范的行为发生。例如，学生知道"同学之间要团结互助"的规范，也正确地理解怎样才算同学间的互助，很多学生却在实践中忍不住将自己的作业拿给同学抄，帮助同学隐瞒错误等等。发生这种违背规范的行为的一个重要原因就是学生缺乏同学间团结互助的实践，使得学生对规范的理解只停留于表面，也未能完成规范的内化过程。所以，只有在实践中，在主客体的交互过程中，更深入地理解规范，不断矫正不符合规范的行为，规范才能真正为学习者习得。

3. 约束性

规范学习的约束性指规范学习的结果总是体现为规范对学习者认知、评价和行为方式的约束。规范不仅会约束学生的认知与评价，还会约束学生的行为方式。虽然不同群体与社会的规范会有所不同，但从其性质上来说，不外乎倡导性规范和禁止性规范两类。倡导性规范重在唤起个体的某种精神力量，激发起某种强烈的行为动机，促使其产生某种行为。禁止性规范重在制约个体不合理的欲望与冲动，以制止违规行为的发生。但是规范学习的这种约束性并不完全是强制性的。现代教育研究、心理研究都表明，规范学习的约束性是学生学习的主动性与受动性相结合的体现。

4. 延迟性

规范学习的延迟性指规范学习要达到最终的内化目标需要较长时间。规范学习的目的在于使学生形成良好的行为习惯，促进其身心健康发展。但习惯的养成非一夕之功。规范行为的养成是在社会交往活动中，经过教育、训练而形成的，它的发展显示出不同的阶段和层次。如冯忠良等从社会规范的遵从态度确立的角度，认为社会规范的接受过程体现为由低到高的不同层次，其中依从、认同和信奉是三种最典型的水平①。曾欣然把规范行为的养成过程分为模仿、依从、遵从、服从、自控、习惯和乐为七个阶段②。这些都说明规范学习要达到最终的完全内化效果需要较长时间，具有延迟性。

（二）规范学习的作用

规范学习是儿童社会性学习的核心，也是儿童心理发展的重要基础和内容，是提高儿童的社会适应性，造就新一代社会成员的根本途径。

1. 规范学习是建构儿童良好品德和性格的重要途径

性格是人对现实的稳定的态度和习惯化的行为方式，品德是人的思想品质和道德品质的总称，品德最终形成性格的一部分。正如黑格尔所说："一个人做了这样或那样一件合乎伦理的事还不能说他是有德的，只有当这种行为成为他性格中的固定要素时，他才可以说是有德的。"品德和性格是儿童行为的重要调节机制和个性的重要组成部分。良好品德和性格是在一定先天素质的基础上，在社会生活环境中，在规范学习的过程中逐渐形成和发展起来的。离开了规范的学习，儿童不能了解和掌握各种规范，不能形成执行规范必要性的认识，不能产生履行规范的需要和动机，不能获得与规范相关的情绪体验，不能产生规范行为和获得规范行为的经验，当然也就不能形成良好的品德，其性格养成也就存在不足了。

2. 规范学习是儿童社会化的重要途径

社会化是个体从生物人成长为社会人，具备社会特性并逐渐适应社会生活的过程。社会化对儿童发展极其重要，它主要包括个性的发展、传递社会文化和社

---

① 冯忠良，伍新春，姚梅林，等. 教育心理学 [M]. 北京：人民教育出版社，2002：481.
② 曾欣然. 德性培育心理学 [M]. 北京：警官教育出版社，1998：93-94.

会角色的获得三个基本方面。这三个基本方面都离不开规范的学习。社会文化的核心内容包括价值体系和社会规范两大部分，传递社会文化就是传递价值体系和社会规范，而完成社会规范传递的基本保证就是规范学习。社会角色是指与人们的某种社会地位、身份相一致的一整套权利、义务规范与行为模式。每一社会成员在现实世界中都充当着不同的社会角色，因此每一社会成员都需要学习特定社会角色的权利、行为规范和行为模式，这就需要规范学习。

3. 规范学习是儿童健康心理形成的途径

虽然对心理健康的界定众说纷纭，但学者们都强调了心理健康中的社会适应这一因素。如张大均明确提出了"积极适应，主动发展"的心理健康教育目标[①]。那么，如何提高儿童的社会适应性呢？其实社会适应性说到底是一种社会规范适应。社会对于个体的作用突出表现在为个体的社会行为制订出一套规范系统，一套如何做人、如何与他人相处的规则和准则。这套系统随着社会的发展不断调整和更新。儿童只有通过社会规范学习，内化规范系统，以此指导自己的行为，达到良好的社会适应。因此，社会规范学习是提高儿童社会适应性，进而提高心理健康水平的必经途径和重要保证。

三、规范学习的心理学理论

几乎心理学各学派都有涉及到规范学习的理论观点，这些观点给规范教育带来许多启示，这里简单介绍几种规范学习理论。

（一）行为主义理论

行为主义学者对学习问题的看法有些分歧，但我们可概括出以下共同的理论要点。1. 学习的实质。行为主义认为学习的实质是形成情境与反应之间的联结。2. 条件反射原理。条件反射是行为主义的重要学习原理，它可以分为两种：经典条件反射和操作性条件反射。经典条件反射由巴甫洛夫提出，这种条件反射，是某种刺激出现个体才作出某种反应，它需要中性刺激（不能激发某种反应的刺激）与无条件刺激（个体天生就对其产生反应的刺激）反复结合才能建立。操作性条件反射由斯金纳提出，这种反射由个体在某个情境中先作出某种反应，而后导致某个结果，如果结果是积极的，那这种反应就会被强化，在以后出现的概率就会增加，相反就会削弱。3. 强化原理。某一行为导致的某种结果增强了这种行为出现的可能性就叫这种结果对这一行为的强化。行为会因强化而增强，因不强化而消退。4. 准备律。当某一情境与反应准备联结时，给予联结就引起学习者的满意，反之则引起烦恼。5. 练习律。包括应用律和失用律。应用律，即

---

① 张大均. 加强学校心理学健康教育，培养学生健全心理素质 [J]. 河北师范大学学报，2002（1）：17-23.

一个已经形成的可以改变的联结若加以应用，就会使这个联结增强；失用律，即一个已经形成的可以改变的联结如不应用就会使这个联结减弱。6. 效果律。在情境与反应间建立可以改变的联结，并发或伴随着满意的情绪时，联结力量就会增强；并发或伴随着烦恼的情绪时，联结就会减弱。

根据行为主义学派中的经典条件作用观点，要使规范得以内化就要注意给予中性刺激，接着给出能引起特定反应的无条件刺激，经不断的重复，中性刺激成为条件刺激，从而将会获得原来由无条件刺激所引起的反应。例如，要让学生内化"尊敬师长"这一规则，就可以使它与一个具有肯定意义的观念相联结，经过不断强化，使这一规则也具有类似的肯定性意义。对一些应予以反对的不良行为标准，则只需要将其与否定意义的观念相联系，使其在不断强化后获得否定性意义。根据行为主义学派中的操作条件作用观点，个体是否内化规范，内化什么样的规范，总是受到所在环境的影响，如果所在环境赞同这些规范，那么这些规范就容易被内化；反之，这些规范就不容易被内化。因此，在他们看来，内化规范重要的是对环境的操作，而不是经典条件作用所强调的中性刺激的呈现。根据行为主义的练习律，习得的规范应经常应用（练习），通过应用符合规范的行为反应就会增强，否则就会减弱。

新行为主义者班杜拉提出了社会学习观，他认为通过观察和模仿榜样，个体可以习得新的规范。其主要观点为：人类常常通过观察榜样的行为及其结果，获得替代性强化，然后调节自己的行为使之与被模仿者的行为方式相同。因此，人的行为不是由个人的内在因素或外在环境因素单方面所决定的，而是两者交互作用、相互影响的结果。一方面，人通过其行为创造环境条件并产生经验；另一方面，被创造的环境条件和个人内在经验因素又反过来影响以后的行为。正是在这种相互作用中，各种规范才能内化为个体内在心理品质的一部分。

（二）心理动力理论

以弗洛伊德为代表的精神分析学派认为，人格可分为本我、自我、超我三个部分。本我中的性本能最为强大，它是心理发展的基本动力，人的行为受到本能的驱使。

对于道德发展来说，一方面不管是态度的改变还是纪律的养成，都有其深层的心理动力根源的；另一方面，态度、纪律和品德的功能就在于满足个体特殊的心理需要。对于规范学习来说，这一理论更强调规范学习的情感成分，尤其是内疚感和焦虑感在规范内化中的影响。弗洛伊德认为，个体的社会规范行为是由本我、自我、超我三种人格成分相互制约、相互作用的结果。自我通过接受现实生活中的各种规范来平衡内心的矛盾冲突，而超我则是社会规范的代表，它是通过社会规范的接受而产生的。当人们违背规范时，超我的良心作用会使人产生一种内疚感、犯罪感来惩罚自己，而遵从规范时，又会产生愉悦的情绪。因此，要发展超我，就必须强调内化规范的动机、情感等的作用，强调从调控自我做起。

（三）认知理论

应该说，皮亚杰是第一位系统考察儿童道德规范形成与道德认知发展的心理学家，他对道德规范的分析是从个体如何根据自己的经历对社会关系、规则、法律、权威和社会习俗作出认知判断的角度出发的。通过研究，皮亚杰将人的道德发展分为三个阶段：1. 前道德阶段。皮亚杰研究发现，学前儿童对规则极少关注或缺乏意识，3岁儿童很可能会使用各自喜欢的不同的游戏规则。这个阶段的规则行为纯粹是运动性质和个人性质的。2. 他律道德阶段。到5岁左右，儿童开始出现对规则的较多注意和尊重。儿童常常依据老师、父母和某个令人敬重的长辈的话来作行动标准。成人对儿童的惩罚，他们总认为是对的，而且认为任何规则的违背必将受到惩罚。皮亚杰称这一时期的道德为"他律道德"。3. 自律道德阶段。大约在9—12岁左右，儿童开始认识到社会规则不是固定不变的，是一种可以改变的社会契约。对权威的遵从既非必要，也不总是正确的；违犯规则并非总是错误的，不一定非要受到惩罚；在判断他人行为时开始考虑到动机与情感的问题，试图寻求一种更为公正、平等的公理。这一时期的道德，皮亚杰称之为"自律道德"。皮亚杰所说的自律道德与他律道德的顺序发展，描述了儿童规范学习能力的发展顺序。事实上，在他律道德阶段，儿童不能完成规范的内化，规范学习是一种未内化的外控型学习；在自律道德阶段，儿童能完成规范的内化，是一种更高层次的规范学习。

柯尔伯格是继皮亚杰之后，采取认知取向研究道德发展的又一心理学家。他采用道德两难故事研究儿童的道德发展，将儿童的道德发展分为三水平六阶段。首先是前习俗水平，在这一水平的道德观念是外在的，儿童为了免受惩罚或获得个人奖赏而服从权威人物或规范。这一水平包括两个阶段，即惩罚和服从取向阶段及朴素的利己主义取向阶段。其次是习俗水平，这一水平的儿童为得到赞扬或维护社会秩序而服从父母、同伴、社会集体所确立的准则。这一水平包括好孩子取向阶段及权威或社会秩序取向阶段。最后是后习俗水平，在这一水平儿童行为原则已不限于遵从某个特殊的权威人物，而是与人共同承担责任。这一习俗水平可分为社会契约取向阶段及良心或原则取向阶段。柯尔伯格的道德认知发展阶段论揭示了社会规范内化为儿童自身道德标准的过程中的规律：在内化的初始阶段，行为结果的反馈起着关键性作用；而在内化中期，社会期望起着决定性影响。因此，我们在规范教育中必须注重对儿童的符合规范的行为作出及时反馈，并强化家长、教师对儿童的道德期望[①]。

（四）社会活动理论

苏联社会历史文化学派认为，心理源于社会活动，在社会活动中形成，又在

---

① 冯忠良，伍新春，姚梅林，等. 教育心理学 [M]. 北京：人民教育出版社，2002：476.

社会活动中发展。例如，包若维奇（Л. И. Божович，1908—1981）提出的动机圈理论，强调反映学生与周围环境关系的泛社会动机（尤其是道德信念、理想和世界观）在品德及人格形成中的作用，还强调人的需要是在活动中产生的，因而是活动的改变导致了动机需要的改变。在社会活动论看来，各种规范总是寓于各种活动之中，因此可以通过活动来促进规范的学习与内化。在学习各种规范时，必须把它作为外部活动，事先交给学生，此时，学生个体以原有的知识经验为基础，通过一系列活动，对外化的实践活动进行逐步改造、概括，使它的各个环节得以压缩，并改变它的执行水平，使之由外部活动转为内部活动，成为完全在人的"头脑内"进行的活动，从而来解决所出现的各种问题，最终达到活动的目标——内化规范。这一理论从人的心理功能发展的社会制约性角度给规范学习以启示，强调了在规范学习中活动尤其是社会活动、群体活动的重要性，同时还指出了内化规范的重要性。

（五）生态学理论

生态学理论强调研究个体在实际生活环境中心理发展变化的规律，也即强调"发展的生态学"意义。生态指有机体或个人正在经历着的，或者与个体有着直接或间接联系的环境①。在生态学理论中布朗芬布伦纳（Urie Bronfenbrenner）的人类发展生态学模型和艾尔德（G. Elder）的人类发展的生活历程理论影响较大。

按布朗芬布伦纳的观点，规范学习受到微系统、中间系统、外层系统、宏系统和历史年代系统的影响。微观系统主要指个体最直接的生活环境和个体自身因素，如家庭、同伴群体和邻里关系、个体性格等；中间系统指个体直接参与的微系统之间的联系与相互影响，家庭与邻里的关系等；外层系统指个体并未直接参与却对个体发展产生影响的环境，如学生父母的工作环境等；宏系统指个体所处的整个文化或亚文化中的社会机构组织或意识形态，如民族风俗等；历史年代系统指生活历程和社会历史环境，如父母离婚的时间，父母离婚后一年的时间里儿童所受到的消极影响会达到高峰。布朗芬布伦纳的理论强调规范学习会受到以上各因素的系统影响，综合考察这些因素更有利于我们认识和促进学生的规范学习。

与布朗芬布伦纳相比，艾尔德更强调历史环境与特定的生活情景对学习与心理发展的影响。艾尔德将这些影响因素概括为四个方面，即在特定历史时期和历史情境中的生活、生活相关事件、生活经历的时间先后顺序、个体作出选择和采取行动的动机。在规范教育中，教师要综合这些因素来促进学生的规范学习。

第二节 规范学习的影响因素

田稷担任齐宣王的相国已经三年了，一直克己奉公，生活俭朴。一天，有个

---

① 张文新. 青少年发展心理学［M］. 济南：山东人民出版社，2003：58.

下属求他办了一件事，为了表示谢意，偷偷送上两千两黄金。田稷开始很犹豫，后来又想："这是为他办事所得，收下来也不会有什么错吧！"于是就把这些黄金收下了。田稷的母亲做寿，他让人把黄金送到母亲那里。他母亲见了感到很奇怪，心想："儿子任职几年，一直很俭朴，俸禄不多，怎么会一下有这么多黄金呢？"于是叫来儿子问个清楚。经不起母亲的再三追问，田稷说出了实情。老夫人听了十分生气，并开始教导田稷。老夫人说："一个身居高位的人一定要洁身自好，一丝不苟，不能够享受本分以外的东西。现在你利用职权，受人钱财，这种行为离'贤德'二字还远着呢！不义之财我用着不踏实；不忠之子，不能是我的儿子！"田稷跪倒在地，请求母亲原谅，并承诺改正。田稷一面打发人送还了厚礼，一面写了个报告给齐宣王，承认自己的错误，请求受处分。齐宣王知道以后，对田稷的母亲克己奉公的品行非常赞赏，就原谅了田稷，又派人为田母祝寿。

田稷的母亲对他坚守为官清廉的准则有着重要的影响。现代学生的规范学习到底受到哪些因素的影响呢？根据不同的理论观点，综合已有研究成果和实践，系统分析这些因素将有助于规范学习与教育。

一、家庭环境因素

儿童只有在5、6岁以后，其主要活动场所才从家庭转到学校等组织机构，而5、6岁前被认为是"性格形成时期"，因此，家庭对儿童的规范学习影响重大。即使在5、6岁以后，家庭仍然对孩子的社会化起很大作用，继续影响着他们的规范学习。家庭中的各种客观的，以及主观的因素都会对儿童的规范学习、价值观及规则遵从行为产生影响。

（一）家庭客观环境

1. 家庭结构

家庭结构指家庭人口结构，即家庭成员及其长幼次第关系。如有的家庭由父代和子代两代成员构成，有的家庭由祖父母、父母和子女三代人构成；有的家庭父母离婚，父母一方与子女居住，而有的家庭父母的夫妻关系稳定，父母双方与子女居住，这些都是家庭结构不同的表现。一般来说，家庭结构会影响儿童的规范学习、道德水平及性格特征等。我们一般将夫妻离婚或由于不和而分居的家庭称为破裂家庭。美国犯罪心理学家梅里尔对300名青少年犯罪者进行了研究，并将他们与300名年龄、性别、邻居等环境因素相当的青少年非犯罪者进行了比较，结果发现，青少年犯罪者中有50.7%的人来自破裂家庭，与青少年非犯罪者相比，青少年犯罪者的兄弟姐妹中有青少年犯罪史的也较多。格督克夫妇将500名青少年犯罪者和500名青少年非犯罪者作了比较研究，发现从他们出生之日算起，前者中有 302 名（60.4%）经历过家庭破裂，而后者中只有 171 名（34.2%）经历过家庭破裂。

2. 父母的文化程度、职业和工作环境

我国的一项研究表明，父母的文化程度和职业都会影响儿童的品德。在文化程度维度上，父母的文化程度越高，子女品德就越优[1]。另外，将父母职业划分为知识分子类、干部职员类、工人（农民）类三大类，发现父亲是知识分子类职业的儿童品德发展得最好，干部职员类居中，工人（农民）类最差；而母亲是干部职员类职业的儿童品德发展得最好，知识分子类居中，工人（农民）类最差。工作环境对子女规范学习的影响在布朗芬布伦纳的生态学理论中已有论及，父母的工作环境可能会通过影响父母的心情、态度等间接地影响儿童的规范学习及其他方面的发展。

3. 出生顺序

出生顺序可以直接影响规范学习。一般来说，长子会得到父母较多的关注，被寄予较高的期望，要求更多地帮助弟妹等，这使得长子往往更具责任感，更能接受规范；而末子在家中多受到宠爱，对其不遵从规范的行为，家庭成员往往因其年龄小而原谅他，长此下去，末子更不愿意遵从规则。我国现阶段存在大量的独生子女，关于独生子女的研究早已引起了学者们的广泛关注。有研究表明，农村中独生子比独生女有更多的攻击性、不尊敬长辈等行为，而独生女则更多一些怯懦和依赖性[2]。

出生顺序还通过影响儿童的性格而间接影响规范的学习。国外许多研究都表明，出生顺序不同，其在家庭中的地位及与家庭成员的关系不同，儿童的性格特征会存在差异。表 6-1 列出了不同出生顺序的儿童的一些性格特征。由表可现，不同出生顺序的儿童的性格特征不同，这将会影响到他们的规范学习。

表 6-1　出生顺序与性格特征[3]

研究者	性格特点
伯德尔（I. E. Berder）	独生子或长子有比平均稍高的支配性，末子有比平均稍低的支配性。
加曼（A. German）	出生顺序早的孩子对痛苦的感受性大。
艾森伯格（P. Eisenberg）	长子或独子比中间的孩子或末子更有优越感。

---

[1] 丁瑜. 家庭诸因素对学生学习和品德的影响 [J]. 南京师范大学学报，1985（4）：101-108.

[2] 李维. 小学儿童教育心理学 [M]. 北京：高等教育出版社，1996.

[3] 林崇德. 品德发展心理学 [M]. 上海：上海教育出版社，1989.

(续表)

研究者	性格特点
埃利斯（H. Ellis）	小家庭中长子成为名人的概率大，而大家庭中末子成为名人的概率大
福斯特（S. Foster） 罗斯（B. M. Ross）	妒嫉性较强的儿童中长子比较多。
古迪纳夫（F. F. Goodenough） 莱希（A. M. Leahy）	长子往往有较少的攻击性、指导性和自信心，而且较为内倾；末子往往是畏首畏尾；独生子的攻击性、自信心往往都很强。
维特（G. E. Vetter）	在过激的人中，独生子所占的比例较大；在保守的人中，长子较多，末子也相当多。

(二) 家庭主观因素

1. 家庭教养方式

从父母对子女的情感态度和控制两个维度，家庭教育方式可分为权威型、专断型、放纵型、忽视型四类。权威型是父母树立权威，对孩子理解、尊重，与孩子经常交流及给予帮助的一种教养方式；专断型是父母要求子女绝对服从自己，对子女所有行为都加以保护监督的一种教养方式；放纵型是父母对子女抱以积极肯定的态度，但缺乏控制的一种教养方式；忽视型是父母对子女缺乏爱的情感和积极反应，又缺少行为要求和控制的一种教养方式。美国心理学家怀特（B. White）对400名儿童的调查研究发现，父母对1—3岁儿童的教养方式可以决定他一生主要的个性品质。美国犯罪心理学家格鲁克夫妇于1950年研究了家长养育态度对子女犯罪情况的影响。他们将家长的管教方法分成恰当、一般、不恰当三种。在青少年犯罪者的父亲中，仅有4%的人对其孩子的管教方法恰当，有26.7%的人管教方法一般，其余69.3%的人管教方法不恰当。在青少年犯罪者的母亲中，仅有2.5%的人管教方法恰当，有27.4%的人管教方法一般，其余70.1%的人管教方法不恰当。

2. 父母修养

班杜拉的观察学习告诉我们，榜样对儿童的影响十分重要。儿童早期的观察学习对象（榜样）主要是父母等家庭成员，因此，父母的修养会影响儿童的规范学习。父母等家庭成员遵从规范，儿童也会通过观察学习而习得规范，自觉地遵从规范。例如，父母如果爱护整洁，讲究个人卫生，其子女也会耳濡目染，与父母的行为一致。美国依阿华州医科大学精神病学系教授克劳对家庭有犯罪行为的青少年进行了研究。他挑选了两组青少年各46名。第1组青少年的母亲中，有90%为关押过的严重刑事犯罪分子，其余10%是行为不端分子。第2组青少年的母亲则为一般。研究结果表明，第 1 组青少年的不良行为大大多于第 2 组青少年①。

3. 父母对子女的期望

对于父母的期望来说，父母对子女的期望较高有利于子女的规范习得，如果家长对子女不抱任何期望，对之放任自流，则不利于子女的规范学习。在丁瑜的一项研究中，将家长对子女的期望水平分为希望子女考上大学、考上中专和分配工作。研究结果发现，在三种不同的期望水平中，希望子女考上大学的道德行为表现最好，其次是考上中专，最后是分配工作②。

4. 家庭气氛

家庭中父母关系和睦，家庭气氛良好有利于儿童的规范学习，而父母冲突不断，家庭气氛紧张不利于儿童的规范学习。家庭气氛紧张一方面给青少年及儿童带来精神压力；另一方面，父母常常因为相互争吵后将怒气发泄到孩子身上，使孩子成了家庭冲突的"替罪羊"。这些往往使孩子产生逃离家庭的念头，从而走上不轨路。克里斯廷·查普曼的研究发现，大多数青少年是因为希望逃离不愉快的家庭而出走的①。丁瑜的研究也发现，在"和睦"、"平常"和"紧张"三种不同的家庭气氛条件下，儿童与青少年的品德发展情况存在着显著的差异。在"和睦"的家庭气氛下，儿童与青少年遵从规范，其品德状况优于家庭气氛为"平常"的；而"平常"气氛家庭中的儿童与青少年又优于家庭气氛"紧张"的。

二、学校因素

在当前的社会环境下，家庭功能在一定程度上遭到削弱，学校教育越来越受到国家和社会的重视，学校在儿童的规范学习中显得越来越重要。与家庭相比，学校教育更加丰富、全面、系统，学校是规范学习的重要场所。

（一）学校里的人物

学校有意地为学生提供了各类榜样人物，包括学校里的教师、职工、优秀学生等。学校努力创造良好的氛围，开设各类课程促进学生全面发展。学生通过观察榜样、学习课程、接受环境熏陶而习得规范及行为习惯。

1. 教师

教师是学生的重要榜样，教师本人遵从规范的行为表现，教师的态度等都会影响学生的规范学习。在班杜拉的一项研究中，他首先让儿童观察成人榜样对充气娃娃实施暴力行为，然后把儿童放到一个有充气娃娃的房间，让其自由活动。

---

① 马丁·R. 哈斯克尔，路易斯·雅布隆斯基. 青少年犯罪 [M]. 李景晨，译. 北京：群众出版社，1987：71-73.

② 丁瑜. 家庭诸因素对学生学习和品德的影响 [J]. 南京师范大学学报，1985（4）：101-108.

结果发现，儿童在这个房间里也会对充气娃娃实施暴力行为。这说明成人榜样对儿童的行为有明显的影响。在学校，教师的行为对儿童有重要的示范作用，教师如果在平日工作和生活中违背规范，儿童也会受到影响而违背规范，教师遵守规范学生也会遵守规范。我们要求教师要"学高为师，身正为范"就是这个原因。

李皮特（R. Lippit）和怀特（R. K. White）研究了教师的领导方式与儿童的反应以及教师的作风与儿童、青少年自我管理之间的关系。他们指出，如果教师以民主的态度对待儿童，那么儿童将向着情绪稳定、态度友好和具有领导能力等方向发展；如果教师采取专制的态度对待儿童，将易于导致儿童的紧张情绪、冷淡、攻击性和不能自治；如果教师采取放任的态度对待儿童，将易于使儿童向无组织无纪律的方向发展①。

2. 学校中的同伴

入学后，学校里的同学成为儿童的主要同伴，他们对儿童的规范学习有着很大的影响。社会心理学在研究人的行为时发现了从众现象，即个人的意见、态度和行为因受多数人的意见、态度和行为的影响而改变。由同伴构成的集体对儿童的规范学习也有明显的影响。学生的同伴集体有正式的班集体和由学校或班级组织的各种小组。一个良好的班集体，对学生优良品德的形成和不良品德的改变有极为重要的作用。倘若一个班集体有共同目标、严明的纪律约束，学生之间和师生之间关系和谐、融洽，集体成员奋发向上，那么个别品德不良的学生由于受到良好的集体气氛的感染，会很快变好，或者至少不敢调皮捣乱，因为他这种行为极其孤立，得不到别人的附和（即强化），久而久之，便会消退。学生中往往会出现一些非正式的小集体。青少年随着年龄的增长，逐渐与父母疏远，他们喜欢和同伴交往，希望得到同伴小集体的认可和接纳。倘若父母和教师的价值标准不符合他们同伴小集体的标准，他们宁愿得罪教师和父母而不愿得罪"朋友"。学生中的非正式团体，在初中和小学阶段差不多是清一色的男生与女生分开的团体。到了高中，由于生理上成熟，当他们产生了异性爱的时候，就出现了男女混合团体。这些非正式的小团体，不论是思想健康的或不健康的，都对青少年的态度和品德的形成与改变有重要影响②。

（二）风气与教学

1. 班风校风

在美国，哈桑和梅等人曾对校风、班风进行了一定的研究，他们发现如果班集体的主导风气（即班风）不健康，将会影响到该集体中几乎所有的成员。如果一个班大多数人都说谎，那么这个班的成员倾向于说谎，如果一个班没有

---

① 林崇德. 品德发展心理学 [M]. 上海：上海教育出版社，1989：207-212.
② 钟毅平. 教育心理学 [M]. 长沙：湖南教育出版社，2003：176-177.

说谎的风气，那么这个班的成员倾向于不说谎。国内的一项调查也发现，具有良好而稳定班风的班集体对改造学生的不良道德行为习惯的效果是很明显的。①

2. 课程与课程教学

学校开设的各类课程及其教学都会对学生的规范学习产生影响。政治思想品德课是进行品德教育的主要课程。其内容包括了许多规范性内容，教师的教学对学生的规范学习具有指导性意义。其他各科教学内容也具有许多规范，如学科知识规范、学科术语规范，同时各学科也具有一定的德育功能，具有一定的社会性规范。所以各学科的教学过程，也是帮助学生学习规范的过程。另外，学校组织的各种活动课程中有各种规范，在活动过程中需要学生掌握并实践这些规范，所以活动课程也是一个规范学习的过程。

三、社会环境因素

影响规范学习的因素是一个系统，其中家庭因素和学校因素是影响规范学习的最主要因素，其他因素也会影响规范学习，在个别情况下可能还会有特别突出的影响。社会背景是儿童生活的大背景，包括社会政治经济、社会文化、社会观念、社会风气等。

（一）社会政治经济

社会政治经济影响人们的生活道路和生活水平，从而对儿童的规范学习产生影响。有人（Santrock，2001）分析了美国经济大萧条对人们生活的影响，发现1929—1933年经济危机爆发后，那些生于1920年初的儿童在很小的时候就不得不离开学校，到萧条的劳动力市场找工作，并不再依赖于父母，这样他们在日后的发展中就比生于1920年末的儿童更容易出现问题行为①。

我国的政治经济发展不平衡，西部农村贫困地区儿童的生活道路、生活水平与发达地区差异很大，这种差异可能是影响儿童规范学习的重要因素。

（二）社会文化

社会文化是凝聚在一个民族的世世代代和全部财富中的生活方式之总和，它包括衣食住行、待人接物、举止言谈等生活方式，以及哲学、宗教、道德、法律、文学艺术、风俗传统、科学中的思想方法等。社会文化总是以直接或间接的方式影响儿童的规范学习和行为表现。

怀特发现，不同文化下的儿童在社会化及行为模式上有所不同，基本上可以划分为两大类②。A型文化：强调群体的重要性，儿童从小受到责任感方面的训

---

① 张文新. 青少年发展心理学 [M]. 济南：山东人民出版社，2002：61.
② 佟丽君. 社会心理学新探 [M]. 黑龙江：黑龙江人民出版社，2009：51.

练，乐于助人。他们对家务劳动涉及较早，因而对家庭利益较为关注。那些不服从成人指挥的孩子往往会受到严厉惩罚。B型文化：具有明显的个人主义倾向。在这种文化中，学校教育在孩子成长期间占有较重要的地位，它始终强调个人成就；儿童标榜自我中心，很少关心他人；他们经常会为某些专门化的角色而倍加训练自己；他们期待"他人注意"和寻求"支配他人"。在一定程度上，儿童的这种差异应该是文化影响了儿童的规范学习而造成的。

儿童年幼时期，社会文化对儿童的影响往往是间接的，即通过影响家庭及其成员、教师及学校环境而间接地影响儿童；随着儿童年龄的增长，这种影响会越来越直接，而且影响越来越大。美国心理学家罗伯特·塞尔曼（Robed Selmannh）认为，儿童在12—15岁以上时，开始运用社会系统和信息来分析、比较、评价自己和他人的观点，儿童认识到存在着综合性的观点，而且也认识到，为了准确地同他人交往和理解他人，每个自我都要考虑社会系统的共同观点[1]。因此，随着儿童年龄的增长，我们应该更加关注社会文化环境对他们的影响，努力为儿童创造一个好的社会文化环境。

（三）大众媒介传播

儿童不可能与世隔绝，他们除接触到周围成人和同伴儿童外，还会常常接触到大众传播媒介，受到大众媒介传播的信息的影响。在现代生活中，电视、电影、网络、报纸、杂志、广播成为人们了解外部信息的重要媒介。这些媒介广泛传播信息，对儿童的规范学习和发展产生了巨大影响。据美国帕克（Parke）等人研究发现，在其他生活条件相似的情况下，观看暴力电影的学生比其他学生有更多的攻击性行为出现。彼得逊（Perterson）等人对美国7—11岁学生进行的一次全国性调查结果显示，常看暴力电视节目的学生有更多的恐惧感，担心一个人在外玩的时候会被人杀害，有时甚至对社会失去信心[2]。

近年来，互联网快速发展，我国网民数量增长迅速，截至2010年6月，总体网民规模达到4.2亿，突破了4亿关口，较2009年底增加3600万人。互联网普及率攀升至31.8%，较2009年底提高2.9个百分点。另外，我国手机网民规模发展更为迅速，2010年已达2.77亿。网络成为重要的传播媒介，提醒我们在新的时代要更为注重网络媒体对儿童规范学习的影响。

四、个人特征因素

（一）智力水平

智力水平会影响儿童对规范的认知。皮亚杰从认知发展的角度，将儿童的道

---

[1] 莫雷．教育心理学 [M]．广州：广东高等教育出版社，2005：358．
[2] 钟毅平．教育心理学 [M]．长沙：湖南教育出版社，2003：176-177．

德发展划分为前道德、自律道德和他律道德三个阶段；柯尔伯格将其划分为六个阶段。这说明，智力水平不同会影响社会规范学习的发展。加涅曾指出，如果学生要获得对一类事、一类客体或一类人的态度规范，那么他们必须首先具备态度所指向的这一类事、一类物或这一类人的概念，他们要获得对一类客体或一类人的概念，首先要获得相关概念。这里加涅主要论及规范学习与相关概念学习的关系，而概念学习其实是一个认知活动，与儿童智力水平有关。有许多研究证实了，智力水平和道德规范的遵守有关。哈桑和梅（1928）发现，在控制了年龄因素的情况下，智力和欺骗行为之间的相关大约在-0.50到-0.60之间。詹森和高母力（1972）的研究也发现，当冒险程度减轻时，诚实和智商之间的关系削弱。这说明，诚实和智商之间的相关至少部分取决于聪明的儿童知道权衡自己的违规行为被人发现的可能性有多大，智商对规范的遵从是有影响的。

（二）个性特点

个性指一个人总的精神面貌，它反映人与人之间的差异特征。个性包括心理倾向性和心理特征等内容。心理倾向性又包括需要、动机和价值观等内容；心理特征又包括能力、气质和性格等内容。个性的各内容成分都会影响规范的学习。例如，道德动机具有唤起规范行为的功能；规范学习形成价值观，同时已形成的价值观制约着规范学习和规范遵从；能力影响规范的认知及规范的遵从。

五、规范属性因素

（一）规范内容与性质

规范学习的内容就是各种规范，因此必然要受到规范本身的特点的影响。规范作为一种规则或标准，其涉及的内容非常广泛，种类繁多。不同类型的规范有不同的特点与要求，其学习的难易程度也各不相同。另外，规范的抽象性程度、社会规范的实践意义和社会规范的使用频率都会影响儿童对规范的认知和内化。

（二）规范不清或规范冲突

有的规范在对行为的约束或要求上并不是很清楚，需要学习者根据实际情况去作判断，这对学习者学习的要求更高，规范学习也就更难。所谓规范间的冲突，是指不同规范的规则或标准之间存在矛盾冲突。规范冲突一般有三个方面的表现：一是新规范与旧规范之间的冲突，二是新规范与新规范之间的冲突，三是不同领域不同场合的规范之间的冲突。规范之间的要求不一致，往往导致学习者不知如何行事。

第三节　规范教育的策略

明朝英宗皇帝时，有位吏部尚书，名叫王翱，是当时有名的贤臣。因王翱办事有功，英宗特许他的第二个孙子入国子监读书。王翱的二孙子进入国子监的第二年，正赶上三年一次的乡试。他打算参加这次考试，考取功名，好让祖父安心。但是，他怕考不到头等，丢了祖父的脸面，于是私下利用祖父的身份，托人活动。很快有人为王翱的孙子办了一份证明文书，凭着这份证明文书，就可以堂而皇之地去找主考官，保证自己在考试中取得优等的成绩。王翱得知此事，耐心地教育起孙子，他说："孩子，你立志科举，这是件好事，我当然很赞成。如果你能凭真才实学考取，我是绝不会让你埋没下去的。可你要是凭这份文书考取优等，那我为你感到羞耻。你想想，你自己生在名门，年纪轻轻就有了监生的地位；那些贫穷的书生苦苦读了多年的书，只不过想通过考试得到一个功名。你这一张文书就能把他们顶下去，也许从此就断送了一个人的前程，难道你忍心这样去做吗？"听了祖父的话，二孙子羞愧得无地自容，他向王翱承认了错误，并表示要记住这个教训。

王翱教导孙子的过程中，他肯定了孙子参加科举是好事，同时让孙子站在别人的角度看问题，使得孙子认识到自己的错误。我们要提高学生规范学习的效果，使他们自觉地遵从规范，有必要综合已有的理论和实践经验，总结出规范教育应坚持的原则，采用有效的教育策略。

一、规范教育的原则

规范教育与其他教育相比，有共性也有其特殊性，规范教育除坚持一般的教育原则外，还应坚持它特有的一些原则。

（一）环境统一性原则

环境统一性原则要求在规范教育过程中，要使儿童的所有环境因素都统一起来，对规范教育起促进作用。进行规范教育首先应让学生对规范有一正确的明晰的认知。但是，不管是规范认知本身还是继之以后的规范遵从行为，都需要环境的配合。儿童的环境可分为三大部分，即家庭、学校、社会，做到这三者整体联动有利于学生的规范学习和遵从。

不管是家庭、学校还是社会，教育者首先要为儿童的规范学习创设一个安全、可信任的环境。一些学校充满了暴力，一些家庭不和睦，成员之间冲突不断，这些对儿童的规范学习是一定具有影响的。很多青少年违背道德和法律规范，走上犯罪道路，都与家庭和学校环境不无关系。其次，在儿童的环境中，还要树立具有权威、值得信任和学习的榜样人物。这些榜样人物对儿童也是一种环境，他们的言行可起到示范或陶冶作用。再次，要营造一种遵从规范的风气，这种风气也是儿童规范学习的重要环境。营造这种风气需要我们发现儿童周围群体中的违规行为，及时予以制止或纠正，否则就会逐渐形成不良的风气。

（二）家校一致原则

家校一致原则主要是要求学校和家庭对儿童的规范要求要一致。在儿童进入学校之前,影响其规范学习的因素主要是家庭因素,一旦入学,学校对儿童规范学习的影响逐步增大。这时,家庭与学校对学生的一些规范要力求一致。

学校教育对儿童的规范教育的目的性、系统性、全面性比家庭教育更强,因此,家校一致主要是要求家庭方面要力求对儿童的规范要求与学校一致,即家长或家庭成员要按学校的规范去要求儿童的校外活动。这样可加强学校规范教育的有效性,否则儿童在学校接受到的规范教育就会被家庭或社会活动冲淡,如果家校的规范存在冲突,还会让儿童产生无可适从之感。从学校方面来讲,家校一致要求学校与家庭沟通,了解儿童的家庭教育的状况,采取更有效的规范教育措施。

(三) 由外制到内化原则

由外制到内化原则要求规范教育注意儿童规范学习的顺序性,使规范行为从外部控制发展到内部控制,且必须以内部控制为终结目标。

冯忠良等曾将规范的接受过程分为规范依从、规范认同、规范信奉三个阶段①。在依从阶段,儿童对规范的依据或必要性缺乏认识,但能做到不违背,也不反抗,遵照执行;在认同阶段,儿童在认识、情感上、行为上与规范趋于一致,从而自愿遵从规范;在信奉阶段,儿童将规范内化为自己价值体系的一部分,并自觉而坚定地遵从规范。在依从阶段,儿童遵从规范的行为是由外部因素控制的,如受父母、教师或其他长辈的要求控制。这种规范学习是低级的,不稳固的;在认同阶段,儿童遵从规范的行为开始转向内部控制,但儿童并没有认知到非此不可;在信奉阶段,儿童已经完全实现了规范的内化,并深信必须按照规范行事。规范教育必须从外部控制到内部控制,最终实现规范的完全内化。有的教师认为,只要儿童不违反规范就完成了规范教育任务的看法是错误的,因为,没有完全内化的规范遵从是不稳定和持久的。

二、规范教育的策略

(一) 情境化策略

情境化的"情境",实质上是人为优化了的环境。许多规范学习理论都论及环境对学生规范学习的意义,如生态学理论、班杜拉的观察学习理论等。情境化策略需要创设情境,首先可创设教育情境,即从规范教育的目标及内容出发,精选相应的社会或自然界的典型事例,创设以真实、生动、鲜明的形象为主体的具有浓厚情感色彩的教育场景,来促进学生的规范学习。这种人为的优化环境,具有"认知、情感和行为的统一"和"运用基本事实说明基本概念和原理"的直接意义。在规范教育中运用情境化策略要注意以下几点:1. 突出形象,寓理其

---

① 冯忠良,伍新春,姚梅林,等. 教育心理学 [M]. 北京:人民教育出版社,2002:481.

中。在纪律教育情境中，各种人物形象应是真实的，蕴涵着浓厚的情感，且能说明一条道理或表述一个观点。2. 将情感活动与认知活动结合起来，按照情感本身发展的历程安排情境教育的步骤。一般来说，情感本身的发展历程为：进入情境，产生感情共鸣，启发联想与想象，加强内心体验，深化情感与认知，产生感悟。3. 所营造的情境要和学生现有的经验、知识、情感及思维能力相衔接。4. 采用多种表现形式，加强情境的吸引力、感染力和说服力。

其次，优化学校文化和自然情境。学校的文化情境和自然情境也是一种潜在的教育力量，一个优化的校园环境总是以特有的象征符号向人们潜在地灌输某种思想、规范、纪律和价值观念。置身于这一情境中的每一个人，会受其浸润，在自我反思中感受到心灵成长的愉悦以及自主的尊严，在社会性交往中获得全面发展。重视校园文化建设也是进行规范教育的一个重要途径。

情境化教育的有效性要视教育行为发生时的具体情形而定。教育行为在一种情境下有效，在另一种情境下可能就会失效，并且有效的情境化教育受环境条件和教育者的素质等许多方面的影响。因此，一个有效的情境教育者应根据受教育者的具体情况，为受教育者创设各种条件，最大程度地发挥情境教育的效能。

(二) 强化法

强化法是利用经典条件应射和操作条件反射的原理来进行规范教育的方法。借助经典条件反应，在教学中，可以把一些规范，如"助人为乐"、"热爱集体"等类似的道德规范与教师的赞许、同伴的羡慕、父母的疼爱联系起来，使学生形成对这些道德规范的积极态度。借助操作条件反应，教师通常可用的技术是适当地对学生的行为进行强化。当学生对某一对象做出了具体的积极行动时，给学生适当的奖励以增加该行为再次出现的可能性。如果学生对某一对象做出了消极行动，给予学生一定的惩罚以减少该不良行为再次出现的可能性。运用此方法要注意以下几点：1. 对学生的强化应该多用奖励手段而不用或少用惩罚手段，这是被许多研究证明为正确的一项原则。2. 在运用奖励手段强化时，要注意奖励的正确选择，以多次奖励但不引起迅速满足为原则。3. 奖励时不一定用物质奖励，可采用代币奖励法，如记功、发五角星等形式。4. 要注意把握奖励的时间间隔，对于期望的良好行为，最好立即给予奖励。

在班杜拉的理论中引入了自我强化概念，强化策略也可采用自我强化的方式。自我强化法是个体以自我评价提供的信息为依据作出反应的强化方法。自我提供的信息可以是自我奖赏、自我鼓励，也可以是自我谴责、自我否定[1]。在教育活动中，个体的这种自我强化常常是内隐的心理活动，例如，在心里对自己说"我得学习某人的优良品德"、"我怎么能够做出这种打扰他人休息的事"。自我

---

[1] 岑国桢. 教育心理学 [M]. 北京：中国人民大学出版社, 2008：131.

强化能够影响个体的动机状态，对此运用得当，对规范教育活动会产生积极影响。与以上所讲的条件反应法相比，自我强化更加注重个体的自身能动性，能够有效激发学生品德发展的积极主动性。在规范教育中，如果能将自我强化法与教师施行的条件反应强化结合起来应用，效果将会更好。

（三）价值辨析法

价值辨析是在辨析中，使价值观得到澄清。人们的价值观念往往是一种自己不能清醒意识到的内在价值，它难以用来指导人的行动。要让这些潜在的价值观念发挥作用，就要对它们进行辨析或澄清，我们将这种建立在价值辨析和澄清基础上的规范教育方法叫做价值辨析法或价值澄清法。

辨析的过程可分为三个步骤，即选择、赞赏、行动。运用这一方法进行规范教育，教师要先诱发学生的价值陈述，而后学生会对陈述的各种价值观念间的关系进行详细梳理，在与别人交流价值观念的同时，揭示众多价值，并选择正确的价值观念；然后，通过进一步的讨论辨析肯定和赞赏某一价值观；最后是将这一价值观作为自己行为的准则，采取行动。教师在使用这一方法时，要注意两点：1. 教师要先诱发学生的价值陈述，但是教师对学生的思想、情感、信念等并不作判断，而是向学生提出问题，让他们思考自己的价值观念。2. 教师要注意启发学生思考，鼓励学生在讨论时考虑他人的观点或意见，协调与他人的分歧。作为一种诱导性的方法，价值辨析法使个体将特定的团体经验渐渐转化为有关自我认识与自我觉知的一般观念。这一方法充分调动了学生自己的理性思维与情绪体验，使学生的行为更加符合规范要求。

（四）群体讨论法

群体讨论法由柯尔伯格等人创立。这种方法通过教师引导学生讨论道德两难故事，引起学生的道德规范认知冲突，激发学生进行积极的道德思考以促进学生道德规范判断水平的提高。

群体讨论一般按以下程序进行：1. 测验并进行分组。运用专门的测验技术评估学生的道德发展水平，并在评估的基础上进行分组。分组的原则是：每组学生分属连续的两个或三个阶段；组内每个阶段的学生人数要大致相等。2. 选择和准备道德两难故事。道德两难故事要包含真正的冲突；要考虑小组成员的理解能力和水平，能为大家所理解；要有新奇性，能够引发学生的讨论。3. 形成讨论的正确方向。包括向学生解释讨论的目的、原理和意义，解释学生在小组和小组讨论中的作用，以及解释教师在讨论中的作用；4. 引导学生进行讨论。5. 停止。一旦小组成员按阶段依次讨论了一个道德两难故事的所有论点后，这次讨论可以宣布结束，或者提出另外一个道德两难故事，留给学生课后讨论。

以上的第4步——引导学生进行讨论非常重要，在指导道德两难讨论时，教师或成人必须注意以下几点：1. 讨论的应该是能引起矛盾、冲突的道德问题；

2. 分组讨论时,各小组内学生的发展水平要有不同,以便于发现问题症结所在,同时可相互启发与触动自己原有的道德经验结构;3. 教师要明确而清楚地说明要求,引导学生讨论;4. 讨论时必须能够鉴别学生的推理水平属于道德发展的哪一水平,例如,假设正在进行海因兹偷药的困境故事讨论,教师要通过问学生"你会怎么做"、"为什么这么做"等问题,来探明学生的道德发展水平;5. 在讨论中,要教会学生倾听另一个学生的不同水平的推理,并作出反应;6. 讨论时间一般在30—90分钟内为宜。

(五)移情法

移情(empathy)是对事物进行判断和决策之前,将自己处在他人的位置,考虑他人的心理反应,理解他人的态度和情感体验。移情是助人、安慰、合作、分享等亲社会行为的动机基础,能激发与促进亲社会行为的发展。研究表明,亲社会行为的儿童比攻击性儿童和经常被欺负的儿童更受欢迎,表现出更多移情,并且亲社会的儿童比攻击性的儿童更有办法对付糟糕的社会处境(Warden & Machinnon, 2003)。移情作为一种替代性分享他人情绪情感状态的心理过程,能抑制侵犯行为和违法行为的发生。

个体移情能力虽然受抚养人态度、个体过去经验、个体敏感性以及社会认知等多种因素的影响,但还是可以通过训练提高的。费希巴赫(Feshbach, 1982)等人对小学三、四年级学生进行移情能力训练,其训练过程可作一借鉴。他的训练包括:1. 以图片的方式提供假定的情绪情感情境,让学生想象在这种情境中,他人是如何进行情境知觉的;2. 让学生说出他们知觉这种情境的原因,帮助他们识别情绪情感线索,并训练他们用语言表达情绪情感的准确度;3. 用语言暗示,通过表情动作和言语导向,提醒他们对情境线索的情境反应给予注意,以便提高学生对他人的情绪情感的敏感性。经过训练后,学生在教师给予的评价上和自己的行为测量上,亲社会行为有了显著增加,侵犯行为显著减少。

(六)说服性沟通法

在实际教育情境中,教师常常通过言语说服的方法来改变学生对规范的错误态度或观念。这种方法又称为说服性沟通法。在说服过程中,教师要向学生提供对其原来态度的支持性和非支持性的论据,使学生获得与教师要求的态度有关的事实和信息,或深化已有态度,或形成新的态度,或改变原来的态度,最终接受规范,按规范采取行为。有效的说服技巧主要有以下几方面:

首先是要选择证据。霍夫兰德等经研究认为,单面证据(即只提供单方面的证据,如正面证据)对受教育程度较低的人以及原来持赞同态度的人更为有效,而双面证据(提供正反两个方面的证据)对受教育程度较高的人以及原来持反对态度的人更为有效①。因此教师在教学过程中，对于低年级学生，说服时应主要提供正面证据，而对于高年级学生，则可以考虑提供正反两个方面的论据。如果教师提出自己的观点后，学生未产生相反观点，教师只提出正面观点和材料更有助于学生形成肯定态度。对于学生本来就反对的观点，教师则应提供正反两个方面的证据，这会使学生感到教师是公正的，从而容易改变错误观点。另外，如果说服任务是要解决当务之急，只提出正面证据比较有效；若说服任务是培养学生长期稳定的观念时，则提出双面证据比较有效。

其次是情理服人。教师在说服时，要么以理服人，要么以情动人，即教师可采用理智说服，也可采用情感说服。理智说服和情感说服各有优势各有特点。20世纪50年代，哈特曼（S. Hartman）的研究告诉我们，说服内容的情感因素对态度的改变容易立即见效，但其影响不能保持长久；说服内容的理智因素对态度的改变容易产生长期的效果。对不同成熟水平的学生，两者的作用也不一样。教师如果期望低年级的学生改变观念，富于情感色彩和引人入胜的说服内容较易起效。对于一般学生，在开始说服时，加强情感渲染可以引起学生的兴趣，然后可以运用充分的材料进行说理论证，这样的说服效果会长久一些。当然，如果教师在具体操作时，根据具体情况将情绪反应与明确的指示结合起来，对学生态度的改变可能会更有效。

最后，说服要渐进实现。学生原有态度与教师要求的态度之间是有一定距离的，这一距离是影响态度改变的一个重要因素。因此，为了有效改变学生的态度，必须先了解学生的原有态度，估计它与要求的态度之间的距离。如果态度差距不大，可能会一次性完成说服；如果两者悬殊太大，则不能急于求成，应该采取逐步提高要求的方法来渐渐缩小两种态度之间的差距。

（七）角色扮演法

角色扮演（role-playing）就是使个人暂时置身于他人的社会位置，并按这一位置所要求的方式和态度行事，以增进个人对他人社会角色及自身原有角色的理解，从而有效地履行自己角色的技术方法。由于在角色扮演的过程中，个体有了较多的情感涉入，因而，角色扮演常会在改变个体原有态度，内化规范方面有较好的效果。斯陶布（Staub, 1971）认为，受过角色扮演训练的儿童比没有受过训练的儿童表现出更多的助人行为。我国研究人员（李幼穗，王晓庄，1996）的研究也发现，角色训练能显著提高幼儿角色意识，助人行为比对照班显著增加。

在学校教育过程中，可采用多种形式让学生在扮演角色中遵从规范。例如，我们可以让一个上课习惯违纪的学生扮演纪律委员的角色，这个学生很快就会产生与纪律委员身份相符的行为模式，对遵守纪律的态度就会变得认真、积极，甚

---

① 周晓虹. 现代社会心理学 [M]. 南京：江苏人民出版社，1991：229.

至学习成绩也会有显著的提高。

【建议参考资料】

1. 冯忠良，伍新春，姚梅林，等．教育心理学［M］．北京：人民教育出版社，2002．
2. 张文新．青少年发展心理学［M］．济南：山东人民出版社，2003．
3. 张大均．教育心理学［M］．北京：人民教育出版社，2005．

【问题与思考】

1. 什么是规范学习？规范学习有哪些特点？
2. 简述规范学习理论的主要观点。
3. 影响规范学习的因素有哪些？
4. 规范教育可采取哪些基本策略？
5. 规范学习理论对规范教育有哪些启示？
6. 请策划一个家校合作实施规范教育的行动方案。

第七章　教学设计

【本章提要】

教学设计决定着教师的课堂教学行为，是教师教学智慧的重要体现。作为有效教学的基础，教学设计是关乎教学质量和教学有效性的关键，也是教师专业化发展中必须掌握的一种基本技术。所谓教学设计就是根据教学对象和教学内容，确定合适的教学起点与终点，将教学诸要素有序、优化地安排，形成教学方案的过程。本章拟在概述教学设计的含义、类型、原则、模式的基础上，详细探讨教学目标、内容和手段设计的心理学原理与技术，为有效教学提供理论依据和操作支持。

【学习重点】

1. 了解教学设计与传统的备课之间的联系和区别。
2. 掌握陈述教学目标的方法，能够根据实际情况设置和陈述合理的教学目标。
3. 理解教学设计的基本原则与一般模式，并能针对某一课程内容设计相应的教学方案。

【重要术语】

教学设计　教学设计模式　教学目标　教学内容设计　教授法　讨论法　自习法　教学媒体

第一节　教学设计概述

科学的教学设计是课堂教学成功的必要条件。教师对教学设计的理解和认识、对教学设计的理论和要求进行课堂教学设计，是教学工作科学化、规范化和高效率的重要前提。

一、教学设计的内涵与类型

（一）教学设计的内涵

教学设计就是根据教学对象和教学内容，确定合适的教学起点与终点，将教学诸要素有序、优化地安排，形成教学方案的过程①。理解该定义，需要把握以下几点：

---

① 张大均. 教育心理学［M］. 北京：人民教育出版社，2004：450.

1. 教学设计必须有确定的教学对象和教学内容。教学设计的对象是由教学目标、教师、学生、教学内容和教学媒体构成的教学系统，工作内容则是对这些不同对象、要素之间的关系和相互作用给出符合教学目标的安排①。因此，从内容上看，一个完整而有效的课堂教学设计需要解决好四个基本问题："现在在哪里？"——课堂教学的主体分析；"要去哪里？"——课堂教学目标的设计；"如何去那里？"——课堂教学内容、媒体、组织形式与方法等的设计；"是否到达了那里？"——课堂教学的监控与评估（郭成，2006）。

2. 教学设计是将各个教学要素进行系统性谋划的过程。从性质上看，教学设计是一个谋划过程，既涉及教师对教学诸要素的内在认知加工过程，更涉及如何有效选择、安排和呈现教学信息、组织教学实践活动的行为操作过程，体现的是将教学诸要素有目的、有计划、有序地安排，以达到最优组合。加涅指出，"教学是以促进学习的方式影响学习者的一系列事件"，"教学设计是一个计划教学系统的系统过程。"（皮连生等，1999）

3. 教学设计具有预期性。教学设计仅是对教学系统的预先分析与决策，是一个制定教学计划的过程，而非教学实施，但它是教学实施必不可少的依据。好的教学设计对活动的实施是一个良好的施工蓝图，它是在充分研究教学主体现状和教学背景的前提下，设计出的切实可行的教学过程。

教学设计是教学理论向教学实践转化的桥梁。首先，教学设计是依据一定的教学理论，在对教学的本质、功能以及规律理解的基础上进行的。教学理论作为改进教学工作的原理和原则，只有通过周密而详细的设计，才能转化为一系列方法或技术。其次，教学理论对教学的指导作用，必须与学校实际和教学实践相结合才能发挥出来，这两者的有机结合正是通过教学设计这一环节来完成的。因此，教学设计是教学理论向教学实践转化的必不可少的中间环节。

（二）教学设计的类型

教学设计是一项多层次、多因素、多侧面的复杂的系统工程，可依据不同标准将其分类。根据教学情境中所需设计的问题范围的大小，可分为宏观设计和微观设计两大类型。前者主要包括制订教学计划、制订各门课程的课程标准、编选教材、制订教学成效的考核办法四个方面②；后者则是任课教师根据课程标准的要求，针对一个班级的学生，在固定教学设施和教学资源的条件下，对单元或课时教学所进行的预先筹划。

从所涉及的时间幅度上看，教学设计可分为长期、中期和短期三种。长期设计是教师依据课程标准和学科教学要求制订的年度和学期教学计划；中期设计是教师

---

① 陈晓慧．教学设计［M］．北京：电子工业出版社，2009：3．
② 冯忠良，伍新春，姚梅林，等．教育心理学［M］．北京：人民教育出版社，2000：540．

把年度和学期教学计划分摊到不同教学阶段或教学单元的计划；短期设计则指教师为进一步分解落实长期、中期计划所制订的每周、每日乃至每节课的课时计划①。

二、教学设计的原则与模式

（一）教学设计的原则

为保证教学设计的科学性，遵循教学的规律与特点，教学设计应遵守下列基本原则。

1. 系统性原则

教学设计是一项系统工程，它是由教学目标、学生状况分析、教学内容、方法的选择、教学评估等子系统所组成，各子系统既相对独立，又相互依存、相互制约，组成一个有机的整体。在诸子系统中，各子系统的功能并不是等价的，其中教学目标起着制约其他子系统的作用。因此，确立合适的教学目标在整个教学设计系统中起着"纲举目张"之效。同时，教学设计应立足于整体，每个子系统应协调于整个教学系统中，做到整体与部分辩证的统一，系统的分析与系统的综合有机地结合，最终达到教学系统的整体优化。因此，进行教学设计，应遵循科学的系统观，统筹兼顾其他子系统，只有将本子系统和谐的统一于整体之中，才能算是科学成功的设计。

2. 程序性原则

教学设计是一项系统工程，诸子系统的排列组合具有程序性特点，即诸子系统有序地成等级结构排列，且前一子系统制约、影响着后一子系统，而后一子系统依存并制约着前一子系统。根据教学设计的程序性特点，教学设计中应体现出其程序的规定性及联系性，确保教学设计的科学性。同时，每节课的教学是由承担不同教学任务与功能的教学环节组成的，尽管这些环节的安排会因为学科类型和课型的不同而发生变化，但是教师进行教学设计的一个重要任务就是要妥善安排各教学环节，把自己的教学规划为具有一定逻辑顺序的行为系列，从而减少教学时间的误用和资源的浪费。

3. 可行性原则

教学设计是依据一定教学理论对教学实践所作的规划。这种规划要成为现实，至少必须具备两个可行性条件。一是符合主客观条件。如主观条件应考虑学生的年龄特点、已有知识基础和师资水平；客观条件应考虑教学设备、地区差异等诸因素。二是具有操作性。只有当这两个基本条件具备，教学设计方案的实施才能达到预期目的。

---

① 克里克山克，等．教学行为指导［M］．时琦，等，译．北京：中国轻工业出版社，2003：124．

4. 创造性原则

教学设计水平体现了教学者的教育智慧。因为教学设计不仅是一门科学，还是一门艺术。作为一门科学，它必须遵循一定的教育理论和心理学规律。作为一门艺术，它融入了设计者许多个人的经验与体会，需要根据教材和学生特点进行再创造，并灵活、巧妙地运用教学设计方法与策略。

（二）教学设计的模式

模式是解决某一类问题的方法论。教学设计的模式是在教学设计的实践过程中逐渐形成的，运用系统方法来进行教学开发、教学设计、教学策划的理论的简约化形式。纵观各种理论模式不难发现，他们都具有一些基本组成成分，如：学习需要分析，学习目标的阐明，学习者分析，学习内容分析，教学策略的确定，教学媒体的选择和运用，以及教学设计成果评价。这七个基本组成部分构成了教学设计过程的一般模式，如图7-1所示：

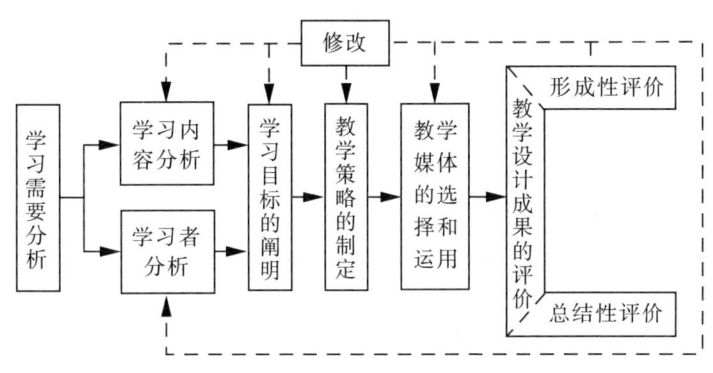

图7-1 教学设计的一般模式

1. 学习需要分析，指通过系统化的调查研究发现教学中存在的问题。通过分析问题产生的原因，确定问题的性质，论证解决问题的必要性和可行性。其核心是发现问题，而不是寻求解决问题的方法。

2. 学习内容分析，又称教学内容分析，指根据课程目标，确定内容、大纲，科学地组织、确立知识结构，把课程总目标分解为一系列子目标（即单元目标），进而根据单元目标进行学习任务分析，确定单元目标所需的从属知识与技能。

3. 学习目标的阐明，即教学目标的解析，就是揭示单元教学目标要求掌握的各项从属知识与技能、过程与方法、情感态度价值观及其相互关系，并对其通过每一单元或一课时的教学之后应达到的最终行为状态作出具体、明确的界定和说明。

4. 学习者分析，即教学对象分析，是教学设计前期的一项分析工作，其目的是了解学习者的学习准备情况及学习能力与学习风格，为教学内容的选择和组织、学习目标的编写、教学活动的设计、教学方法与媒体的选择和运用等提供依据。

5. 教学策略确定，教学策略是实现教学目标的手段，对教学策略的设计主要解决教师"如何教"和学习者"如何学"的问题。教学策略设计常常要从四个方面着手：课的划分、教学顺序的设计、教学活动设计及教学组织形式的确定。既要符合教学内容、教学目标的要求，适合学习对象的特点，还要考虑实际教学条件的可能性。

6. 教学媒体的选择和运用，根据学习目标、教学策略设计中决定的以及各种教学媒体具有的教学功能和特性对教学媒体加以选择。教学媒体选择的好坏直接影响学习目标的达成以及教学策略的实施。

7. 教学设计成果评价，经过以上各部分的分析、设计，可得到教学设计的初步产品——解决某一教学问题的方案。那么，这个方案是否能带来预期的教学效果？设计教学方案的过程对学习需要、学习内容的分析是否准确？要检验这些问题就必须对这一初步成果进行评价。主要采用形成性评价，即在设计成果推广之前，先在一定范围内进行试用，以了解教学系统的试用效果，获知其可行性、可用性、有效性等。它是对教学系统开发中的每一步进行评定，提供教学计划实施的数据、资料等反馈信息（乌美娜，1994）。

三、教学设计的过程与要素

一个完整的教学设计需要解决四个基本问题：现在在哪里？要去哪里？如何去那里？是否到达了那里？这是一个完整教学设计的四个环节，更是四个相互联系、相互制约的逻辑序列，而且每一序列又有许多要素构成（如图7-2所示）。

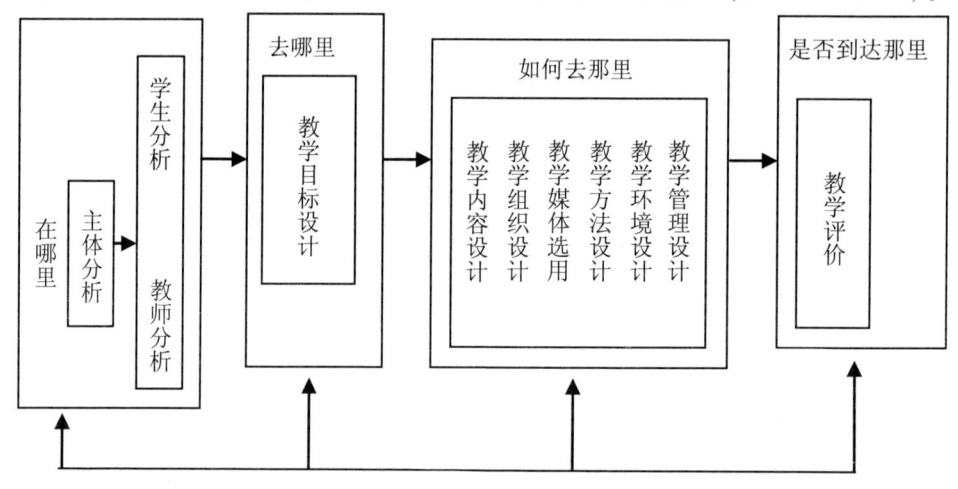

图 7-2　教学设计流程图

（一）现在在哪里（起点）

这一环节是教学设计的逻辑基点，是教学设计的预备阶段和基础。需要做好两方面的工作：一是对学生的分析，二是对教师的分析。对学生的分析，首先，分析其学习的需要，目的是发现学生在学习中存在的问题，然后分析产生问题的主要原因并确定在教学设计时解决该问题的方法和途径；分析现有的教学资源及约束条件，以论证解决该问题的可能性；分析问题的重要性，以确定优先解决的重点和难点。其次，充分注意学生的一般特点和起点能力，应根据学习者的起点能力进行实际的教学设计。对教师本人的分析，则要求教师应清楚地了解自己的专业素质和教学能力，包括驾驭教材的能力、语言表达的能力、运用多种媒体技术的能力、观察了解学生的能力和组织、管理、调控教学活动的能力等。

（二）要去哪里（目标）

这一环节是在上一环节基础上自然生发起来的一个教学方向，实际上是教学目标的设计。教学目标的设计是教学设计的关键，是对教学活动预期所要达到的结果的规划。它对课堂教学的发展起着调整和控制的作用，制约着教学设计的方向。现代教学设计的目标不再是单一的知识目标，而应是由各分目标组合而成的一个多维目标的结合体，包括知识目标、能力目标、过程与方法目标、情感态度与价值观目标等。在进行教学目标的设计时我们要考虑到在确定一两个目标的前提下，力求实现多个分目标。

（三）如何去那里（途径方法）

这一环节是教学设计的核心，主要包括：1. 教学内容的设计，即对根据教学目标选定的教学内容进行恰当的安排，使之既合乎学科知识本身的内在逻辑序列，又合乎学生认知发展的顺序，从而把教材的知识结构和学生的认知结构很好地结合起来。2. 教学组织形式的设计，即教学是采取合作式、探究式、讲授式还是活动式或其他组织形式。3. 教学方法和媒体的选用设计。4. 教学环境的设计，即考虑如何为学生创造一个良好的课堂教学环境。5. 教学管理设计，即如何应对和控制课堂上的突发事件。

（四）是否到达了那里（评价）

这一环节是教学设计的保障，即对教学效果的评价设计。主要目的是了解教学目标是否达到，并为教学设计的修正和完善提供依据。

四、教学设计的价值追求

（一）教学设计的科学化

教学设计的科学化是指坚持按教学规律进行教学设计，追求的是教学活动按规律进行，即教学的"真"的一面。科学的教学设计主要有三个基本特征，即整体性、有序性和建构性[1]。

---

① 袁维新. 真善美的统一：课堂教学设计的价值取向［J］. 中国教育学刊，1999（2）：33-36.

教学设计的整体性是指课堂教学的各个要素与各个环节是相互关联、相互作用、缺一不可的。首先，要做到课堂教学各个要素内部的整合。如教学目标的整合，要求教学目标的设计要全面兼顾学生整体素质的发展；教学内容的整合，要求课堂教学内容的组织和设计既注重帮助学生掌握知识原理，又注重培养学生运用知识解题的技能；既注重陈述性知识的教学，又注重程序性知识和策略性知识的教学；还要注重情感态度价值观的培养；教学方法的整合，要求教学方法的设计须从学生、教材、教学目标和教师自身条件出发，在一定教学理论指导下，以一种方法为主，把多种方法融合起来，形成一个最有利于实现预期教学目标的优化的教学整合方案；教学评价的整合，要求打破传统的评价主体单一（仅为教师评价）、评价内容片面（仅以学生的考试成绩为内容）的做法，实施教师评价与学生自评结合、综合素质与考试成绩结合的综合模式。其次，要实现教学系统各组成要素之间的整合，形成一个合理的教学结构。只有使教学要素之间形成合理的组合方式和运作流程，才能使系统功能得到最佳发挥。

教学设计的有序性是指课堂教学中各系统要素有规则的联系和组合。首先，要求呈示教材内容的有序化、结构化，即按照学科知识的内在逻辑顺序，组织和呈示教材内容，以提高知识的结构化程度；其次，要求将教学过程模式化、程序化，即在确定具体的教学目标、内容、方法和媒体后，为了将这些要素有机地组合起来，必须对构成教学系统的各要素在时间、空间方面设计出比较稳定的、简化的组合方式及活动程序。

教学设计的建构性是指教师在课堂教学中不是灌输知识，而是启发学生自主建构认知结构。"为建构良好的认知结构而教"是现代教学论的一个基本结论，也是教学设计的出发点和归宿。这就要求教师要按照学生建构认知结构的过程与规律设计教学，以促进学生建构良好的认知结构。

(二) 教学设计的最优化

最优化是教学设计的最终目的。最优化是以最小的代价（资源、时间等的投入）得到最令人满意的效益（产量、质量等的产出）。教师在教学设计中，要把某种教学理论成果转化为教学技术时，可采用的方案、方法是多种多样的，究竟采用何种方案或模式，必须对各种方案、模式的效能进行全面比较，选取效能最佳的方案或模式。在进行教学设计最优化抉择时，教师不仅要考虑到眼前的短期效益，同时要兼顾长远的效益；不仅要注重设计的简单、方便、易行，更要注重其发展价值。

教学设计的最优化应考虑课堂教学各个组成要素及其组合的最佳效益。如，在教学任务上，要做到明确教学和发展的目标，了解学生的准备状态，把教学任务具体化；在教学内容上，要做到分析教材中主要的和本质的东西，确保学生能掌握这些教学内容；在教学方法上，就是要选择能有效地掌握所学内容、完成教学任务的模式，针对不同的学习者，进行有区别的教学；在教学进度上，就是要做到确定适当的教学步调、速度，既完成教学任务又节省时间；在分析教学效果上，要做到对教学结果作科学的测评、分析和解释。当然，要素的优化并不等于系统的优化，系统的整体功能不是各个要素功能的简单相加，而是通过各要素的协调、整合，产生一种新的功能。所以，教学设计必须从整体效益出发，恰当地考虑各要素在整个课堂结构中的地位和作用，优化各要素间的组合方式，从而使课堂教学设计达到最优化。

（三）教学设计的艺术化

教学是一门科学，也是一门技术，更是一门艺术。它既有知识传授的科学性，又有知识传授的艺术。所谓教学设计的艺术化是指在教学过程中，使教学方法、技能、技巧得到艺术化的运用。通过这种"艺术化"的影响，使学生处于想学、要学的最佳状态，激发他们积极探求和思考的情感，产生教有所受、点有所通、启有所发、导有所悟的最佳教学效果。如果学生能够长期在这种艺术化的教学环境中熏陶，不仅能够掌握知识，还能学到许多在书本上学不到的东西，如艺术修养、审美观念、创新意识、应变能力、协作精神等等。

教学设计的艺术化，从美学角度来看，必须是教学设计的内在美和外在美的统一。内在美主要指教学内容的科学美，外在美主要指教学表达的形式美。诸如字字珠玑、抑扬顿挫的教学语言美；层次清晰、简洁明快的板书美；水到渠成、天衣无缝的衔接自然美；别出心裁、引人入胜的导入美；有张有弛、劳逸结合的教学节奏美；起伏有致、疏密相间的课堂结构美；启发诱导、虚实相生的教学方法美；突破时空、回味无穷的教学意境美等等。从美学规律来观照教学设计，其艺术化主要体现为教学过程中各要素在动态的组合中具有高度的和谐性，即教学的有序性与波动性、多样性与统一性的协调。

（四）教学设计的人文化

课堂是培养人文精神的重要场所，在课堂教学中"教师的教学技艺再熟练甚至高超，如果不能同时播撒人文精神，那么教学仍是低效的"（鲍东明，2001）。现代教学论认为，课堂教学不应当只是传授给学生一些死的知识、技能，而应包含对个体生命的关怀，关注人的终极价值，养成必要的人文精神。这就必然要求我们在教育中，特别是在教学设计中要充分挖掘其人文因素，以学生的发展为出发点，让课堂教学始终充满人文温暖。

坚持教学设计的人文取向，首先，必须注重教学设计的主体性，即教学必须充分发挥学生的主体作用，有效地使学生主动参与到教学中去，积极主动地探索和发现知识，成为学习的主人。其次，注重教学设计的情感性，即教学设计要注意促进师生、生生之间的情感交流，建立和谐的人际关系，营造和谐、民主、合作的教学气氛，促使学生有效学习。最后，注重教学设计的活动性，即教师在教学设计中把活动贯穿于教学全过程，使学生最大限度地处于主体激活状态，能积极主动地动手、动口、动眼、动脑，使教学成为学生自己的学习活动。

第二节　教学目标设计

教学设计是一个由目标引导的教学谋划过程，教学旨在实现某种目的或意向①，因此，教学目标是课堂教学的出发点和归宿，是教师进行课堂教学活动的指南，是学生能力发展的具体指标，是评价课堂教学效果的主要依据。本节主要分析教学目标的内涵、功能，以及当前教学目标设计存在的主要问题，介绍教学目标分类的相关理论，探讨教学目标设计的原则、基本程序和教学目标的表述技术。

一、教学目标的界定与功能

（一）什么是教学目标

教学目标是师生通过教学活动预期达到的结果或标准，是对学习者学习后能做什么的一种明确、具体的表述。不同的人针对不同的对象会作出不同的结果预期，因此，根据预期者和预期的主体不同，可把教学目标分为不同的层次，即国家或某类教学最高主管部门的教学预期，即教学总目标；学校预期，即学校教学目标；教师预期，即课堂教学目标。

1. 教学总目标。教学总目标是由国家或某类教学的最高主管部门，根据社会需求对教学提出的预期结果。其意义较为抽象，陈述较为宽泛。国家制定的教学总目标有一般性的不针对特定范围或课程的，也有针对某一范围或课程的。前者更为一般性，与教育目的、教学目的意义接近，如通过教学使学生的生存能力、创造能力等得到发展；后者具有一定的针对性，如国家制定的小学阶段教学目标、中学阶段教学目标、某一学科的课程目标。教学总目标是处于最高层级的教学目标，对下面各个层次的具体教学目标具有指导意义。如，我国新课程提出了教学的知识与技能、过程与方法、情感态度价值观等教学总目标，对学校和教师制定教学目标具有指导作用。

2. 学校教学目标。各级各类学校培养人才的规格和水平不尽相同，所以各级各类学校在教学总目标的指导下，结合各自学校人才培养的水平和规格将教学目标加以具体化，形成学校教学目标。学校教学目标与教学总目标一样，意义较为抽象，陈述也比较宽泛。但这一层级的目标是由学校作出的，针对的是各自学校的具体情况。不同类型和层次的学校由于人才培养规格和专业方向不同，其教

---

① 托马斯·费兹科，等. 教育心理学——课堂决策的整合之路 [M]. 吴庆麟，等，译. 上海：上海人民出版社，2008：314.

学目标也不尽相同。如，职业中学的教学目标倾向于职业技能的掌握与应用，普通中学的教学目标倾向于普通科学文化知识与技能的掌握与应用。

3. 课堂教学目标。课堂教学目标是教师针对自己的课堂教学，在教学总目标、学校教学目标的指导下，结合所教授学科的性质、特点和学生的具体情况，对学生学习提出的预期结果。根据概括水平不同，这一层级的教学目标又可分为三个层次，即学科教学目标、单元教学目标、课时教学目标。学科教学目标是教师根据某门学科的性质、特点、内容、学生特点，在进行某门学科教学之前制定的。它是教师针对具体的班级教学对象而制定的。单元教学目标是教师在进行某一单元教学之前针对所教学生提出的预期学习结果。课时教学目标是教师在进行某一堂课教学之前针对所教学生提出的预期学习结果。单元教学目标和课时教学目标是教师在教学设计时涉及最多的教学目标。

(二) 教学目标的功能

作为规定教学活动的重要指标体系，教学目标对教学活动发挥着导向、激励和检测等方面的作用。教师能否制订出明确、具体、规范、可操作的教学目标，对教学成败具有相当重要的作用。其主要功能如下：

1. 导向功能

目标能指引人类活动朝向一定的方向，所以目标具有导向的功能。教学目标之于课堂教学活动一样，也具有导向功能。它对教师"教"的活动和学生"学"的活动都起着指示方向、引导轨迹、规定结果的作用。教学目标的导向功能体现于整个教学活动过程之中，主要体现在以下几个方面：

(1) 导向教师对教学内容、教学方法、教学技术、教学媒体的选择与运用。教学目标不同，实现教学目标所需要的教学内容、方法、技术、媒体都有所不同。例如，教学目标侧重于知识的习得，宜选择讲授教学法。因此，教师总是依据教学目标来选择教学内容、教学方法、教学技术、教学媒体等。

(2) 导向学生学习。在目标教学中，教师在正式教学之前会向学生呈现教学目标，这使得学生的学习具有一定的方向而不致于盲目。学生朝着既定方向努力，大大提高了学习成绩，而且越是明确的目标越能提高学习成绩。德梯斯（D. T. Datis）以十年级学生为被试，以"健康教育"作教材，比较了精确的目标、含糊的目标和无目标三种条件对学生学习成绩的影响。结果发现，精确陈述的目标同另外两种目标相比，前者更大程度地提高了学习成绩①。

(3) 导向教学结果的测量与评价。一节课、一个课题的教学完成后，教师要对学生的学习效果进行测量与评价，其他教师或领导要对教师的教学质量作出测量与评价。首先，对于领导或其他教师对一堂课的评价来说，"评课"有许多

---

① 皮连生. 学与教的心理学 [M]. 上海：华东师范大学出版社，1997：232.

标准，如根据学生的课程参与程度，教师上课的思维清晰程度等等。但利用目标来导向测量与评价，看教学是否达到了预期目标是其中最可靠和最客观的标准。其次，对于授课教师对学生学习的测量与评价来说，教学目标描述了通过教学活动后学生应有的行为表现，这为教学测量与评价提供了科学依据；教师可根据教学目标来编写测试题目，从而保证测试的效度；教师也只有根据教学目标编写测试题来测量与评价才能体现教学的意义。例如，某节英语课教学的目标是学生能够听、说、读、写20个英语单词，而测量中却只是考查这20个单词的回忆，那么这个测量就不全面，我们不可能根据这个测量的结果对这堂课作出有效的评价。

2. 聚合功能

教学目标是教学系统内各组成要素的联结点和灵魂，对其他要素起着统领、聚合和协调的作用，从而使得教学要素发挥出最佳的教学整体效能。在课堂教学中，教师的教和学生的学都是为了实现既定的教学目标，教材、教法、教学手段、教学环境等都是为教与学活动服务的。可以说，正是有了教学目标这个"活的灵魂"，才使教学活动的各个要素有机地聚合在一起，构成教学系统并使之能够有效地运行。如果没有目标，就不存在有效的教学；课堂教学目标越清晰，教学各个要素就越能发挥出最大作用，使得教学效果最优化。

3. 激励功能

教学目标的激励功能可分为"激"的功能和"励"的功能。"激"的功能即是激发学生产生某种行为动机的功能。目标是具有激发作用的。目标可以外部诱因的形式存在，它激发个体产生外部动机并朝向目标；目标也可内化为个体的内部需要，促使个体产生内部动机，从而更有力地激发个体向目标努力。教学目标同样对教学活动具有激发作用。在教学开始前，教学目标会激发教师的教学行为向教学目标而努力；明确的教学目标展示于学生面前对学生也是一种有力的诱因，激发学生去达到目标。"励"的功能即是教学目标能提高师生的自我效能感，增强信心，起激励的作用。师生通过双方的努力一旦达到了教学目标，便会增强自我效能感，激励师生双方向下一目标迈进。

激励理论认为，激励作用的大小遵循"激励力＝目标效价×目标达成度"这一规律。这里的目标效价是指个人对目标价值大小的评价。从目标效价角度说，要提高激励力就要使制定出来的目标符合学生的需要，使学生认识到通过努力达到目标是有价值的。目标达成度即目标实现的可能性。从目标达成度角度说，要提高激励力就要提高目标实现的可能性。目标效价与目标达成度往往互为消长。教学目标过易，达成度高，效价就偏低；教学目标过难，达成度低，效价又往往会提高。目标效价与目标达成度任何一项过高都不能起到最大的激励作用。只有教学目标适中，目标效价×目标达成度的积（激励力）才能最大。所以，教学目标太容易或太难达到，都不能使学生产生较高的学习动力，只有教学目标处于学生的"最近发展区"，使学生"跳一跳能摘到桃子",才能更好地激励学生。

4. 调控功能

任何一项目标制定出来以后,都是与反馈和控制联系在一起的。教师或学校教学管理人员有了清晰明确的教学目标后,通过不断的信息反馈,能一次次地纠正教学活动中的偏差,使一切教学活动以教学目标的达成为准绳。有教学目标的调控可避免教师的教学时间、学生的学习时间、学校的教学资源等的浪费,进而提高教学效能。

二、**教学目标的分类理论**

教学目标分类是指把各门学科的教育教学目标按统一标准分类,使之规范化、系列化、具体化的理论。系统的教学目标分类理论由布卢姆(Benjamin S. Bloom)等人开创,至今已有许多教学目标分类系统。

(一) *布卢姆的教学目标分类理论*

布卢姆等人把教育目标分为三大领域——认知领域、情感领域和动作技能领域。

1. 认知领域的目标分类

布卢姆把认知领域的目标分为知识、领会、运用、分析、综合和评价这六个由低级到高级、由简单到复杂的六级水平[1]。

表 7-1 布卢姆对认知目标的分类[2][3]

水平	含义	举例
知识	指学生对先前学习过的具体事实、方法、过程、理论等材料的记忆。其所要求的心理过程主要是记忆。这是最低水平的认知学习结果	1. 回忆杜甫的诗《春望》
理解	领悟所学材料的意义。但并不一定将其与其他事物相联系。代表最低水平的理解。可使用的描述动词:解释、辨别、概括等	1. 通过阅读,辨别现实主义与自然主义各自的特征 2. 概括出《老人与海》的故事情节

---

[1] 布卢姆. 教育目标分类学第一分册认知领域 [M]. 罗黎辉,丁证霖,石伟平,顾建明,译. 上海:华东师范大学出版社,1986:59-190.

[2] 陈琦,刘儒德. 当代教育心理学 [M]. 北京:北京师范大学出版社,2005:378-379.

[3] 斯滕伯格,威廉姆斯. 教育心理学 [M]. 张厚粲,译. 北京:中国轻工业出版社,2003:393.

(续表)

水平	含义	举例
运用	将所学概念、规则、方法、规律和理论应用于新情境中的能力。代表较高水平的理解。可使用的描述动词：计算、操作、演示等	1. 演示能量守恒定律在生活中的应用 2. 让学生模拟到商店买东西，由此观察他们能否准确计算
分析	将整体材料分解成其构成成分，并理解其组织结构。包括对要素的分析、关系的分析和组织原理的分析，代表了运用更高的智能水平。可使用的描述动词：分解、说明、推理等	1. 让学生区分一篇报道中的事实和观点 2. 让学生将《荷塘月色》的结构分解出来
综合	将所学的零碎知识整合为知识体系，它强调的是创造能力，需要产生新的模式或结构。可使用的描述动词：创造、编写、设计等	1. 给定一些事实材料，学生要能写出一篇报道 2. 请学生设计出科学实验的程序
评价	指学生对材料作价值判断的能力。包括按材料内在的标准或外在的标准进行。可使用的描述动词：评价、对比、证实等	1. 给学生两篇有关某一事件的报道，学生要能评定哪一篇较为真实可信 2. 评价"孔乙己"的价值观

2. 情感领域的目标分类

情感领域的目标由克拉斯沃尔（D. R. Krathwohl）于 1964 年公布，主要与学习者的态度目标、感情目标及价值目标有关。依据价值内化的程度，情感领域的目标可细分为接受、反应、价值体系、价值组织和价值体系个性化五级目标。

表 7-2 情感领域的目标分类[①]

水平	含义	行为表现举例
接受	对环境中正在发生的事情的低水平觉知	不经意地听 对教师付出的努力作轻微的反应
反应	由经验引起的新的行为反应，由学生主动参与	主动举手回答问题 对恰当的观点表示出兴趣

---

① 斯滕伯格，威廉姆斯. 教育心理学 [M]. 张厚粲，译. 北京：中国轻工业出版社，2003：394.

(续表)

水平	含义	行为表现举例
价值体系	学生将特殊的对象、现象或行为与一定的价值标准相联系	欣赏文学作品 刻苦学习英语
价值组织	纳入新的价值观使自己的价值系统发生	参加各种俱乐部 改变学校行为，如早点到校
价值个性化	表现出与新价值观相一致的行为	愿意作出牺牲以继续参加活动 过去受到批评的行为有所改进

3. 动作技能领域的目标分类

动作技能领域的教学目标分类比情感领域的教学目标分类公布更晚，而且出现了好几种分类法。辛普森（E. H. Simpson, 1972）等将动作技能教学目标分成七级。

（1）知觉，指学生运用感官获得信息以指导动作。它包括刺激辨别、线索选择和动作转换，主要了解某动作技能的有关知识、性质和功用等。

（2）定向，指学生对稳定的活动的准备，包括心理定向（心理准备）、生理定向（生理准备）和情绪准备（愿意活动）。知觉是其先决条件。

（3）有指导的反应，指学生在教师的引导下作出反应，包括学生跟随模仿和自行尝试错误。

（4）机械动作，指学习者的反应已成为习惯，能以某种熟练和自信水平完成动作。这一阶段的学习结果涉及各种形式的操作技能，但动作模式并不复杂。

（5）复杂的外显反应，指较为复杂的或包括多种不同反应的动作技能已初步形成，动作的熟练性以迅速、连贯、精确和轻松为指标。

（6）适应，指技能的高度发展水平，学生能修正自己的动作模式以适应特殊的装置或满足具体情境的需要。

（7）创新，指个人的动作技能达到熟练程度之后，能够从事超个人经验的创新设计，即技能达到创造性发挥的地步，这是动作技能形成的最高境界。

（二）加涅的教学目标分类理论

加涅在其所著《学习的条件》一书中，将教学可能产生的结果分为五类：智慧技能、认知策略、言语信息、运动技能和态度。

1. 智慧技能。指学生运用符号或概念与环境相互作用的能力。智慧技能构成了学校教育的最基本和最广泛的结构，从造句这样最基本的语言技能到科学、工程和其他学科的高级技术性技能。按智慧技能的复杂程度，它有辨别、具体概念、定义概念、规则和高级规则五个层次，每个层次的学习又与学习条件有关。其学习结果属于程序性知识。

2. 认知策略。与思维方式和解决问题有关,是指学会怎样学习。例如,学习者学会使用一种归纳方式来解决问题。因此,关于怎样使用归纳的知识就是一种认知策略。问题解决通常是陈述性知识和程序性知识的综合运用。

3. 言语信息。即学生能以命题或句子的形式来表达所获得的事实性知识。这与布卢姆提出的知识水平是相似的。例如,学生学会了某种物理或化学的原理,在需要的时候,他们在头脑中能重新找到这些原理。其学习结果属于陈述性知识。

4. 运动技能。虽然加涅没有提到布卢姆或辛普森的动作技能,但运动技能和动作技能是学习结果的同一种类型。

5. 态度。加涅所说的态度与布卢姆所说的情感领域是相似的。与布卢姆依据测量学标准所划分的目标分类体系不同的是,加涅等人"在对学习结果进行划分时,不仅考虑了结果的测量,同时阐明了每类学习的学习过程、条件及其相互间的层次关系"[①]。

(三)布洛克的教学目标分类

布洛克(D. Block)以教师的活动为依据,建立了一个三维坐标目标系统,见图 7-3。其中 X 轴表示教的水平,Y 轴表示学的水平,Z 轴表示教学内容的水平。X 轴分为三个层次,即 a. 在学科内迁移和联系的水平上的教;b. 在学科间迁移和联系的水平上的教;c. 在创造性的知识迁移条件下学生学习和实践活动相互作用的水平上的教。Y 轴分为知识、领会、运用、概括四个层次。Z 轴分为事实、概念、对应、结构、方法、关系六个层次。

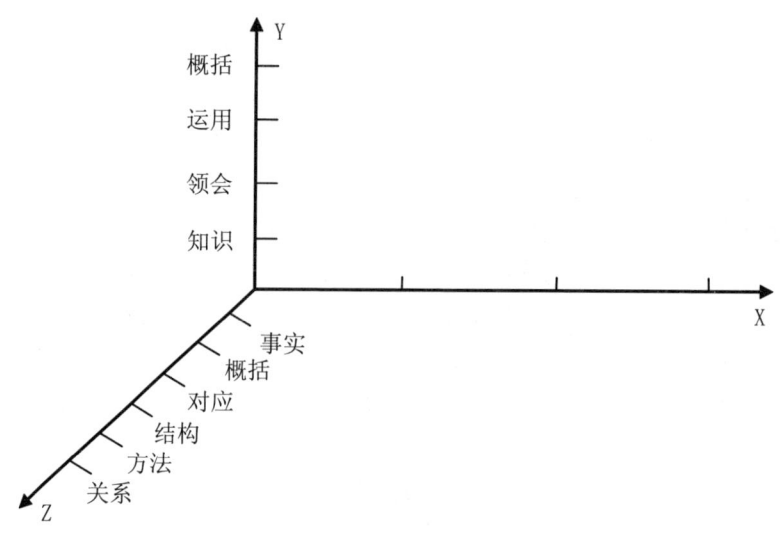

图 7-3 布洛克的三维坐标目标系统

---

① 皮连生. 教学设计——心理学的理论与技术 [M]. 北京:高等教育出版社,2000:56.

（四）国内关于教学目标分类的研究

我国研究者在借鉴和改造布卢姆等人的教学目标分类理论的基础上，提出了自己的分类。

1. 认知领域的教学目标分类，把布卢姆的六级分类转化为中学的"记忆、理解、应用、创新"四级分类和小学的"记忆、理解、运用"三级分类。

2. 情感领域的教学目标分类，以行为分类和内容分类相结合的思路，将克拉斯沃尔的五级分类，转化为中小学的"接受、反应、爱好、个性化"四级分类，提出了中小学情感教育的内容包括情感健康、学习情感、个性情感、社会情感四个方面。

3. 动作技能领域的目标分类，将辛普森的七级分类转化为中小学的"知觉、定势、熟练、自动化"四级分类，并结合学科特点作了初步验证[①]。

三、教学目标的设计原则与陈述技术

（一）教学目标的设计原则

1. 主体性原则。教学过程主要是由教师、学生、教学内容和教学手段构成，其中学生是学习活动的中心，教学设计的一切活动都是为了学生的学习能够达到理想效果，因此，教学目标设计要重点突出学生在学习过程中的主体地位，遵循其认知规律和能力特点，关注学生的学习过程，重视以学生的"自主学习"来实现目标。同时，也要求教师设计与确定教学目标时要站在学生学习的角度，根据教学内容和学生实际来策划设计，陈述行为结果的典型特征。

2. 开放性原则。探究教学活动应是一个开放的活动过程，教学目标设计也应根据培养学生综合素质、创新精神、实践能力的需要，为学生提供开放的教学内容、教学材料、教学媒体、教学方法、教学空间和时间[②]。

3. 激励性原则。根据美国著名教育心理学家皮亚杰的研究成果，学生学习的兴趣和动机对其学习效果的提高、学习方法的掌握、学习积极性的维持有重要作用，同时，激励性的学习经历或欲望将有助于学生学习需要的情感满足。

4. 多样性原则。新课程理念下的教学设计应体现教学目标多样性的特点，既注重以知识为载体，以过程与方法为手段，更注重情感态度与价值观评价，立足思想素质的提高，关注学生的情感、态度和行为表现，培养学生的发散思维能力和动手技能。

（二）教学目标的陈述技术

教学目标的陈述方法主要有三种：认知观的陈述方法、行为观的陈述方法及

---

① 张大均. 教育心理学 [M]. 北京：人民教育出版社，2004：460.
② 刘泽兴. 新课程教学设计 [M]. 北京：群言出版社，2002：20.

两种观点相结合的陈述方法①。其中，认知观的陈述方法强调用内部心理过程来对教学目标进行陈述，多使用表示心理过程的含糊动词（如，理解、掌握、领会等）；行为观的陈述方法则是用可观察的外显行为动词来表述，有助于教学导向具体明确、教学评价客观可行；结合式的陈述方法则强调以外显行为和内部心理的有机结合来表述教学目标。教学目标的具体陈述方法在第十章教学目标行为化策略部分有详细叙述。

一般来说，陈述教学目标应注意：

1. 陈述目标必须明确、具体、可观测，尽量避免用含糊的、华而不实的语言描述教学目标。要发挥教学目标的导教、促学和检测功能，就必须增强教学目标的明确性和可测程度。为避免教学目标陈述的含糊性和抽象性，教师除了灵活变通地借鉴和运用各种表述技巧外，还可参照各种目标表述方法，使目标表述更清晰、明确、可行。

2. 目标设计与编写要尽可能用可观察的、外显的行为反应来界定，行为动词必须是可测量、可评价、具体而明确的。教学目标的编写和界定，既要使它能直接指导教学，同时还要考虑其是否便于比较和评价，其中最重要的就是动词使用。"了解"、"认识"、"学习"、"欣赏"等都是一些比较笼统、不具明确目的性的词语，而"说出"、"举例说明"、"默写"、"背诵"、"使用"、"解释"等，就可对学习结果作出明确、具体的规定，大大增强了可操作性，同时也便于观察、测量和评价。不仅如此，行为目标还要在表述中指明行为的条件（即影响行为表现的特定的限制或范围等），如"根据地图"、"不靠帮助或参考书"等。

3. 目标应该描述的是教学后学生达到的学习结果而非教师的教学过程，即要全面考虑教学结果。教师在陈述教学目标时，应重点描述经过一定教学活动后，学生在言语信息、心智技能、动作技能和情意态度上所产生的学习结果类型与层次，避免用描述教学过程、教学要求或具体教学行为的术语代替学习结果的表述。如在《科学（7—9年级）课程标准（实验稿）》中，"了解传染病的特点、传播三环节及预防措施"是学科教学内容，是编制教学具体目标的素材和纲要，本身并不是教学目标，应将其改为"了解事实（有关传染病症状的一般现象、特征）、掌握程序（传染病传播的三环节）和形成正确的预防态度等"②。

下面就以初中生物课程和小学思想品德课程的教学目标设计为例来对教学目标的表述进行解析。

---

① 马会梅. 教学目标设计的心理学研究［J］. 天津师范大学学报（基础教育版），2008，12（4）：28-33.

② 盛群力，马兰，褚献华. 论目标为本的教学设计［J］. 教育研究，2008（5）：73-78.

案例1：《植物细胞的结构和功能》教学目标设计

	水平要求	教学目标使用的行为动词
知识性目标	了解	描述、识别、列出、列举、说出
	理解	举例说明、概述、区别、解释、选出、收集、处理、阐明
	应用	分析、得出、设计、拟定、应用、评价、撰写
技能性目标	模仿	尝试、模仿
	独立操作	运用、使用
情感性目标	经历（感受）	体验、参加、参与、交流
	反应（认同）	关注、认同、拒绝
	领悟（内化）	确立、形成、养成

在上述这个教学目标设计案例中，植物细胞的结构和功能属于知识目标中的了解水平，可用"识别"和"说出"表示；细胞是生物体生命活动的基本单位系知识目标中的理解水平，可用"说明"表示；制作临时玻片标本、用显微镜观察属于技能性目标，宜用"尝试"和"使用"表示；生物的结构和功能相适应的观点、实事求是的科学态度为情感目标宜用"树立"和"形成"表示。由此制定的教学目标不仅具体、明确，而且可操作，便于考核与评价。

案例2：《我要做小主人》教学目标设计

（1）体验家庭生活的快乐，学会关心父母，尊敬长辈；

（2）初步认识到自己作为家庭一员的责任，主动关心家人，做自己力所能及的事；

（3）能用自己的方式与家人交流，学习与人沟通的方法和技能。

该教学目标设计能从学生角度出发，真正体现以学生为主体的理念，明确了教师教什么、怎样教、为什么这样教，学生学什么、怎样学、为什么这样学等一些关键性问题。由此可知，只有制定出科学、合理、具体且适合教学实际需要的教学目标，才能发挥其在课程教学中的作用，才能提高教师教学的实效性，促进学生全面、持续、和谐发展。

案例3：《秦王扫六合》教学目标设计

（1）知道秦始皇建立中央集权统治和修筑长城、开发南疆的有关史实，列举秦始皇统一文字、货币、度量衡等巩固统一的具体措施；

（2）以"如何看待秦始皇的历史作用"为题展开讨论，尝试与同学交流和发表自己的意见，学习客观地评价历史人物的方法，培养从多角度分析历史问题的思维习惯；

（3）以"秦朝在中国历史上起到了什么作用"为题，讨论秦朝的统一以及秦始皇巩固统一的措施对我国历史产生的深远影响。

这个教学目标设计简洁、明了，让人一眼就看出特色。在对教学目标进行陈述时侧重学生，而非教师，而且行为动词描述了学习结果，而不是对教学内容的具体规定。不仅如此，教学目标的检测对象也是学生的学习成果，而不只是教师完成的具体教学任务，同时此教学目标设计还重视知识与能力的联系，使学习活动的主体明确、具体，提高了学生的学习激情。

第三节 教学内容设计

教学内容是实现教学目标的基本保证，是教学中教师和学生共同加工的教学材料。设计教学内容主要涉及到对教学内容的选择和组织、教学内容的分析等。

一、教学内容设计及价值取向

（一）教学内容设计的含义

教学内容设计就是指教师根据教学目标要求及教学对象的具体情况，对教学内容的数量、质量、深广度和难易度进行适当处理的过程①，本质上就是解决"教什么"的问题。在实际教学过程中主要表现为教师为达到教学目标而在教学实践中呈现的材料，既包括在教学中对现成教材内容的沿用，也包括教师对教材内容的"重构"——处理、加工、改编乃至增删、更换；既包括对课程内容的执行，也包括在课程实施中对课程内容的创生。

（二）教学内容设计的价值取向

一些研究者归纳出教学内容的五种价值取向，即学术理性取向、认知发展取向、人本主义取向、社会重建取向和科技发展取向②。

1. 学术理性取向，强调教学内容设计的学术性。其基本观点：教学内容设计的目的是让学生掌握学科基础知识和基本技能，以促进学生的智力和理性思维发展，进而发展和开拓人类先进的文化遗产。

2. 认知发展取向，强调教学内容设计要符合学生认知和技能发展规律。其基本观点：教学内容设计的目的是教会学生学习，促进学生认知过程发展。

---

① 郭成. 课堂教学设计 [M]. 北京：人民教育出版社，2006：142.
② 马云鹏. 课程与教学论 [M]. 北京：中央广播电视大学出版社，2005：54.

3. 人本主义取向，强调教学内容设计要以学生自身发展为根本。其基本观点：教学内容设计的目的是促进学生全面发展，达到学生的自我实现。

4. 社会重建取向，强调教学内容设计以改造社会服务为重点。其基本观点：教学内容设计是让学生更好地了解、认识、适应社会，并帮助其掌握进入社会所需的基本技能，进而采取行动改造社会，以创造未来的美好生活。

5. 科技发展取向，强调教学内容设计的技术化和程序化。其基本观点：教学内容设计的目的是使学生的学习按照一个有系统、可预测的方式进行，为学生提供一个以循序学习活动为本的有效系统来改变他们的行为。

二、教学内容设计的理论与原则

（一）教学内容设计的理论

1. 教学内容的螺旋式组织

布鲁纳认为，教材应该把反映该学科发展水平的最基本的概念和原理作为主体，以达到较强的迁移。在学习的早期阶段就应该使用这样的教材，让学生尽早有机会在不同程度上去接触和掌握某门学科的基本结构，但这样的教材只有与儿童的智力发展水平相适应，才能使基本概念和原理的教学顺利进行。儿童的智慧发展有表演式再现表象、映象式再现表象和象征式再现表象三种水平或阶段。学科的基本概念和原理，均可分别从动作的、表象的、符号的三种不同智慧发展水平出发，加以编撰和组织。年龄不同的儿童，其智慧发展阶段也不同，对他们就应使用不同水平的教材。随着年龄的增长，教学涉及的基本概念和原理可能相同，但教材的具体直观程度逐渐降低，而抽象程度不断提高，从而体现了教材的"螺旋"式上升的特点，使学生一步步地在较高的认知层次上掌握教学的内容。

2. 教学内容的累积式层级组织

加涅把人类学习分为八类：信号学习、刺激—反应学习、连锁学习、言语联结学习、多重辨别学习、概念学习、原理的学习和问题解决的学习，它们依次按"简单—复杂"程度组成一个"层级"系统，该系统中每一个简单层级的学习都是复杂层级学习的先决条件，复杂层级的教学都必须以简单层级的教学为基础。教材内容的组织可采取累积层级方式进行，先安排简单层级的教学，然后在此基础上进行相应的复杂层次的学习。

3. 教学内容的认知同化组织

奥苏贝尔依据认知同化的理论，提出了教学内容的渐进分化和综合贯通式组织理论。渐进分化指按概括性和包容性大小的顺序依次呈现教材，即首先呈现某学科的最一般和最概括的观念，然后按细节和具体性逐渐分化，使学生能将下位观念类属于原有的上位观念。综合贯通是强调学科本身的特定结构、方法或逻辑的整体性，注意学科中处于同一包容水平的概念、原理和章节的异同，清晰地指出它们之间的联系与区别,从而消除学生认知结构中原有知识之间的混淆与模糊,帮助学生真正理解这门学科。可利用"组织者"的编排技术贯彻渐进分化和综合贯通的组织原则。

(二)教学内容设计的基本原则

1. 基础性知识与发展性知识相结合

学科中的基础性内容是教学内容的主要组成部分,是学科基础知识与学生生活知识结合、统一的结果,是保证知识合理、有效展开的主要构架。基础知识适应性广、包容性大、概括性高、派生性强,只有选择人类知识中的基础性部分才有助于学生将来掌握新知识,扩展知识结构,从而使所学知识起到长期的基础性和迁移性作用[1]。

2. 适应学生的心理发展规律

教学内容设计的主体是学生,因此,进行教学内容设计要考虑学生的身心发展、智力水平、认知能力、年龄特征、兴趣爱好以及已有经验基础等。一方面,应强调为学生再生产知识,建构意义,培养思维方式和行为习惯提供必要的正确知识和方法,另一方面也要重视学生通过顿悟、直觉、联想、体验等方式获得并感受生活的意义(岳珂,姜峰,洪希,2008)。

3. 规范性和灵活性相结合

现代教学内容选择的宗旨是提高全体学生身心素质。因此,教学内容的价值取向上应尽量反映大众阶层的教育需求,体现教育公平精神,坚持民主化道路,以提高人的一般素质为核心,牢固坚持育人至上的宗旨,努力提升人的主体能力和创造精神,使教学内容更好地为个人发展的个性化和社会化服务(裴娣娜,2008)。

三、教学内容的分析

对教学内容的研究与分析,是对教学目标确定所要达成的教学活动终点以及学生从开始的起点能力转化为终点能力所需要的知识、技能和它们之间的关系进行详细剖析的过程。具体来说,是研究、分析教学任务的过程,是教师分析教材、合理选择和组织教学内容并在课堂教学中呈现内容的过程。其中,教学内容的选择、分析与领悟是最关键环节。

(一)教学内容的选择

1. 保持教学内容的趣味性、普遍性和易得性

教学材料和内容的选择要适合中、小学生年龄特点,考虑他们的学习兴趣。选择具有趣味性的教学材料更有利于学生理解、探究,引导学生在玩中学。例如,江

---

[1] 马会梅,杨建朝. 教学内容设计的心理学研究[J]. 河北师范大学学报(教育科学版),2009,11(10):62-65.

苏版《科学》实验教材三年级下册中的"太阳和影子"一课就十分有趣。老师在这堂课的教学中不仅可以引导学生利用校园中的树木、旗杆、柱子、房屋的影子，还可以更方便地利用教室里的书本、桌椅、文具等作为投影工具，让学生做投影、踩影游戏。这样，他们能在自己实际的操作中切身体会太阳和影子的关系。

案例：《极值应用》的教学内容设计

在讲授极值应用时，常会遇到这样的问题："在一块边长为 a 米的正方形铁皮的四角上截去同样大小的正方形，做成一个无盖的长方形的盒子，问截去多大的小正方形，才能使盒子的容积最大？"由于题设条件介绍得太具体、太直观，从而抹杀了学生的自我思考、自我设计的能力。但如果将题目修改为"用一张正方形的纸制作一个无盖的长方体，怎样制作才能使得体积较大？"

这样设计的问题就成为一个综合性的问题，可以引发学生从以下几个方面进行思考：

a. 无盖长方体展开后是什么样？

b. 用一张正方形的纸怎样才能制作一个无盖长方体？基本的操作步骤是什么？

c. 制成的无盖长方体的体积应当怎样去表达？

d. 什么情况下无盖长方体的体积会较大？

e. 如果是用一张正方形的纸制作一个有盖的长方体，怎样去制作？制作过程中的主要困难可能是什么？

通过这个主题研究，不仅提高了学生的空间想象能力，使其深刻体会到数学里的函数思想以及符号表示在实际问题中的应用，并且让学生们体验从实际问题抽象出数学问题、建立数学模型、综合应用已有知识解决问题的过程，能进一步加深他们对相关知识的理解。

2. 教学内容要符合学生认知发展规律

中、小学生正处于身心发展变化较快的阶段，也是接受知识、理解内容较快的阶段。因此要在教学内容方面精心选择，贴合学生的实际接受能力和理解能力，还要保证所选内容条理清晰、结构严谨，保持在学生的"最近发展区"内。

3. 教学内容要具有开放性和探究价值

课堂教学的目的除了使学生学到基础知识，还要保障科学探究活动的开展，这需要教师在教学内容的选择上尽可能选一些有结构的探究材料，为探究活动提供指导和帮助。以小学"科学"课程为例，在《食物》这一堂课中，学生们自己对于粮食有怎样的感悟和认识？农民生产粮食时的辛苦换来了我们的饮食，那么我们应该怎样对待粮食？怎样对待别人的劳动成果？在信息技术高度发达的今天，小学生年龄虽然小，但他们并非一张白纸。这一系列的问题对于他们来说，早已可以通过网络、电视、报纸等各种不同渠道来获得答案。他们中的许多人已经懂得除了蛋白质、脂肪、淀粉三种营养外，还有其他许多与人的生命、生长发育密切相关的营养成分。因此，教学内容的选择要结合学生实际情况，灵活处理教材，增强教学内容的开放性，使其更具探究价值。

（二）教学内容的领会与钻研

一般而言，要对教材内容进行领会，首先要完成对国家指定课程标准的把握和熟悉，它是国家对学生课程学习掌握标准的统一要求，是教师教学的主要依据。在开始整个课程的教学前，教师通过钻研课程标准，既可领悟所授课程在学校课程中的地位、教学主旨和要求，又能对课程所覆盖的主要课题、要目及教学要点等做到心中有数。这样才能统观全局、理清主线，避免只见树木、不见森林、一叶障目。

从宏观上对课程的教学体系、标准、地位和作用有整体、系统的了解后，就要紧扣学科核心概念，区分教学内容中的重难点，避免教无章法，平铺直叙。一般而言，教学内容中的重难点往往是课程体系中起上下联系和纵横贯通作用的联结点，亦即教学必须突破的基本概念、原理、规则和方法等。例如，小学"数的整除"单元，求最大公约数和最小公倍数是重点。求最小公倍数是学习通分的重要基础，而求三个数的最小公倍数是本节的难点，在用短除开方形式找出三个数公有的质因数做除数后，如果其中两个数有公有的质数时，还应继续分解，并将没有分解的数移下来。学生对此理解有一定的困难，也容易出现错误。为此，教学设计应侧重多种教学方法的最优组合，使学生明确三个数的最小公倍数必须包含它们全部公有的质因数和各自独有的质因数，运用分解质因数的方法，求出它们的最小公倍数[1]。

案例：《济南的冬天》教学内容设计

1. 导入新课：借前一课《春》作为引子，提问学生由春天想到的相关的词语或成语，如：春光明媚、春意盎然、春风和煦等，然后引导学生联想描写冬天的词语，如：寒风刺骨、冰天雪地、大雪纷飞、天寒地冻等，引出本文：这些都是人们在描写冬天时常用的词语，写出了冬天给人的感觉。那么，今天我们就来读读老舍先生笔下济南的冬天，看看它给你什么样的感觉。

2. 感知课文：首先听课文录音或学生自由朗读课文，然后思考济南的冬天

---

[1] 麦曦. 教学设计的理论和方法[M]. 广州：新世纪出版社，1996：131.

给你的感觉和你印象中的冬天是否相同？它给你的总体印象是什么？

3. 研读课文：首先引导学生进一步感知、赏析文章，思考济南的冬天为什么会给你这样的感觉呢（如通过济南的天气、济南的山的特点、济南的水的特点来分析）？然后谈论结尾句"这就是冬天的济南"与题目"济南的冬天"有何不同，有什么作用，并让学生进行小结。

4. 扩展练习：文中大量的笔墨写到了济南的山，如果让你选其中的一部分画成画，你准备怎样画，在小组内互相说说自己的设计构思，也可以动手作画。

这个教学内容设计不但培养了学生总结概括的能力，为以后的写作打基础，还让学生掌握了比喻、拟人等修辞手法的使用，加深了对文章的体会理解，受到情感熏陶，享受到审美乐趣。另外，他们还可根据自己对课文的理解，亲自动手把名作家笔下的语言绘成一幅五彩缤纷的画，提高艺术修养，开拓思维，增强对教材内容的领会和理解能力。

第四节 教学手段设计

通过教学目标和内容设计，教师能够确切地知道"要到哪里去"。但怎样才能准确高效地到达目的地呢？这需要进一步作教学手段设计。教学手段设计的关键在于科学地选择和有效运用教学方法和教学媒体。

一、影响教学方法选择的因素

在教学设计中，当教学目标和内容确定下来之后，教学方法的设计便成为决定教学成败的关键因素之一。任何一种教学方法都是为促进学生学习和提高学生学习满意度服务的，其本身无所谓优劣、好坏，只有对特定教学目标、教学内容、教育对象以及教育情境适宜程度之别。教师在选用教学方法时可综合考虑以下五个因素[①]。

（一）教学目标的要求

现代教学理论表明，根据不同的教学目标选用不同的教学方法是走向教学最优化的重要一步。因此，围绕目标的实现来选择方法是一条重要的原则。根据教学目标来选择方法要考虑以下几方面。

1. 特定的目标要求特定的方法去实现。教学目标不同，所需采用的教学方法也不同，在选用教学方法时，教师首先要考虑它与教学目标的协调性。

2. 教学目标的多层次化要求教学方法的多样化。特定的方法只能有效地实现某一或某几方面的目标，完成某一或某几个环节的任务，要保证教学目标的

---

① 张大均. 教育心理学 [M]. 北京：人民教育出版社，2004：470-471.

全面实现,教学中往往要求选用几种能互补的方法,并把它们有机结合起来。另外,每一种方法都有优缺点,都有助于实现一定的教学目标,因此,我们在选用不同的教学方法时要尽可能地扬长避短。如选用发现法时,要注意克服其费时、费力的缺点;若用讲授法时,则要努力调动学生学习的积极性、主动性。

(二)学科特点和教学内容

学科性质不同,其适合的教学方法也不同。如语言类的语文、英语等学科,着重于培养学生的口语交际能力,主要宜采用讲解法、谈话法和练习法;物理、化学涉及实验较多,则适合采用比较直观的演示法和实验法;而数学侧重于严密的逻辑推理,使用练习法可帮助学生更有效达到教学目标。即使是同一学科,也有不同的教学内容,所以教师在选择教学方法时还要考虑教学内容的差别。认知领域的教学内容比较适合采用发现法,而动作技能领域的教学内容采用示范模仿法和练习反馈法较好,情感领域的教学内容则更适合用欣赏法和强化法。

(三)教学方法本身的因素

任何一种教学方法都不是万能的,每一种教学方法都有其适用范围和局限性,在具体教学中也有利有弊,可以为达到某一目标很好地服务,但同时又可能妨碍另一个目标的实现,我们在选择的时候要扬长避短。表7-3列出了几种主要教学方法的适应特征和条件,教师只有在了解各种教学方法使用条件的基础上,才能根据具体的教学情境作出最佳的选择。

表7-3 各种教学方法运用的条件[①]

教学方法 利用条件	口述法	直观法	实际操作法	复现法	探索法	归纳法	演绎法	独立工作方法
1. 最适宜解决的任务	形成理论的和实际的知识	发展观察能力,提高学生对所学问题的注意	发展实际操作技能和技巧	形成知识、技能和技巧	发展思维的独立性,形成研究性的技能和创造性态度	发展概括能力和归纳推理的能力	发展演绎推理的能力和分析现象的能力	发展学习活动中的独立性,形成学习技巧

---

① 陆兴发.教学方法:界定与选择的策略[J].内蒙古师范大学学报(教育科学版),2002,15(2):1-4.

（续表）

教学方法 利用条件	口述法	直观法	实际操作法	复现法	探索法	归纳法	演绎法	独立工作方法
2. 最适宜解决的教材内容	教材以理论性为主	教材内容可以直观形式表达	课题的内容包括实际练习、进行实验以及完成劳动任务	内容过于复杂或过于简单	教材内容具有中等程度的复杂性	在教科书中，课题内容按归纳的形式叙述	在教科书中，课题内容按演绎的形式叙述	教材适合于独立研究
3. 相应的学生特点	学生具有掌握文字形式的知识信息的准备	学生能够接受直观教具	学生具有完成实际操作方向的作业准备	学生不具有以问题方式学习该课题准备的	学生能够以问题性方式学习该课的准备	学生能够进行归纳推理，而进行演绎推理则有困难	学生具有进行演绎推理的准备	学生已作好独立学习课题的准备
4. 教师应具备的可能性	教学掌握这一方法胜于其他方法	教师具备必要的直观教具或能够独立制作直观教具	教师具备组织实际操作练习的物质材料和教学资料	教师没有时间以问题方式组织该课题的学习	教师有时间以问题方式组织该课题的学习，熟练掌握探索性教学方法	教师能够较好地掌握归纳教学法	教师能够较好地掌握演绎教学法	具备在课堂上组织学生独立工作的教学材料和时间

（四）教师的素质与个性特点

教师和学生一样也是千差万别的，不同的教师，其知识水平、专业素质，以及性格气质各不相同。由于自身的差异，不同的教师使用同一种教学方法其效果也显然不同。首先，教师的素质差异制约着教学方法的选择。如果一个教师善于根据自己素质的特点，选用某种教学方法来弥补素质的不足，会收到意想不到的效果。例如一个口语较差的英语教师，可采用视听法，利用电教设备，如录音机播课文、读单词,来弥补素质的缺陷而取得良好的教学效果。其次,不同个性的教师使用同一种方法的效果会有差异。这里的个性主要是指在教师个性心理特征基础上表现出来的教学风格、对不同的课堂气氛的好恶、与学生的亲疏程度等。例如一位平时总是表情严肃的教师在使用游戏法、角色扮演法时,可能就不如一位平时和蔼可亲的教师采用这类方法的效果好。因此,作为教师,要正确地选择教学方法,不仅要正确地认识自身的素质、教学风格;而且还要善于扬长避短,根据自己的特点选用恰当有效的教学方法。

(五)学生的年龄特征、学习特点

教学方法的选择还应考虑学生的年龄特征、学习特点。对处于不同年龄的学生及思维水平不同的学生要采取不同的教学方法。例如,发现法和讨论法对于小学低年级学生或思维水平低下的学生,往往不能达到预期的教学目标。角色扮演法对于低年级学生来说,更有利于激发他们的学习动机和兴趣。学生的思维类型差异和个性差异决定了他们的学习特点,影响着他们对不同方法的好恶和适应性。如有的学生必须在教师讲解后才能清晰地把握知识,也有的学生要通过亲自动手操作后才印象深刻,还有的学生则对经过充分讨论或自己发现的知识才能过目不忘。

二、常用教学方法的使用设计

在实际教学中,教师们最为熟悉和常用的教学方法主要有讲授法、讨论法、自习法、发现法和合作学习法等。下面着重介绍最常用的讲授法、讨论法和自习法(张大均,2005)。

(一)讲授法

讲授法属于接受性教学模式的范畴,它是指教师对学生进行信息陈述和展示。讲授的形式可以多样化,可长可短,可中断也可持续进行;可以是正式的,也可以是非正式的;可以是现场的,也可以是报告式的。精彩的讲授,首先要求教师应巧妙导入课题,吸引学生的注意,呈现、描述学习的类型和目标;其次,使用"先行组织者"、例证或图解,为学生提供清晰的、结构化的、渐进式呈现的信息;再次,在讲授过程中应加强对学生学习的监控,要求学生做课堂笔记,促进学生之间的互动,要求他们提出从一般到具体的见解;最后,要控制讲授的容量、时间和范围。讲授的内容既不要太多,也不能太少,对最重要的部分的讲述应安排在头15分钟之内,讲授时应避免跑题。在结束讲授时,教师应对所讲内容进行复习和总结,检查学生对新知识的理解程度。

讲授法的优势:首先,从效能上看,教师通过精彩的讲授能够把教学涉及的大量新信息、新内容较快地向大多数学生传输。其次,"使用讲授法可能也满足了教师与工作相关的需要,如控制需要、学生成功需要、时间管理需要"①。最后,精彩的讲授还有助于发展学生的倾听、做笔记等学习技能。

讲授法的局限:其一,讲授法对教师的素质和教学风格有较高要求。如教师应是友善的、幽默的、口语流畅的。其二,它主要是一种单向的教学交流,学生间的相互作用较少,学生不容易卷入其中,教师也不能及时地获得学生的反馈信息,如果运用不当,容易导致注入式或填鸭式教学。其三,它更适合于传递信息,不利于促进学生的思考。其四,对有些学生来说,听讲15分钟后注意力就会迅速下降,进行到30—40分钟时,学生所能接受的信息量就相当有限。其五,它容易使那些缺乏良好的注意、记笔记技能或记忆技巧的学生遭遇学习挫折。

(二) 讨论法

讨论法是通过为学生提供一种交谈情景,促成学生之间或师生之间分享信息、观念或见解的教学方法。在教学情境中讨论法的实施方式比较灵活,既可在教师与学生之间进行,也可只发生在学生之间;既可以将全班卷入进来,也可以分组或举办小型座谈会;教师既可以积极主动地作为讨论的引导者或参与者卷入讨论之中,也可仅仅作为一个观察者。

讨论法对教师和学生都有一定的要求。它不仅要求教师(引导者)能控制自己的讲述,而且要求他是一个富有技能技巧的促进者、人际关系学家、澄清者和总结者;它要求学生能有效地进行思考,说出他们对某信息、观点、主题或问题的想法,并通过思考和有效的互动获得心智和社会性的发展。

运用讨论法,在准备阶段,应确定好讨论的目的和程序,在分析学生对讨论的准备性的基础上确定讨论的实施方式、教师应扮演的角色以及讨论的时限。在实施阶段,教师首先应确信学生已理解了讨论的目的、任务和要求,提醒学生在讨论中要遵守的行为准则;其次,教师要加强对学生的组织,鼓励学生积极参与讨论并学会倾听和尊重他人的发言;最后,教师只有在完成讨论任务和相关信息发布以及组织发动任务之后,方可让学生自由讨论。在结束阶段,教师除应对学生经讨论所得的发现、结论、解决方案进行总结外,还要评价学生参与讨论的态度、表现及学习效果。

讨论法的优点:首先,组织得当的讨论,能激发和维持学生的学习兴趣;其次,学生在群体思考、人际互动的过程中相互启发,相互砥砺,既可以提高学生的交流能力,又可以发展其分析性和批判性思维,加深对所学知识的理解;最后,讨论在转变学生的态度和促进道德判断上也是有效的,有助于促进学生社会性的发展。但是如果讨论没有得到好的引导,可能会导致无目的的和浪费时间的

---

① 克里克山克,等. 教学行为指导 [M]. 时琦,等,译. 北京:中国轻工业出版社,2003:178.

低效学习。

（三）自习法

自习法是指教师要求学生独立地完成与课堂作业或实践性练习有关的自由学习方法。教师让学生自习的目的主要是为其提供复习、实践以及学会怎样学习的机会。自习法是相当有价值的教学方法，故经常被教师运用。因为"教是为了不教"，学校教学的最终目标是教学生学会学习，以逐步减少他们对学校和教师的依赖。

需要指出的是，自习法既不是完全放任学生，也不是教师和学生互不相干，其有效运用同样有赖于教师的引导和调控。在准备阶段，教师应该确定作业的性质和类型，确保所提出的作业目标符合学生的兴趣和能力水平。在实施阶段，教师应清晰地陈述作业的目的和要求、作业的步骤与时间限制。在结束阶段，教师应及时收集作业，对其进行批改和评价，为学生提供详细的反馈，必要时进行补救教学。

自习法的最大优点是可以提高学生对所学知识的理解和巩固程度，可以培养学生的学习自主性。其缺点主要是它的实际教学效果受教师和学生对它的理解和运用程度的影响。如果学生对自习的目的和要求不明白，或者认为它们不合理，就会消极应付或抵制作业任务；如果教师引导、调控或评价不当，也会影响学生的学习成效。

三、教学媒体的选择与运用

教学媒体的选用既是系统教学设计的一个重要环节，也是课堂教学手段和环境创设的关键技术之一，它对于提高教学效率具有重要作用。

（一）教学媒体的内涵

教学媒体是指教学活动所涉及、需要的各种工具，主要包括黑板、图片和教科书等传统教学工具以及投影、电视、电脑等现代化教学工具。

教学媒体可以从不同的角度进行分类。根据印刷与否，可分为印刷媒体和非印刷媒体；根据信息传播中信息流动的相互性，可分为单向传播媒体（影视、广播、幻灯、投影等）和双向传播媒体（如计算机）；根据工具的先进程度，可分为传统教学媒体（教科书、黑板、粉笔、标本、模型、图表、实物和教具等）和现代教学媒体（幻灯、投影、录音和计算机）。

（二）教学媒体的合理运用

1. 多种媒体的组合运用。鉴于各种媒体具备不同特点，各自都有自己的适应性和局限性，且往往一种媒体的局限性又可用其他媒体的适应性来弥补，因此在可能的条件下最好采用多种媒体组合教学，以使各种媒体扬长避短，互为补充。例如，电视录像在表现动态情景上占有独特优势，但在表现静态放大画面时却不如幻灯、投影，若二者结合使用，便既能表现动态场景又能表现静态放大画面。但多媒体组合要发挥良好效果有一定的前提条件。研究表明，在不同感觉通道中呈示的信息，在信息有联系的情况下，同时给予两种感觉通道的刺激，会提高学习效果。但如果信息量太多且超过一定的冗余度时，双通道的呈示并不特别优越，这时用双通道呈现信息还不如只用单通道的效果好。因此我们在采用多媒体组合教学时，要特别注意：（1）不同通道传递的信息要一致或有联系，否则会产生相互干扰；（2）不同通道传递的信息并不是越多越好，单位时间内信息量过大，超过了学习者的接收率，反而会降低学习效果。例如，当学生还在抄写黑板上的图表时，教师就已继续讲后面的内容了，势必会给教学效果带来消极影响。

2. 一定程度的传媒冗余度促进信息整合。学习者对信息进行顺利整合，很大程度依赖于传媒的一定冗余度。因学习者要形成信息的整体印象，前后信息必须同时保存在大脑中，整合才能进行。因此，为了保证信息的分析、整合，一方面，媒体传递信息的速度不能太快；另一方面，应创造信息分析、整合的有利条件。如，可利用媒体的优势，以方便地控制时间顺序和空间距离来强调事物的接近性；利用或强调事物的因果关系、功能关系、种属关系、层次关系等来促进信息的整合。

3. 选择适合学习者思维水平的传媒符码。传媒的显示必须以某一特定的符号（或称符码）为形式。传媒的符码形式可分为语言和非语言两大类，也可分为模拟符码（例如芭蕾舞的动作）、数序符码（印刷、语言、文字）、形状符码（图画、图表、图解）。对形状符码的研究已引起研究界的极大注意，因这种符码容易储存，容易追忆，且易于迁移。近十年来，对符码的研究发现，传媒的符码越与学生思考时所用的符码一致或接近，学生就越能有效地思考。这意味着，我们在用某种传媒符码教学时，应考虑学生是否能轻松地处理这种符码，即学生是否能用最有利于自己的形式来解释、储存、提取和使用、转用这种符码。关于这点，在我们的个别教学中尤其应引起注意。

4. 在运用媒体设计的过程中应遵循学生学习的心理学规律。由于学习过程中主要的心理活动有注意、知觉、记忆和概念形成，所以对媒体的设计就要遵循注意的选择性、新异性、简洁性、适中性和期望性，知觉的整体性、相对性和对比性，记忆的组块性和有限性，要注意用从实例出发、正反例结合、列出属性表来定义等方法来有效地形成概念。

【建议参考资料】

1. 加涅，布里格斯，韦杰. 教学设计原理［M］. 皮连生，庞维国，译. 上海：华东师范大学出版社，1999：132-133.

2. 张大均. 教育心理学［M］. 北京：人民教育出版社，2005.

3. 郭成. 课堂教学设计 [M]. 北京：人民教育出版社，2006.
4. 皮连生. 教学设计——心理学的理论与技术 [M]. 北京：高等教育出版社，2000.

【问题与思考】

1. 教学设计需要遵循哪些基本原则？
2. 如何陈述教学目标？
3. 教学内容设计的价值取向有哪些？
4. 怎样合理、有效地利用教学媒体？
5. 请结合某一具体教学内容，完整设计其教学目标。
6. 如何设计教学方法，才能充分调动学生学习的主动性和积极性？

第八章 教与学的策略

【本章提要】

教与学的策略是沟通教学理论与实践的桥梁,直接影响课堂教学活动的有效开展和教学质量。教与学的策略既包括教的策略,又包括学的策略。本章分别探讨教与学的策略的内涵,分析制订教与学策略的依据,重点对有效教的策略和学的策略进行具体探讨。

【学习重点】

1. 如何理解教学策略?制定教学策略有哪些依据?
2. 什么是学习策略?实施学习策略的教学有哪些技术?
3. 教学准备、教学实施和教学监控中有哪些主要的策略?在教学中如何运用?
4. 教师在教学中如何有效运用教学并指导学生学会运用学习策略?

【重要术语】

教学策略 学习策略 元认知 教学准备 教学实施 心理匹配
先行组织者 教学监控 复述策略 精加工策略 组织策略 时间管理策略
努力管理策略

第一节 教与学的策略概述

教与学的策略直接影响着教师的教学操作和学生的学习行为,直接决定着教与学效果的优劣和教与学效率的高低。只有充分认识和了解教与学策略的内涵、具体的教与学策略,才能够选择和利用相应策略来改进自己的教学、指导学生的学习,从而提高教学效果。

一、教学策略的内涵及其制订依据

(一)什么是教学策略

狭义的教学策略,即指教的策略。其内涵观点目前并不统一。研究者们多从四个方面对教学策略进行归纳:1. 把教学策略看成是为实现某种教学目标而制订的教学实施的综合性方案;2. 把教学策略看成是一种教学思想,认为教学策略可以看成是一种教学观念或原则,通过教学方法、教学模式和教学手段得以体现;3. 把教学策略看成是与教学法、步骤、教学模式具有相同含义的概念;4. 把教学策略看成是为达到一定的教学目标而采取的一系列教学方式和行为①。综合这些观点,我们认为,教学策略就是在特定的教学情境中为实现教学目标和适应学生学习需要而采取的教学行为方式或教学活动方式,它是教学设计的有机组成部分。理解这个概念,需要把握三层意思:1. 教学策略从属于教学设计,确定或选择教学策略是教学设计的任务之一;2. 教学策略的制订以特定的教学目标和教学对象为依据;3. 教学策略既有观念驱动功能,更有实践操作功能,是将教学思想或模式转化为教学行为的桥梁②。

教学策略既然影响着教学活动的有效实施,那么依据教学活动的不同要求及在教学活动实施的不同阶段,其教学策略应该也有所不同。为此,加涅根据教学活动中教学任务指向的不同,把教学策略分为管理策略和指导策略;张大均根据教学活动实施阶段不同,把教学策略分为教学准备策略、教学实施策略和教学监控策略②。

(二) 制订教学策略的依据

教学策略是教学设计的重要内容,它影响着教学活动的有效实施。那么在教学设计中教师应该依据什么来选择有效的教学策略呢?

1. 教学目标是制约教学策略制订或选择的决定性因素

教学目标不同,所需采取的教学策略也不一样,即使是同一学科的教学也如此。例如,一门学科教学之初,教学的起始目标是提高学习者对所学学科的兴趣和信心,然后才是促进学生掌握具体的知识与技能、过程与方法的目标。针对前者,可选择对本学科的最新发展动态或该学科与社会生活的紧密联系等方面的教学策略,进而提高或保持学习者的积极性;针对后者,则应根据知识与技能的内在逻辑联系、知识与技能掌握对学习者认知结构的促进作用、知识与技能迁移的规律、学习者的主观状态等进行综合考虑。因此,教学目标的分析是制订或选择有效教学策略的关键。

2. 学习者的初始状态是制约教学策略制订或选择的基础

学生的初始状态主要指学习者现有的心理发展水平、已有知识经验、学习风格和当前的情绪状态等。如果仅根据教学目标制订教学策略,无视学习者的初始状态,那么所制订或选择的教学策略就会因缺乏针对性而失效。在具体分析学习者初始状态之后,可以采取两种策略:一是依据学习者初始状态的优势或与学生偏爱的方式相一致的教学策略,称之为"匹配"策略;二是针对学生初始状态

---

① 张大均. 教学心理学 [M]. 重庆:西南师范大学出版社,1997:132-133.
② 张大均. 教与学的策略 [M]. 北京:人民教育出版社,2003:7.

中的劣势采取补救性措施，并在学生的实际发展水平与潜在发展水平之间找到"教学最佳期"，鼓励学生"跳一跳"，引导他们向着潜在的、最高的水平发展，称之为"失配"策略（胡朝兵，张兴瑜，2001）。无论是选择"匹配"还是"失配"策略，都需要考虑学习者的初始状态。

3. 教师自身的特征是制约有效教学策略制订或选择的重要条件

教学策略的制订和选择还要受教师自身特征，如教师的教学思想、知识经验、教学风格、职业心理素质水平等因素的影响。在教学过程中，教师们总是倾向于选择与其教学思想、知识经验、教学风格、心理特征相一致的教学策略。比如，活泼开朗的教师，他们更习惯于选择那些更加活跃气氛、更具有活动参与性的教学策略；性格内向的教师，则更喜欢选择偏重理性思辨的教学策略。

4. 教学环境与情境制约有效教学策略的制订或选择

教学环境是教学活动赖以进行的重要因素，它由学校内部有形的物质环境和无形的心理环境构成。当今，学校教学环境日趋复杂和多样化，对教学策略的制订与选择的影响也日益突出。教学情境是被个体所意识到并直接影响个体心理与行为的各种因素的组合体，是在教学环境背景下产生的个体当时所意识到的特定的、具体的情境。如果说教学环境更多地制约着教师对有效教学策略的制订，那么教学情境则更多地影响着教师对教学策略的选择和调整。

二、学习策略及其教学技术

（一）学习策略及种类

教给学生学习的策略和方法，学会学习是现代教育的重要目标之一。那什么是学习策略呢？综合有关学习策略的观点，我们认为，学习策略就是指在学习过程中，学习者为了达到有效的学习目的在学习过程中采用的一系列信息加工的方式方法和调控技巧的总和。其中，学习过程中用来进行信息加工的学习策略被称为学习认知策略，用来调节控制学习过程、保障信息加工过程有效进行的学习策略则被称为学习监控策略。

关于学习策略的种类，也有很多观点。我们认为，麦基奇（Mckeachie）等人关于学习策略的分类比较符合学习实际，有很好的应用价值。他认为学习策略主要可以分为认知策略、元认知策略和资源管理策略三大类。认知策略是信息加工的策略；元认知策略是对信息加工过程进行自我调控的策略；资源管理策略则是在学习过程中规划、选择、利用、控制学习环境和学习资源的策略。这里的学习资源既包括学习的外部资源，如学习场地、他人支持，也包括自身内部心理资源，如注意力、学业情绪、努力程度、意志力、坚持性等等。具体见表8-1所示。

表 8-1　学习策略分类一览

种类	具体策略与方法
认知策略	复述策略：如重复、抄写、做记录、划线等 精细加工策略：如想象、口述、总结、做笔记、类比、答疑等 组织策略：如组块、选择要点、列提纲、画地图等
元认知策略	计划策略：如设置目标、浏览、设疑等 监视策略：如自我检查、集中注意、监视领会等 调节策略：如调整阅读速度、重新阅读、复查、使用应试策略等
资源管理策略	时间管理：如建立时间表、设置目标等 学习环境管理：如寻找固定地点、安静地点、有组织的地方等 努力管理：如归因于努力、调整心境、自我谈话、坚持不懈、自我强化等 他人支持：如寻求教师帮助、伙伴帮助、借助伙伴/小组学习、获得个别指导等

（二）学习策略的教学技术

学习策略教学的目的是为了提高学生的学习能力，也就是促使其最终形成自觉、主动、灵活的学习调节与控制，从而有效地在各种实际情境中应用所掌握的学习策略。学习策略可以在两种教学情境下进行：一种是把它放在自然的学习情境下进行，即把它同具体学科知识的教学结合起来；另一种是把它从具体学科的教学中分离出来，独立于学科教学内容，进行专门教学。一般说来，较为具体的、适用于某类材料和学习情境的学习策略，适合于在第一种教学情境中传授。而更为一般的、适用范围较广的学习策略适合在第二种教学情境中传授。这两种方案各有利弊。独立于学科内容领域的策略教学的一大优点是概念性强，因为可以将广泛运用于各学科领域的学习技能教给学生。但是，它的缺点是，由于它与具体材料脱节，以致学生一旦离开学习策略的教学情境而进入实际的学习生活中，就很难把学过的相应学习策略同具体的学习任务联系起来，也就往往不能付诸实施或运用。而结合于学科内容的策略教学，其优点是，它能促进学生在实际的学习情境中广泛地练习使用各种学习技能，而且这种方案简单易行。但学生可能会觉得，适用于某一特定学科的学习策略对另一学科用处不大。由于它与具体课业联系过紧，往往使学生难以把学到的策略持续地应用到其他新的学科学习中，难于产生迁移。因此，策略教学应兼顾两者，而不要将两者对立起来。具体来说，加强学习策略的教学，应注意以下几点：

1. 注重元认知监控和调节训练

在加强学习策略教学的同时注重元认知监控和调节的教学是提高学习策略教学的有效技术。元认知能意识和体验学习情境中各种变量间的关系及其变化，并导致感情活动的形成,而成熟的学习的调节与控制则能根据上述体验来监视并控制学习方法的使用,使之自始至终伴随学习过程并适合于新的情境下的学习。戴(1981)分析了四种教学技术:(1)"自我管理"教学,仅让学生自己运用具体的学习方法(如如何写纲要);(2)"规划"教学,明晰地告诉学生如何使用具体的方法并示范;(3)"规则"+"自我管理"的教学,即把上述两种教学方法结合起来的教学;(4)"控制"+"监视"教学,接受这种方法的被试不仅被告知如何使用学习方法(包括有关学习方法怎样使用和何时使用的知识),而且知道何时和如何检查学习策略的使用(包括有关学习的监视与控制的知识)。实验结果表明,在上述四种教学中,第四种教学效果最佳,第三种次之,第二种更次,而第一种则没有取得明显的效果。元认知监控策略的训练主要有如下教学技术:

(1)出声思考。教师展示思维过程,当教师处在思考解决问题计划和解决问题方案时,通过语言将自己的思考过程大声地讲出来,展示给学生,以便学生能够模仿教师所展示出来的思维过程。帕里斯卡尔等(A. S. Palinscar,1986)提出的结伴问题解决法,也是一种十分有效的训练策略。其方法是,一个学生对另一个学生讲述解决某个问题的过程,特别是详细地描述自己的思维过程,其间同伴认真地听,注意讲述者的思维过程,并向他提出问题以使双方思维更明晰。同样在小组学习中,大家轮流扮演教师,对正在学习的材料进行阐述、提问及总结,也可以起到相同的效果。

(2)写学习日志。写日志的目的在于:a. 反思自己的学习和思维过程,理清思路,澄清混乱,思考并提出一些有价值的问题。b. 促使学生学会学习,自己教自己,并在此过程中产生重要的顿悟。c. 将学生的注意力从学校结构转移到自己的认知过程,有助于学生主动地控制自己的学习。学习日志的内容包括:a. 学习的主要及重要内容;b. 相关知识点和各知识点之间的联系;c. 对不明确的、有矛盾的问题的思考;d. 将一些容易混淆的概念列表对照、鉴别,并自己举例说明;e. 对自己处理某一件事情的评价。

(3)计划和自我调节。教学过程要增加学生对做学习计划和自我调节学习过程的责任感,如果学生的学习是由他人计划和监控的话,那么他就很难成为一位积极有效的自我定向的学习者。做学习计划包括:估计学习所需要的时间,组织材料,制定完成一项活动的具体的时间安排表等,在这个过程中,学生学会如何思考、如何向自己提问。这样能使学生逐步形成自我控制、自我检查、自我调节的能力。

(4)报告思维过程。让学生报告思维过程,发展他们的策略意识,有助于学习迁移的发生。报告思维过程可以采取以下步骤:a. 教师引导学生对学习活动进行回顾,自己报告完成学习任务的思维过程和在这一过程中的感觉;b.

将学生报告中提到的有关的思想方法进行分类,确认学生在学习中用到了哪些学习策略;c. 让学生自己评价他们的成功与失败,抛弃那些不合适的方法,确定哪些是有价值的学习策略并总结推广运用,同时积极寻找生成新的学习策略。

(5)自我评价。学生对自己的学习过程或质量进行检查和评价,可以提高元认知能力。学生的自我评价可以通过自我报告和回答一系列关注思维过程的问题而逐步形成,直至养成自我评价习惯。当学生认识到不同学科的学习活动的相似性时,他们就开始将学习策略迁移到新的学习情境了。

2. 有效运用教学反馈

策略反馈的研究表明,如果降低训练的速度,增加反馈,使学生知道他们的策略的不足之处,评价训练的有效性,理解学习策略的效应,或者体会到学习策略的确改善了他们的学习,学生就更有可能把学习策略运用于更为现实的学习情境中去。里格赖尔等人以一、三、五年级的学生为实验对象,研究了策略反馈在记忆方法的传授与明晰的元认知反馈(告诉他们学习的改进是得益于教给他们的记忆方法)的三年级学生被试,保持了这种学习方法,改进了学习,并提高了在与原先的教学不同的条件下的学习效果。

3. 提供足够的教学时间

学习的调节与控制是否自动化、学习方法的使用是否熟练,是学习策略持续使用和迁移的条件之一。为此,提供给学生足够的策略训练的时间,使之达到自动化的程度也就非常有必要了。一些学者认为,只有当学生能够真正理解选择恰当学习方法的重要性的时候,他们才可能策略地学习。而要做到这一点,则必须提供足够的、长期的教学时间。

第二节 有效教的策略

关于教的策略,分类标准不同,策略也多种多样。我们重点从教学活动实施的不同阶段来分析其适宜的教学策略,主要包括教学准备策略、教学实施策略、教学监控策略。

一、教学准备策略

教学准备是教学活动的首要环节,其主要任务就是设计教学方案,即传统意义上的备课,而要有效完成这个工作,就必须要在明确教学目标的前提下,充分加工教材内容、仔细分析学生状况、精心选择教学方法并设计教学活动,即"备材"(教材)、"备人"(师生)和"备法"(方法和媒体)。所以,教学准备实质就是教师依据教学目标要求,选择教材、分析师生状况、钻研和组织教材、选择教法、制订教学计划的过程,主要包括表述教学目标、加工教材、设计教学操作等，其中表述教学目标是前提，加工教学材料是基础。

(一) 教学目标的行为化策略

传统教学中，一般用描述内部心理状态的词语来描述教学目标，如"培养学生的逻辑思维能力"、"提高学生的阅读理解能力"、"体会劳动人民勤劳勇敢、乐于助人的高尚品质"。这些目标中提到的"逻辑思维能力"、"阅读理解能力"、"体会"都是个体的内部心理状态。这样陈述的教学目标往往含糊不清，难以捉摸，不同的人可能有不同的理解。这样的目标既不能指导教学活动的展开，也不能有效指导教学的评价。为了克服教学目标陈述的含糊性，教育心理学家提出了陈述教学目标的行为化策略。

1. 目标行为化策略的内涵

目标行为化策略是指教师在表述某一学科课时目标时，用可以预期学生学习之后将产生的行为变化来陈述教学目标（张大均，2003）。这种表述需要选用明确、具体、有针对性的可以观察和测量的行为动词来陈述学生预期的认知、情感和动作技能的学习结果。

2. 目标行为化策略的具体方法

(1) 马杰的行为表述策略

马杰（R. F. Mager）系统地提出了用行为术语来陈述教学目标的理论和方法。他认为教学目标应陈述"学生能做什么以证明他的成绩"和"教师怎样能知道学生能做什么"。他提出编写行为目标有三个要素：

①行为的表述。基本方法是使用一个动宾结构的短语，描述通过教学后，学生能做什么。如：知道、能说出、能操作、能使用、能列举等。

②条件的表述。描述在什么环境或条件下某种行为发生，如要求学习者操作计算机，要说明是在教师或说明书指导下操作，或是独立操作。

③标准的表述。指衡量学习结果的行为的最低要求，如至少80%正确、精确到2毫米、在1分钟之内……例如，在学习了教学策略这一章以后（条件），学生能自己完整地（标准）编写这一章的教学目标，并衡量自己是否达到（行为）。

如，教授《我的老师》这篇课文时，有这样一个教学目标："理解课文是如何围绕中心思想选材的。"其行为表述就可修改为"学生在阅读课文的基础上（条件），能依据课文的自然顺序列出文中记叙的主要事件，并说明它们是怎样表现中心思想的（行为）。"

不仅是认知领域的目标可以行为化处理，情感目标也可以行为化处理。一般认为，情感目标是否实现主要是通过学习者的言行表现来间接推断目标是否达到，即把学习者的具体言行看做是思想情感的外在表现。如"培养学生热爱集体的态度"具体化为外显行为：积极参加集体活动，主动打扫教室卫生，积极承担班级工作，支持有利于集体利益的建议，帮助困难同学等等。

马杰认为，通过教学，使学生形成一定程度的接近意向（表现出肯定、积极的接近姿态），则表明情感目标可能达到。专家们提倡可以从以下几个方面来测量学习者情感目标（接近意向）的达成度：学习者表示喜欢这类活动，学习者选择参加这类活动，学习者带有热情参加这类活动，学习者愿意与他人讨论这类活动，学习者鼓励他人参加这类活动。

表8-2列举了专家们提出的适用于认知和情感领域教学目标的一些行为动词。

表8-2　描述认知、情感、技能领域教学目标的行为动词

目标领域	具体目标		陈述动词
认知领域	知识	对信息的回忆评价	定义、列举、说出……的名称、复述、背诵、辨认、回忆、描述、标明、指出
	理解	用自己的语言解释信息	叙述、解释、选择、区别、举例说明、摘要
	运用	将知识运用到新情境中	阐述、解释、说明、修订、解答、概括、相关、选择
	分析	分解知识，找出各部分的联系	分析、分类、比较、对照、区别、检查、指出、阐述
	综合	组合知识，形成新的整体	编写、设计、总结、提出、组织、计划、归纳、公式化、建议
	评价	依据一定标准进行判断	鉴别、比较、评定、判断、说出……的价值、讨论、标准化
情感领域	接受	愿意注意某事或活动	看出、区分、分享、选择、接受、赞同、容忍、控制
	反应	乐意以某种方式加入某事，以示作出反应	陈述、回答、完成、遵守、听从、跟随、赞同、警告、争议
	价值评价	对对象或行为作价值判断，从而表示接受、追求某事，表现出一定的决定性	接受、承认、决定、影响、支持、区别、否认、帮助、坚持、放弃
	价值组织	把不同的价值标准组合进一个体系并确定相互关系，建立重要和一般价值	讨论、组织、使联系、权衡、系统阐述、选择、计划、决定、推理、抽象

（续表）

目标领域	具体目标		陈述动词
情感领域	价值性格	从长期控制自己的行为发展为性格化的价值体系	修正、接受、改变、变化、拒绝、获得、相信、贯彻、要求、抵制、正视
技能领域	知觉（反射运动）	通过感觉器官觉察客体、性质或关系的过程	屈曲、伸展、挺直、放松、拉紧等
	定势（基本运动）	为某种特定的行动或经验而作出的预备性调整或准备状态	爬、走、跑、跳、抱等
	指导下的反应（感知能力）	个体在教师指导下，或根据自我评价表现出来的外显的行为	平衡、探索、触摸、弯曲、尝试等
	机制（身体能力）	已成为习惯的习得性反应	忍受、改进、增加、停止、运动等
	复杂的外显反应（技巧运动）	个人能够表现复杂的动作和行为	弹琴、跳舞、滑雪、画画、开车等
	适应（直接交流）	改变动作活动以符合新的问题情境	手势、站姿、坐姿、舞姿、技巧性的绘画等
	创作	创作出新的行为方式及动作	创造、创新、发现

（2）内部心理状态与外显行为结合表述

①格朗伦模式。由于单纯强调行为结果表述可能忽视内在心理过程的问题，格朗伦（N. E. Gronlund）提出了一般目标和具体行为目标结合的表述方法，即先用描述内部心理过程的术语陈述概括的教学目标，然后用可观察的行为作例子使这个目标具体化。"能理解课文是如何围绕中心思想选材的（内部心理状态的描述）"这是教学目标的概括陈述。但"理解"是一个内部过程，每个人掌握的标准不一，难以直接观察和测量。所以需用可以证明"理解"水平的行为实例来进一步说明。如"能用自己的话概述蔡老师是怎样的人，能从课文中找出描写作者对'我的老师'爱戴、依恋和思念之情的句子，能指出课文主要记叙了哪些事件，说明哪些事件略写，哪些事件详写，以及对表现中心的作用"，有了这三种实例的补充，教学目标"理解"就不再是不可捉摸的了。

格朗伦的内外结合表述法，不仅避免了用内在心理状态描述目标的抽象性和模糊性，同时也防止了行为目标可能产生的机械性与局限性，所以这种表述策略被广为推崇。

②加涅模式。加涅认为虽然行为动词在描绘学习目标的任务方面是有用的，但它们往往并不为将要学会的能力推断提供必要的提示。如，一个任务可能要求"书写"一个数学问题的答案（智力技能），而另一个任务则可能要求"书写"一个句子以表达一个事实（言语信息）①。这样学习者表现出来的特殊行为常常与习得性能相混淆。为了避免这种混淆，加涅和布里格斯提出了书写目标的五成分法，即情境、性能动词、对象、行动动词、工具、限制和特殊条件。例如，当口头提问时（情境），要求学生不看参考资料（限制），用口头或书面语形式（行动），陈述（性能动词）鸦片战争爆发的主要原因（对象）。这种表述方法用两个动词来避免特殊行为与习得性能的混淆。一个动词用以界定性能，称为性能动词，也称标准动词，加涅等认为"要使用标准动词来暗示他们所包含能力的类型"，另一个动词用来界定可观察的行动，称为行动动词。

A. 情境，描述学生面临的刺激情境是什么。例如，当要求学生"打印一封信"时，我们是以普通速度呈现信的内容吗？要打的信是以听觉信息还是书面的形式来呈现？

B. 性能动词，用于描述习得性能的类型。基于学习结果的分类，他们用一个标准动词来描述每一类习得性能。表 8-3 是他们确定出的描述人类性能的标准动词及例子②。

表 8-3　描述人类性能的标准动词和含有行动动词的短语

性能	性能动词	例子（划线的词为行动动词）
辨别	鉴别	通过比较来鉴别法语中"u"和"ou"的发音。
具体概念	识别	通过说出代表性植物各部分的名称来识别根、茎和叶子。
定义概念	分类	运用一个定义将概念"族系"分类。
规则	演示	通过解答口头陈述的例子来演示正负数加法。
较高级规则（问题解决）	生成	通过综合可应用的规则，生成一段描述一个人处于害怕情境下的行为的文章。
认知策略	采用	采用想象美国地图的策略，用列表的形式回忆各州州名。

---

① 加涅. 学习的条件 [M]. 傅统先, 陆有铨, 译. 北京：人民教育出版社，1985：300.
② 加涅, 布里格斯, 韦杰. 教学设计原理 [M]. 皮连生, 庞维国, 等, 译. 上海：华东师范大学出版社，1999：300.

(续表)

性能	性能动词	例子（划线的词为行动动词）
言语信息	陈述	口头陈述1932年总统竞选中的主要事件。
运动技能	执行	通过将一辆小轿车倒入车行道来执行一项任务。
态度	选择	选择打高尔夫球为一项娱乐活动。

C. 对象，指出学习者行为表现的内容。如，演示（习得性能的动词）两个三位数和的计算（对象）。

D. 行动动词，描述了行为是如何被完成的："通过打字复制'一封商务信'"描述了一个可观察的行为——打字。

E. 工具、限制和特殊条件，在某些情境中，行为表现需要使用特殊工具，需要某种限制及其他条件。例如：打一封商务信使用何种的电子打字机（工具）；打一封信要求在规定时间内完成并少于三个错误（限制）。

加涅的表述方式有行为色彩，但他更进一步地提倡用性能动词（标准动词）来描绘教学目标的行为，揭示了将要学会的能力的类型。这种方法为教师用什么方法，或设计什么条件来实现教学目标提供了帮助。

（3）教学目标的表现性行为表述

高级认知目标的实现尤其是情感、态度、价值观等目标很难在短时间内实现。这些目标的实现往往需要通过学生自主活动，在与师生平等交流的会话、探究和意义建构中发展。由于教师很难预期一、两节课后学生将会发生的变化，所以这类目标采用行为目标和结合目标表述方式都不可取。为此，艾思纳（E. W. Eisner）提出了表现性行为目标表述法。这种目标要求明确规定学生应参加的活动，但不精确规定每个学生应从这些活动中习得什么。

例如，爱国主义教育方面的一个表现性目标可以这样陈述："学生能认真观看学校组织的反映爱国主义教育的影片，并在小组会上谈自己的观后感。"

不过，专家认为，"表现性目标只能作为具体的教学目标的一种补充，必须慎用。教师切不可依赖这种目标。"①

综合以上观点，我们认为教学目标的科学表述应注意以下几点：①教学目标表述的是学生的学习结果，不宜表述教师的教学行为；②教学目标应尽可能表述得具体，可以测量；③目标的表述应反映学习结果的类型和层次；④不同类型的课堂教学目标表述要求不尽相同，要灵活选择最恰当的表述方式。

（二）加工教学材料的策略

在教学活动中，教师如何对教材进行加工处理，会直接影响学生对教学内容

---

① 皮连生. 智育心理学 [M]. 北京：人民教育出版社，1996：249.

信息的理解与接受，研究发现，教师有效加工教学材料，需要从教材的结构和教材的情感两个维度入手。

1. 教学材料的结构化策略

教学材料的结构化策略是指教师根据学生的知识水平、自己的教学风格和教学环境，分析和组织教材内容，使其在本身的逻辑结构基础上对学生具有潜在意义的策略。教材结构化策略是基于对教材结构形式了解的基础上对其结构做出的加工处理。研究发现，教材的结构形式一般有以下几种：（1）问题—解决式；（2）原因—结果式；（3）比较—对比式；（4）群集式；（5）概括式；（6）主题词式；（7）整体—部分式。

根据教材的结构，教师可以采取的结构化方法主要有以下几种（张大均，2005）：

（1）图解。教师可以采用图解的方法表征基本概念或观点与概念之间的关系。

（2）框架。教师可根据课文内容列出主题词，形成框架，让学生能从整体把握课文内容。

（3）分类。教师可以使用以下几种方法：①比较—对照，表现出相似点与不同点；②问题—解决，呈现问题，逐步解决；③原因—结果，表述结果与事件发生的过程；④表述—列表，包括主要的概念或论点以及支持材料。

教材结构化策略是教师吃透教材的重要表现，教师对教材的钻研只有经过"懂"（知道是什么）、"透"（透彻理解、明确相互关系）、"化"（融化、转化成自己的思想）三个阶段的深水平加工，才可能真正使教材的结构由外及内，做到结构于心、心中有结构。

2. 教学材料的情感化策略

教学材料的情感化策略是指教师从情感维度上对教学内容进行加工、组织，通过展示、发掘、诱发和赋予情感等方法，使教学内容在向学生呈现的过程中充分发挥其在情感方面的积极作用，以调整和激发学习者有意义学习的心向并促进学生积极主动探索新知识的方法。其具体策略主要包括心理匹配和超出预期两种策略①。

（1）心理匹配策略

心理匹配策略意即呈现的教学材料与学生的心理需要之间高度契合。教师在加工教材的过程中，恰当处理教材，使其呈现的教学内容能满足学生的心理需要，达到教学材料与学生需要之间的统一，从而调节学生的学习心向，激发学生的积极情感，提高其学习的积极性。

---

① 卢家楣. 教材内容的情感性分析及其处理策略 [J]. 心理科学，2000，23（1）：42-47.

该策略在教学实践中的应用又可归纳成两种。第一,"认知匹配"策略,即教师通过调整学生对教学材料与其需要之间的认知评价来达到心理匹配的一种策略。例如:学生学习闰年这一知识时,对×年×月×日习以为常,认为要知道日期,只需查看日历就可以了,没有认识到年月日内在的相互联系,也就不能产生认知的需要。为了改变学生的认知评价,上课开始,教师设下悬念问学生:"小明的爷爷今年只过了 18 个生日,谁知道小明的爷爷今年有多少岁?"有的不假思索地回答:"18 岁。"紧接着又问:"爷爷 18 岁,他儿子多少岁?能有孙子吗?"学生们一听,恍然大悟,哄堂大笑,齐声回答:"不能有孙子。"那么小明的爷爷到底多少岁呢?接触到实际问题,学生产生了认知的需要,这时,老师适时导入新课:今天我们学习"年、月、日"这一课,就可知道小明爷爷今年有多少岁。通过谈话诱导,引发了学生的求学情绪,这样就使教材迎合了学生的认知需要。第二,"形式匹配"策略,即教师通过改变教学材料的呈现形式,来达到心理匹配的一种策略。当教学材料不符合学生当时的需要时,我们完全可以设计一种符合学生需要的教学形式来呈现材料,这便将不符合学生需要的教学材料寓于符合学生需要的教学形式中,从而引发学生的学习心向。汕头市龙湖区新津中学的陈光伟老师在讲英语课时,采用模拟情景的形式使教材与学生产生了心理匹配。这一课讲的是 Jim 回到英国度假时,寄给在中国的同班同学的一封信。上课时,老师出示这封信问(用英文问)这是什么?(学生:一封信)谁寄的?(学生:Jim)是寄给谁的呢?猜猜看!(学生:李峰的)是的,这是给李峰以及在座的你们的。接着,老师抽出信,读给全班听,边读边把信中新的词句写在黑板上,并加以讲解,这时学生犹如在听朋友的来信,而不是在听教师讲课。当信读完时,这一课的教学任务已完成了大半。由于学生兴趣浓厚,注意力集中,所以教学效果很好。

(2)超出预期策略

超出预期策略是教师在教学过程中从情感维度上处理教材,使之呈现的教学内容超过了学生的预期,引发学生的兴趣和热情,以有效调节学生的学习心向,提高其学习积极性的一种策略。这一策略运用的关键在于巧妙组织教学内容,使新教材的呈现在符合学生认知需要的基础上,尽可能超出他们的预期,产生惊奇感,达到"出奇制胜"的效果。如讲等比数列求和公式,教师在导入新课时,并不是开门见山地讲述课本内容,而是讲了出乎学生预期的一个问题:"现在我有个信息需要通过你们传递出去,但有个条件,每位同学只能花费 2 分钟时间同时告诉 2 个人,除此之外不能再告诉其他人。如果本县有 60 万人口,请问需要多少时间可将此信息以最快的速度传遍整个县?"问题抛出后,学生们窃窃私语,猜测各异,有的说一天,有的猜两天等。三分钟后当教师宣布"只需 40 分钟"这一结果时,学生们都十分惊讶,教师这才引出新课内容。总之,教师要舍得花工夫去钻研教材,使教材结构化,了解学生,使教材的呈现形式能尽量让学生感到惊奇,并转化为兴趣情绪,进而引导学生产生注意与探究行为。

总之,在教学实践中,教师应尽可能将看似平淡的教学内容,出乎意料地与奇异现象联系起来;将看似枯燥乏味的教学内容,出乎意料地与生动事例、有趣知识联系起来;将看似简单易懂的教学内容,出乎意料地与学生未曾思考过的问题、未曾接触过的领域联系起来;将看似"教条性"的内容,与现实社会、生活实际、生产实践和未来工作与事业联系起来;将看似经典性的内容,与现代社会、高新科技联系起来,使学生惊奇地发现其中所存在的不可思议的事实、蕴涵的趣味、深沉的内涵、实用价值与时代气息,产生渴望深入领会和探索的兴趣和热情,从而使教学内容赋有强烈的情绪情感色彩,实现教学内容的情感化处理。

二、教学实施策略

教学实施是实现教学目标的关键阶段,包括组织教学、传输内容和深化内容等环节。具体有如下策略。

(一) 先行组织者策略

先行组织者是奥苏贝尔提出的一种教学策略,指的是上课开始时先呈现出来的一种能起组织作用的抽象概括程度较高的材料。它能把新课的内容与学生已有的认知结构(学生已有的知识)联系起来,帮助学生有意义地组织要学习的材料。如,带学生去博物馆参观艺术作品时,教师可告诉学生:"艺术作品虽然是由个人创作的,但它却用各种方式反映它产生的那个时代的文化。"这就可以唤起学生有关人类历史上文化变革的知识的回忆,进而理解各个时期的艺术作品。

不过,教师应把先行组织者与平时教学中的一般引导性谈话区别开来。如,有的教师开始上课时,先要求学生回忆上节课的内容,并告诉学生这节课要学习些什么,或者要求学生回忆某些经验,然后指出将要教授的知识与哪些经验相似。这些做法对上课是有用的,但不是先行组织者。先行组织者具有"教学定向"的作用,是帮助学生理解这节课要学习什么,并提供学习的参考结构框架,也就是说,给学生一个要领或概括的框架,并引导把这节课的内容、观点、概念和事实,以一种有组织的方式放入结构框架之中。

先行组织者有定义、概括和类推三种类型。当学习新的或不熟悉的内容时,可用定义作为先行组织者。如学习各种地形时,可用"地形是具有各种独特形状和结构的地面"作为先行组织者。当信息比较多,学生难以把握时,使用概括作为先行组织者用以总结和概述大量信息是很有效的。如用"人类获得的知识和技能越多,自然环境对人们生活的限制性影响就越少"作为先行组织者,就是以学生理解"技术"、"限制"和"自然环境"为前提。前面两种组织者属于陈述性组织者,目的在于为新的学习提供最适当的类属者,它与新的学习产生一种上位关系。当新知识与学生认知结构中的某类知识具有结构、功能、性质上的相似性时可使用类推。类推属于比较性组织者,用于比较熟悉的学习材料中,目的在于比较新材料与认知结构中相类似的材料,从而增强似是而非的新旧知识之间的可辨别性。当先学的知识不稳定和不清楚时,采用一个比较性组织者,有助于提高教与学的效率。如把河流系统与血液系统比较,这里假定学生对血液循环系统的活动方式是理解的,两者一比较,可以增强似是而非的新旧知识之间的可辨别性。

乔伊斯(Bruce Joice)等人在教学实验的基础上,提出了先行组织者的基本实施步骤和方法:1. 呈现先行组织者。在阐明本课目的之后,教师使用学生熟悉的语言和观念呈现"组织者",使学生认知结构中已有的知识和经验与"组织者"相联系,为学生进一步组织学习内容做好准备。2. 逐步分化,即以一种结构化的逻辑组织和层次来逐步展示材料,让学生层层理解和系统把握。3. 综合贯通,即教师帮助学生将新材料与认知结构中的适当知识相互联系和协调一致的过程,可通过让学生回忆认知结构中的有关观念、概括新学习材料的主要特征、复述精确的定义、说出新旧材料间的差异等途径来完成。

(二) 问题教学策略

课堂教学实际是一种提问和回答的循环。问题是教师刺激学生思维和学习的一种基本方式。在一些典型的中小学课堂中有时多达80%的时间被用于提问和回答。好的教师常常有惊人的提问技巧,使事实问题和激发思维的问题平衡,并能选择合适的问题强调主要观点和激活讨论,使课堂教学有序、活泼地进行。

课堂问题可以较简单地分为低层次问题(只需要回忆知识点)和高层次问题(要求进行澄清、扩展、归纳和推理)、封闭性问题和开放性问题。也可以分为认识—记忆问题、聚合问题、发散问题、评价性问题等。真正有效的问题是那些能够使学生积极回答并因此而积极参与学习过程的问题。

在教学中,运用问题教学策略有以下主要方式:

1. 控制问—答间隔时间。玛丽·罗(Mary Rowe)研究发现,问—答间隔时间增加到3—4秒对学生的反应有几个益处:回答长度增加;主动回答且合适的回答增加;失败的回答减少;自信增加;推理回答增加;学生—学生回答增加;证据—推理回答增加;学生问题增加[1]。尽管如此,教师在教学实践中却趋向于等待很短时间,且不愿向低成就学生提问。

2. 先提问后点名,即先提出问题,再确定回答问题的学生。有研究表明,这种方法比先点学生的名字再提问题的效果好。因为这种方法会使更多的学生思

---

[1] SLAVIN. Student teams and comparison among effects on academic performance and student attitudes [J]. Journal of Educational Psychology, 1978 (8): 532-538.

考所提的问题。

3. 变换与探讨问题。当一个学生的回答不正确或不合适时,教师不能就此提供答案,而是变换问题让别的学生回答,或者与这个学生共同探讨。变换问题适合高成就学生,而对低成就学生则共同探讨问题更适合。

4. 评论和表扬。通常认为,真诚的表扬、肯定的反应(简单的微笑、点头)或表示赞同或接受的简短的评论(好、正确、不错等)都能增加成就动机。然而,在一般的班级,教师平均使用表扬的次数不超过提问总次数的6%[①]。

5. 将问题附加在课文中。据理查兹(Richards)和戴夫斯塔(Divesta)的研究,课文中附加问题,学生测试成绩最好。这可能是因为附加问题引起了学生对该知识点的注意,能引导学生选择学习策略,有利于学习的迁移。

6. 诱导学生自我提问。学生要成为积极理解和独立思维的主体,就必须要能提出问题来引导注意力和促进思维活动。然而,研究发现,学生自我提问中90%的问题只需字面回答,是低水平问题。只有高水平的自我提问才能促进学生更深刻地理解教学内容。

教师使用问题教学策略时,主要注意:1. 优选问点,把握提问时机,即把问题确定在知识的重点、新旧知识的衔接、转换处,以及容易产生矛盾和疑难的地方;要注意课始、课中、课尾都是提问的好时机;2. 难度适中,有层次,即提问不能过难,只面向少数尖子生,也不能过易,连差生不动脑筋都能回答;所提问题既有认识—记忆型问题,如"说出"、"什么是"、"是什么",又有聚合问题,如"概括……";还有发散性问题,如"请说明"、"如果……会怎样",评价性问题,如"请分析"、"为什么"等,这样可以满足不同层次学生的需要。

(三)合作学习策略

合作学习策略就是学生在一个小组内一起学习,共同实现教学目标的过程。维果斯基的最近发展区理论认为,儿童独立解决问题的实际发展水平与在成人指导下或在与有能力的同伴合作中解决问题的潜在发展水平之间存在着差距。现代认知建构主义也认为,只有通过合作学习才能使自己对事物不同方面的认识理解更为深刻和全面。有学者总结了世界各国有关合作学习的基本方法,提出合作学习主要包括学生小组成绩分工、小组—游戏—竞赛、小组辅助个人、合作性读写一体化以及切块拼接、共学式、小组调查等(王坦,2002)。实践证明,合作学习可能产生的效益包括:1. 积极的个性特征;2. 自我认识和自我尊重;3. 对别人的信任和了解;4. 交流;5. 对别人的接受和支持;6. 整体观念;7. 冲突减少。

戴维(David)等提出了一套合作学习的操作方案:

1. 考虑能力和性别等差异进行分组,并为各组提供必要的学习空间、范围、

---

① GAMORAN A. Is ability grouping equitable? [J]. Educational Leadership, 1992 (10): 11-17.

教学媒体与设备等；

2. 呈现小组目标，并设置奖励结构去促进小组目标实现；

3. 小组成员交流打算和期望，明白教师期望他们做什么，小组里的同学希望他们做什么，并在合适的时候按能力进行分工；

4. 鼓励学生共享思想、材料和设备；

5. 检查和评估每个人的进步和作为整体的小组的进步，把个人进步和小组进步联系起来，使用奖励或适当的帮助给予及时的反馈；

6. 对合作学习的时间应该有明确的规定，并有充分的保障。

(四) 动机激发策略

动机激发策略是指教师在课堂上如何合理使用各种教学手段，提高学习兴趣，维持注意的方法。动机影响学生的学习行为和学习效果，也影响其生长和发展的各个阶段，在人的一生中起着动力作用。据贾斯廷·布朗（Justin Brown）的研究发现，智力与学生成绩有 0.45 的相关，而动机与学生成绩有 0.35 的相关，先前的学习在学生成绩中所起的作用只占 20%[①]。

在课堂上，有经验的教师总是使用各种各样的方法和材料去激发和鼓励学生，但对不同的学生，其动机激发的措施和成效是不同的。有效激发学生的学习动机，主要注意以下问题：

1. 保证学生能实现他们基本的学习需要，提供时间去讨论学校和社会的期望、责任和行为。

2. 保证教学舒适、有序和愉快。使学生感到身体和心理舒服的因素有教室温度、灯光、桌椅安排、图画的张贴和清洁等。

3. 帮助学生认识学习任务的价值。当学生相信他们完成的学习任务与他们个人的需要、兴趣和目标相关时，学生的学习热情就容易被激发。

4. 确保学习任务适合学生的能力。假如任务太难，学生将受到阻碍和失去信心；假如任务太容易，他们就最终变得厌倦和没有兴趣。

5. 认识学生的不同焦虑水平和高级的需要。一些学生需要课余时间的支持和帮助，因为他们缺乏学习动机；一些学生由于先前的失败而缺乏自信，阻碍学习；一些学生体验到由于环境造成的压力和紧张。

6. 帮助学生正确认识他们的成功和失败。要让学生知道不是在所有的活动中都能出类拔萃，在某一个领域不能获得成功，在另一个领域可能获得成功。通过一个领域的成功来支持和鼓励他们在失败领域获得改善。

7. 帮助学生设置合理目标。鼓励学生设计现实的、短期的目标。

8. 提供多样的学习活动，改变教学活动方式，帮助学生维持注意和更新兴

---

① 张大均. 教学心理学 [M]. 重庆：西南师范大学出版社，1997：150.

趣。低年级和低成就的学生需要更多的教学活动形式来避免厌倦。

9. 使用新颖的和师生相互作用的教学方法，采取提问、讨论等方法。目标是维持学生的兴趣和让学生思考，最重要的是避免教师一言堂，导致学生成为被动的听众。

10. 使用合作学习的方法。让学生合作学习，让成绩好的学生去帮助成绩差的学生。合作学习能减少压力和焦虑，特别对低成就学生更有好处。

11. 监控学生的学习，提供反馈。用课堂作业、小测验等来监控学生的学习，用点头、作业本上的批语和口头表扬来提高学生的学习兴趣。

12. 提供改进的方法。为了让学生改正错误、避免坏习惯和更好地理解课程内容，教师应在课堂上进行建设性的评述。

三、教学监控策略

教学目标的达成离不开教师对教学计划实施过程的检查、评价、反馈与调控，教师在这个过程中所采用的教学谋略或措施就是教学监控策略。这里主要介绍课堂互动和教学反馈两种主要的教学监控策略。

(一) 课堂互动策略

课堂互动策略是教学过程中促使师生行为有序、积极、多向交往的一系列方式方法的总称。主要包括以下几个方面。

1. 规范学生行为。有成效的教师除了开学第一天表现得有组织性外，他还在头几个星期坚持教课堂规则、复述日常规则，并解释其理由，违反规则的行为会很快得到禁止。课堂行为规则如同加减法规则一样，是需要经过练习和反馈才能遵守的。因此，利用适当的规范约束是促进课堂积极互动的策略之一。

2. 营造课堂气氛。和谐的课堂气氛是课堂教学适宜的心理环境，也是课堂互动的基本条件。要使课堂气氛和谐，教师平易近人、谈吐诙谐、胸怀大度以及师生间高度信任、尊重和真诚相待是关键。为此，教师要努力塑造学生所喜爱的形象，实行民主管理，建立和谐的师生关系，并努力激发学生积极的学习心向，尤其是求知兴趣显得十分重要。

3. 多向交往与合作。现代教学观主张，教师要变传统课堂教学中师生单向、双向交往为多向的全通道式的课堂交往，师生多向交往的有效策略是"合作学习"，把师生交往改变为师生、生生交往等多种形式，有利于多通道地传输和接受信息。

4. 行为塑造与矫正。这是指通过对规范行为的练习和不良行为的矫正，保证课堂积极互动的策略。（1）教给学生自我管理的方法。教给学生行为的原则和技巧，教给学生自我管理的计划，实施和修改自我管理计划，避免不良的随机行为。（2）规范行为的练习。建立一系列模式化的教师行为，目的是通过对这些模式化的步骤多次练习后，学生不需要征求教师意见即可知道自己该做什么，从而提高课堂教学的效率。（3）对不良行为的矫正。教师在对学生不良行为观察分析的基础上，弄清引发不良行为的具体因素，对学生不良行为予以矫正；同时对良好行为加以积极的强化，并结合行为塑造方法共同使用。

（二）教学反馈策略

反馈即回授，泛指消息、信息的返回。课堂教学反馈，是指课堂教学过程中，教与学双方的各种信息的相互传递和相互作用；它的输出和回授、增强和减弱、顺应和调节都始终贯穿于课堂教学的整个过程。教学反馈既是教学过程的必要环节，也是实施教学活动和完成教学任务的基本方式与重要手段。在教学中，教师正确评价自己的教学效果和学生的学习状况，是改善教学、进行教学监控的重要依据，也是促进学生不断改进学习、提高学习效果的重要信息来源。

教学反馈策略包括多种形式。从反馈源上分，有教师反馈、专家反馈、学生反馈、同行反馈等形式；从反馈方式分，有现场言语反馈、摄像反馈、测验反馈等。教学中采取何种形式的反馈形式更有效，需要具体问题具体分析。

教师如何保证其教学反馈的有效性？研究者指出有效的教学反馈应具有以下几个特点：

1. 准确性，教师对学生的反馈信息，与学生的实际行为或结果是一致的；

2. 针对性，教师对不同的学生的反馈信息应该具有针对性，不能千篇一律；

3. 激励性，教师的教学反馈应该具有激发学习动机的作用，激励其学习的积极性；

4. 适时性，要根据不同教学活动及教学任务的需要，在适当的时候提供恰当的反馈信息，以使学生在学习中始终保持适当的行为反应；

5. 多样性，在内容上，有知识性结果的反馈和方法性策略的反馈以及思想鼓励性反馈等，在反馈形式上可以采用有言语的（口头语与书面语）反馈和非言语的（面部的与体态的）反馈；

6. 交互性，教学反馈应在多个层面上，包括教师与学生、学生与学生、教师与教师等人与人之间的交互性（彭豪祥，2009）。

教师可以通过以下途径来获得学生的反馈信息：

（1）课堂观察：在课堂教学中对学生达到学习目标的情况，获取"双基"情况、心理状况等进行实地观察，及时获取学生的有关信息。

（2）检查：提问、板演、课堂练习及作业批改，教师通过这些渠道回顾教学情境，以获取学生的有关信息。

（3）与学生交谈：了解学生的学习方法、习惯、学习的动机、兴趣等信息。

（4）组织形成性测验：以单元理想目标为依据，紧靠教材组织专门测试，了解学生掌握知识状况。

第三节 有效学的策略

学习策略既是影响学习效果的重要因素，又是重要的学习目标，即学会学习就是要求学生在学习过程中掌握基本的学习策略和方法。研究表明，学习的有效性与学习策略的掌握水平有着紧密的关系，学习策略已成为衡量个体学习能力发展的重要指标之一。

一、认知策略

认知策略主要包括复述策略、精细加工策略和组织策略。

(一) 复述策略

复述策略是指在工作记忆中为了保持信息而对信息进行反复重复的过程。它是短时记忆的信息进入长时记忆的关键。下面是一些主要的复述技巧。

1. 复述的时间安排技巧

（1）及时复习。根据艾宾浩斯的遗忘曲线，遗忘速度开始时最快，学习后的 10 小时内复习 10 分钟，比 5—10 天后复习 1 小时的效果好得多。因此要及时复习，特别是对那些意义性不强的学习材料，更需要及时复习。

（2）分散复习。由于消退、干扰等各种原因，学习的材料都会随着时间的推移而出现不同程度的遗忘。因此，还需要采用分散复习来保持对学习材料的记忆效果。例如，如果当天学习了 20 个生词，那么当晚复习 1 小时不如当晚复习 30 分钟、第二天复习 15 分钟、第四天复习 10 分钟、一星期后复习 5 分钟。一天中复习的时间安排也是如此，集中 1 小时不如将 1 小时分摊于早、中、晚。

（3）限时记忆。限时记忆主要应用于临时需要记住大量材料的情况。当我们对学习记忆的时间加以限制时，随着限制时间的来临，大脑的兴奋度就会提高，它的机能因此被调动起来，记忆效果就会提高。

2. 复述的次数安排——过度学习

过度学习是指在"记得"、"学会"的基础上，再增加一些学习的时间，以便对学习材料的掌握达到更高的程度。一般来说，过度学习的次数保持在 50%—100%最好。超过的次数少，达不到效果；超过的次数多，费时费力，效果却不会因此而提高。所以，过度学习要适当。过度学习最适用于那些必须能准确回忆却没什么意义的操练性信息，如乘法口诀表、汉字书写和英语单词的拼写。

复述时应注意的问题：

（1）注意克服记忆效应。这里所指的记忆效应主要有两方面：一是复述过程中不同材料的干扰。这种干扰既有先前学习的材料对后面要复述的材料的干扰，也有后面复述的材料对先前学习的材料的干扰。这就要求复述过的材料在头脑中应该尽量保持清晰的印象。二是首因效应和近因效应，这是指最开始复习的材料和最后复习的材料容易记得牢。这就要求对中间的内容加以特别的注意，或者将特别难以记忆的内容放在开始或者结尾的时候进行复述。

（2）运用多种感官协同记忆。运用多种感官协同记忆，可在大脑中留下多方面的回忆线索，从而提高记忆效果，例如边听边看、边说边写、边听边做、边想边动手等。特瑞奇勒（Trechler）的研究结果表明，人们的信息获取1%通过味觉，1.5%通过触觉，3.5%通过嗅觉，11%通过听觉，83%通过视觉。而且，人一般可记住自己阅读的10%，自己听到的20%，自己看到的30%，自己看到和听到的50%，交谈时自己所说的70%。这说明多种感官的参与能有效增强记忆。

（3）多种形式复述。不同的复述形式会使复习更加持久专心，不单调，有利于多角度地理解知识。例如，复述英语生词时，可朗读、抄写、默写、看中文回忆英文或相反、用单词造句、同学间互问互答等多种方式。

（4）心向、态度和兴趣的影响。孔子说过，知之不如好之，好之不如乐之。如果我们对某事感兴趣，或者对它持积极态度，就会记得牢；反之，则容易忘。因此，我们若想达到良好的复述效果，最好对要识记的材料持积极态度。

（二）精细加工策略

认知的精细加工一般是指对所学材料附加内容的过程，附加的内容包括逻辑上的推理、对信息的扩展和延伸、增加已知例证、补充细节、人为增加意义。学习的精加工策略就是指把新信息与头脑中的旧信息联系起来，寻求字面意义背后的深层次逻辑意义，或增加新信息的逻辑意义，从而帮助学习者将信息储存到长时记忆中的一种学习策略，其核心在于建立信息之间的联系。联系越多，能回忆出信息原貌的途径就越多，即提取的线索就越多。

根据学习材料自身意义的强弱，可以把精细加工分成人为联想策略和内在生成策略两类。

1. 人为联想策略

人为联想策略是通过对那些枯燥无味但又必须记住的信息"牵强附会"地赋予意义，然后和头脑中的已有知识经验取得联系，从而增强记忆的策略。人为联想策略对于那些必须记住的基础知识材料，如英语单词、历史年代、人名地名、物理化学符号等信息十分有效。常用的人为联想策略有形象联想法、谐音联想法、歌谣口诀法。

（1）形象联想法。形象联想法是通过人为联想使无意义的难记的材料和头脑中的鲜明的奇特的形象（视觉表象）结合起来，从而提高记忆效果的方法。例如，要记住"帽子、雪山、房屋、猫、信封、铅笔、钱、米饭、仙人掌、书、花边、办公桌、灯、点心、票、电话、纺织厂、袜子、玻璃、汽车"是比较困难的。如果用形象联想法将它们变成"你戴上帽子去爬雪山，雪山上有一间房屋，里面有一只猫在玩信封，你用铅笔打开信封一看，里面有钱，用钱买米饭，米饭里有一本画着仙人掌的书,书上印了花边。你打开办公桌上的灯,看见桌上有点心和票,这时电话响了,纺织厂请你当董事长,你穿上袜子坐上有玻璃的汽车去了",要记住这20个无内在联系的词就比较容易了。应用形象联想法要注意,想象的形象越鲜明越奇特、形象之间的逻辑联系越强,记忆效果越好。

(2) 谐音联想法。谐音联系法是通过谐音线索,运用视觉表象,假借意义进行人为联想。例如,圆周率3.1415926535利用谐音可以编成"山巅一寺一壶酒(3.14159),尔乐苦煞吾(26535)";又如,有人将金属元素"钾、钙、钠、镁、铝、锌、铁、锡、铅、铜、汞、银、铂、金"编成了"加个那美丽新的锡铅,统共一百斤"。应用谐音联想法要注意,关键的谐音词只起"检索"的作用,它不能代替对知识本身的精确感知,应该在谐音和需要的学习材料之间进行有效的转化。例如,记外语单词,不能把谐音当做准确的发音,谐音只是帮助我们在准确发音及其所表达的中文意义之间建立一种人为联系。

(3) 歌谣口诀法。歌谣口诀法是把学习材料编成押韵的歌谣、口诀或顺口溜来帮助记忆。例如九九乘法歌,英语字母歌,珠算口诀等就是应用了该方法。运用口诀记忆时,口诀要准确反映记忆材料。如中国历史朝代,可编成歌诀:"夏商周秦西东汉,三国两晋南北朝,隋唐五代及两宋,元明以后是清朝"。应用歌谣口诀法应注意要善于抓住记忆内容的关键,把所记忆内容压缩成短短的记忆口诀,帮助自己记忆。此外,口诀最好自己动手编写,这样印象更加深刻有助于记忆。

2. 内在生成策略

对于意义性较强的学习材料可以通过新知识和旧知识之间的逻辑联系,用头脑中已有的图式使新信息合理化,这种认知策略要求学习者在头脑中主动形成新旧材料之间的逻辑联系,首先要求对新信息进行理解,其次是强调新的学习材料与已有知识之间形成逻辑联系。常用的内在联系策略有:类比、比较、记笔记。

(1) 类比。指依据两个(或两类)对象之间在某些属性上的相同或相似所作的一种类推。例如学负数时引入海拔、借钱等具体事例进行类比,可以使学生对负数的概念具体化、形象化。使用类比法要注意几个问题:一是要考虑对象间的可比性,否则类比反而会对知识的掌握起负面作用;二是类比要具有现实性,类比的对象应是学生常见的熟悉的材料;三是类比只是一种学习手段,不是学习目的,它的运用具有情境性,不可处处类比。

(2) 比较。比较是对两种或两种以上易混淆的相关对象进行对比分析,揭示其实质。常见的比较方式有对立比较、差异比较、对照比较。对立比较是比较两个相对立的事物,如比较数学中的正数与负数、化学中的化合与分解;差异比较是比较两个易混淆事物之间的差异,如比较语文中的近义词;对照比较是将同一类别的若干材料同时并列,进行对应比较,既能把握事物间的差异,又能使新知识易于掌握。例如学习碳酸钠与碳酸氢钠时，把物理性质（颜色、状态、水溶性）、化学性质（热稳定性，与酸、与碱、与盐反应的情况）、检验方法采用对照比较，既掌握了他们的差异，更易于掌握新知识。

（3）画线、摘要、注释。画线是指在学习过程中将比较重要的信息勾画出来，便于理解记忆。区分重要与次要信息是画线的关键。在学习过程中，一般采用下面的程序：首先是对新材料进行理解，在理解的过程中，对不熟悉的地方应想办法理解，如查阅不知道的字词等；其次，在理解的过程中需要对比较重要的信息进行勾画，为了更多地提供思考材料的机会，还可以在画线、摘要旁边做注释。在画线、注释的过程中可以使用一些常用的简写符号，以提高效率。

（4）标题目、写提要。标题目、写提要与画线中的摘要不同，它是用自己的语言对材料的中心思想进行简短陈述。它们的目的都在于促进新信息的精细加工和整合，是对材料的中心思想重新进行心理加工，写提要的过程中要尽可能用自己的话对学习材料进行组织。

（三）组织策略

组织策略是将分散的、孤立的知识集合成一个整体并表示出他们之间关系的策略。一方面，组织是把信息组合成具有一定意义的整体，而有意义的内容通常是比较容易记住的。另一方面，组织是把学习材料分解成一些较小的单元，再把这些单元归在适当的类别之中，这样，每项信息就都能够同其他信息联系在一起进行记忆，这将大大有助于信息的提取。组织策略主要有以下两种：

1. 聚类策略

聚类又称归类，是把相同的小单元材料整合起来，归到适当的类别中，以构成整体，形成一种结构。主要用于对概念、语词、规则等知识的归类整理。例如，要外出购买的东西很多：盐、葡萄、蒜、苹果、胡萝卜、橘子、胡椒、豌豆、辣椒粉、姜，可以将它们归在"水果"、"蔬菜"和"作料"的概念下，再分门别类地记忆。

2. 纲要策略

纲要也称提纲挈领，是掌握学习材料纲目的方法，主要用于对学习材料结构的把握。纲要可以是用语词或句子表达的主题纲要，也可以是用符号、图式等形式表达的符号纲要。

（1）主题纲要法。试读下面这一段话："广场比街道更理想，跑动比走路更好，最好每个人都有很大的空间。虽然鸟类不会靠近它给它带来损坏，但雨水是它的大敌，因此不能选择雨天。"这段话里没有生字，每个句子都很好懂，但我们读了以后，仍然不明白它说的是什么。如果我们知道它说的是"放风筝"，那么这段话立刻就可以理解了。"放风筝"这个词组在这里起到了提纲挈领的作用，促进了理解。使用主题纲要法可分为四个步骤：①学习教材，判断教材学习的主要目标，理解基本思想；②勾画或摘录出要点；③考虑信息之间的关系，可用数字表达它们之间的层次结构（一、二、三……或1、2、3……）；④记住提纲，使用提纲解答问题。

（2）符号纲要法。符号纲要法是采用图解的方式体现知识的结构，即作关系图。它比主题纲要法更直观形象，但要求学习者对符号相当熟悉。符合纲要法主要有两种形式。一是层次网络法，它是由结点（观点）和连线（观点之间的关系）组成。结点的排列分层，似金字塔（如前所述），而连线具有不同的性质，来表达不同性质的关系。二是流程图，它着重说明某个过程之间的要素是如何联系的。它具有方向性和时序性，有助于表达程序性知识的结构。

二、元认知策略

元认知策略即学生对自己学习过程和学习结果的有效监控和调节的方法。所谓元认知，就是人对自己的认知过程的认知，主要包括元认知知识、元认知体验和元认知监控三个成分。元认知可以提高学生对学习目标的意识水平，可以使学生意识和体验到学习情境有哪些变量，并且意识和体验到这些变量之间的关系以及它们的变化情况。学习中的元认知策略主要有元认知计划策略、元认知监控策略和元认知调节策略。

（一）元认知计划策略

元认知计划策略是指根据认知活动的特定目标，在认知活动开始前计划好活动的程序，预计结果，选择策略，想象出活动中会出现的问题及其解决方法，预计活动的结果并估计其有效性的策略。具有元认知计划策略的学生，在学习的时候会事先预测学习所需的时间、作好学习的准备工作、选择学习的方法和策略，是一个积极的学习者。制订学习计划应该考虑以下几个方面：

1. 学习目标的制订。首先是目标应该具有可行性，即目标应该是自己的能力和一定时间范围内能够实现的。要做到目标的可行，就要目标适度和目标分层次。目标适度，即不制订可望而不可及的目标，也不制订毫不费力的目标，而应制订通过努力能够实现的目标；目标分层次，即将总目标分解成一个一个具体的小目标。其次是在学习目标基础上制订的学习计划应该有具体性。一般而言，一份好的学习计划应该包括三个"明确"，即目标明确、任务明确、时间明确。要把每个学习任务进行分析，把学习任务分成小的单元，计算每天要完成的学习任务，并预留较充分的时间以便应付临时任务。

2. 学习时间的分配与管理。学习时间的分配上要遵循：求实，即相对准确地确定自己每天的活动时间及其所需的时间，这样可以精确地获得能够用于学习活动的时间总量，然后就可以将其在学习任务中进行分配；差异，即根据学习任务的轻重缓急分配使用时间，表现为三个"优先"，即重点任务优先，急需任务优先，见效快的任务优先；充分，即在一定的时间内，把使用时间集中在某一个具体的任务上，使它获得充分的时间。它的功能是突出主攻方向，确保某个学习目标的实现。

（二）元认知监控策略

元认知监控是指根据认知目标及时评价、反馈认知活动的结果与不足，正确估计自己达到认知目标的程度、水平，并根据有效性标准评价各种认知行动和策略的效果。元认知监控策略包括阅读时对注意加以跟踪、对材料进行自我提问、考试时监视自己的速度和时间。这些策略使学习者警觉自己在注意和理解方面可能出现的问题，并加以修改。元认知监控策略又包括领会监控、策略监控和注意监控。

1. 领会监控。熟练的学习者在头脑里始终有一个领会的目标，诸如发现某个细节，找出要点等，于是，为了该目标而浏览课文。随着这一策略的执行，如果找出了这个重要细节，或抓住了课文的要点，他们就会产生因达到目标而体验到的一种满意感。但是如果没有找到这个细节，或者不懂课文，则会产生一种挫折感。如果领会监控最终显示目标没有达到，就会采取补救措施，比如重新浏览材料，或者更仔细地阅读课文。

2. 策略监控。使用策略监控的学习者会在使用学习策略的过程中对自己所用的策略进行监控，以便随时调整或保持自己的学习策略。初学学习策略的学生常常会将学会的学习策略弃之一边，仍使用自己过去习惯使用的效率不高但更省事的学习策略。所以，在学习策略传授过后，要紧跟学习策略使用的监控训练。训练的方法最常用的是学生自我提问法。

使用"自我提问法"训练学生对所学会的策略进行自我监控时，首先要制定一个体现高效率学习策略有效使用程序的"问题单"。如，为了使学生习惯于使用所学的解题策略，可以拟定下面一个自我提问单：

（1）我用什么方法来表征这个问题？哪种方法最适合？

（2）解题时，我进行了双向推理了吗？

（3）我注意发散性思维和集中思维了吗？

（4）对于困难的问题，我归纳总结思路了吗？

其次，要花一段时间来训练学生使用"问题单"以监控自己的思维过程。开始时，要强迫学生对自己问一个问题，进行相应的思考，然后再逐个问题进行自我提醒。当学生形成了策略监控的技能后，则可取消自我提问单。不过，为了巩固策略监控，在间隔一段时间后还要进行自我提问的训练。

3. 注意监控。跟踪注意也是一种监控策略。有效地选择学习材料中的重要信息加以注意，是高效学习者常常使用的一个策略。有研究表明，速度快的学习者常常使用一些比较好的方法来选择恰当的信息加以注意。

教师如何将学生的注意力集中在学习任务上呢？一般可以采用以下一些方法来引起学生的注意力：

（1）教师要设置教学目标，并在课前告诉学生要注意的目标；

（2）使用标示重点的线索。如通过声音、手势、重复、颜色或字体变化等来标示重点；

（3）增加材料的情绪性。使用情绪色彩浓的词比使用中性的同义词更能吸引学生注意；

（4）使用独特的或奇特的刺激；

（5）通知学生后面的内容对他们非常重要。

（三）元认知调节策略

元认知调节是根据对认知活动结果的检查，如发现问题，则采取相应的补救措施，根据对认知策略的效果的检查，及时修正、调整认知策略。

元认知调节与监控策略有关。例如，当学习者意识到他不理解课文的某一部分时，他们就会退回去读困难的段落、在阅读困难或不熟的材料时放慢速度、复习他们不懂的课程材料。测验时跳过某个难题，先做简单的题目等。调节策略能帮助学生矫正他们的学习行为，使他们补救理解上的不足。

下面，我们举一个例子来说明这些元认知策略是如何起作用的。假设有一个学生正在进行考前复习。这个学生没意识到自己有困难，于是，他用自己的话口头复述这一章的每一节，列出重要的事件。他监控自己的学习进程，意识到自己在比较一些历史事件时有困难，于是，他决定写下他自认为在测验中可能出现的简答题的答案。他这种以行得通的策略替代行不通的策略、从而变化或修改自己行为的能力，正是成功学生的一个重要的特征①。

三、资源管理策略

资源管理策略是帮助学习者管理学习环境和学习资源，从而提高学习效率的策略。主要包括时间监管策略、努力管理策略、学习环境管理策略和寻求支持策略。这里着重介绍前两个策略。

（一）时间管理策略

时间管理策略是指在学习过程中对学习时间进行有效管理的方法和技术。如果把每个人一生的时间全部记录下来分析，大部分人会惊讶地发现自己对时间的利用效率非常低，这就需要对时间进行管理。

要对时间进行管理，首先要计划时间。时间计划可以分为长期目标的时间计划、中期目标的时间计划和短期目标的时间计划。例如，可以将自己的一生分成

---

① 陈琦，刘儒德．当代教育心理学［M］．北京：北京师范大学出版社，2004：18．

不同的时期,其中,又将每个时期的时间表具体化。在安排活动时,根据事情的轻重缓急来选择活动,重要的事情优先做,不重要的事情放到后面做。其次要选择时间。根据自己的体力、情绪和智力的状态,选择自己生理功能旺盛、精力充沛的时候从事学习活动。选择在自己生物钟的高潮期,每周、每天工作效率最高的时候来进行重要的工作和学习,例如,有的人早上的学习效率高,属于百灵鸟型;有的人晚上的学习效率高,属于夜猫子型。第三,化零为整。时间的有效性其实不仅仅体现在整块时间的利用上,也体现在零碎时间(如课余、饭前饭后、等人等车、乘车乘船等)的利用上。好的学习者善于利用零碎时间处理学习上的杂事。例如,在零碎的时间背单词、看短篇或报刊杂志、削铅笔、整理学习环境、看读书卡、反省当天的学习等;或者利用零碎时间打电话、视听休闲、休息等以便调整自己,以更加轻松愉快的心情投入新的活动。如果学习者能够将零碎时间充分利用,则生活效率、学习效率将有效提升。

(二)努力管理策略

原则上,学习大都需要付出意志努力。努力管理策略就是为了维持或促进意志努力而对自己的学习兴趣、态度、情绪状态等心理因素进行约束和调整,实现学习目标的方法。努力管理主要包括归因于努力、意志控制和自我强化。

1. 归因于努力。韦纳(B. Weiner)认为,能力、努力、任务难度和运气是人们在解释成败时的四种主要原因。学习者如果将成功归因于能力或努力等内部因素时,他会感到满意、自信,从而增强学习动机;如将成功归因于任务容易和运气好等外部原因时,产生的满意感则较少。相反,如果一个人将失败归因于缺乏能力或努力,则会产生羞愧和内疚,而将失败归因于任务太难或运气不好时,产生的羞愧感则较少。可见将学习成败归因于能力或努力等内在因素更有利于学习者的学习。当然,能力并不是天生的,也不是一成不变的,而是通过努力不断积累起来的。因此,简单地说,努力而成功,学习者体会到愉快;不努力而失败,学习者体验到羞愧。不论学习成功还是失败,归因于努力都会使学习者产生较强烈的情绪体验,从而维持和促进学习者继续努力,积极地去争取成功。

2. 意志控制。意志控制主要对努力起维持作用,亦即把既定的努力付出集中在学习任务上,使其不受其他因素的干扰。在学习过程中,每个人的意志力表现是不一样的。有的学习者可以不畏困难、坚持不懈坚决完成学习任务;有的学习者则遇到挫折就灰心退缩、应付了事,难以完成学习任务。学习过程中难免会遇到学习困难和干扰,此时就需要学习者用意志努力来控制自己,使学习坚持进行。因此,意志控制对学习具有较强的维持功能。

3. 自我强化。自我强化指的是学生在达到自己制定的学习标准时进行的自我奖赏。自我强化是一种自我管理、自我监督的过程。学生根据自己对学习目标的达成情况选择是否给予奖赏、给予何种奖赏。自我强化有助于学生自我管理能力的培养，有助于提高学习兴趣和学习成绩。自我强化既可以是精神奖赏也可以是物质奖赏。例如当自己完成当天的学习任务后，奖励给自己一个喜欢的食物，或者对自己说"我真行"、"今天的学习效率真高"等。自我强化还要注意，强化进步而不只是获得好成绩。

【建议参考资料】

1. 张大均. 教与学的策略［M］. 北京：人民教育出版社，2003.
2. 鲍里奇. 有效教学方法［M］. 易东平，译. 南京：江苏教育出版社，2002.
3. 张大均. 教育心理学［M］. 北京：人民教育出版社，2005.

【问题与思考】

1. 教学准备有哪些主要策略？如何操作？
2. 教学实施有哪些主要策略？如何操作？
3. 简述元认知策略及其在教学中的运用。
4. 有效学习策略有哪些？如何运用？
5. 教师能否将学习策略像学科知识一样教给学生？为什么？
6. 教师如何才能将教学策略知识转化为自己的有效教学能力？

第九章　教与学的评价

【本章提要】

教与学的评价主要包括教学评价和学习评价。教学评价则是指教师通过收集教学过程中的信息，进行判断和决策、反馈和调控的过程。教学评价不仅能为教师调整和改进教学提供充足的反馈信息，而且是学校、家长和社会了解学生学习情况，鉴别学生成绩的主要方式。学习评价主要是以学生为主体，也称学生评价。本章着重介绍目前学习评价的主要模式，教学评价的通用策略和评价性试题编制的策略。

【学习重点】

1. 理解教与学评价的含义，了解教与学评价的基本类型。
2. 掌握学习评价的策略，懂得如何在实践中进行有效运用。
3. 掌握教学评价的策略，懂得如何在实践中进行有效运用。

【重要术语】

个体评价　社会评价　表现性评价　档案袋评价　概念图　诊断性评价　形成性评价　总结性评价

第一节　教与学的评价概论

在课堂中，教师对于学生回答问题的评价非常重要。往往可以激起学生学习的激情，全身地投入到学习中去，尤其对低年级学生更为重要。看看下面的课例，便可以感受到老师恰当的课堂评价对学生学习主动性和创造性的激发多么重要。

《地球爷爷的手》课例片段

……

师：现在你准备怎样读好地球爷爷说的话呢？

生1：我要用力气很大的感觉去读，因为书上说地球爷爷的手有很大的力气。

师：你很会学习，说得好，我赞成！

生2：我觉得地球爷爷很高兴，他的手力气那么大，多了不起啊！

师：哦，你可真会动脑筋，是个聪明的孩子！
生3：……
生4：……
师：好孩子，今天你们给了老师一个惊喜。（再读）
生5：老师，我还想用亲切的语气，因为地球爷爷是和蔼可亲的。
师：爱动脑筋的你总有独特的想法，还会用好词了，真了不起！
生6：对了，地球爷爷是老人，可不能读得太年轻啊！
师：哈哈，是啊，我怎么没想到呢？佩服！佩服！！
………

是啊，正是教师独特、新颖的评价语，给予学生肯定、鼓励，使学生的思维火花发生碰撞，使学生的个性得以放飞，情感得到升华，从而使课堂呈现生机勃勃、焕发生命的活力。

一、教与学评价的概念

在我国的文字中，"评价"是评定价值的简称。在英语中，"evaluate"（评价）这个词，在词源学上的含义也是引出和阐发价值。从本质上来说，评价是一种价值判断的活动，是对客体满足主体需要程度的判断。教与学的评价是对教育与学习活动满足社会与个体需要的程度作出判断的活动，是对教育活动现实的（已经取得的）或潜在的（还未取得，但有可能取得的）价值作出判断，以期达到教育价值增值的过程。比如，教师通过辛勤的劳动为社会培养了人才，其评价就是对教师是否对社会作出了贡献、贡献有多大作一个价值判断。教学评价的目的是进一步促进教学、教育质量的提高，使教师的工作能产生更大的价值。

事实上，在教育评价的各种界定中，美国学者格朗伦（N. E. Gronlund，1971）给出了极为简洁的表述，他认为，评价可以简单地用下面这个公式来表述：

评价＝测量（量的记述）或非测量（质的记述）＋价值判断

这就是说，评价是在量（或质）的记述的基础上进行价值判断的活动。格朗兰德的这一公式虽然粗糙了一点，但它确实抓住了评价活动的本质。

对事物进行量（或质）的记述，我们称为"事实判断"。事实判断是对事物的现状、属性与规律的客观描述。比如，我们说，这个学生已经掌握了四则运算的规则。这就是事实描述。它记述了学生知识掌握的现状。在教育活动中，教育测量与教育统计都属于事实描述的范畴。事实判断的基本要求是它的客观性，即真实地反映事物的本来面目。"价值判断"则不同，它并非是由客体单方面所决定的。如前所述，教育的价值由教育活动满足主体需要的程度来决定。不同的主体由于其需要不同，对教育活动就有可能产生不同的判断。价值判断是在事实描述的基础上，根据评价者的需要和愿望对客观事物作出评判。由于受评价者价值观的影响，因此价值判断有一个显著的特点：它是一种客观性与主体性统一的活动。所谓客观性，就是说它是在客观地描述对象的基础上进行的；所谓主体性，就是说评价的结论又与评价者本身对事物"应该怎样"的认识有关，反映了评价者的主体需要和愿望。格朗兰德的公式表述的就是这样一个关系。

在实践中，"教与学的评价"和"教育测量"是一对经常容易混淆的概念。有些人常常把属于教育测量的活动也当做教与学的评价。教与学的评价与教育测量有着紧密的联系：教育测量是教与学的评价的基础，教与学的评价是在教育测量基础上的深化。就其历史的发展来说，教与学的评价就是在教育测量基础上发展起来的。但它们毕竟是有区别的：在本质上，教育测量属事实判断的范畴，而评价是在它的基础上，进一步作出好与坏、优与劣、对与错、善与恶的判断。有人把身高、体重的测量也当做评价，这是一种误解，是需要加以澄清的。

此外，教与学的评价与教育研究在实践中经常被当做同一回事。其实这两者也有很大的差别。我国台湾学者李绪武从五个方面讨论了教与学的评价与教育研究的区别①。

1. 探究的重点不同。教育研究的目的在寻求基本理论的发展，知识的增进与了解，获得正确的结论。而教与学的评价在对现象或问题深刻了解之后，还要指导有关方面或有关人士的行为。教与学的评价的结果，须对教育行政主管机构、学校、教师及行政人员，以及社会负责。

2. 处理的结果不同。教育研究者的主要兴趣在识别各种教育现象与问题的特性。最理想的研究成果，也不过是于广泛的教育现象中建立普遍的原理原则。教与学的评价者的探讨重心却在针对特殊教育问题的解决，评价人员无意对其他现象或情况作综合，也无意作比较研究，而是就事论事地解决教育问题。

3. 探讨的任务不同。评价人员的主要任务是确定教育计划或问题的价值，协助决策制定阶层作最恰当的选择。而教育研究者的主要任务，只是追求科学的真理，并无对其所有的发现作价值批判的意图。

4. 研究的普遍性不同。教育研究同教与学的评价最大的区别，可能是教育问题和现象研究的普遍性。教与学的评价范围比较广，但是却受到时间与空间的限制；教育研究的范围比较狭小，却不受时间与空间的约束。

5. 学术基础不同。教育研究人员可依个人的特别兴趣，选择适当的策略，就某种教育问题，在确定的范围内作精深的研究。而教与学的评价人员却不能仅

---

① 李绪武. 教育评鉴的意义与发展 [M] //伍振鷟. 教育评鉴. 台北：南宏图书公司，1993.

凭个人意愿。

李绪武认为，如果将教育研究者比为生理学家，可以将教与学的评价人员比为医师，个人感觉身心不适时，应当立即请教的是医师而不是生理学家。同样的，当教育行政主管机构，对现行教育事业发生怀疑而谋求改进时，委托的对象是教与学的评价专家，而不是教育研究人员。

二、教与学评价的种类

（一）个体评价与社会评价

教与学评价由于其主体不同、主体的需要不同，可以分为"个体评价"与"社会评价"两种不同的类型：

1. 个体评价

个体评价是一种以个人为评价主体的评价，是个体从自身的需要、利益、情感出发，对主客体价值关系的判断。教育的个体评价是个人从自身的需要、利益、情感出发，对教育进行的价值判断。个体对教育与学校的评价总是客观存在的，并且，学生由此来决定自己报考学校的志愿，选择自己喜欢的学校。

需要指出的是，这里所讨论的个体是一个广义的概念，它可以是某一个人，也可以是具有共同利益的一组人。

严格地说，个体评价又可以分为两种类型：

（1）个体的自我评价。在社会生活中，个体总是通过接收外界对其行为的反馈信息，评价自己行为的成败得失，从而来调整自己的行为。因此，个体的自我评价，是其在日常生活中自觉与不自觉地、经常地进行着的。在此时，自我评价的主体是自我，评价的客体是自我的行为与结果。

（2）个体对客体他人他事的评价。个体对自身以外的其他客体的评价，是个体对他人他事的评价。学生对教师的评价就是属于这一类型。

2. 社会评价

社会评价与个人评价不同，是指从一定社会的角度来考察和评定现象的社会价值，判明现象对社会的作用之善恶、美丑、功过及其程度[①]。就像社会并不是单个个体的简单相加一样，社会评价也不是单个个体评价的总和或其平均值。教育的社会评价是从国家与地区的需要出发对教育进行的评价。

社会对教育的需要有当前的需要与长远的需要之分。国家对教育的当前需要着眼于国家今天的发展；国家对教育的长远需要着眼于国家未来的发展。就像未来是今天的继续一样，社会未来的需要是当前需要的延续，但是，它不是今天需要的简单的总和，恰恰相反，它在寻求资源满足自身需要方面往往呈现一种竞争

---

① 李顺德．价值论［M］．北京：中国人民大学出版社，1987：312-313．

的态势。只是从今天的需要出发，人们可能杀鸡取卵，竭泽而渔。从未来的需要出发，人们就要植树造林，造福后代。当然，这决不是说，当前的需要不重要。社会当前的需要得不到满足，社会就有可能失去动力。社会长远的需要得不到考虑，在社会未来的发展中也会产生各种意想不到的问题。

与当前的需要和长远的需要相对应的，是对教育社会价值的"社会现时评价"与"社会历史评价"两种不同的判断。前者是以满足社会发展眼前需要为价值尺度的教与学评价，其评价主体是当代人；后者是以满足社会发展长远需要为价值尺度的教与学评价，其评价主体是后代人。

从社会长远发展的需要去考虑教育改革的问题，就是要学会从社会历史评价的角度去研究与判断每一教育改革的行为与措施。身在当代人的时空内，试图站在未来人的角度上去判断现代的行为是不容易的。对国家、民族及地区长远需要的把握，要求人们具有对未来的深邃洞察力与对历史的强烈使命感。但是，它决不是说做不到的。能否做到这一点，这正是具有远见卓识的教育领导人与目光短浅的教育领导人的分别。

(二) 形成性评价与总结性评价

教与学评价就其目的的不同，通常分为"形成性评价"与"总结性评价"两种类型。

"形成性评价"与"总结性评价"这两个概念是由斯克里文在其1967年所著的《评价方法论》中首先提出来的。形成性评价（formative evaluation）是通过诊断教育方案或计划、教育过程与活动中存在的问题，为正在进行的教育活动提供反馈信息，以提高实践中正在进行的教育活动质量的评价。一般地说，形成性评价不以区分评价对象的优良程度为目的，不重视对被评对象进行分等鉴定。总结性评价（summative evaluation）与此不同，它是在教育活动发生后关于教育效果的判断。一般地，它与分等鉴定、作出关于受教育者和教育者个体的决策、作出教育资源分配的决策相联系。学生的毕业考试、教师的考核、学校的鉴定都是总结性评价。由此可见，这两类评价活动是有区别的，其区别可以从以下几方面加以说明：

第一，形成性评价与总结性评价的目的、职能（或者说期望的用途）不同。布卢姆（B. S. Bloom，1971）曾经明确指出，这两种评价相区别的"明显特征在于目的（期望的用途）"。他指出："形成性观察的主要目的是决定给定的学习任务被掌握的程度、未掌握的部分"，"它的目的不是为了对学习者分等或鉴定，而是帮助学生和教师把注意力集中在为进一步提高所必需的特殊的学习上。"布卢姆的这段话主要是针对学生学习成就的评价而言，但其基本精神同样也适用于教与学评价的其他方面。在教育方案的评价中，形成性评价通过社会需要、教育活动参与者的需要的评定、可行性研究、实施过程存在的问题等方面的调查，将其目的指向改进教育活动的质量。总结性评价"指向更一般的等级评定"。它的直接目的是作出教育效果的判断，从而区别优劣、分出等级或鉴定合格。总结性评价与教学效能核定联系在一起，它为关于个体的决策、教育资源投资优先顺序的抉择等提供依据。

第二，形成性评价与总结性评价的服务对象不同。形成性评价是内部导向的，评价的结果主要供那些正在进行教育活动的教育工作者参考。总结性评价是外部导向的，评价的报告主要呈递给各级制定政策的管理人员，以作为他们制定政策或采取行政措施的依据。形成性评价与总结性评价的这一区别，决定了这两类评价活动的外部特征：形成性评价者与教育活动的实施者相互依赖。教育活动的实际参与者与实施者需要形成性评价者提供各种帮助，这两类人员关系密切。然而，总结性评价者则在一定程度上保持着独立的关系，这一独立的关系是他们能以客观的态度实施评价的基础。

第三，形成性评价与总结性评价覆盖教育过程的时间不同。如前所述，形成性评价直接指向正在进行的教育活动，以改进这一活动为目的，因此，它只能是在过程中进行的评价，一般并不涉及教育活动全部过程。总结性评价考察最终效果，因此它是对教育活动全过程的检验，一般在教育过程结束后进行。

第四，形成性评价与总结性评价对评价结果概括化程度的要求不同。形成性评价是分析性的，因而，它不要求对评价资料作较高程度的概括。而总结性评价是综合性的，它希望最后获得的资料有较高的概括化程度。

除上述区别外，形成性评价与总结性评价在评价的准则、标准、策略等方面也有所区别。但是，这些区别并非是本质的，而是由目的或期望用途的不同而派生的，并且随着一些新的评价模式的出现，这些区别正在变得模糊起来。

第二节 学习评价的常用策略

学习评价是对课堂教学效果的评价，它不仅体现为学生在学科学习中的认知发展成就，也体现在态度、兴趣、个性等非认知领域的发展和成就上。学习评价是教学评价的重要组成部分，课堂教学的实质就是想通过课堂教学这种方式达到学生身心有效和高效发展的目的。因此任何形式的评价，包括对教师教学过程的评价，都离不开对学生的学习评价，学生的学习成效是课堂教学的出发点和落脚点。

一、学习评价的标准化策略

学习发展是学生学习成效中最重要的目标，因此，它也是教学中应用最广泛的评价对象。对学生学习进行的评价主要有两种方式，一是传统的标准化测试策略，二是新兴的非标准化的测试策略。

标准化测试一般是采用纸笔测验，评价的方式主要有客观性试题和主观性试题。

(一) 客观性试题

客观性试题，即按预定客观标准记分的试题。其题目形式多样，主要有再认式，如选择题、是非题、匹配题，还有回忆式，如填空题、简答题等。除了这些典型的客观性试题外，还有诸如名词解释、简单计算题、阅读理解题等客观性较强的试题。

客观性试题，特别是其中的选择题是一种具有良好测量功能的测试题型。它不仅能测试简单的学习成就，而且能够测量诸如理解、应用等更为复杂和高级的学习成就。客观性试题的编制较困难、费时，需要经过较为严格的开发过程。不过这种测评策略在学校里很流行，因为它具有一定的优势：首先，它能够排除评分的主观性与不确定性，评分客观而迅速；其次，试题一般是经过仔细选择和分类以构成一个有代表性的样本，这样可以提高测验的效度；最后，这一具有代表性的样本，各个试题的分量又可有轻重之别。一般说来，客观性试题取样的广泛性与系统性是其他试题所不及的，而这一点有助于测验信度的提高。

可以说，客观性试题对学习成就与能力的测量是一种高效和有用的题目类型，可以测量学习成就领域中从简单到复杂、从低级到高级的广泛的学习结果。它测量的效率高、信息量大、信度高、测验评分与记分误差好控制，有很好的应用前景。

当然客观性试题也有缺点：除了编制不易之外，客观性试题难以有效地直接测量学生在语言表达、思维分析过程以及创造技能等方面的高级学习成就，而且一些缺乏编题技巧、有粗制滥造嫌疑的客观性试题不仅不能发挥其优点，反而会突出其缺陷，比如让学生凭借编制者无心的暗示去猜测正确答案。

(二) 主观性试题

主观性试题允许学生根据自己的思想认识自由作答，它主要包括论述题、作图题、作文题等。与客观性试题一样，都要在试题中设置问题情境并提出作答任务和要求，不同之处在于它允许学生自由作答。

主观性试题在学校的测评工作中占据着较为重要的地位，原因主要有三：第一，它更适合于测量学生对学科结构和材料内容领会和理解的深度，尤其在某些学科知识领域还不够稳定、简单的"正确答案"还找不到的情况下；第二，它有利于测量学生组织各种观念、整理各种证据、构思确凿论据的能力，以及批判性地评价各种观念和清楚而令人信服地表述这些观念的能力；第三，它还能使教师识别学生的独立性与创造性思维，洞察学生的认知风格对问题的敏感性和解决问题的策略。

正是由于主观性试题适合于考察学生的分析与综合能力、组织表达能力、计算推理能力等高级学习成就，所以与客观性试题一样，它也是学业成就测试的重要类型。但是它同样存在一些缺陷：一是其测试题目通常只有几个，内容的样本常常缺乏广泛性和代表性，特别是评分困难，且有主观色彩，测试的信度和效度往往难以令人满意；二是其测试过程有大量的书写任务，学生往往是忙于书写而无心思考；三是主观性试题有可能促使学生弄虚作假，东拉西扯，离题太远。

不过，两种类型的标准化测试题在优缺点上具有互补性，两者的结合能够有效避免各自的缺点，所以大多数学业成就测验是采用上述两种试题的结合。

二、学习评价的非标准化策略

标准化测验由于编制相对比较困难，而且无法做到评价主体的多元性和被评价者的参与，特别是测试内容与现实社会的真实情境相差较远，因此近年来出现了一些替代性的非标准化的评价策略。

（一）表现性评价法

1. 什么是表现性评价

表现性评价法（performance assessment）也被称为真实性评价法（authentic assessment），它是标准化测试的一种替代形式，它主要由真实性任务（authentic task）和量规（rubric）两个部分组成。真实性任务是指现实生活中或模拟现实生活中的一件任务，学生可以用他们所学的知识和技能去解决，量规主要由评价项目和评价等级组成。

与传统的标准化测试相比，表现性评价法具有自身独特的特点：（1）不仅能够评价学生知道什么，而且还能评价学生能够做什么；（2）强调学习和思考的策略，特别是解决实际问题的高层次思维能力；（3）任务必须是能与真实生活情境相联系的；（4）过程和作品是评价的重点，比如，在科学课程中所设计的表现评价，既需要评定学生的观察、提问、实验设计等认知过程，也需要评定学生所做的科学产品；（5）要事先确定评价学生作业表现的规则和标准。

2. 表现性评价的类型

学业成就测验中通常采用的表现性评价主要有以下几种类型。

（1）口头报告与答辩。口头报告是用口头语言对学习内容进行反应，有时采用难度更大的答辩。在答辩过程中不仅要求对学习内容进行口头表述，还要求对自己的观点和逻辑作出较为详细的解释与辩护。此外，还可以在口头报告之后，由教师或其他学生提问，对所提出的问题进行进一步的解释、回答和辩护。

（2）项目调查。根据完成者的类型，项目可分为如下几种：一是个人项目，即学生个人完成的项目，如对市民不文明习惯的调查，项目通常需要有创造性、新颖性和美感；二是小组项目，这通常需要两个或两个以上的个体合作完成，可对合作水平和成果质量进行评价；三是个人—小组项目，这种项目通常耗时较长，完成之后每个人需要撰写一个报告。

（3）角色扮演。一般是为配合或代替真实情境中的表现，局部或全部模拟真实情境而设立的，如在社会学习课程中，学生采用角色扮演的策略模拟法庭审判、市政会议、招聘等活动。通常，这种模拟情境下的表现可作为今后真实情境的一种准备。

（4）小论文。要求学生对某个现象、问题或者观点进行描述、分析、解释、总结、评价或论证，它不仅可以有效地评价学生对某个问题或学科的理解程度，也可以测量学生的观点和论证的清晰性、表现出来的批判意识和批判能力以及内容的新颖性等。

（5）学习日志。这是让学生收集和留下有关学习活动的相关资料，如让学生建立一本"酒与乙醇"研究的学习日志，学生的日志中可以包括以下内容：写下他们对活动的设计及活动过程的反思，用图形画出他们进行活动时的构想、认识或实验图，创作或寻找一首与酒有关的歌曲，列出或记录探索过程中发现的有趣规律，写下活动过程及感想，将他们希望与他人分享的内容写下、录音或录像，将代表学习所获得的某种原理或概念的身体动作或手势拍成照片等。

（6）科学实验。它是结合教学过程，要求学生操作实验设备直接去感知事物的一种综合性的评价策略。它不仅有助于发展学生的高级认知技能，而且给他们提供了直接感知和体验事物的机会，从而促进动作技能、心智技能和问题解决能力的全面发展，如寻找控制水土流失的办法等。

（7）艺术作品。让学生进行艺术创作，包括诗歌、文章、图画或者其他形式的艺术作品的创作。

3. 表现性评价的实施

表现性评价的实施一般包括以下几个步骤：

第一，确定评价目的。评价目的就是要确定评价学生哪些方面的进展和表现，从而为确定相应的活动类型和标准奠定基础。如想考察学生对问题的辩证思考与评判性思考的能力，则可考虑采用小论文或者口头报告。

第二，设计评价任务。设计评价任务就是具体考虑采用什么样的任务来达到表现性评价的目的。

第三，确立评价标准。评价标准尽量要求表达清晰简要、为可观测的行为、语言通俗等。如演讲，评价的依据可能是面部表情、目光、肢体语言、音量、条理性等。再如表9-1所列的小学生探究学习的评价标准。

第四，制作评价量规。师生可共同参与制作，基本步骤包括[①]：

[①] 张继玺. 真实性评价：理论与实践 [J]. 教育发展研究, 2007（2）：23-27.

（1）观看作品：学生观看一些好的和不好的作品并讨论造成好或坏的原因；

（2）列出标准：列出优秀作品的一系列必要特征；

（3）标明质量等级：找出最好的和最差的质量等级，然后根据自己所掌握的知识和讨论结果，找出中间的质量等级；

（4）运用量规评价完成任务的过程和结果。

第五，评价及反馈。根据制定出来的量规，对学生完成任务情况进行评价，并及时反馈评价结果，不断修正教师的教学和学生的学习。

表 9-1　小学生探究学习的评价标准

	需要努力（1分）	一般（2分）	良好（3分）
内容	多处数据不准确，关键信息缺漏	数据完整，但有不准确之处	数据准确而全面
陈述	单调，一般	具有可欣赏性和趣味性	有创造性和可欣赏性，学生表现出非常有兴趣完成作业
努力程度	根本没有努力完成作业	有兴趣完成作业，并且有详尽的分析	有兴趣完成作业，思考全面，并且具有创造性
报告	有很多的语法、用词、拼写和标点错误	几乎没有语法、用词、拼写和标点错误	没有语法、用词、拼写和标点错误，并使用了高级词汇和复杂句子结构

表现性评价法在实际运用的过程中需要注意以下方面：

一是信度。有研究（Dunbar, Koretz & Hoover, 1993）表明，可以通过对评分者进行认真训练及制定评分规则提高评分者信度，同时，可以通过增加评定任务数量比及增加评分者人数适当解决重测信度问题；

二是效度。有学者（Haerte, 1992）提出，可以通过调查学生实施任务时所经历的过程来加强表现性评定的结构效度，例如在评定期间让学生谈论任务或运用任务后以座谈的策略来探究完成任务所运用的技能。研究者（Linn, 1993）主张，为了提高类推性，必须增加任务并保证对于领域的综合覆盖，建议评定时必须采取结构性强的任务与结构性不强的开放性任务相结合的方式来提高评价的结构效度[①]。

（二）档案袋评价法

随着多元评价理论的盛行，档案袋评价法逐渐成为一种重要的记录学生成长

---

① 张咏梅，孟庆茂. 表现性评定及其相关问题［J］. 教育理论与实践，2002，22（7）：27-31.

和进步的策略。

1. 什么是档案袋评价法

档案袋（portfolio），在英文中有"代表作选辑"的意思。档案袋评价法是有目的地汇集学生的作业和作品，以展示学生在一个或几个领域学习中的进步与成就。它必须包括内容选择过程中的学生参与、选择的指南、评分的标准以及学生自我反思的证据。

与其他评价策略相比，档案袋评价的基本特征是：(1) 档案袋的基本成分是学生作品，而且数量很多；(2) 作品的收集是有目的、有计划的；(3) 档案袋应提供学生发表意见和对作品进行反省的机会。学生档案袋能实现以下功能（袁坤，2001）：(1) 通过自我反思与自我评价，加强学生在学习过程中的能动性；(2) 有助于学生多元能力的培养，并通过彰显自己在某方面的独特能力，提升自尊，获得成功感受；(3) 更好地发现并诊断问题，为反馈提供扎实的基础；(4) 加强师生沟通，使教师更全面地了解学生。

2. 档案袋的类型

档案袋主要包括两类：(1) 展示型的档案袋，主要收集能够反映个人所取得成就的材料，如自己的最佳作品、自己的代表性作品、自己的获奖证书、奖章等；(2) 过程型档案袋，主要收集反映不同时间阶段的个人表现的材料，其中不仅有自己最满意的作品，也有最初的、不太成熟的作品。如一篇文章的初稿、修改稿和定稿都可以收集在档案袋中。

3. 档案袋的构成

档案袋中通常包括以下几个方面的内容：(1) 封面，包括作者介绍和对自己学习过程与进步的总结；(2) 目录；(3) 内容，包括必选内容和可选内容，必选内容是每个学生都有的，提供了评价的共同基础；可选内容反映学生的独特性，学生既可以选择自己最好的作品，也可以选择有问题的作品并分析原因；(4) 日期，每个作品都应记录时间；(5) 作品的初稿和修改稿；(6) 反思（可以出现在不同阶段），包括对个别作品的反思和对整个档案袋的反思。对个别作品的反思可涉及以下问题：我通过这个作业学到了什么？我哪些方面做得好？我为什么选择这件作品？在这个作业中，我还要提高什么？我对我的表现感觉怎样？存在哪些方面的问题？

如美国佛蒙特州小学教育中的写作档案袋，就包括以下内容：内容清单；一件最好的作品（由学生自己选择）；对最好作品的说明及选择该作品的理由；一首诗、一个短故事或个人自述；对一本书、一个事件或社会问题、科学现象等的评论；来自英语之外任何领域的文章。

4. 档案袋的评价策略

学生档案袋以质性学习范式为理论背景，相应的评定策略也要体现质性评价思想。国外教师在评定学生档案袋时着重个性化描述,认为这是学生档案袋的优势所在。学生档案袋的评定原则是体现以个体为主的评价标准,突出正面的鼓励性评价。一位小学老师发现,激励性评语有着意想不到的好效果,甚至可以说许多"好学生"是被"评价"出来的①。

5. 档案袋评价法的局限性

虽然学生档案袋评价法在不少方面优于传统测验,但是它也有局限性,主要表现在以下两个方面:一是增加了教师的工作负担和工作量,增大评价难度;二是由于缺乏有效的评定标准,难于评定分数。学生档案袋在当前背景只适用于过程性评价,不能发挥筛选功能②。

档案袋评价案例:

下文是某小学教师设计的运用"档案袋评价法"评价小学生作文的实例。

1. 作文档案袋的建立

(1) 作文档案袋的制作

我们先向学生介绍作文"档案袋评价"的目标和要求,并让他们产生认同感。而后,我们让学生根据自己的喜好准备档案袋,可以使用彩色资料袋或透明文件夹,自主选择。我们还让他们根据自己的兴趣、爱好设计了档案袋的封面和图案,其封面的内容可以包括学生的姓名、年龄、年级及所在班级、就读学校、任课教师、兴趣、爱好、特长等,例如有些学生设计成房子形状,有些设计成蘑菇状,有些设计成带扣子的布口袋等,以充分展示自己的个性。准备好后,我们还让学生们为它起了一个漂亮而富有个性的名字。学生们还会一次又一次地修改自己档案袋的名字。"小浪花"、"采蜜集"、"体坛小猪"、"双子心德"、"精灵公主的温馨小屋"、"成长花瓣雨"、"闪亮的水晶心"、"苗苗圃"、"进步天使"、"未来作家"……我们按学号给这些学生精心制作档案袋编号,除此之外也可以让学生附一张本人的近期照片或者自画像。我们在教室里最显眼处集中设置作文档案袋,任意分上中下三排,袋上都有作者的姓名,取用十分方便。

(2) 作文档案袋里的内容设定

作文档案袋内容是学生与教师、学生与学生、学生与家长、学生与他人活动过程中收获的结晶和成果的积累。我们将档案袋内容分为作品、评价、综合这三类。作品类收集了学生的课内习作、得意之作。评价类囊括了学生自己、同伴、家长、老师的评价。综合类包含了学生的反思、家长的感言、老师的鼓励,还有

---

① 傅道春. 新课程中教师行为的变化 [M]. 北京:首都师范大学出版社,2001:239.

② 张莉莉. 质性评价的有效尝试:通过学生成长记录袋实现评定的发展性功能 [J]. 比较教育研究,2003 (1):47-51.

各类评价工具表、学生的荣誉记录。

2. 作文档案袋评价工具的制定

表1 小学生作文评价标准

	优秀+	优秀	良好	及格	须努力
选材	1. 紧扣中心选材。 2. 内容真实、有新意。		1. 能围绕中心选材。 2. 内容真实，但是缺乏新意。		1. 选材不恰当。 2. 内容不合乎情理。
结构	1. 结构完整，能分节写清楚。 2. 按一定的顺序来写，并能突出重点。 3. 过渡衔接合理。		1. 结构基本完整，层次较清楚。 2. 按一定的顺序来写，有重点。 3. 过渡较自然。		1. 结构不完整，段落不清。 2. 详略不当。 3. 缺乏过渡。
表达	1. 能学以致用好词佳句，运用多种修辞手法来写生动。 2. 不写错别字，正确使用标点。		1. 语句通顺连贯，表达清楚、准确。 2. 字词或标点错误较少。		1. 语句不通顺、不连贯，表达不清楚、不准确。 2. 字词或标点错误较多。
情感态度	1. 真情流露。 2. 认真、积极，按时完成作业。 3. 书写规范、工整。		1. 情感较真实。 2. 较认真，按时完成习作。 3. 书写较规范、工整。		1. 缺乏真情实感。 2. 未按时完成习作。 3. 书写潦草。

在制定评价工具之前，我们设计了一份学生写作问卷调查表，从学生的写作动机、能力；学生的写作情感、态度；习作评价标准、方式等方面开展了调查。经过数据统计、分析，发现：（1）喜欢并主动写作的学生为数不多，但是当学生有真实的情感体验后，则乐于表达。（2）学生喜欢多样化评价形式的同时，最接受评语式的评价方式。（3）学生希望评价主体多元化，除了由老师评价，还希望由好朋友、家长以及自己来评价。（4）学生习作受到肯定时，能激励他们的信心，但是有相当一部分学生对自己的习作缺乏自信。（5）学生觉得老师的评价是客观真实有帮助的，可作用不大。（6）学生认为可以从写作内容、方法、表达、态度等方面进行评价。我们先根据《语文课程标准》中的作文教学课程评价的标准以及前测调查报告中学生显示的需求，初步制订了作文档案袋的评价标准，并设计了作文评价表。我们多次组织学生分小组进行交流讨论，引导他们共同参与评价标准及评价表的修订，反复调整，最终制订出了更贴近学生实际的各类量表工具。

3. 利用档案袋进行评价

在两个班级内分别选择具有不同层次习作水平的 6 名学生作为小样本。对学生测试进行相关调查，了解学生写作现状（兴趣、习惯、态度、方法、能力、需求、困难等）。根据《语文课程标准》和前测调查报告，以及师生交流讨论，共同制订了各类量表工具。在此基础上，我们与被测学生及家长对于研究方案、评价量表工具进行探讨并予以修订。经过一阶段的研究，小样本的实践操作日趋成熟后，我们把研究对象范围扩大至整个班级。实施档案袋评价过程时，首先在课堂中进行学生习作评价的指导，让学生了解如何进行评价习作的方法后，针对评价标准开展评价活动。而后，在实践中，正如我们预料的那样，学生是有差异的，发现有些学生习作评价能力比较弱一些，完成评价有一定困难。我们教师则抽出时间多关注一些，多指导一些。同样，我们也发扬学生间的互帮互助精神，不让班中的任何一位学生落队，让每一个学生都参与整个教学过程。渐渐地，学生们都掌握了评价作文的标准，并能客观地评价自己或同学的作品。而后，每次学校评价后让学生带回家给父母阅读，让他们对孩子的作品予以评价，提出意见。我们两位教师每月进行一次信息的交流，及时调整计划。在班中每两个月举行一次档案袋展示交流会，旨在让学生取长补短，反思促进提高。学期结束时，向家长展示班级学生的作文档案袋，让他们共同关注学生的习作。（本例摘自《当代教育科学》杂志 2009 年第 18 期 32—34）

表 2　小学生作文评价记录表

班级_____　　姓名_____　　习作《　　　　　　》

第（ ）篇	选材	结构	表达	情感态度	总评	评语
自评						
组评						
师评						
家长评						

（三）概念图

概念图作为现代认知心理学的一种测评策略，能够测评学生的陈述性知识，并且克服传统测评策略的一些缺陷。

1. 什么是概念图

概念图（concept map）是一种评价学生认知结构的工具，让学生就其对某个知识的理解，用图的策略来表现其中的概念以及概念之间的联系。一个概念图就是由结点和连线构成的结构性的表征，其中结点对应某领域中代表各种概念的重要术语名词,连线代表一对概念(结点)之间的关系,而连线上的标注则说明这是什么样的关系。两个结点与一个带标注的连线共同构成了一个命题。通过让学生把某领域中的概念连起来,并标明这种联系的性质,可以说明某知识领域的关键概念在学生的头脑中是怎样组织起来的。概念图测验的理论基础是认知心理学关于人的语义知识表征的理论,即人的知识是以层次网络的形式储存在长时记忆中的。

2. 概念图的测试类型

概念图的测试任务有两种类型:一是限制性任务,即已经给定一串概念和连接词,学生的任务是将它们画成概念图;二是开放性任务,即只给出少数几个提示性的概念,学生可以充分发挥,将自己头脑中所有的相关概念画成一幅概念图。

3. 概念图的评分系统

概念图的评分系统大体上可分为三个:一是就学生概念图的成分来评分,概念图的成分主要包括:命题(例如数量、准确性、横向联系)、层次水平和实例;二是通过比较学生的概念图和专家的标准图,给它们之间的重叠部分赋予分值;三是综合前两个系统,既给概念图的成分评分,又参照标准的概念图。使用这些系统的评分策略评价概念图,能够得出相对准确和一致的结论[1]。

4. 概念图测评的作用

用概念图这种测评策略可以有效探查学生的内部认知结构,不仅能够评价学生的预备知识,而且能够有效确认学生知识的"裂缝",可以反映出学生头脑中的误解(misconception)、错误观念(incorrect conception),还能帮助教师确定学生经过教学后所建立的概念联系的广度与质量。

下文是某学校生物教师设计的运用"概念图评价法"评价学生"据图答题型"题目。

例题:人体物质代谢的部分过程如图 1 所示,其中 A—E 表示有关物质,①—⑦表示有关生理过程,请分析后回答下列问题:

(1)写出 A—E 表示的有关物质的名称:A_____;B_____;C_____;D_____;E_____。

(2)写出①—⑦表示的有关生理过程的具体问题:④⑤⑥中发生在线粒体中的是_____;能为①②提供载体的过程是_____。

(3)促进血液中 B 物质浓度升高

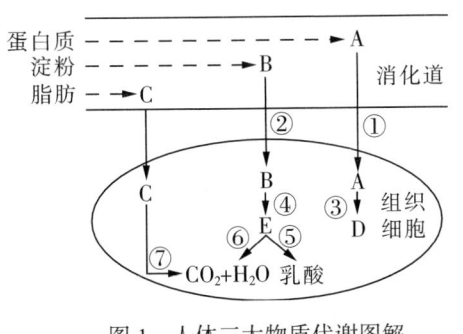

图 1 人体三大物质代谢图解

---

[1] 杜伟宇,季春阳,梁红. 概念图在测评中的应用——一种现代认知心理学的测评策略[J]. 宁波大学学报,2004:26(1):27-30.

的激素有_____。

［参考答案：（1）A. 氨基酸；B. 葡萄糖；C. 甘油和脂肪酸；D. 蛋白质；E. 丙酮酸。（2）⑥、③。（3）肾上腺素、胰高血糖素。］（本例摘自《生物学教学》杂志2007年第3期10-11页）

该题目以一个完整的概念图或一个填空型的概念图的形式给出了知识背景，让学生以简答或填空的方式回答相关问题。学生必须在掌握原有知识的基础上，看懂概念图，充分理解知识结构和知识点之间的关系，并能灵活运用，才能正确回答问题。此种题型不仅能够考查学生掌握概念的情况，还能够考查学生对概念的理解和运用。而且，无论是学生答题还是教师评判都具有较强的可操作性，因此，在当前生物学科概念图评价中应用得最普遍。

第三节 教学评价的通用策略

教学评价的通用策略是指该类策略适合于教学评价的各种形式和状态。依据教学评价在教学工作中的作用，可把教学中通用的评价分为诊断性评价、形成性评价和总结性评价三种。本节将着重分析探讨这三种评价的策略。

一、诊断性评价的策略

（一）含义及适应情境

诊断性评价又称配置性评价或准备性评价。它一般是在教学活动开始之前为确定教学起点而进行的评价。其目的在于了解、识别学生的整体现有水平和个别差异，为教学活动提供依据。诊断性评价的主要功能在于帮助教师了解学生对新学习任务的准备状况，识别那些高于或低于零点的学生，从而把他们分置在最有益的教学序列（组别）中，同时，也有助于教师根据学生的具体情况找到最佳的教学起点，设计出可以排除障碍的最佳教学方案。诊断性评价也可用于对儿童入学前入学准备程度的评价。在教学进行的过程中进行的诊断性评价也是常见的，它主要用于对学生不能从教学中获益的原因的诊断。

（二）操作程序

1. 入学准备程度评价

我们常常以儿童的年龄（6—7岁）作为一年级儿童入学的基本标准。显然，这虽然简单易行，但是不够科学，缺乏先决条件而入学的儿童往往会陷于失败、受挫、忧虑、再失败的恶性循环的困境。对入学准备程度的评价一方面在于筛选出合格的一年级新生；另一方面，能辨认出儿童关于社会情感、知觉运动、认知以及言语行为等方面的缺陷和不足，从而有针对性地进行补习性的辅导，或给予情感和其他方面的帮助。

卡兹顿（Cazden，1971）等提出了影响入学准备程度的重要因素：健康；粗细动作的协调；一般的认知和语言技能；表示社会情感的技能。

教师可针对上述几方面自制筛选策略或挑选、借用别人的策略对儿童进行评价。根据结果对每个儿童作出准予入学或推迟入学的判断。再把准予入学的每个儿童的评价结果制成一张总表（在水平轴上记录儿童的姓名，在垂直轴上则列入各种入学准备的内容），从而可清楚地看到每个儿童的情况和全组儿童的情况，尤其是缺陷和不足，教师有针对性地制订出教学方案，推动儿童更快地进入正常的教学序列。

2. 如何对学生进行适当的安置

既然诊断性测试的主要功能在于安置，那么如何利用诊断性测试对学生进行恰当的安置？

（1）利用前一年的成绩报告单。在有连续性的科目中，某一单元的学习内容往往成为下一个单元的基础，上一年打下的基础就成了本年的起点；由于中小学的许多基本科目都具有连续性，因此，每学年初为安置而进行的诊断性评价在很大程度上要取决于上一年总结性评价的结果，即利用上学年总结性评价的等级作为诊断结果，将学生分组或"按成绩编班"。但为了准确起见，教师还应对上一年的各种目标和能力进行一次复习性测试。

（2）诊断学习习惯和策略。学习习惯和策略是造成学生学习成绩差异的重要原因，教师应随时诊断并及时培养、指导。可用记名或不记名的调查表进行调查，同时要注重平时的观察和分析记录。学习习惯和策略的诊断对改进学生的学习、增加教学的针对性至关重要，应成为诊断性评价的重点。

（3）利用成套测试材料。现在我们可以通过书店等渠道获得大量的预试和安置测试材料。这些成品材料可大大减轻教师的劳动量，但是这些测试往往没有心理测量数据或技术数据，也没有信度、效度指标。所以，选用这些材料时应慎重，并作必要的检查。同时，教师可用自制的安置测试和日常的观察结果来弥补其不足。

（4）编制诊断性分置图表。从图9-1中，教师很容易了解全班和每一个学生的情况，并且有利于有针对性地设计最佳教学起点。在教学过程中，教师和学生还可通过标签颜色的变换，记录下学生在以后的形成性单元中掌握各种技能的轨迹。

（5）诊断情感先决条件。情感对学习对象和学习方式有着重要的影响。布卢姆认为，在认知成绩测试中多达1/4的差异是由入学时的情感特点造成的。所以，教师应该诊断学生入学时对学校、自己以及对某门具体课程的情感状态和水平，以及早发现消极情感并予以转化。

（6）识别有特殊才能的学生。教师是识别有特殊才能学生的关键人物，那些有特殊才能的学生需要被辨认出来，安置到适当的教学增减方案中去，以便得到专门的培养。

	首音	尾音	混合词	同韵的词	长—短元音	其他元音	区分音节	前缀和后缀	词根
里卡多	▓	▓	▓	░	░	░	□	□	▓
安东尼	░	░	░	░	░	░	▓	▓	░
沙伦	░	░	░	░	░	░	░	░	░
布伦达	░	░	░	░	▓	░	░	░	□
巴巴拉	░	░	░	░	▓	░	░	░	░
厄尔利	▓	░	░	░	░	░	░	░	░

□ 掌握　　▓ 接近掌握　　░ 尚未学会的技能

图 9-1　初攻单词技能的诊断性图表（布卢姆，1975）

3. 诊断性评价中常用的测试

在诊断性评价中最常用的、能大量使用的测试有以下三种。

（1）常模参照成绩测试。教师把一个班级或某一个学生的成绩跟一个常模组的成绩加以对照、比较，把原始分数转化为一个反映常模组成绩的分数（百分等级、标准分数、年级当量分数等），从而显示出其成绩如何。可见常模参照测试不能表明某个学生掌握了哪些具体的目标，而只表示该学生在常模组中的成绩水平。这种测试可以帮助教师鉴别学生在读、写、算等方面技能的一般水平，但它不能揭示某个学生成绩差的确切性质和原因。

（2）标准化的诊断性测试。这种测试是为了把某项技能上低于平均水平的学习薄弱环节划定类别，它对某一特定技能的评价比成绩测试要详细得多，它不仅可以用于辨认先决技能和能力方面的弱点，还可以在整个学习期间用来进行诊断，以试图确定学习困难重复出现的原因何在。目前，已经有人针对不同的诊断需要研制出了各种各样的标准化的诊断性测试。

（3）准则参照成绩测试。准则参照成绩测试可以较容易地起到双重的诊断作用：既可决定先决学习行为的成绩水平，又能在一门学科或单元内对学生进行分置。准则参照测试往往提供有诊断信息的报告单，教师可根据报告单设计补习和最佳教学方案。同时，也提供了根据测试成绩对学生进行分置的指导。教师应知道各种测试在诊断上的优缺点，并知道怎样解释各种测试的分数。

4. 诊断学生不能从教学中获益的原因

在教学实践中，往往有这样的情况：尽管在开学时每个学生都得到了适当的安置，但有的学生仍然学得很差。这时，教师就应设法诊断出学生不能从教学中获益的可能原因，并制订有效教学方案，把学生带回到学习的轨道上来，或者让学生得到其他方面的相应帮助。学生不能从教学中获益的原因可分为两大类。一是与教学的材料、策略和测试问题有关。教学所使用的材料和策略会直接影响学生学习的效果。测试题的信度和效度直接影响学生的成绩。当学生表现出学习困难或成绩较差时，教师首先应从这两方面进行诊断。二是非教育方面的原因，如学生的身体、心理或环境等方面的问题。

（三）实施要求

诊断性评价必须具有准确全面的诊断功能，应根据不同的诊断目的和用途，设置有针对性的诊断试题。

评价结果只供教师安排教学用，不记作学生的成绩，但可把评价结果作为学生原有学习水平的资料，与学习后所收集的资料作比较，以评价教与学的效果。

诊断性评价不仅用于学生入学准备程度的评价或一学期、一学年开始时的评价，也可用于一个相对独立的教学内容单元开始前的评价。另外，当一个教师接手一个新的教学班级时，也应作诊断性评价，以摸清情况。

（四）诊断性评价案例

某学校英语老师为了了解影响学生英语学习的因素，以便今后对症下药，最后达到提高英语教学效果的目的，他运用诊断性评价策略来了解学生，其主要做了以下几个方面的工作。

首先，撰写学习诊断表格和诊断说明书。在实践中该教师主要选定英语学习兴趣、知识难点、制约成绩的原因、需何帮助、有何优势、学习英语年限、自我评价等作为诊断的核心要件来设计诊断表（详见表1），以对学生的英语基础水平进行诊断，为学生分类推进、分层施教、分组合作作好前期准备。然后，教师将学生所填表格输入学生英语基础水平诊断信息表里面（见表2）。

其次，以小组评价为主体，用三色图标分层诊断学习效果。在这一阶段，为促使不同层次的学生都有成功的体验，提升其学习兴趣，坚定其学习信心，可在前期诊断基础上，将学生分类分层分组，对不同层次的学生设置不同的学习目标和任务，以及不同任务的完成时限和验收评价方式（详见表3）。每组学生的第一名为"优等生"，第二名、第三名为"中等生"，第四名为"学困生"。"学困生"的主要任务是掌握基本的词汇、短语和句型。

为了更直观呈现小组及其成员学习目标的达标情况，我们借鉴了布鲁姆的诊断性分置三色图表（详见表4）。每个学生都能在这张成果图上占有一席之地，并通过去掉红标签，换上黄标签或蓝标签，记录自己在每个话题中掌握各种技能的轨迹，通过运用"掌握"、"仍待学会"诸如此类的词语标签，避免了"及格"和"不及格"这种区分。

再次，运用标准分和试题分析图表，对测试成绩进行动态跟踪诊断。标准分对比分析不仅可以比较同一名学生同一学科不同时间学习成绩的变化，也可以比较同一名学生不同学科同一次考试成绩的优劣情况，更适用于比较不同学生各个学科同一次考试综合成绩的高低情况。将历次测试成绩换算成标准分，通过历次标准分增幅情况的对比分析,找出每一个学生学习发展的轨迹,对于不稳定的学生要及时有效关注,为"对症下药"提供强有力的参考。

实践证明:在该学科教学中,这些貌似简单的活动,只要坚持实施,学生必受益匪浅。因为它降低了达标门槛,学生稍一努力即可获得成功体验。当学生一旦认识到能力得到发展时,他们对英语就会产生积极的情感,从而增加其继续获得成功的可能性。教学是师生互动的过程,是集技术性与艺术性于一体的活动。教师必须花时间和精力来辨认学生是否具备先决技能、态度和习惯,鉴别那些已经掌握了某些或所有目标的学生。只有这样,才能有的放矢、对症下药。进行诊断性评价是为了满足学习者的需要,以促使其能力的发展。教师进行诊断是为了促进学生的学习,而不是为了给学生贴标签。诊断的结果不是把所谓的"学困生"放在被人遗忘的角落。诊断的目的是设计一种可以排除学习障碍的教学方案,同时为那些程度不等的学生设计一些能发挥他们长处并能防止他们产生厌烦和自满情绪的实践方式,进而优化教学策略,提高教学效果。(本例摘自《教育评价与测量》杂志 2010 年第 07 期 28-31)

表1　　　　　　班　　　　　同学英语基础水平诊断表

学习兴趣	知识难点	制约成绩的原因	需何帮助	有何优势	学习年限	自我评价
1. 浓厚	1. 单词	1. 教师	1. 知识补遗			
2. 有兴趣	2. 短语	2. 教材	2. 方法点拨			
3. 较有兴趣	3. 句型	3. 教法	3. 思维引领			
4. 无兴趣	4. 阅读	4. 学生	4. 情感呵护			
5. 不稳定	5. 写作	5.	5.			
6.	6. 语法	6.	6.			
7.	7. 听力	7.	7			
8.	8.	8.	8.			
9.	9.	9.	9.			

表2　学生英语基础水平诊断电子信息处理表

学生	学习兴趣	知识难点	制约成绩的原因	需何帮助	备注
王涛	1	2	3	2	
李志平	3	3	2	3	
石帆	4	5	4	1	
……					

表3　合作学习小组英语基础知识达标情况诊断表

组别	学生	诊断内容						
		词汇	短语	句型	阅读	写作	听力	……
腾飞组	李东							
	王佳琪							
	史墩							
	康剑锋							
全明星组	李攀							
	朱慧芳							
	……							
	……							

表4　具体学习内容达标情况诊断三色图表

组别	学生	诊断内容						
		基础知识	口语交际	美文赏析	书面表达	当堂作业	话题测试	……
腾飞组	李东							
	王佳琪							
	史墩							
	康剑锋							
……	……							

注：蓝色表示"掌握"，黄色表示"接近掌握"，红色表示"仍待学会"

案例分析：该英语教师较好地运用了诊断性教学评价策略，让学生了解了他们自己的学习优势与不足，更重要的是，该策略较好地为教师提供了学生的英语学习基础，为教师实施因材施教提供了切实可行的现实依据。

二、形成性评价的策略

（一）含义及适应情境

形成性评价又称诊断进步评价或进展评价，它是指在教学进程中与反馈和矫正相联系的、为改进教学而进行的评价。其目的在于检验前一段教学的效果，找出存在的问题，为进一步改进教学提供依据。可见，形成性评价的主要目的不是给学生评定成绩或作证明，而是帮助师生把注意力集中在达到掌握程度所必须具备的特定知识上。通过形成性评价能及时获得反馈信息，了解学生的学习情况，发现教与学的优点与不足，从而有目的、有针对性地调整和改进教学计划和活动，及时辅导，使绝大多数学生达到预期要求，大面积提高教学质量，保证教学目标的实现。教学过程中，每一个教学单元结束时，都应进行形成性评价。

（二）操作程序

1. 确定评价内容

形成性评价的第一步是要确定某一个单元里有什么新的内容（概念、关系、事实等），以及与之相关的各种行为或学习成果（要求学生学些什么，学到什么程度，学了之后能做些什么等）。布卢姆等人的《教育目标分类学》试图确定一个与教学过程中各种难度和复杂程度有关的，包括各种行为水平的层次结构，从而对教学内容的要素由简单到复杂进行了分类，即术语（概念）、事物、规则与原理、使用过程与程序的技能、进行转换（翻译）的能力、应用能力等。当然，并不是每个单元都包括以上全部成分。但教师学会把以上范畴应用于一个特定的教学单元是十分有用的。在把教学内容进行以上分类后，就应制作出一个明细规格表。在表的横轴上列出各个主要行为范畴，在每个范畴下面列出适当的题材要素或细目，用连线显示各要素之间的相互关系（表明简单要素是复杂要素的必不可少的成分或基础），参见表9-2（括号内的数字标明形成性测试中各项试题的编码）。

表 9-2 有关某化学单元的明细规格表

A.术语知识	B.事实知识	C.规则与原理知识	D.使用过程与程序的技能	E.翻译能力	F.应用能力
原水　　　(1) 分子　　　(2) 元素　　　(3) 化合物　　(4) 双原子　　(5) 化学式 　　　　　(6) 阿伏加德罗常数 　　　　　(7) 摩尔质量　(8)	各种双原子气体 　　　　(11)	波义耳定律 　　　　(12) 气体的各种特性 　　　　(13) 原子论　(16) 化学式 　　　　(19) 阿伏加德罗假说 　　　　(14) 盖·吕萨克定律 　　　　(15) 克与摩尔质量之比 　　　　(18)		用图解表示物质构成 　　　　(22) 用化学式表示化合物 　　　　(21)	列出并求解符合实验情境的反应式 　　　　(28) 　　　　(23) 　　　　(24) 　　　　(25) 　　　　(26) 　　　　(27) 　　　　(29)
原子量　　(9) 分子量　　(10)		分子量　(17)	分子量　(20)		

2. 编制评定试题

编制试题的第一步是要确定哪些要素（内容与行为）是基本的、重要的、必不可少的，哪些要素是无关紧要的。然后，遵照以下要求编制试题：（1）测试内容要全面，所有在明细规格表中列出的要素都应包括在试题内，不能遗漏；（2）每种特定行为层次上的项目都不能缺少，从术语、事实到转换、应用都应有相应的测试题；（3）试题先后顺序以明细表为准，一一对应，由易到难，由简单到复杂，以有利于教师和学生与明细表对照，了解具体情况，并有利于纠正错误；（4）试题难度水平适中。布洛克（Blook，1972）研究发现，形成性评价测试中掌握程度定得比较高时，学生最终的分数也随之增高，但若高于85%的话，学生的学习兴趣便随之减弱，对所学科目的态度也随之消极，也许这个85%的程度就是认知成果与情感成果综合所能达到的最高限度。

3. 形成性评价的使用

形成性评价最重要的价值在于向学生提供学习每个单元的帮助，主要表现为：每个单元的形成性评价都有两套同质的试题，首次测试时可能只有少数学生达到掌握程度，多数学生需要一个改正（修正）过程，因此，过几天后，用另一套试题再测试一次，学生可以只回答在首次测试中那些答错了的题目（以试题中的序号为准），通过修正，在第二次测试中将会有更多的学生达到掌握程度；形成性评价还为学生的学习起到了确定学习进度的作用，特别是那些循序渐进的学科和学习内容比较多的学科，一个单元一个单元地过关，显然能把复杂、繁重的任务分解为比较简单、轻松的任务；对那些已经达到或接近达到某一学习单元掌握程度的学生来说，形成性评价可以起到有效的奖励和强化作用；最后，形成性评价还能起到诊断的作用，让学生弄清自己的问题所在并及时予以补救。教师对形成性评价的使用也是多方面的，它能向教师提供反馈信息用以改进教学，对少数学生的错误给予个别指导，对于多数学生的共同性错误，应视为教材的难点或教学过程的弱点、不足，进行集体矫正；通过与上个年级（或循环）的测试结果作对比，可以了解当前学生的总体状况，从而达到质量控制的目的。特别是前个循环中多数学生感到困难的内容或单元，教师应注意修正教学方案，以提高质量。

（三）实施要求

形成性评价在内容难度上包含该单元的所有新内容，在行为难度方面可以参照布卢姆等人的《教育目标分类学》对认识领域的分类。

实施形成性测评前应确定表示掌握水平的成绩标准（通常以80%—85%的正确率为掌握标准为宜）。实施测评后，应确定共同错误（60%的学生答错的题），应用评分结果对教学进行调控，并向未达到掌握水平的学生作指导，限时矫正，一般隔2—3天再进行第二次测评。

形成性评价通常"只关心学生是否达到了教学目标，所以测验分数一般不计入成绩册,也不评定学生的等级或名次。"①

根据教学目标和教学内容单元的实际,可多次进行形成性评价,然后依次比较学生的得分情况,可以分析出学生学习变化的指标,若用曲线表示就是学习发展的趋势图。

(四) 形成性评价案例

一般来说,形成性评价常用的实施策略包括:课堂观察、课堂记录、提问与倾听、有效反馈等。下面是某英语教师在英语教学中运用形成性评价的具体策略。

1. 观察。学习的过程同时也是一个自我发现、自我认识的过程,建构主义理论倡导"以学习者为中心",注重学生主观能动性的发挥,认为学习者的知识是通过自身努力,逐步建构起来的,因而对于学习者建构过程的考察有着十分重要的意义。观察是评价人类技巧和行为的基本方式,在这里主要是指对课堂事件、教学活动和学生之间交流的观察,我们可以观察学生在阅读、写作、听、说等方面的具体表现。观察可以通过日常记录和评价表的方式进行,教师及时将记录收集起来并提供给学生,以便于学生真实地了解自己的实际学习情况。通过观察,教师可以更好地了解学生学到了什么,哪些教学策略对学生最有效,哪些教学材料学生最喜欢等。

(1) 日常记录:日常记录是教师根据学生的日常语言、行为或学习表现所做的记录,主要涉及生活中的重要事件以及学生的活动或进步。记录可以在学生活动发生时或事后进行,记录形式可以简易灵活。

(2) 评价表:评价表所反映的是某一特定时间内,学生在某一项活动或过程中的表现和进步程度。通过评价表,教师可以了解课堂教学在哪些方面取得了良好的效果,学生在哪些方面需要进一步的帮助和指导。评价表的形式应多样化,便于使用。

2. 提问与倾听。提问在教学中起着十分重要的作用,一直是语言教学研究中关注的焦点。它是教师与学生进行课堂交流的主要方式,也是对教师进行课堂评估的一项重要指标。教师在提问时,应尽量避免简单地用"yes"或"no"就能回答的问题。同时,应鼓励学生说出自己的真实想法,而非猜测老师想要得到什么样的答案。教师可以采用较为灵活的提问方式,如在《Vegetables》一课中,可将问题"Why do we eat vegetables?"改为"Why do you think we eat vegetables?",进一步启发学生思考,拉近师生距离。教师所给的作答时间也同样重要,研究表明通常教师所给的作答时间为一秒钟(Rowe, 1974)。即使对于那些

---

① 陈琦,刘儒德. 当代教育心理学 [M]. 北京:北京师范大学出版社,1997:374.

只需回顾事实的问题,这个时间也太过短暂,更不必说那些需要周密思考,需要学习者进行解释、表达自身观点的问题。布莱克(Black,2003)曾呼吁教师在提问后适当增加"等待"时间,以培养和锻炼学生的总结、归纳、推理能力。在课堂教学中,教师还可以适当增加小组讨论等活动,通过走到学生中去倾听,与个别或一组学生交换意见,使学生成为更加主动的学习参与者,同时也使教师了解到更多的信息,以便于调整教学安排,而这也正是形成性评价的本质所在。

3. 有效反馈。有效反馈可以帮助学生了解需要达到的学习目标与他们当前的知识水平、理解能力之间的差距,引导他们主动采取行动缩小差距。无论以何种方式对学生的学习情况进行评价,如果教师能对学生完成任务的情况给予具体的反馈,鼓励学生将注意力集中在任务本身而不是去简单地找寻正确答案,对学生存在的问题提出具体的改进建议,就可以帮助学生更好地了解要实现的目标和自我提高的策略和途径。有效反馈对于学生具有重要的意义和价值,大量研究表明,教师在给予积极反馈(positive feedback)时,不仅能使学习者知道他们正确地完成了任务,同时还能通过赞扬增强他们的学习动机(Harlen & Deakin Crick,2002)。就反馈的形式而言,有研究表明在不同的反馈形式(分数、等级、评论)中,评论是最有效的反馈方式。(本例摘自《教学与管理》杂志2010年第08期77-78)

三、总结性评价的策略

(一) 含义及适应情境

总结性评价,是指在教学活动完成一个阶段(一学期,一学年或一门学科学习结束后)之后,对其结果进行的评价,即对一个完整的教学过程的总体功能进行的评价。其目的主要在于检查、总结教学目标的达成情况,评定学生的学业成绩,证明学生在某一学科范围内的能力,评定教学方案的有效性。此外,这种评价也能起到形成性评价的某些作用,为教学提供反馈信息,有利于下一轮教学的改进提高;同时,一个教学阶段的总结性评价也能起到作为后继教学阶段的诊断性评价的作用。总结性评价应具有效度和信度两个必要的特点。效度指测试的有效程度,即根据测试成绩作出的推断是否正确和适当。信度即测试成绩的可信程度,指测试成绩的稳定性,即如果反复进行测试,结果是否总是使学生处于同样的相对位置。

(二) 操作程序

1. 编制用于总结性评价试题的一般步骤

编制终结性测试的一般步骤包括:(1)制订学科规格明细表;(2)编制或挑选矩阵中诸小格的测试题目;(3)通过合理的方式进行抽样,选择各种小格的测试题目；（4）系统安排题目，编制试卷；（5）制订答题说明和要求；（6）设计评分方案；（7）检查成品。

2. 修订试题的一般步骤

为了提高测试的效度和信度，必须对试题进行修订，一般采取下列修订策略：（1）抽样试测，如要求朗读试题并说出答案，以修正题目和说明中的缺点或含糊之处；（2）把试题和明细表交给同行评定、讨论，以提高效度；（3）计算试测对象（群体）分数的平均值和中位数，以修正试题难度分配和整套试卷的难度；（4）计算试测对象的分数的标准差，以修正离中趋势；（5）计算出每道试题的难度指数，去掉难度指数过大和过小的试题，使整套试题的平均难度在50%—60%，各试题的难度变异在20%—80%；（6）评定试题的信度，以使其信度达到0.80以上。

3. 评分

在推行素质教育的热潮中，虽然有人批评评分，但给学生评分仍是学校教与学评价的一个很重要的部分。尽管还没有一种完全客观的评分策略，但教师在给学生评分时首先应考虑的问题就是要尽量做到客观公正。不仅评分过程本身必须公平合理，而且还必须使每个学生也认为是公平合理的。分数等级应反映学生在完成学业目标方面所取得的成绩。教师应让学生知道，测试成绩或其他作业成绩将会怎样转变为分数等级。把总结性评价测试分数转变为分数等级的策略通常有以下几种：根据答对题的百分率评定等级；根据事先规定的合格分数线评定分数等级；用曲线分等级；把原始分数转变为Z分数或标准分数。不管怎样评定分数，其核心问题取决于教师对各次测试的主观价值判断，这种价值判断应最大可能地考虑到什么样的表现水平是可以接受的。

（三）实施要求

为了能准确地为学生的学业成绩评定等级，总结性评价测试应注意以下问题：

1. 保证试题达到一定的效度、信度。
2. 把握好试题的难度和区分度（辨别作用）。
3. 正确区分和应用总结性评价测试和形成性评价测试。
4. 根据不同的测评目的制订不同的测评内容和方式，就一门课程而言，应综合测试和评价学生通过学习而获得或形成的知识与技能，过程与策略，情感、态度和价值观，而不能仅仅测试和评价学生知识掌握的程度。
5. 确保评分、评定等级的客观、公正、合理，记入成绩报告单的分数或等级不能以一次测试成绩而定，应综合总结性评价测试的成绩和学生在整个教学过程中的实际水平和能力。

四、评价性试题编制的策略

试题编制是教学评价不可缺少的重要工作环节。一套试题的科学性和适用性（通常用信度、效度和区分度来衡量），往往会对教学评价结果带来直接的影响。因此，每个教师都应学会并善于编制评价性试题。本节将讨论各类评价性试题编制的技术和编制一套测验的基本程序和要求。

（一）含义及适应情境

在教学中教师虽可借用一些已由专家编制好的标准化测验，但大多数时候测验却是由教师自己编制的。这种由教师自己编制的、适合临时教学目的的测验，其客观性和标准化程度虽都不如标准化测验，但却是每一个教师都必不可少的日常工作。由于教学内容不同、教学和评价目标不同，因此，试题也就不同，但就一套测验题而言，往往包含客观性试题和主观性试题两大类。客观性试题通常有多项选择题、是非题、配合题、填充题和简答题等形式，它适于测量知识、理解、应用、分析几个层次的认知目标。客观性试题的特点是答案明确、回答简便，因而能在限定时间内回答足够的试题数量，保证对知识内容的覆盖率；客观性试题备有明确的标准答案，评分准确、简单、可靠，可采用计算机阅卷；但客观性试题不易编制，测验时也易受考生阅读能力的影响，而且不能排除考生对答案的猜测。主观性试题是向学生提出一些问题，要求学生以自己的答案来回答，其特点是学生可以自由反应。根据学生自由反应的程度，可将主观性试题分为限制反应式试题（如作文中的缩写、扩写、改写、补写、看图作文，数学和自然科学中的应用题、作图题等）和扩展反应式试题。扩展反应式试题几乎完全不限制学生反应的形式和范围，使学生有充分自由地发挥其综合和评价的能力，有时为了使评分有一个统一的标准，也对作答长度加以限制。主观性试题适于测试较高层次的认知目标，特别是综合、评价两级认知目标。主观性试题容易编制，但评分困难，而且可靠性相对较差；主观性试题不易回答，耗时长，在限定时间内答题数量有限，对知识的覆盖率低，无法保证内容效度，测验成绩易受学生写作能力影响。此外，操作测验也是常用的，操作测验是指模拟在一些自然情境下的实际操作情况所进行的测验，包括纸笔操作测验、辨认测验、模拟的操作测验、工作样本操作测验等。操作测验适于测评动作技能的目标，但编制较难，准备和实施费时，记分较难且不易控制测验，也不容易标准化。

（二）不同试题类型的编制

1. 客观性试题的编制

（1）是非题的编制。是非题是判断某个陈述是否正确的题目类型。其编制要求是：

①叙述的概念必须单一，避免两个以上的概念在同一试题中出现；

②措辞必须明确，且答案必须明确；

③叙述要简短、明了，避免使用复杂的语言结构；

④应避免使用含有暗示答案的特殊词汇；

⑤应正面叙述，避免使用否定叙述，特别是双重否定叙述；

⑥对和错的数目应大致相等，且应随机排列。

（2）填充题的编制。填充题是由回答者对删去关键字、词的句子进行补充填答的开放性题目，其编制要求是：

①答案必须唯一确定，不能有两个以上；

②要求填充的必须是具有重要意义的字、词；

③一个小题中空格不宜太多，以免破坏完整的题意；

④空格尽量放在中间或最后，且每个字空格的长度要一致；

⑤测题不宜直接抄录教材，以强调知识的应用而避免学生死记硬背。

（3）多项选择题的编制。多项选择题是由题干和几个选项构成的试题，其题干可用单词、问句、陈述句表示，选项可用短句或词组表示。多项选择题有肯定式、否定式、最佳式、比较式、配置式、混合式六种格式。其编制要求是：

①题干意义必须完整；

②题干陈述要明确；

③各选项要简短；

④各选项在形式上应协调一致，字数大体相当，诱答要有迷惑性；

⑤题干和选项之间应注意逻辑和语法上的联系，避免提供正确答案的暗示或线索；

⑥同一组题中，各题的选项要相同，正确答案的位置应随机排列。

（4）配合题的编制。配合题又称匹配题，是由一列问题和一列答案所构成的，其中，问题相当于多项选择题的题干，答案相当于选项。其编制要求是：

①各题干或各选项在性质上必须相近，不能混合交叉；

②指导语要讲清匹配的依据，并告之每个反应（选项）可用几次；

③选项数目应多于题干数目，且不限制每一选项被择的次数，以降低猜测率；

④同一组材料的题干和选项尽可能印在同一页上，题干和选项前分别用不同的符号编码。

（5）简答题的编制。简答题是通过问答形式要求学生对提出的问题作出简明扼要的回答。其编制要求是：

①一个题只能有一个答案，且措辞应简短而具体；

②简答题主要应用于测试学生关于科学知识的重要概念，不宜用于测试零散、琐碎的知识；

③应避免在试题中提供正确答案的线索；

④试题不宜直接从教材中原文抄写;
⑤宜用直接疑问句编制试题,应避免或少用不完全陈述句;
⑥如果答案要求是数据时,应规定所需精确度和单位名称。

2. 主观性试题的编制

(1) 应根据测试目标和材料的性质来确定试题的适当限制程度。限制过细过死或太宽泛、笼统都不利于测试或评价。

(2) 陈述的问题应明确,具有启发性,并提出作答的具体要求。

(3) 用若干个小问题代替一个大问题,这样既方便学生作答,又便于教师评分。

(4) 不宜采用选答题,因各题之间难以做到等值。

(5) 在命题时应拟好评分规则和标准,并应将各种可能出现的答案情况尽量列出。

3. 操作性试题的编制

操作性测试在于通过实际操作以测试学生已习得的技能情况。其编制要求有以下四点。

(1) 明确说明所要测试的教学目标和学习结果。包括确定操作目标,选择表示策略和确定具体的学习结果,进行工作分析,辨认出操作中最重要的特殊活动,为工作样本中的每一工作建立一个"评分标准"。

(2) 选择合适的真实性程度。四种真实性程度不同的操作测验的选择有赖于:①教学目标的性质;②一般可以先进行纸笔操作测试,再进行真实性较高的操作测试;③客观条件的限制;④工作本身性质的限制。

(3) 以指导语明确说明测试的情境。指导语一般包括测试目的、设备和材料及其性能、测试程序、所需操作行为、时间限制、记分策略等。

(4) 编制评价的观察表格。常用的有作品量表、检核表和评定量表三种。作品量表是一系列不同质量层次(5—7个)的作品样本按其优劣顺序排列,每一层次有一个分数。使用时,将学生的作品与量表进行对照,以决定学生作品的分数或等级。检核表和评定量表都列出所需评价的各个方面或环节。不同的是检核表采用"1"或"0"二值记分策略进行评价,评定量表则采用多值(一般为1—5分)记分法进行评价。

(三) 编制要求

1. 明确测试目的,分析测试目标

首先应明确测什么,有何用途和性质;其次,借鉴第三节不同教学目标的评价策略来分析测试目标。

2. 编制命题双向细目表

双向细目表中的"双向"一是指测验的目标或学习结果,另一是指具体测试的内容（如表9-3，表中数字为各种测验的分值比重）。

表9-3 中学生物测验双向细目表

测验内容	测验目标			合计
	知识	理解	应用	
生物特点分类	9	12	9	30
生命历程	12	16	12	40
环境生态	6	8	6	20
生物实验	3	4	3	10
合计	30	40	30	100

3. 命题并拟订标准答案、评分细则

根据双向细目表的规范和要求命题。命题的一般要求是：（1）试题的取样应有代表性，试题应当覆盖该学科全部重要的教学内容；（2）注意难度分布和整套试题的难度；（3）试题的文字要浅显、简短、明了，不要遗漏必要的条件；（4）各试题应彼此独立，不应有暗示本题或其他题目正确答案的线索；（5）试题的正确答案应是有定论的；（6）试题类型应根据测试的用途、材料的性质和学生的年龄特征而定，一般宜采用多种类型；（7）试题应测试原理的应用，而不应单纯测试学生的记忆；（8）试题数目应当充足，以备删除、淘汰和选用。

4. 试测与分析

对初步编拟的题目应进行试测，并分析题目的性能，从而为进一步筛选题目提供客观依据，试测之后要及时进行项目分析。编制一套测验往往要经过多次试测与分析，最后才能筛选出令人满意的题目。

5. 编制试卷

选出性能优良的题目加以适当的编排即组合成一套试卷。在试卷的编排上，应将测试同类教学目标的试题排在一起并加上适当的标题，应尽可能将同一题型组合在一起，试题按由易到难的顺序排列。每一题都应测试到双向细目表中的一项重要的学习结果，全套试卷应当覆盖整个双向细目表的内容。

【建议参考资料】

1. 唐晓杰，等. 课堂教学与学习评价［M］. 南宁：广西教育出版社，2000.
2. 万伟，秦德林，吴永军. 新课程教学评价策略与设计［M］. 北京：教育科学出版社，2004.
3. 陈玉琨. 教育评价学［M］. 北京：人民教育出版社，2006.

【问题与思考】
1. 学习评价和教学评价的模式或策略有哪些？怎样实施学习评价和教学评价？
2. 我国基础教育课程改革中强调的三维教学目标的具体内容是哪些？
3. 各类评价性试题编制的基本要求及一套试题编制的要求各有哪些？
4. 请以中小学某门课程的某单元为例编制命题双向细目表。
5. 结合当前课堂教学实际，谈谈你对教学评价改革的意见。

第十章 学校心理素质教育与学生心理健康

【本章提要】

　　心理素质教育是学校素质教育的重要组成部分,是维护学生心理健康的有效途径。帮助学生解决成长、生活、学习和交往中出现的心理问题,促进其心理健康,既是学校素质教育面临的新任务,又是教育心理学亟待研究的新课题。学校开展心理素质教育,不仅有利于预防心理疾病,维护心理健康,更有利于儿童青少年积极心理素质的形成和发展,最终提高学校教育教学质量。维护学生心理健康的根本途径是培养其健全的心理素质,培养学生健全的心理素质是学校心理素质教育的基本目标。本章着重探讨心理素质与心理健康的内涵、标准及二者的关系,心理素质教育的目标和任务,学校心理素质教育的实施途径与策略。

【学习重点】

　　1. 理解心理健康的内涵及其判断标准,明确心理健康与心理素质的关系。
　　2. 明确学校心理素质教育的目标和任务,了解学校心理素质教育的基本内容。
　　3. 掌握学校心理素质教育的基本原则和途径。
　　4. 掌握学校心理素质教育的策略与方法。

【重要术语】

　　心理素质　心理健康　心理素质结构　认知品质　个性品质　适应性品质　外攻性问题　内攻性问题　调适性辅导　发展性辅导　同感

第一节 心理素质与心理健康概述

　　五年级(2)班的小军一直成绩优异,每次考试成绩都是班上的前几名,但这次期末考试没有发挥好,考了班里第三十多名。自从考试成绩公布后,小军就一直闷闷不乐,觉得自己是个失败者,再也不是一个好学生了。现在他整天心不在焉的,上课听不进课去,总爱走神,课间一个人待在座位上发呆,也不和其他同学玩了。

小敏是一个五年级的学生，平时活泼开朗，自信乐观。一次放学回家的路上，一辆货车失控，从她的双腿上轧了过去，医生不得不截去她的双腿，面对这么大的灾难和痛苦，她表现得十分勇敢、坚强。经历了多次手术，医生为她配了一对假肢。为了能够重新站起来，她一次次地练习用假肢走路，每次都要把截肢处新长出来的皮肤磨破，直到把截肢处磨出一层老茧，最后她终于能够借助假肢和拐杖行走了，她表示自己要向身残志坚的残疾运动员学习，虽然自己身体残废了，但也要通过自己的努力，成为一个对社会有用的人。

小军和小敏同样是五年级的学生，小军由于一次考试没考好，就垂头丧气，觉得自己是个失败者，而小敏面对意外失去双腿的打击，却表现得如此勇敢和乐观，两个人表现的差异究其原因主要是因为他们的心理素质不同。小军心理素质较差，面对小小的挫折就出现了一系列的不良情绪和行为反应，而小敏面对如此大的打击却依然积极乐观、勇敢面对。可见一个人的心理素质与心理健康有着密切的联系。本节将系统讨论心理素质与心理健康的内涵及其关系，明确判断心理健康的标准。

一、心理素质的内涵

（一）心理素质的含义

心理素质是我国心理学领域近年来出现的一个本土化概念。什么是心理素质？目前尚无定论，主要有以下观点：1. 心理素质是由心理能力（智力因素）、心理动力（人格因素）和身心潜质三个亚系统组成的交互作用、动态同构的自组织系统（钱含芬，1996）。2. 心理素质是多类别、多要素、多品质系统的动态综合体，包括智力因素、非智力因素、心理健康与潜能因素（王极盛，1997）。3. 心理素质就是人格和个性，包括需要、动机、兴趣、理想、信念、世界观、能力、气质、性格等（刘晓陵，1998）。4. 心理素质是一个人的性格品质、心理能力、心理健康状况及其心因性行为的水平或质量的综合体现（肖仕汉，1997）。5. 心理素质是以生理条件为基础的，将外在获得的东西内化成稳定的、基本的、衍生性的，并与人的社会适应行为和创造行为密切联系的心理品质（刘华山，1999）。综合这些观点，张大均认为，心理素质是以生理条件为基础的，将外在获得的刺激内化成稳定的、基本的、内在的，具有基础、衍生、发展和自组织功能的，并与人的精神活动和实践活动密切联系的心理品质（张大均，2000，2003）。这一定义包含三层基本含义：1. 心理素质是以有机体先天生理条件为基础而形成的，是一个由外在刺激转化为内在品质的能动过程；2. 心理素质具有稳定性、基础性和内隐性等基本特征；3. 心理素质的功能总是与人的行为密切相关。

(二) 心理素质的结构

个体的心理素质多种多样，是一个由多种内部成分构成的系统结构。研究表明（张大均，2004），个体的心理素质主要由认知品质、个性品质和适应性（或适应能力）三个基本维度构成。其中，认知品质是指人对客观事物的认知活动中直接参与具体操作的认知特性，是心理素质结构的最基本的成分。个性品质是指人对客观事物的对待活动中的个性心理表现，虽不直接参与对客观事物认知的具体操作，但是具有动力和调节机能，居于心理素质的核心地位。适应性是指个体在社会化过程中，改变自身或环境，使自身与环境和谐，是心理素质结构中最具衍生功能的因素，也是认知品质和个性品质在个体的行为中的综合反映。

二、心理健康及其标准

(一) 心理健康的概念

究竟什么是心理健康，国内外尚无公认的界定。社会学家伯门（W. W. Boehm）认为，心理健康就是合乎某一准则的社会行为。一方面能为社会所接受，另一方面能为本身带来快乐。心理学家英格里希（H. B. English）把心理健康定义为一种持续的心理状态，当事者在那种情况下能作良好适应，具有生命的活力，而且能充分发展其身心的潜能。不同学者认识分歧的根源主要是他们关于心理健康判断的依据不同。综合国内外的论述，可以发现，大多数学者都强调个体内部的协调和外部的适应，视"心理健康"为一种内外协调的良好心理功能状态。另外，在对"心理健康"理解时还应注意到，心理健康有广义和狭义之分。广义的心理健康是指一种高效而满意的、持续的心理状态；狭义的心理健康是指人的基本心理话功的过程内容完整协调一致，即认知、情感、意志、行为、人格完整和协调[1]。综合这些观点，我们认为心理健康（mental health）就是一种良好而持续的心理状态与过程，表现为个人具有生命的活力，积极的内心体验，良好的社会适应，并能有效地发挥个人身心潜力和积极的社会功能[2]。心理健康强调了人与自身、人与他人、人与社会、人与自然的和谐关系。

(二) 心理健康的判断标准

判断心理健康需要依据什么标准？这也是目前有争议的问题之一。主要介绍以下几种：

1. 马斯洛的自我实现标准。马斯洛认为，充分自我实现的人就是心理健康的人。马斯洛通过对世界近代史上38位成功人士（包括富兰克林、林肯、罗斯福、贝多芬、爱因斯坦等）的人生历程的研究，提出了充分自我实现的人就是心

---

[1] 姚本先. 儿童心理辅导 [M]. 合肥：安徽大学出版社，2003：9.
[2] 张大均. 教育心理学 [M]. 北京：人民教育出版社，2004：322.

理健康的人的观点。这类人共同具有的心理与行为特征包括：（1）了解并认识现实，持有较为实际的人生观；（2）悦纳自己、别人以及周围的世界；（3）情绪与思想表达比较真实自然；（4）有较宽广的视野，以问题为中心，而不是以自我为中心；（5）有超凡脱俗的本质、静居独处的需要；（6）有自主的、独立于环境和文化的倾向性；（7）有永不衰退的欣赏力；（8）曾有过引起心灵震动的高峰体验、浩瀚澎湃的心理感受；（9）爱人类并认同自己为全人类的一员；（10）与为数不多的朋友建立深厚的个人友谊；（11）有民主风格，尊重他人意见；（12）有高度德行，能区别手段与目的，绝不为达到目的而不择手段；（13）带有哲学气质，有幽默感；（14）有创见，不墨守成规；（15）对世俗，和而不同；（16）对生活环境有时时改进的意愿与能力。尽管由于马斯洛的研究采用的是人类"尖端样本"，所归纳出的心理健康指标具有理想主义色彩，但仍然为我们判断心理健康提供了参考。

2. 中国传统文化的社会适应标准。适应良好的人是心理健康的人，这是中国传统文化中隐含的心理健康标准。综合我国传统文化中隐含的心理健康观，可概括为以下几个判断指标：（1）具有良好的人际关系；（2）适当约束自己的言行；（3）保持情绪的平衡与稳定；（4）正确认识周围环境；（5）抱有积极的生活态度。这里不难看出，中国传统文化非常强调人与人、人与社会的关系，强调适应，而对人的独立人格和创造性有所忽视，即忽视人的发展。

3. 适应与发展和谐统一的整合标准。适应与发展和谐统一的人是心理健康的人。这是比较公认的现代心理健康的综合标准。具体化为以下几个方面：（1）对现实的有效知觉。在认识与解释周围的事物时，能持客观态度，重视证据；对他人内心活动有较敏锐的觉察力，不会总是误解他人的言行；很少有错误的知觉。（2）自知、自尊和自我接纳。对自己有正确的认识，并能接纳自己；在对事尽力、对人尽心过程中体验自我价值；不过于掩饰自己，不刻意取悦于别人，以保持自己适度的自尊。（3）自我调控能力。有控制自己行为的能力，能承担个人责任与社会责任，对自己的抉择与行动负责；必要时能遏制自己的非理性冲动；有调节自己心理冲突的能力；有成长的意愿，能有效地调动自己的身心力量，在有关领域实现较高水平的目标。（4）与人建立亲密关系的能力。有正确的人际交往态度和有效的人际沟通技能，关心他人，善于合作；不为满足自己的需要而苛求于人；人际关系适宜，有知心朋友，有亲密家人。（5）人格结构的稳定与协调。各项心理机能健全并有较高整合水平，如人格结构中本我、自我、超我处于动态平衡，理想自我与现实自我差距适度，认识与情感协调，行动、手段与目标相适应；由于形成了稳定的内部调节机制，故个人具有独立的抉择能力，行动上表现出自主性。（6）生活热情与工作高效率。热爱生活，乐于工作；有从经验中学习的能力、创造性地解决问题的能力，工作有成效；有独立谋生的能力与意愿；能在学习、工作、娱乐、享受活动的协调中追求生活的充实和人生的意义。

（三）运用心理健康判断标准需要注意的问题

1. 借助于专业—专家的判断。尽管我们具有了上述不同的判断标准，但是鉴别一个人的心理是否健康，是正常还是异常，应该由经过专门训练的精神科医师或者临床心理学工作者来完成，我们不要轻易地为别人或者自己的心理或行为冠上健康或不健康的名称。其实，任何一种心理或者行为都不能单独地用作诊断当事人是否健康或者异常的根据，而必须将该心理或者行为与其整个生活适应情况联系起来，系统整体考察，才能看出其意义。

假如你确实想知道自己的某种心理或行为是否正常，是否出现了心理问题，不妨回答下面四个问题：

（1）该心理或行为有无明显妨碍你的工作，使工作效率显著降低？

（2）该心理或行为有无明显妨碍你和别人的关系，使别人不愿和你交往或使你不愿和别人继续交往？

（3）该心理或行为是否明显影响你对自己的态度？使你讨厌自己？

（4）该心理或行为是否明显妨碍你对现实环境的接触？使你不易辨认环境或想远离环境？

如果你对这四个问题的回答都是否定的，那该心理或行为对你就没有什么不良影响，可以放心；如果仍然怀疑，那么最好去寻找精神科医师或者临床心理学专家，让他们帮助你作出科学判断。

2. 全面理解和把握心理健康标准。首先，判断一个人的心理健康状况需要兼顾个体内部协调与对外良好适应两个方面。从内部来说，心理健康的人各项心理机能健全，人格结构完整，能用正当手段满足自己基本需要；从对外关系来说，心理健康的人能适应周围环境，有人际交往能力和较高人际关系水平。其次，心理健康具有相对性。心理健康与心理疾病可以被视为人类精神生活状态连续体的两端。大多数人实际都位于这个连续体上的某一个位置，因此，心理健康就有高低层次之分、有程度差异的不同。再次，心理健康既是一种状态，也是一种过程。心理健康不是无失败、无冲突、无痛苦，而是能在这些情况下作有效的自我调整，且能保持良好的工作效率。最后，心理健康作为一种整体的心理状态，反映出一个人健康的人生态度与生存方式。心理健康的人对生活抱开放态度，乐于吸取新经验；以积极的眼光看待周围事物；富有利他精神；有积极进取而又现实可行的生活目标。总之，心理健康的人在生活中多持有一种积极的、开放的、现实的、辩证的、通达的人生态度。

三、心理健康与心理素质的关系

心理素质和心理健康虽然都是人的心理现象，但两者处在人的心理现象两个不同层面。心理素质是一种稳定的心理品质，是一种内部素养；心理健康则是一种积极、良好的心理状态，是一种外部表现（张大均，2004）。心理素质和心理健康有着紧密的联系。一方面，个体心理素质的和谐发展制约着心理健康状况，心理素质的发展水平标志着人的心理调适能力和心理健康状况的高低。个体具有良好的心理素质，其心理健康水平就高。相反，心理素质水平低，就容易产生心理问题，心理健康水平就低。例如，同样处于压力事件下，有的人安然无恙，有的人却积劳成疾，其原因在于他们具有不同的个性特征。具有坚韧性个性品质的人，对高压力所到来的消极后果具有较强的抵御作用；性格开朗、性情乐观，具有乐观主义的个性倾向性的个体，在面临压力和挫折时仍然能保持信心，采取积极的应对策略，从而更有效地解决问题。另一方面，心理素质更强调个体内在心理品质和特性，而心理健康更强调心理素质的外显行为表现和适应状态，因此，心理健康反映了心理素质的功能性层面，它们之间是"标"（心理健康）与"本"（心理素质）的关系。

四、中小学生常见心理问题的分类

中小学生常见的心理问题有不同的分类方式，主要有如下几类：

（一）威克曼的外攻性问题与内攻性问题

威克曼（E. K. Wickman）根据不适应行为的指向将其分为外攻性问题与内攻性问题。外攻性问题指违规犯过行为、敌意抗拒行为。如逃学、离家出走、挑衅、反抗、不合作、撒谎、偷窃、打架、辱骂他人、欺负弱小、破坏公物等把攻击的矛头指向外部的行为；内攻性问题指退缩、消极、悲观、自责、自卑、自贬、自残、孤僻、不开朗、不合群、过分依赖、消极顺从、不敢表达自己意见和要求等自我贬抑行为。外攻性问题与对待他人有关，是"缺少控制"的结果；内攻性问题与对待自我有关，是"过度控制"的结果。这一分类会给讨论学生问题行为的调适带来某些方便，因而是一种有价值的分类。威克曼研究发现，教师更重视外攻性问题，高估它的严重性；心理学家更重视内攻性问题，认为这些具有自贬性质的内攻性问题与学生人格适应不良有更为密切的关系。不但要重视学生的外攻性问题，更要重视学生的内攻性问题，这一观点对于做好心理健康教育工作无疑是一个有益的启示。

（二）吴武典的适应不良分类

这种是我国台湾学者吴武典的分类。他将台大医院徐澄清的分类略加修改，把学校中适应不良行为分为六类①。1. 外攻性行为问题；2. 内攻性行为问题；3. 学业适应问题：考试作弊、不做作业、粗心大意、偷懒、偏科、不专心等；

---

① 韩幼贤. 教育心理学（下册）[M]. 台北：编译馆，1991：267.

4. 偏畸习惯：吸烟、喝酒、药物依赖、偏食、口吃、咬指甲等；5. 焦虑症状：以焦虑为基本症状的各种神经症（或称神经官能症），以及由焦虑引起的消化系统、血液循环系统的机能障碍；6. 精神病症候。这一分类充分考虑到儿童与青少年学生特有的问题，比较符合学校生活实际，有较大的实用价值，但所分出的各类别之间仍有一定的重叠和交叉。

（三）大陆学者的学校心理问题分类

如果从学生心理问题的内容、成因及所涉及的生活领域来分析，中小学生心理问题主要表现在以下几个方面：

1. 学习问题。厌恶学习、逃学、学习效率低、阅读障碍、计算技能障碍、考试焦虑、学校恐惧症、注意缺陷与多动障碍等。

2. 人际关系问题。包括亲子关系、师生关系、友伴关系等方面的问题，如社交恐怖、缺少社会兴趣、社交过度、人际冲突等。

3. 学校生活适应。生活自理困难、对学校集体生活不适应、对高学段学习生活的不适应等。

4. 自我概念问题。缺乏自知、自信、自我膨胀、沉湎于自我分析，理想自我与现实自我差距过大，自贬的思维方式等。

5. 与青春期性心理有关的问题。青春期发育引起的各种情绪困扰，异性交往中的问题、性困惑、性恐慌、性梦幻、性身份识别障碍等。

第二节　学校心理素质教育的基本理论

小洁10岁，是一名小学四年级学生，单亲家庭。父亲离异后分别再组家庭，她和母亲一起生活，父亲除了每月支付她生活费之外很少探望她。她刚入学的第一个星期还能正常完成各科作业，但是一周后作业经常少做，甚至不做，母亲和老师为此向她提出意见希望她能改正，但是对她却没有什么效果。她依然我行我素，在课堂上她经常开小差，老师向她提问，她却经常不知道老师在讲什么，活动课上也不愿和同学们一起参与活动，游离在群体之外。她总是会成为老师关注的对象，当上课铃声响过，教室里都安安静静，只有她还在那坐立不安；做课间操时她也总会在队伍里面动来动去；当老师一转身写板书，她就会在下面窃窃私语，是什么原因造成了她现在的状况？对于这种孩子我们要如何进行教育，这是很多老师都头疼的问题。大量的事实和研究表明，单亲家庭的孩子会因缺少父爱或母爱而变得心理失衡，常常感到孤独、自卑、低沉。这种被扭曲的心态会影响其情感、意志和品格的发展，并因此出现一些不良行为。心理健康危机是单亲家庭子女教育的最大难点。单亲孩子能否形成健全健康的人格，很大程度上由家庭、学校、社会、环境等多种因素共同决定。作为老师我们要更加学会善待、关心这类孩子。

如何维护不同类型学生健康的心理，促进其智力、品德、行为的发展？要解决这些问题，我们必须充分理解和深刻把握学校心理素质的目标、任务和内容，有效实施学校心理素质教育实践。

一、学校心理素质教育的目标和任务

（一）学校心理素质教育

学校心理素质教育是指以培养学生健全心理素质为目标的教育活动，是一项具有全面性和全体性、活动性和互动性、主体性和发展性等特征相协调的素质教育形式（张大均，2005）。

和其他教育形式相比，学校心理素质教育具有以下特点：

1. 教育目标的全面性和全体性

心理素质教育在目标上应强调一个"全"字，它不只是针对有心理问题的学生，也不只是侧重于学生某一方面素质（如智力或情绪）的培养，它是以全面提高全体学生健全心理素质为目标的一种教育活动。我们知道，学生心理素质是一个由多因素构成的复杂系统，包括认知品质、个性品质和适应性品质。因此，心理素质教育不仅要教学生会学习，而且要教学生会生活、会做人、会交往；不仅要重视学生智力品质的发展，更重视其个性、社会性和创造性的发展；不仅要关注有心理困扰、心理障碍的学生，而且要考虑大多数学生心理发展的需要，关注全体学生心理素质的健康、健全发展。

2. 教育方式的活动性和互动性

心理素质教育在方式方法上十分突出一个"动"字，即活动性和互动性。活动性是指心理素质教育的教育方式应以创设各种形式的活动（如游戏、角色扮演、讨论、辩论等）为主。心理素质教育不是向学生传授系统的心理学知识，而是注重从学生生活和学习的实际情况出发，创设各种情境，让学生在丰富多彩的活动中获得直接的体验和感悟，进而促进其心理素质的发展。同时，心理素质教育还需要强调互动性，即强调在活动中通过师生互动、生生互动来创设良好的人际氛围，调动学生多向沟通、积极参与，从而促进学生良好行为和心理品质的形成。

3. 教育对象的主体性和发展性

主体性即心理素质教育必须以学生的心理需要为教育的出发点，尊重学生的主体地位，发挥学生的主体作用，鼓励学生自我选择和自我指导，促进学生自知、自觉和自助。这是因为，首先，心理素质教育的目的在于促进学生成长和发展，而成长和发展从根本上说是一种自觉和主动的行为，如果学生没有主动意识和精神，处于被动的地位，心理素质教育就成了强制性行为，失去其原本的意义和价值。其次，心理素质教育的过程实质上是个"助人自助"的过程，"助人"

是手段，而"自助"才是目的。要达到"自助"的目的，除必须尊重学生的主体地位，充分发挥其主体作用外，同时还应充分认识到，心理素质教育对象是发展中的主体。因此，心理素质教育不仅应充分发挥学生的主体性，而且应高度重视培养、发展学生的主体性，促进学生的全面发展。

（二）学校心理素质教育的根本目标

学校心理素质教育是素质教育的重要组成部分，素质教育的根本目标是培养学生的整体素质，包括生理素质、科学文化素质（含思想道德素质）和心理素质。心理素质作为学生整体素质的重要组成部分，它通过什么途径来提高呢？结合我国教育的实情，当前，学生心理素质培养的主要途径就是心理素质教育，即通过学校心理素质教育培养学生健全的心理素质。所谓健全心理素质主要是指学生心理素质水平符合年龄特征，心理素质结构与心理素质功能相匹配，同时心理素质系统具有开放发展性特征。因此，学校心理素质教育的根本目标就是通过心理素质教育，培养学生健全的心理素质，使学生心理素质的各成分都得到健全健康的发展，使其形成正常的智能、完善的人格和良好的适应能力，为促进学生整体素质的发展奠定良好的心理基础。

学校心理素质教育的根本目标是学校心理素质教育目标的整体概括。由于教育是一个复杂系统，心理素质教育更不例外。不同学校、不同年级、不同学生个体和群体，甚至不同地区、不同文化背景、不同教育形式或任务在具体教育目标上都是有差异的。因此，各级各类学校开展心理素质教育不能简单照搬根本目标，而应在学校心理素质教育根本目标的统摄下，具体情况具体分析，制订出切合实际的教育目标，这是实现根本目标的基本要求。

（三）学校心理素质教育的基本任务

任务是与目标相联系的，从学校心理素质教育的根本目标出发，学校心理素质教育的基本任务主要体现在以下方面。

1. 促进和维护学生心理健康。现在学生表现出越来越多的心理健康问题。厌学情绪、社交恐惧、逆反心理、学习障碍、考试焦虑、亲子关系紧张、自卑心理、性早熟等各种心理问题。心理素质教育的首要功能是促进和维护学生心理健康。学校心理素质教育运用现代心理科学的成果，针对学生心理素质发展中出现的问题，采取有效的干预措施（咨询辅导、心理训练等），消除学生的心理障碍或矛盾，使其处于心态平和、情绪稳定、积极进取、思维灵活、是非分明、举止适度这样一种有利于正常成长的态势之中，即首先使学生成为一个心理健康的人。

2. 开发智力，促进能力发展。现代心理学的研究表明，儿童、青少年时期是个体心理素质形成的关键期，且可塑性大，如能及时给予心理辅导或训练，有利于开发其大脑的智慧潜能，形成正常甚至超常的智能。

3. 提高德性修养，培养良好品德。个体良好品德的形成不但与社会道德规范的教化有密切的关系，而且与学生（主体）对社会道德的认识、情感、态度和行为评价等心理因素的水平紧密联系。此外，心理健康教育从学生具体心理需要入手，强调针对性、主体性与自我内化体验等策略，可以迁移到品德教育之中，能提高学校德育的效果，有利于学生良好品德的形成。

4. 培养主体意识，形成完善人格。学校心理健康教育坚持以人为本，强调尊重、理解、信任学生，使学生感受到自身的存在与价值、优点与缺点、现实与未来，能更有针对性地确立人生目标，选择自己的成才道路，找准自己的位置，在学会处理与社会、他人的关系中，使自己的人格得到升华和完善。

5. 养成良好行为习惯，提高社会适应能力。心理与行为是不可分的，良好的行为习惯总是受良好的心理素质支配的，同时良好行为习惯又可内化积淀为一定的心理素质。人的心理素质一经形成，在相应情境中，会产生条件性反应，表现出与之匹配的行为，进而形成一定的适应能力。心理健康教育可以根据学生心理或行为中出现的问题，采取科学有效的教育方式，使其养成良好的行为习惯，提高其相应的社会适应能力。

二、学校心理素质教育的基本内容

教育内容是实现教育目标的载体。学校心理素质教育的根本目标是培养学生健全的心理素质，学生心理素质健全与否以学生心理素质结构的完善程度为指标，因此，确定和选择学校心理素质教育的内容应该从完善学生心理素质的基本结构出发，根据学生心理素质结构的现有发展水平进行有针对性的教育。

（一）认知品质培养

小学语文课，老师问："雪融化了是什么？"学生们七嘴八舌，答案众多。一小朋友站起来回答说："是春天。"结果被老师嘲讽："雪融化了是水，这么简单的道理都不知道？"全班鸦雀无声。小孩子多么富有诗意的想象，多么富有激情的创造，回答的深刻、思维的开放，就在老师的冷嘲热讽中被磨灭了。

认知品质是学生心理素质结构的基本维度。从实证研究结果看，认知品质主要包括监控性、表现力、深刻性、意识性、目的性、开放性、精致性、应变力和好奇性等因素。学校对学生认知品质的培养也应从这些因素出发，确定教育内容。

（二）个性品质培养

著名的美籍华人杨振宁博士曾经指出：在现行教育中，我们的老师头脑里的条条框框太多，平时对学生管得太死，抑制了学生生动的个性，磨去了学生创造的棱角，结果学生成了有绝对统一的颜色和绝对整齐姿势的观赏花。这样的教育就失去了培养学生个性发展的功能。

个性品质是学生心理素质结构的核心部分。从实证研究结果看，个性品质主要包括进取心、乐观倾向、成就动机、自制、自我统合、责任感、情绪调控、坚韧性、独立性和自信心等因素。学校对学生个性品质的培养也应从这些因素出发，确定教育内容。

（三）适应性培养

小李担任班长游刃有余，小佳在学习上游刃有余。诸如此类的言语都表现出了学生的适应性。

适应性是学生心理素质结构中认知品质和个性品质在行为中的综合表现。从实证研究结果看，适应性主要包括社会环境适应、职业适应、学习适应、人际适应、生活适应、应激情境适应和生理适应等因素。其培养也应从这些因素出发，确定教育内容。

三、学校心理素质教育的基本原则

学校心理素质教育的原则既是心理素质教育工作的基本指导思想，又是处理心理素质教育过程的基本矛盾和各种教育要素的基本准则。有效开展学校心理素质教育，需要遵循活动性、情境性和主体性原则。

（一）活动性原则

心理素质教育的基本目标是培养学生积极的心理品质，任何心理品质或能力的形成和发展都只有通过活动、在活动中进行。因此，学校心理素质教育应该坚持活动性原则，重在活动，重在学生参与，通过师生共同活动，心理交流，达到教育目的。

活动性原则是指心理素质教育必须通过创设活动情境，调动学生参与活动，促进主体将内外活动协调整合，进而形成健全的心理素质。活动是心理素质形成和发展的条件，通过活动促进学生的心理素质发展，学生主动参与活动是心理素质教育成功实施的前提。活动是主体与客观世界相互作用的过程，是人有目的地影响客体以满足自身需要的过程。活动对人的心理素质发展具有决定意义，但并非所有的活动对学生都有发展价值。活动对人的发展影响取决于活动主体因素和活动客体因素的交互作用。

心理素质教育中的活动可以分为两类：一是外部的行为操作、感性的实践活动，它表现为人的行为系列和行为模型，而不是单一的具体的行为动作；二是内部的心智操作活动，主要体现在对自己的认知，对一些心理和行为情境的体验与反思，对一些心理事件和心理现象的领悟等。心理素质教育中丰富多彩、形式多样的活动，不仅是心理素质教育取得实效的前提，而且是区别于学科教学的主要特征。

（二）情境性原则

情境性原则是指在心理素质教育过程中，创设互动式情境，以激活或唤醒学生心理活动，诱发行动愿望，使其在学生与教师之间、学生与学生之间、学生与家长之间相互作用而构成的心理环境中得到培养和锻炼。情境具有移情与感染作用，各种形式的情境能够以自然、直观、形象等特点吸引学生感受事物，获得体验。通过设置问题情境，可以诱发学生的好奇心与求知欲，激发认知矛盾与冲突，领悟事物或人生真谛。在学校心理素质教育中，情境作用主要有两种：一是通过创设或利用模拟情境，让学生在模拟情境中活动，领悟主题，产生真实的感受与情感体验；二是通过提供真实的活动情境，引导学生参与活动，在活动中达到入境入情。情境创设尤其是互动式情境的创设是心理素质教育的基本特色。

(三) 主体性原则

每个周一、周二，是北京前门小学学生的自我管理日。这一天，老师除了上课外，一切都交给学生自我管理。每到这些日子，各班都要选出同学作为"值日班长"。同学们都很期待这个小小的岗位，被选上的同学认真负责，没被选上的同学也积极争取。几年下来高年级的所有同学都当过班长。没有老师的情况下，他们可以独立完成板报、主持德育评选、中队会、升旗仪式。同学们在参与中充分发挥了主体性，成为学校的主人，学习的主人。

主体性原则是指在心理素质教育中，充分认识学生主体地位，调动学生参与教育的积极性、主动性，把学生作为认识和发展的主体，充分发挥其能动性。学生是自己心理素质发展的主体，各种心理素质教育形式必须作用于主体才能产生效果；培养其自我教育、自我完善的能力是实施心理素质教育应遵循的重要指导思想。同时，心理素质教育不同于其他教育，它更强调平等、尊重的原则，不能用强制手段去逼迫学生，要求充分尊重每个学生的人格和发展潜能，发挥个体的主体作用，保证各种教育措施产生整合效应。故在心理素质教育的实践中，能否发挥学生的主体作用，是心理素质教育成败的关键，学校心理素质教育比其他教育更需要学生的主动参与、积极配合。

第三节 学校心理素质教育的实施途径与策略

某天开完班会课，有学生叫住了我，转过身看到小磊同学，他吱吱呜呜地说："老师……我有点想当体育委员，能让我当体育委员吗？"听到他的话我十分诧异，因为在我的记忆中，他不是一个所谓的"好学生"，在班里爱惹事，全班学生几乎都怕他，学习成绩不好，自制能力差，身上的缺点哪一条都不符合当班干部。我想告诉他不行，他还需要努力，刚张嘴说话的瞬间，我看到了他那充满渴求的目光，这样一个各方面表现都不好的学生，如今却渴望当班干部证实自己，而我直接否定他身上的一点积极性，合适吗？人都有可塑性，为何不给他机会呢？想到这，我对他说："下周班会课时咱班改选班委会，如果你想当班干部，自己努力,和其他同学一样竞选上岗吧!"

班会课小磊发表自己要当体育委员的演说词,结果是我预料到的,全班只有三个同学投他的票,看到他尴尬地垂头丧气地坐在自己的座位上,脸憋得通红,我心里也不是滋味。下课我让他到我的办公室里,问他:"为什么同学们不选你呀?""也许是我不遵守纪律或者是大家觉得我各方面都不行?"他说。我知道我的目的已达到,就是让他意识到自己的问题。"这样吧!反正体育委员也没选出来,还空着,如果你连续两周不违反纪律,按时完成作业,老师可以考虑给你个机会,让全班同学相信你。"听我这么说,小磊脸上露出了惊喜并答应会认真履行。

接下来的两周里,我让和他要好的两名同学时刻提醒他,让全班同学监督,我不失时机地让以前的体育委员告诉他当体育委员的职责。通过两周的观察他果然有了很大进步,完全做到我对他的要求,因此我也兑现了我的承诺,让他实现了自己的第一个目标。

晴晴(化名),女,从小学到初中,在学习、体育等各方面都是佼佼者,经常担任班长、团支书等要职,一直倍受老师和同学们的关注,因此,内心一直把自己定位为优等生。自尊心极强,不允许自己有一丁点失败,由于父母较少关照,晴晴从小独立生活能力较强,小小年纪就能烧饭、做菜、洗衣。但早期父母之爱的缺失使她比同龄的孩子更加渴求父母、师长之爱和同学之间的友谊,因而对于人际关系特别敏感。父母的严格管教,尤其是学习上的过高要求给晴晴造成了极大的心理压力,使她对学习产生了恐惧心理,成绩越上不去就越害怕,造成一种恶性循环,从而越来越丧失自信心,心理压力越来越大。在同学眼中,晴晴活泼、聪明、待人热情,但总像个没长大的孩子,很会向父母和师长撒娇。学习非常努力,对自己的要求极高,甚至到了苛刻的程度,把成绩看得很重,每次考差了之后,很容易情绪低落,爱一个人偷偷地哭。中考失利以后便开始自责,一直陷入沮丧状态,不能自拔。开始不愿意和同学老师交流,总爱一个人发呆①。

学校里品学兼优的表现和严格的家庭教养方式,造就了晴晴事事追求完美的性格特征,在学习、情感和其他各方面都无法接受自己的失败,因而抗挫能力极低。面对这些学生,我们又该如何实施心理素质教育?本节我们将着重探讨学校实施心理素质教育的措施和策略。

一、学校心理素质教育的基本途径

教育途径是依据教育模式而选择的。根据学校心理素质教育整合模式的要

---

① 张琳. 对一个优等生的心理健康教育个案分析 [J]. 广西教育学院学报,2005 (6):90-92.

求,学校心理素质教育的基本途径主要包括心理素质专题训练、心理辅导和学科渗透三种基本途径。

(一) 专题训练

心理素质专题训练过程一般由"判断鉴别—策略训练—反思体验"三个彼此衔接的基本环节构成(张大均,2004)。

1. 判断鉴别

判断鉴别是通过多种形式的心理检测和评估,让学生了解自己某方面心理素质发展的现状,自己是否具有该方面健全的心理素质,以此引起学生的认同感或缺失感,唤起情感共鸣或震撼,激活心理能量,思考问题根源,进而体会、感受该种心理素质对自己学习、生活、交往及成长的意义,激发接受训练的动机。判断鉴别强调情境化、生活化,即鉴别一定要把学生置于具体、生动的情境之中,鉴别的内容一定要和学生的生活紧密联系。

2. 策略训练

策略训练就是针对该课主题和在判断鉴别中所发现的问题,提出若干解决该问题的具体而有效的方法和技巧,通过组织学生参与讨论和操作活动来感受、理解,进而选择。其步骤是:(1) 引思,引导学生思考该方面涉及的问题,提高认识,转变思维方式、角度,确立新观念;(2) 导行,通过活动参与,协调心理与行为;(3) 激情,在思考、行动中唤醒其情感体验,发挥积极情感的动力作用;(4) 练习,按照策略规定的方式方法进行练习,掌握基本的思维过程、思维方法及行动方法。一次训练可安排2—3种训练策略。策略训练在形式上强调操作性、主体性和教育性。具体形式主要有:(1) 学生自己讲解;(2) 角色扮演、角色换位;(3) 讨论;(4) 辩论;(5) 生生之间、师生之间、亲子之间交流(口头交流、书面交流、电话交流);(6) 动手操作;(7) 参观、访问;(8) 教师辅导或咨询。

3. 反思体验

反思体验就是对训练中的心理感受、情感体验、行为变化、活动过程及效果等进行反思、强化、内化,强化训练效果,促进自我认知与评价。反思环节一定要强调"三自",即自觉、自发、自控。其目的是对训练过程、方式进行反思,将训练中掌握的方法、步骤延伸到类似的其他情境;对训练结果进行总结。反思体验内容以训练目标、内容为依据,考察训练目标的达成度。在形式上主要有:(1) 针对问题,前后对比,发现变化,增强信心;(2) 设计情境,实际操作,发现问题,掌握策略;(3) 分析案例,由此及彼,归纳总结,促进迁移;(4) 言语暗示,箴言提醒,自我感悟,形成观念。

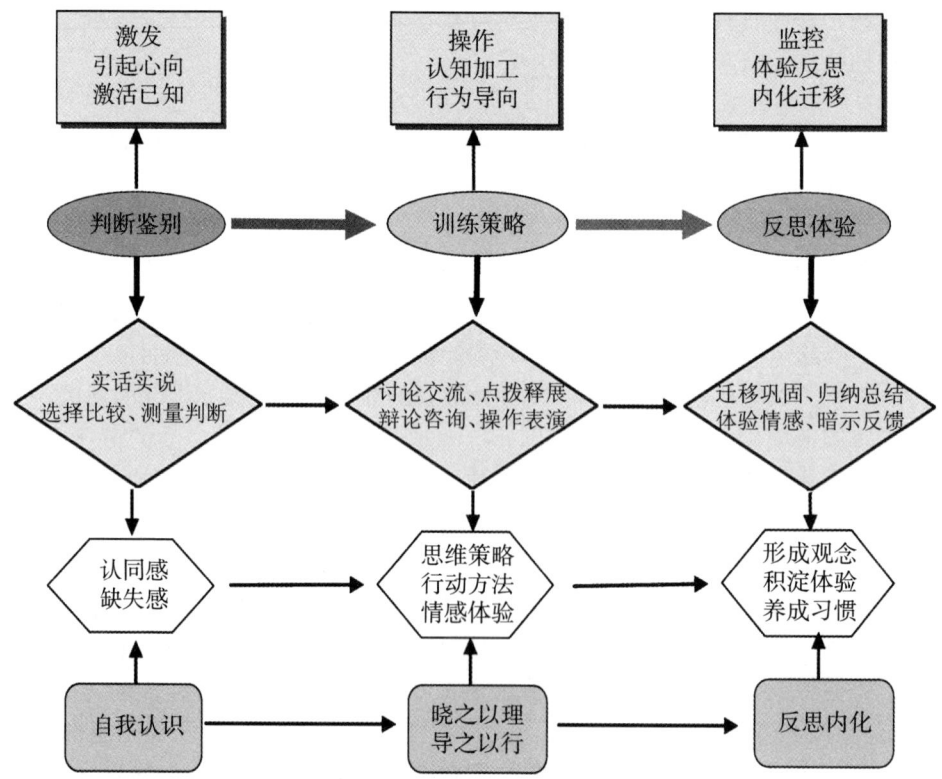

图 10-1 学生心理素质训练课教学模式

(二) 心理辅导

1. 心理辅导的含义及其特点

心理辅导是一种心理上的助人活动,是指在一种新型的建设性的人际关系中,辅导教师运用其专业知识和技能,给学生以合乎需要的心理上的协助与服务,帮助学生处理他所面临的问题局面,发展其未能充分利用的潜能与机遇,进而使其获得自助的能力与意愿,克服成长中的障碍,增强与维持自身的心理健康,以便在学习、工作与人际关系各个方面作出良好适应。心理辅导的最简单的定义是"助人自助"。心理辅导虽然也包括职业辅导等方面的内容,其含义比心理健康教育更为宽泛,但目前我国各级学校开展心理辅导的起因与工作重点却是维护学生的心理健康。因此可以说,心理辅导是开展心理健康教育的重要途径。

学校心理辅导的一般目标与学校教育目标是一致的。但心理辅导毕竟只是学校教育的一个方面,其目标应有自己的独特之处。其重点是:帮助学生认识自己、接纳自己、管理自己,认识、掌握周围环境,同环境保持适应;帮助学生解决面临的问题,应付危机,摆脱困难,并增强应对环境与压力的能力和勇气;使学生能去除特殊症状,改善行为,化解负向的或冲突的思想与情感;指导学生自主抉择，承担起对社会和个人的责任；鼓励学生通过自我探索寻求生活意义，认清自己内在潜力与资源，充分发挥个人潜能，使其能过健康的、有意义的、充实的生活。

根据我们对心理健康层次的理解，可以把上述心理辅导的一般目标归纳为两个方面。第一是学会调适，包括调节和适应。"适应"处理的是人与周围环境的关系（包括人际关系）问题，调整的重点是人的行为。"调节"处理的是个人内部精神、生活各方面及其相互关系，调整的重点是人的内心体验。第二是寻求发展，就是要引导学生确立有价值的生活目标，担负起生活的责任，扩展生活方式，充分利用自己的潜能与机遇，发挥主动性、创造性以及作为社会一员的良好的社会功能，过积极而有效率的生活。这两个目标中，学会调适是基本目标，以此为主要目标的心理辅导可称为调适性辅导（adjustive guidance）；寻求发展是高级目标，以此为主要目标的心理辅导可称为发展性辅导（developmental guidance）。简言之，这两个目标也就是要引导学生达到基础层次的心理健康与高层次的心理健康。

2. 建立有效辅导关系的基本条件

辅导关系是心理辅导过程中师生之间建立起来的、对学生心理健康状况有改善功能的一种特殊的人际关系。同感、尊重和真诚是建立良好辅导关系的促进条件。

（1）同感。同感，也译作共感、共情、同理心、神入等，指进入受辅导学生的内心世界，通过他的眼睛看事物，体察他的思想与感受，了解他观察自己与周围世界的方式。罗杰斯曾把同感界定为"一种非评判的同在方式"。他解释说，同感是指能体会当事人之秘密世界，仿佛身历其境。同感的特征包括：一是设身处地，即将心比心，从受辅导学生的角度看问题。二是保持客观。首先，不以自己的逻辑推理去想当然地推测对方的思想与感情；其次，不使自己完全陷入到对方的情绪状态之中而不能自拔（如对方哭，辅导教师也跟着哭），而是以一种客观心态去分析。三是传达感受，即把自己对对方的了解与体察，准确地反馈给对方，以引起他的互动。

（2）真诚。真诚指教师在辅导过程中诚实、自然、自由、开放，去掉保卫式的伪装或戒备心理，以"真正的我"面目出现，做到表里如一、言行如一、前后如一。

辅导教师的真诚表现在：在个别谈话中，他可以全身心投入地聆听受辅导学生的倾诉，不必盘算如何对学生的倾诉作出"完美的回答"而中断倾听。在辅导过程中，他可以表达自己真实的想法和感受；如有必要，他也可以对学生作自我暴露，坦诚地说出自己的经历、遭遇与感受，与学生分享。但是，真诚并不意味着辅导教师可以毫无顾忌地表达自己每一种想法和感受，也并不意味着教师可以自由放纵、任意行事。

真诚在辅导活动中具有多方面的意义：辅导教师的真诚、开放，可以为受辅导学生提供一个良好的范例，使他也能去掉伪装，放下思想负担，自由自在地表达心中的喜悦、悲伤、焦虑和恐惧；教师真诚的态度可以增强受辅导学生对他的信任，减少沟通中的混淆和含糊不清，提高沟通的质量；真诚可以为学生提供一种安全、无须设防的心理环境；坦诚的态度能减少师生双方的精力消耗，因为一个人如果要把自己伪装起来，处处设防，必定要耗费大量的心力。在辅导关系中要体现真诚，必须考虑到两点。其一，接纳自己是真诚开放的前提条件。只有充分自信、具有安全感的人，才会以真诚态度待人，表里如一。其二，不可过分地强调专业角色。一个真诚坦白的辅导教师，不需要依靠专业角色来显示自己的权威地位。他能以"真正的我"的面目出现，与学生进行深层次的交谈。

(3) 尊重。一个成绩中等偏上的学生居然在学校偷窃仪器，被学校保卫处抓住了，幸运的是遇见了一位心理老师。老师提出先对外保密不要急忙处理。老师与他进行了一次谈话，发现他确实存在心理障碍，建议他去专业机构进行了治疗。如果老师一开始就断定"是个小偷"以这样的方式对待他，那就是价值判断。老师应尊重孩子，用积极发展的眼光看待问题，而不是贴上道德的标签。

尊重是指尊重受辅导学生的人格、价值、自我选择的权利。尊重表现在对受辅导学生的承诺上（遵守约定的时间、对对方倾诉的高度专注、恪守为对方保密的承诺），表现在对学生谈话内容的准确理解上，也表现在对受辅导学生的非评判的、非批评的、不贬抑的态度上。尽管我们并不同意或并不支持对方所说与所做的一切，也应做到避免谴责。

尊重以接纳为条件。这种接纳是对一个人的整体接纳，既接纳他的长处，也接纳他的短处。接纳一个学生，意味着承认他是与其他人不同的个体，承认他的独特性。

尊重受辅导学生对辅导过程能产生促进作用。尊重可以为受辅导学生提供一种安全的环境，使他可以自由地袒露内心世界，相信不论他有什么错误和不适应行为，都会有人真心地帮助他。同时，辅导教师尊重学生，可以促使学生尊重自己，相信自己是一个有价值、能发展的人。

(三) 学科渗透

学科渗透是指教师在进行常规的学科教学时，自觉地、有意识地运用心理学的理论、方法和技术，让学生在掌握知识、形成能力的同时，完善各种心理品质，特别是诸如情感、意志、个性品质等方面。

心理素质作为个体全面发展的一个重要素质，绝不是通过一门课程就可以培养出来的，它需要借助各个学科、各个教师的协调配合。学校中如果只有个别教师赞同并注重在教学中渗透心理素质教育，而其余的教师对此持怀疑或否定的态度，那么心理健康教育就很难开展起来。各科教师对学生的影响都是巨大而重要的，只有教师全员参与，在教学中渗透心理健康教育的原则、方法，才能保证学生形成良好的心理素质。

以学科渗透的方式开展心理健康教育，具有潜移默化的特点，学生在进行具体知识的学习时，不知不觉中受到了教育和"点化"。由于目前中小学的课程体系已相对稳定，单独增加心理健康教育课有较大的难度，且具有"人为"的痕迹，而学科渗透的形式则可以在不增加人力、物力及时间的条件下实现目标，符合经济、实用的要求。

学科渗透是开展心理健康教育的一条重要而有效的途径，这种形式对教师的要求很高，不但需要他们转变传统的教育观念，改革单调的教学形式，对教学内容进行合理、科学的安排，而且要求掌握必要的心理健康教育的理论和方法。因此就目前而言，广大学科教师在实施的过程中还会有一定的困难，教师如何才能把握好这种教学形式，需要专业化的训练和实践。

教师首先应在思想上重视心理素质教育的目标，进而找到与教材的适当切合点。其次，要营造和谐的、具有情趣的、使学生体验到成功的良好的教学氛围，这是实现学科教学目标与心理素质教育目标的前提条件。最后，在教学中应采取灵活多样的形式，调动学生主动参与，使他们在积极的活动中，既掌握有关的知识、形成相应的技能，又能有所反思体验和内化，逐渐形成各方面健康的心理品质。

二、学校心理素质教育活动设计的基本要求

学校心理素质教育活动设计是教师对心理素质教育活动进行规划和形成指导方案的准备过程。它涉及对教育目标、学生状况分析、教育内容、教育方法、教育评估、教育环境等一系列因素构成的整体谋划。与学科课程比较，心理素质教育的设计既要遵循教学设计的一般原则，注重系统性、程序性和可教性，又应体现自身的特殊性，突出以下特点。

（一）目标设计的综合化

与其他学科教育一样，确定适宜的教育目标是心理素质教育设计的首要任务。但心理素质教育比其他学科教育更注重教育目标的综合性。一方面，心理素质教育的基本目标是培养学生健全的心理素质。学生的心理素质总是以整体的形式体现出来的，需要进行系统而综合的培养和训练。另一方面，学生存在的心理问题或行为障碍和学生的心理素质也是多方面的。因此，教师所确定的心理素质教育的具体目标不应是单一的，而应是多元、综合的。心理素质教育目标既应包括认知目标（主要是自我认识和对训练策略的领悟和评价）和情感态度目标（主要是训练过程中的感受与体验、反思与检查），也要有行为习惯目标（主要指训练中的行为反应和训练后的行为改进与完善)。

(二) 内容设计的生活化

学生的心理素质是在其日常的学习与生活实践中形成和发展起来的,进行心理素质教育也要紧扣学生心理生活的热点、焦点和难点来组织材料。教育前,教师要深入了解学生的心理生活实际,通过调查师长和学生本人,或者查阅有关文献资料,广泛收集涉及教育主题的材料。教育中,教师呈现准备材料,引导学生判断、鉴别、分析、评价自己的心理素质发展现状与水平,引发学生认知上的认同感、缺失感,激发学生提升自己心理素质的强烈愿望,使他们积极参与训练活动,主动探索心理调整和问题解决的策略,让其在体验生活、产生认同和克服困难中培养健全的心理素质。

作为开放式的教育活动,心理素质教育要求教师为学生开展丰富多彩、注重实效的训练活动,让学生在活动中实践心理生活,获得心理体验,掌握心理与行为调整的方法与技巧。教师通过精心设计一系列的心理素质教育活动,让学生在模拟的或现实的学习与生活情境中,获得充分的心理体验,形成正确的认知观念、思维方式与方法,掌握并运用心理调控的策略,养成良好的行为习惯,进而在体验心理生活的基础上提升心理品质。

(三) 方法设计的多样化

心理素质教育强调在主题明确、形式多样、教师主导、学生主体的互动活动中培养学生的健全心理素质。根据教育内容、情境和学生特点,心理素质教育可以有多种多样的组织形式或教育方法。概括起来,主要有下列八种。

1. 认知法。这种方法主要靠调动学生的感知、记忆、想象、思维等心理过程来达到教学目标。它可以派生出阅读、听、讲故事,观看幻灯、图片、录像、电影、欣赏音乐、美术、舞蹈等、案例分析、判断和评价等形式。例如老师为培养学生的观察能力可以播放有趣的视频片段,从中提问,以此调动学生兴趣。

2. 游戏法。竞赛性游戏能够调动学生参与活动的积极性,培养学生的竞争意识和团结合作精神;非竞赛性游戏可缓解学生的紧张和焦虑程度,再现原有的生活体验,使学生获得新的体会与认识。

3. 测验法。通过智力、性格、态度、兴趣和适应性等各种问卷测验,帮助学生自我反省、自我分析,了解自己某方面心理素质的发展现状,形成正确的自我认识和自我评价。

4. 交流法。通过学生间的交流活动,各自介绍自己的心理优势或个体经验,促进其对训练策略的认同、领悟和掌握。交流有多种组织形式:既可以是口头的,也可以是书面的;既可以让交流者在课前有所准备,也可以要求他们在课堂上临场发挥;既可以是个人交流,也可以是小组或团体交流。

5. 讨论法。通过师生、生生间广泛、激烈而深入的思想交流,引导学生积极思考，步步深入，提高认识，转变思维方式和看问题的角度，掌握科学的行动步骤。讨论法可分为全班讨论、辩论、小组讨论、脑力激荡、配对交谈、行动方案研讨等多种形式。

6. 角色扮演法。教师提供一定的主题情境并讲明表演要求，让学生扮演某种人物角色，演绎某种行为方式、方法与态度，达到深化学生的认识、感受和评价"剧中人"的内心活动和情感的目的。实践表明，只要运用得当，这种方法对培养学生健全的心理素质能够收到较为满意的效果。

7. 行为改变法。这是以行为主义的强化学习理论为依据的心理素质训练方法。通过奖惩等强化手段帮助学生建立某种良好的行为或消除、矫正不良的行为。此法可分为代币法、契约法、自我控制法等多种形式。

8. 实践操作法。这是让学生亲自动手，完成某种操作任务的方法。这种方法常用于验证某种心理效应，达到加深学生的体验和增强认同感的目的。

（四）环境设计的互动化

心理素质教育主要是通过师生、生生之间民主、平等的多向交流活动来实现的，它要求高度互动化的教育环境。教师可从教育物理环境与心理气氛的创设和加强教学监控等方面来实现教育环境的互动化。

1. 物理环境的互动化。教育社会心理学研究表明，"秧田式"的课桌布局最不利于学生主体之间的多向交流，对课堂教学的效果存在消极影响。心理素质教育适宜采用四边形、环形、马蹄形或双四边形、双环形、双马蹄形等教学物理环境形式设计。

2. 和谐心理气氛的创设。民主、自由、愉悦、和谐的心理环境是心理素质教育活动得以顺利、深入而持久地开展的重要条件。心理素质教育只有充分发挥学生的主体作用，让学生以"主人"的姿态积极而自觉地参与各种训练活动，将自我完全开放，自由表达，尽情倾诉，充分宣泄，才能收到预期的训练效果。为此，教师要设法打消学生参与训练活动的种种顾虑，接纳、尊重学生的已有思维和行为方式，合理引导学生积极参与课堂讨论、表演、游戏等训练活动，诱导学生主动反思，领悟正确的行为方式方法和行动步骤。此外，为落实因材施教原则，对部分或个别的弱势学生（群体）还要采取鼓励、安慰、保密等特殊保护措施。

3. 教师的有效监控。心理素质教育提倡为学生提供宽松和谐的心理气氛，注重学生主体性的发挥，但这并不意味着它排斥教师的主导作用。相反，学生高度自主的训练活动需要教师高效自然的监控。这种目的明确、形式多样的监控自然应从设计、组织心理素质教育活动到反馈与调节等教师的指导活动中体现出来。

三、学校心理素质教育实施的策略

教育设计是教育实施的前奏，教育实施是把教育设计具体化和现实化的过程。它们是同一教育过程中两个紧密联系的阶段。教师要将教育设计付诸实施，需要制订或选择一系列的教育策略。

（一）和谐互动策略

心理素质教育是面向全体学生，整体优化每个学生的心理素质的教育。在心理素质教育中，营造和谐互动的气氛是实现这一目标的重要措施。在心理素质教育中，实施和谐互动策略，主要应从两个方面着手。1. 营造和谐的课堂气氛。其操作要点是：教师以尊重、平等、爱与关怀的态度对待学生，无条件接纳学生；教师实行民主领导和民主管理；激发学生参与教育活动的积极性、主动性和创造性。2. 促进多向交往与合作学习。既然心理素质教育不把知识传授作为首要教育目标，那么，教师完全可以放下"担心学生学不到知识"的思想包袱，精心研究教育活动的组织与开展，改变传统课堂中师生单向、双向交往的狭隘和低效局面，实现师生之间全通道的多向交往。实现多向交往的关键在于，教育活动的内容、形式和难易程度要适合全体学生，努力提高学生的参与率，使师生共处于一种心理期待和认同的情境之中。采用分组教学、合作学习的形式是实现师生间多向交往的有效办法。合作学习的主要方式有游戏竞赛法、切块拼接法、小组探究法和共同学习法。合作学习的精髓是"积极的相互依存与个人的责任相统一"。

（二）行为改变策略

行为改变在心理素质教育的内容体系中占有很大的比重。在帮助学生更新认识、端正态度、调节情绪和调整行为方式方法的训练过程中，教师必然要借助心理学中涉及行为塑造或行为矫正的方法和技术，实施行为改变策略。这一策略主要包含三方面的技术。1. 学生自我管理。教师控制学生行为的总方向，引导学生通过自我控制和自我管理实现行为改变目标。具体方法包括示范、督促、强化和指导。主要步骤是：教给学生改变行为的原则、方法和技巧；学生制订、实施和修改自我管理的计划。2. 行为练习。学生通过实际练习掌握行为改变的方法。实施步骤是：交代行为训练的目的、环节和要求；控制练习时间，提供技术指导；提供独自练习的机会。3. 矫正不良行为。教师引导学生认清不良行为的危害，分析引发不良行为的具体因素（刺激源），提示、指导不良行为的改善措施，学生制订合理的矫正方案并在实施过程中作出调整和修改。实施本策略应以强化理论为指导，分别对不良行为和正确行为给予恰当的正强化或负强化，同时把它们与行为塑造技术结合起来。

（三）体验内化策略

研究表明，体验内化在学生心理素质形成过程中起关键、定向的作用。当前在一些学校的心理素质教育实践中，不同程度地存在着"重行为训练、轻体验内化"的倾向。有些训练活动表面上热热闹闹，实质上由于忽视学生对训练内容和策略的体验与内化环节，致使训练效果不佳。体验内化策略的内涵是在学生积极参与训练活动和了解、接受训练策略的基础上，强调对内容和策略等的反思体验的过程，保证内化的效果。在实施这一策略时，教师应注意以下几个操作要点：1. 视体验为学生心理素质形成的重要环节。它是训练策略传授与练习迁移的发生和巩固的环节，是实现从教师"言传"到学生"意会"的顺利过渡。2. 强调心理素质教育中的体验应是学生的积极主动的体验，避免消极被动的体验。3. 明确体验活动的外部行为与内部过程之间的关系，通过布置适量的外部操作任务或提出恰到好处的问题把握学生感受、体验与反思的方向，借助外部活动促进、深化内部体验。

（四）合理监控策略

合理监控策略是指在教育活动中教师为了保证达到预期的教育目标，完成既定的训练任务而对训练的全过程积极、适度、主动地进行计划、检查、反馈、评价、调节和控制所作出的谋划。心理素质教育的合理监控策略突出地体现在教师对训练活动进行设计和开展的"三导"技术上，即编导、引导和开导技术。1. 编导：教师依据培养目标和学生的年龄特点，结合本地本校本班实际，选择训练活动的内容和形式，编辑活动的具体步骤，控制活动的进展，组织并指导学生作好活动准备。2. 引导：在训练活动过程中教师应做到"两点"：一是"点醒"学生的缺失和不足，激发学生参与活动的积极性，引导学生深入活动的程序之中；二是及时"点拨"，教师应适时启发学生从多角度思考，应用多层面领悟策略，引导学生积极主动地感受、体验与反思。3. 开导：当学生被疑难问题卡住难以深入问题的核心时，教师要选择适当的时机，采取恰当的方式，给予必要的点拨和开导，帮助学生克服困难，寻求问题解决的办法，使训练活动得以顺利进行；教师不能仅仅满足于学生对训练策略的领悟，还要画龙点睛式地予以"点化"，策略训练的关键之所在，就是使学生把掌握的策略性知识条件化，促进其策略的迁移。

【建议参考资料】

1. 张大均. 教育心理学 [M]. 北京：人民教育出版社，2004.
2. 张大均. 学校心理素质教育概论 [M]. 重庆：西南师范大学出版社，2004.
3. 张大均，等. 关于学生心理素质研究的几个问题 [J]. 西南师范大学学报（人文社会科学版），2000，26（3）：52-62.
4. 姚本先. 学校心理健康教育——理论研究与实践探索的整合 [M]. 合肥：安徽大学出版社，2008.
5. 张大均. 当代中国青少年心理问题及教育对策 [M]. 成都：四川教育出版社，2010.

【问题与思考】

1. 什么是心理素质？心理素质与心理健康的关系是什么？
2. 如何科学判断学生是否心理健康？
3. 学校心理素质教育的目标和任务是什么？
4. 学校心理素质教育的基本途径和策略有哪些？
5. 学校心理素质教育与其他教育（如德育、智育）是什么关系？
6. 你认为学校心理素质教育中亟待解决的主要理论和实践问题是什么？

第十一章　教师心理健康及维护技巧

【本章提要】

　　教师是太阳底下最光辉的职业，是人类灵魂的工程师。教师的工作从本质上说就是心灵与心灵相互之间的交流与影响。因此，健康的心灵就成为教师有效工作的基础。只有心理健康的教师才能促进学生的健康发展，才能展示自己的专业素养和积极的职业状态，才能拥有高质量的生活和幸福快乐的人生。本章主要阐述教师心理健康的内涵及其判断标准，分析影响教师心理健康的社会客观因素和个人主观因素，重点探讨有效维护教师心理健康的方法和技术，具体包括认知调整、情绪管理、压力应对、构建良好的人际关系和培养兴趣爱好等策略。

【学习重点】

1. 教师心理健康的内涵及判断标准。
2. 影响教师心理健康的个人因素。
3. 不合理观念的三种特征及可以替代它们的相应积极观念。
4. 情绪管理技巧包括消极情绪的宣泄、调节和积极情绪的培养。
5. 压力应对策略包括以问题为中心、幽默疗法和放松技巧。
6. 教师在与学生、家长和同事的交往中分别应该注意的问题和要点。

【重要术语】

　　教师心理健康　亚健康　职业倦怠　自我概念　角色冲突　绝对化要求　过分概括化　糟糕至极　情绪定向应对　问题定向应对

第一节　教师心理健康概述

　　随着教师专业化呼声的加剧以及人们对学生心理健康的师源性伤害的关注，教师的心理健康已经引起社会和教师自身的广泛关注，教师心理健康的研究资料不断丰富。

一、教师心理健康及其标准

（一）教师心理健康

教师心理健康是指教师在对自身角色的深刻理解和认识的基础上，依照社会的期望和自身的实际状况不断对自己的行为及心理进行调整，使其能够适应角色的要求，并不断促进角色向积极方向发展的状态（林崇德，1999）。

（二）教师心理健康的意义

1. 教师健康的心理，有利于培养学生良好的心理素质

教师应该为学生心理素质的发展起到良好的示范作用。教师是学生心目中的重要人物，是学生认同的楷模，在师生日常接触中，学生会有意或无意地模仿教师的言行，这些外部的表现经过一段时间的重复就能够保留下来，成为稳定、内化的心理素质。因此，教师的健康心理最能对学生心理素质的培养发挥潜移默化的作用。

相反，如果教师存在严重的心理问题，很可能会导致不适宜的教育行为，从而直接伤害学生的自尊心、自信心，使学生过度焦虑、压抑或抗拒、逆反。对于人格形成初期的孩子来说，他们还无法成功应对负面情绪，往往会采取偏激的想法和行为来回应教师。教师的情绪、行为直接影响学生人格、情感的发展，并极易导致学生丧失学习兴趣和积极性，进而影响学习过程和效果。

2. 教师的健康心理，有利于提高工作效率

教师应当有高尚的职业道德、精深的专业知识、广博的综合知识和娴熟的教育技能，这些都需要通过健康心理的中介作用才能转化为影响学生的现实教育力量。一方面，较高的心理健康水平会使教师在智力、情感、意志、行为等方面的机能都得到更好的发挥，从而有助于工作效率的提高。另一方面，健康的教师心理通过潜移默化地推动学生心理素质的发展，从而提高学习效率、融洽集体氛围，使学生在各方面取得进步，教师的工作效率自然也会提高。

3. 教师的健康心理，有利于提高自身生理健康水平

人是一个生理和心理紧密结合的有机整体，精神和躯体在同一生命进程中共同起作用，因此心理健康与生理健康关系极为密切。一方面，一个人的生理健康水平会影响心理健康水平。人的躯体性疾病、生理缺陷会给人的心理特点和心理状态带来负面影响，使人产生焦虑、忧愁、烦恼、抑郁等不良情绪，从而影响人的情感、意志、性格，乃至人际关系的和谐。另一方面，心理健康水平也会影响生理健康水平，只有健康的心理才能培养健康的身体。例如，乐观、愉快、自信、平和的心态有助于提高人的免疫能力，使人有效地抵抗疾病的侵袭，从而促进身体健康。而心理上的不健康，如长期的过度焦虑、烦恼、抑郁、愤怒，会导致生理上的异常或病变，引发身心疾病。

（三）教师心理健康的判断标准

教师职业决定了其心理健康标准既要符合一般心理健康的要求，又要体现教师职业的特殊性（王智，李西营，张大均，2010），因此，教师心理健康的标准也比一般心理健康的标准更具体。根据我国学者俞国良等人的研究，教师心理健

康有以下几条标准①：

1. 认同教师角色。热爱教育工作，勤于教育工作，能积极投入到工作中去，将自身的才能在教育工作中表现出来并由此获得成就感和满足感，并免除不必要的忧虑；

2. 有良好和谐的人际关系。具体表现为：（1）了解交往双方彼此的权利和义务，将相互之间的关系建立在互惠的基础上，个人的思想、目标、行为能与社会要求相互协调；（2）能客观地了解和评价别人，不以貌取人，也不以偏概全；（3）与人相处时，尊重、信任、赞美、喜悦等正面态度多于仇恨、疑惧、妒忌、厌恶等反面态度；（4）积极与他人做真诚沟通。教师良好的人际关系在师生互动中表现为师生关系融洽，教师能建立自己的威信，善于领导学生，能够理解并乐于帮助学生，不满、惩戒、犹豫行为较少。

3. 正确地了解自我、体验自我和控制自我。对现实环境有正确的感知，能平衡自我与现实、理想与现实的关系。在教育活动中主要表现为：（1）能根据自身的实际情况确定工作目标和个人抱负；（2）具有较高的个人教育效能感；（3）能在教学活动中进行自我监控，并据此调整自己的教育观念，完善自己的知识结构，作出更适当的教学行为；（4）能通过他人认识自己，学生及同事的评价与自我评价较为一致；（5）具有自我控制、自我调适的能力。

4. 具有教育独创性。在教学活动中不断学习、不断进步、不断创造；能根据学生的生理、心理和社会性特点富有创造性地理解教材，选择教学方法，设计教学环节，使用教学语言，布置作业等。

5. 在教育活动和日常生活中均能真实地感受情绪并恰如其分地控制情绪。由于教师劳动和服务的对象是人，因此情绪健康对于教师而言尤为重要。具体表现在：（1）保持乐观积极的心态；（2）不将生活中不愉快的情绪带入课堂，不迁怒于学生；（3）能冷静地处理课堂情境中的不良事件；（4）克制偏爱情绪，一视同仁地对待学生；（5）不将工作中的不良情绪带入家庭。

二、教师心理健康的现状

2010年10月28日，安徽省无为县一小学老师花某，因儿子在班上丢失了眼镜，罚全班学生跪讲台，还用长尺打了学生。目前，该学校已要求这名体罚学生的老师停职反省。

花老师曾被评为优秀班主任、无为县的教学能手。学生们告诉记者，花老师对同学们的学习成绩抓得比较紧，对学习比较差的同学，她还利用周末休息时间

---

① 俞国良，曾盼盼. 论教师心理健康及其促进［J］. 北京师范大学学报，2001（1）：20-27.

为其补课，她所教班级的学生成绩在考试当中都是名列前茅。这样优秀的教师怎么会干出这种事呢？

央视记者采访到中国青年政治学院的陆士桢教授。陆教授表示，像花老师这样大面积地体罚学生，首先是不正确的。她可能意识到自己做法是错误的，但是她控制不了自己的情绪，这种体罚完全是她内心的不良情绪的积累，一种发泄。这次体罚事件反映了教师这个群体整体的心理健康问题。在此类事件中，简单地把责任归咎于教师师德的缺失显然是不够的。相关部门在重视教师师德教育的同时，更要重视教师的心理健康，不仅要让教师知道该如何对待学生，更要让教师懂得如何进行自我心理疏导，让心灵的阳光洒满每一个孩子的心田。（文章来源：东方网 2010-12-9）

近年来，教师的心理健康问题引起了学者们的广泛关注。很多调查表明，教师的心理问题日益突出，其心理健康的水平不容乐观。

（一）教师心理健康的总体状况

教师的心理健康状况到底如何？这是人们十分关心的问题。很多调查表明，教师心理健康的现状不容乐观。如何鹏等（1997）研究发现，太原市中小学教师心理健康状况较差，SCL-90各因子得分除"人际敏感"因子外均低于全国常模（$P<0.01$）；国家中小学心理健康教育课题组（1999）对辽宁省内168所城乡中小学2292名教师的检测结果表明，有51.23%的教师存在不同程度的心理问题，其中32.18%的教师存在轻度心理问题，16.56%的教师存在中度心理问题，2.49%的教师已构成心理疾病，主要表现在自卑心态严重、嫉妒情绪突出、虚荣心理明显、焦虑水平偏高、性格忧郁孤僻、逆反心理强等六个方面。王有智（2000）研究发现，陕西部分地区农村中小学教师SCL-90各因子得分均高于国内常模，说明农村中小学教师存在一定的心理健康问题；吴樟兴（2002）对浙江六所中学的教师研究发现，其心理问题检出率为22.56%，其中，山区学校教师和市场经济发达地区学校教师心理问题尤其突出，青年教师较中老年教师心理问题突出；向祖强、邢红（2004）的研究发现，广州市教师的心理健康状况水平较低，与国内正常成年人相比较存在显著差异。2005年8月至9月，中国人民大学公共管理学院组织与人力资源研究所和新浪教育频道联合启动了"2005年中国教师职业压力和心理健康调查"，共有8699名教师填写了调查问卷。结果表明，教师生存状况堪忧，超过80%的被调查教师反映压力较大，近30%的被调查教师存在严重的工作倦怠情绪，近90%被调查教师存在一定的工作倦怠情绪，近40%的被调查教师心理健康状况不佳，20%的被调查教师生理健康状况严重不佳，超过60%的被调查教师对工作不满意，其中部分教师甚至有跳槽的意向（陈启兴，2002）。这些研究充分表明，我国教师队伍中部分教师的确存在着不同程度的心

理健康问题。

(二) 教师心理问题的主要表现

1. 亚健康问题突出。亚健康是指人的机体虽无明显疾病，但已有程度不同的各种患病危险因素，具有发生某种疾病的高危倾向。在生活节奏加快、社会变革激烈的时代，教师要承受来自国家、社会、学校、家长、自身等各方面的压力，经常超负荷地工作，有许多教师长期处于抑郁、焦虑、沮丧、淡漠、敌对等不良情绪状态中，由此常伴随着一些身体上的症状，如失眠、食欲不振、咽喉肿痛、恶心、心动过速、呼吸困难、头疼、眩晕等。如果教师不及时疏导或宣泄自己的不良情绪，或情绪归因不当，不仅容易引起一些身心疾病，如原发性高血压、偏头疼、心绞痛、消化性溃疡病等，还很可能产生更深层次的心理行为问题，如有的教师开始失去自信和控制感，成就动机和自我效能感降低，从而产生内疚和自责；有些教师则将自己的不良情绪及教学上的失败归因于他人，易激怒，好发脾气，迁怒于学生，对外界持敌视、抱怨的态度，情绪变化无常等。

2. 人际关系问题。人际关系是影响个体健康成长的一个重要心理因素。研究表明，人类的心理适应，最主要的是人际关系的适应。教师工作的性质决定着教师必须与学生、同事、学校领导、学生家长、自己的亲人等建立良好的人际关系，然而教师角色的多重性使教师没有时间和精力进行各种心理调节，再加上教师工作独立性较强，较少参加社会活动，缺乏情感交流的机会，这就使得他们容易在人际适应上出现问题。如与同事交往难以友好相处，猜忌、不良竞争过多；与学生交往难以平等对待，控制、惩罚较多；与领导交往难以合作宽容，冲突、敌对较多。这些人际关系的不适必然会给教师带来精力耗费和心理压力，进而影响对教学工作的热情和信心，给教师的心理健康带来隐患。如有研究发现，生活在不同的学校人际气氛中，教师心理健康水平差异显著，健康人际气氛中教师的心理健康水平明显优于不健康人际气氛中教师的心理健康水平。

3. 职业行为问题。教师心理健康可以使学生受益，若教师出现种种心理行为问题，受害最大的自然是学生。教师的不健康心理在职业活动中的表现主要有：逐渐失去对学生的爱心和耐心，并开始疏远学生；教学活动失去创造性，对教学过程中出现的问题置之不理，听之任之；过多运用权力关系（主要是奖惩的方式）来影响学生，不尊重学生人格，随意挖苦打击学生，伤害学生自尊；时常将教学过程遇到的阻力扩大化、严重化，情绪反应过度；在教学过程中遇到挫折时，拒绝他人的帮助和建议，将他人的关心看做是一种侵犯；对教师职业失去热情，甚至开始厌恶教育工作，出现职业倦怠。所谓职业倦怠就是指在以人为对象的职业领域中，个体出现的一种情感耗竭、去个性化和个人成就感降低的心理症状。情感耗竭是指个体的情感资源过度消耗、疲乏不堪、精力丧失，无助感、无望感增强；去个性化是指个体对待服务对象的消极、冷淡、过度疏远的态度和行为；个人成就感降低是指个体的胜任感（效能感）和工作成就下降，对自己的消极评价倾向增长。

职业倦怠是一种与职业有关的综合症状，它是教师心理健康问题在职业行为上最典型的表现。中国人力资源开发网发布中国"职业倦怠"指数调查报告显示（2004），在15种职业倦怠排名中，教师以50.34%列第三位。职业倦怠源于个体对付出和回报之间显著不平衡的知觉，其典型症状是工作满意度降低、工作热情和兴趣丧失以及情感的疏离和冷漠。教师职业倦怠心理的存在直接影响着教师的身心健康：生理上，经常疲劳、失眠、食欲不振、喉咙嘶哑、背痛、头晕等；心理上，觉得工作无意义、无价值、枯燥、重复、琐碎，感到自己前途暗淡，没有希望，常产生厌倦、抑郁、压抑、焦虑、烦恼等负性情绪；行为上，对工作敷衍了事、不思进取、不愿钻研。此外，教师的职业倦怠还直接影响其教学品质，使其创造性降低，危害学生的学业，不利于学生身心健康的发展和健全人格的形成。

4. 人格缺陷问题。教师人格的健全发展是其心理健康的重要标志之一，而心理健康的水平又反过来会影响教师人格的健全。教师的人格缺陷多表现在个性上，如李伟（2001）的调查表明，部分教师在一些个性因素方面存在严重缺陷，心理健康水平不高。其中情绪激动、急躁不安者占23.5%，孤独、冷漠者占17.4%，敷衍、缺乏责任感者占14.8%，思维迟钝、理解能力弱者占10.4%；席启重（2001）通过对北京市西城区青年教师个性品质的调查及结合平时与青年教师的接触发现，部分青年教师尤其是青年班主任，存在程度不同的权威型、冲动型、自恋型和轻躁狂型等不良个性倾向。此外，教师存在的自卑、抑郁、孤僻、敌对、多疑、焦虑、无责任心等这些人格缺陷问题，如果发展到经常的、严重的程度就会形成人格障碍，将对教师的未来生活造成极大的消极影响。

第二节 教师心理健康的影响因素

教师工作是一个复杂的社会人际系统，教师生活中的方方面面都可能对其心理健康产生影响，大到政府出台的一系列教育政策，小到课堂上学生的某个举动。可以说，教师心理问题是在外界压力和自身心理素质的互动关系中产生的。综合现有研究资料，教师心理健康的影响因素主要包括来自社会客观环境和自身素质发展两个方面。

一、影响教师心理健康的社会客观因素

（一）过高的社会期望和职业期待

社会期望是影响教师心理健康的一个重要因素。一方面，随着独生子女家庭增多，家长们都望子成龙、望女成凤，这使得人们对教师的期望值越来越高：教师是"经"师和"人"师的统一；教师担负着开发学生潜能、促进学生成材的重任；教师传递并创造着社会的精神文化等等。另一方面，我们的社会一直以来

都以春蚕精神、蜡烛精神来赞美教师,过分强调教师的奉献精神、责任心和爱心,忽视了教师作为一个平凡人的正常情绪表达和心理需要。教师在这样的社会期望中处处都以高标准严格要求自己,压抑了正常的情绪和心理需要,这无疑加大了教师的心理压力,危及到教师的心理健康。

(二) 苛刻的社会舆论致使教师集体缺乏支持

社会对教师的优秀品质要求颇高,而另一方面,对教师的缺点、过错,社会舆论则显得过于苛刻,这样的社会舆论环境是造成教师心理压力增大的因素之一。眼下,教师成了敏感职业,个别老师体罚、伤害学生的事情一旦见诸媒体,就会受到全社会的口诛笔伐。正是迫于这种社会舆论的压力,很多老师在对学生进行正常批评教育时顾虑重重。有的学生家长对教师不理解、不尊重,也对教师的心理造成了伤害。这种状况会导致教师缺乏足够的社会支持系统,进而使其心理健康受到损害。

测一测:你的社会支持程度如何?

以下12个句子,每一个句子后面各有7个答案。请你根据自己的实际情况在每句后面选择一个答案。例如,选择1表示您极不符合,说明你的实际情况与这一句子极不相符;选择7表示完全符合,说明你的实际情况与这一句子极相符;选择4,表示中间状态。余类推。请把你选择的数字填在右面相应的空格中。

极不符合	很不符合	不太符合	中立	比较符合	很符合	完全符合
1	2	3	4	5	6	7

陈述	评价
1. 在我遇到问题时有些人(领导、亲戚、同事)会出现在我的身旁。	
2. 我能够与有些人(领导、亲戚、同事)共享快乐与忧伤。	
3. 我的家庭能够切实具体地给我帮助。	
4. 在需要时我能够从家庭获得感情上的帮助和支持。	
5. 当我有困难时,有些人(领导、亲戚、同事)是安慰我的真正源泉。	
6. 我的朋友们能真正地帮助我。	
7. 在发生困难时我可以依靠我的朋友们。	
8. 我能与自己的家庭谈论我遇到的困难。	
9. 我的朋友们能与我分享快乐与忧伤。	
10. 在我的生活中有些人(领导、亲戚、同事)关心着我的感情。	
11. 我的家庭能心甘情愿协助我作出各种决定。	
12. 我能与朋友们讨论自己的难题。	

统计各项计分，选 1 计 1 分，选 7 计 7 分。

得分小于 32，你的社会支持系统存在严重的问题；得分介于 32—50 之间，你的社会支持存在一定问题，但不很严重；得分高于 50，说明你的社会支持程度较好。

(三) 教育体制及改革的挑战

教育体制是构成教师心理社会环境的一个重要方面。传统的应试教育体制使得升学率、平均分两根指挥棒自上而下被层层强化，教师们在教学中广泛采用过度学习、强化训练的做法，使他们连正常的星期日和假期也被挤占，影响自身的生活质量和身体健康①。教育教学需要不断更新和改革，使教师长期处于变化和不确定的挑战之中，增加了教师适应的难度。近年来，我国的教育体制正进行着全面改革，使教师的生活环境、工作复杂性、能力态度、行为等都发生了变化，改革的力度令教师手足无措，倍感压力沉重。来自教改实验区的一项调查表明，教师普遍反映实施新课改后负担比以前加重了。而一些老教师凭着原有的经验教学已很难适应新形势，许多在教学大纲时期"驰骋"的老教师难免生出"怀旧"情绪，不少老教师在感慨"技不如人"的同时，心情也随之郁闷起来。下面这位老师的话也许反映了许多教师面对教育改革的困惑：

"在学校里，我不知道自己是谁了。学生不能管，怕管多了，没有尊重学生的主体性，可是不管吧，学校和家长又说你不负责任。给学生上课，不敢讲，讲多了，就被认为没有执行新的理念，仍然是满堂灌，讲少了又怕学生不明白，掌握不了基本的知识。"

我国正处于社会发展的转折时期，完善的教育体制还在艰难的探索之中，所以不论是以前的教育管理体制还是现在的改革都不可避免地存在一些弊端，需要所有教育工作者、政府以及全社会的长期共同努力。

(四) 学校管理制度的压抑

相互尊重和信任是健康人际关系的核心。一所学校的管理是否能够给教师提供一个尊重、信任和激励的良好教育教学氛围和环境，会直接影响到教师的心理健康。当前，很多学校机械套用企业的管理方法，严格苛刻的各项学校管理制度与规定、教师绩效考核的功利性和不公平现象，致使学校管理缺乏民主、公平和信任，严重地影响着教师的身心健康。

(五) 职业角色多元化

教师职业的最大特点在于职业角色的多元化，教师的职业角色包括传道授业解惑者、父母代言人、社会支持者、管理者、人际交往者、心理咨询者、教学研

---

① 谭秀凤，张荣. 应试教育体制对中学教师心理健康水平的影响 [J]. 中国健康心理学杂志，2009，17 (7)：43-45.

究者等等。一方面，多重职业角色决定了教师工作的复杂性和繁琐性，容易给教师造成职业压力；另一方面，如果不能适应在各种角色之间的灵活转化和合理调整，就容易引起角色混淆、角色冲突，引发心理矛盾，产生角色压力，威胁心理健康。

二、影响教师心理健康的个人主观因素

某中学里有两位英语老师，他们在教学中对学生学习错误的反应截然不同。每当学生暴露出读音、语法等错误时，一位老师总是很生气，责怪学生没复习、不认真，课堂气氛很紧张，学生不喜欢他，他自己也不快乐。另一位老师发现学生错误时，总是很高兴，耐心地帮学生纠正错误。有人问他为什么不生气反而高兴，他说，老师的职责就是帮助学生发现错误、改正错误，正是学生的错误给我们老师提供了施教的机会。一天结束时，他经常会想，今天发现了几个学生的错误，帮助学生改掉了几个错误，总会产生满足感和成就感。

这个例子告诉我们，面对同样的事情，不同的人会因为观念的差异而产生不同的结果，第一位老师认为学生只要认真复习就不会犯错误了，而第二位老师认为学生出错是正常且有积极意义的，老师帮助他们纠正错误是老师的职责，所以两位老师不仅心情不同，而且教学效果、师生关系也有很大差异。可见，个人因素对教师的心理健康有很大的影响，是影响教师心理健康的直接和主要因素。

（一）自我概念的发展水平及其自我和谐水平

自我概念就是一个人对自己方方面面的看法和观念的总和。自我概念消极的人对自己的能力和品质评价很低，表现为怀疑自己的能力、怯于与人交往、猜疑心重等；自我概念积极的人则对自己评价超过实际的水平，表现为固执己见、自傲自大，令人难以与之相处。可见，一个人的自我概念会影响其心理健康水平。研究表明，教师的心理健康水平和自我概念的发展水平存在一定的相关，自我概念越积极，心理健康水平越高。自我概念积极的老师，对教育教学事件的看法乐观、自信，容易激发上进心，化压力为动力，能够更好地调整、控制各种不良情绪，保持健康的心态；自我概念消极的老师，在教育教学活动中低估自己、责备自己，把本来微不足道的小事视为是自己失败和无能的结果，从而深陷于焦虑、抑郁、无望和痛苦之中，影响心理健康。因此，善于自我关注、自我接纳、自我调节是教师应有的一种积极心理素质，它影响着教师的健康发展。

自我不和谐，也是导致教师心理问题的重要原因。如，理想的我和现实的我、应该的我和实际的我之间尖锐矛盾冲突的教师，其心理问题更为突出。青年教师踏上工作岗位，往往对自己的岗位、对学生充满理想主义色彩，一旦遇到工作分配不如意，或者学生不听话，就会出现心理冲突；老年教师肩挑重担，工作相当辛苦，希望得到领导的尊重和信任，一旦不能称心如意，也会造成心理失衡。这些问题如果处理不当,就会影响教师的心理健康。

(二) 教师个体的需要发展水平及其满足程度

教师需要的多元化长期被忽视。社会赞美教师的是春蚕精神、蜡烛精神,强调的是奉献、责任,可是相对而言,却忽视了教师作为一个平凡人的基本物质和精神的需要,社会对教师表现出的关爱、宽容是不够的,很多时候,教师的自我发展需要受到阻碍和限制,产生焦虑和挫折感。如有研究发现,我国中小学教师自尊需要受挫折比例最大,占 33.3%;成就需要受挫折占 24%,两项合计占 57.3%。比如,评职晋级作为教师的一种职业发展需要,其所带来的压力严重危及教师的心理健康。从下面这个案例中可见一斑。

案例:我的四次"晋级"经历

自师专毕业以来,我自认为一直都对工作尽心尽力。每日备课、改作业、伏案苦读,终于小有成绩,成了受同学们欢迎的老师。

2002 年,到了该晋级的年限,我觉得凭着自己多年来刻苦勤奋求得的教学成绩和一年不缺的辅导奖,晋级应该不是幻想。但领导根本就没允许我参评,原因是我毕业于化学系,而当时由于学校缺英语老师,领导安排我改行教了英语。我成了"专业不对口",所以再好的教学成绩都没用。

首次参评受阻,我就思量着有机会改教理化。正巧那一年化学老师因教学成绩突出而被外校高薪挖走,马上面临中招,情况紧急,领导想起了化学科班出身的我,于是在"临危受命"的情况下我得以"认祖归宗"。大家都知道,半路接课是很难的。更何况我的前任是那么优秀。没办法,我只好咬紧牙关,终于在摸爬滚打中作出了一些成绩,得到了三年级学生的认可。紧接着,2003 年的晋级又开始了。我想,这一次应该没什么问题了。谁知,我又被排除在了晋级的大门之外,原因是其他老师都有许多论文,而我才开始教化学,还不知道论文的重要性,也压根儿不知道我们普通老师也能写论文。在当时,有论文发表无疑是"硬"指标,能增加许多积分。

"二战"失利,除了继续搞好教学之外,我又把写论文提上了日程。在高手的指点下,我开始这儿抄一点,那儿编一点,自己再写一点,凑成一篇篇所谓的论文,寄往几家有可能发表论文的期刊编辑部。论文寄出不久,我就收到了一封封回信,无一例外都是告知需要寄多少钱,需要买多少书。这时我才知道发表论文原来是这么回事儿。说实话,我的那些自己想起来也觉得不好意思的所谓论文,也确实够不上发表水平,但考虑到晋级的需要,也只好忍痛拱手交钱。这样,一年内就积起了十多篇论文,我也因此而囊中空空,只好用"这也算是一种投资"之类的想法自我安慰。转眼到了 2004 年,我拿着获得的"战果"又一次参加评比。在评比之前,领导宣布了一项规定:"由于这几年许多教师盲目在非正规刊物上发表论文,造成论文量一年比一年多,并因此浪费了我们本来就不高的工资,甚至有上当受骗的现象。为了遏止这种风气,今后晋级时,不管发表多少文章,一年只能算一篇。"这真是英明的决策。我们全镇老师都应该为此欢呼"理解万岁",但我提着印有自己论文的厚厚一摞书,真是哭笑不得。这一年是两位在正规刊物上发表过几篇文章的语文老师争到了名额,我的结局,大家肯定想到了。

同事的晋级使我看到了一线曙光。别人的论文可以在正规刊物上发表,我为什么不试试呢?接下来的半年里,我一边收集我能找到的杂志社地址,一边写一些不知能不能称为论文的"兔子尾巴"。但由于水平有限,其结果可以用一句话来总结:凡是有回音的一定要钱,凡是不要钱的一定没有回音。我不禁有些气馁,为了鞭策自己,我给自己定了一年的期限,如果一年内不能有所获,到时候就收兵休战,再图良策。后来,蒙《河南教育》晓月编辑和涵冰编辑不弃,发表了我几篇随笔。我因此备受鼓励,信心大增。到2005年开始晋级评选时,我已在一些报尾巴、杂志角上发表了若干篇"小豆腐块"。这时的我觉得底气十足,心态就像席慕蓉诗中所描述的:"我已亭亭,不忧亦不惧。"该我亮分时,我一拿出证书和文章,就有同来参评的老师提出:"文理要分开,教理科的发表与学科无关的论文只能算是业余爱好,对于教学没有丝毫益处,不能算分。"见我"武器"较多,大家立刻响应了那位老师的提议。我双手难敌众掌,一嘴莫辩百口。这一次,我还没摸到一级的门,就被一脚踹了出来。

几年"厮杀"下来,我已人到中年,但依旧两手空空。不过,我也把晋级看开了,虽不说退出江湖纷争,但也不会像以前那样处处留心、时时在意了。看到比我年龄小、教龄短的都先后晋了一级,有时我也会有些黯然,但由于乡下指标较少,我们镇四、五十岁还是老二级的也大有人在。唉,还是算了吧,即使一直不能如愿,我也要不断提高自己,充实自己,完善自己,只要学生认可我、拥戴我,只要自己内心安宁坦然,就算做个有一级水平的二级教师又怎么样呢?或许会有人说我这是"精神胜利法",但有时候人还是需要一点阿Q精神的,难道不是吗?(河南教育,2006年第10期·总第339期)

(三) 人际适应能力较差

教师是一个比较孤立、比较封闭的群体,与社会的联系较少,参与种种决策的机会也很少,教师90%的工作时间是与学生在一起,师生关系占据教师人际关系的绝大部分,而且教师的人际交往多限制在校园内。调查发现,教师在校内除工作关系外,经常与他人交往的只有16.99%,在校外和他人经常交往的只有11.49%。良好的校园人际环境,既是教师个人的需要,也是教师事业成功的基本条件。教师在学校中的人际适应主要包括与同事和与学生的人际关系适应。任何同事关系中都存在一定的竞争关系,而教师之间的竞争关系则体现得更加明显。教师们常常将自己所教班级的分数和排名看做自己的劳动成果,相互比较。一旦形成不良的竞争氛围,就会在无形中增加教师的心理压力。此外,与学校管理者之间的关系也是一种重要的同事关系。学校缺乏民主和谐的群体气氛，有的教师不善于同领导沟通，在汇报工作、寻求支持时就会遇到困难，甚至引起误解；同时，"文人相轻"的传统交往障碍致使教师在人际交往中存在着固执、偏激、刻薄和"好为人师"的不良倾向，这些都影响着教师人际关系的和谐。因此，教师的合群需要和获得支持的需要经常得不到满足，这样会使教师觉得生活枯燥、沉闷，对生活的兴趣减退，在工作中缺少应有的生气和活力，长此以往就会直接影响教师的心理健康。

（四）教师的压力应对方式比较消极

教师的工作负担重、压力大这是有目共睹的事实。我们知道，工作负担过重，长期过多消耗体力与脑力，甚至超过生理负荷的极限，就会严重影响身心健康。目前，多数教师负担过重，"超负荷"运转的情况比较严重。据调查，教师常年日均加班50分钟以上，是商业人员的6.3倍、工人的5倍；许多教师日均工作时间达10小时。据对511名中学教师、613名小学教师的调查，86.1%的中学教师、90.2%的小学教师，工作一天之后感到非常疲劳或疲劳，感到有点疲劳或不疲劳的只分别占13.9%与9.74%。

面对压力，如何应对？压力应对可分为情绪定向应对和问题定向应对。很多教师面对压力，一般采用的是情绪定向的消极应对，如消极退缩、逃避；饮酒、吸烟、自我折磨；沉闷少语，不愿或较少与人倾述等等，较少采用以问题解决的积极应对，即处理引起压力的事件本身，分析问题，思考解决问题的办法，最后动手解决。如寻求帮助与支持，改进认知，主动倾诉等等。

测一测：你的应对方式如何？请在符合你实际情况的空格中划勾。

当你遇到平日里的各种困难或不愉快时，你通常是怎样对待和处理的？	完全符合（5）	比较符合（4）	一般（3）	不太符合（2）	完全不符合（1）
1. 能尽快地将不愉快忘掉。					
2. 容易陷入对事件的回忆和幻想之中而不能自拔。					
3. 当做事情根本没有发生过。					
4. 容易迁怒于别人而经常发脾气。					
5. 通常向好的方面想，想开些。					
6. 不愉快的事情很容易引起情绪波动。					
7. 喜欢将情绪压在心底里不让其表现出来，但又忘不掉。					
8. 通常与类似的人比较，就觉得算不了什么。					
9. 能较快将消极因素化为积极因素，如参加活动。					

(续表)

当你遇到平日里的各种困难或不愉快时，你通常是怎样对待和处理的？	完全符合(5)	比较符合(4)	一般(3)	不太符合(2)	完全不符合(1)
10. 遇到烦恼的事情很容易想悄悄地哭一场。					
11. 旁人很容易使你重新高兴起来。					
12. 如果与人发生冲突，宁可长期不理对方。					
13. 对重大困难往往举棋不定，想不出办法。					
14. 对困难和痛苦能很快适应。					
15. 相信困难和挫折可以锻炼人。					
16. 在很长的时间里都会回忆所遇到的不愉快的事。					
17. 遇到困难往往责怪自己无能而怨恨自己。					
18. 认为天底下没有什么大不了的事。					
19. 遇到苦恼的事情喜欢一个人独处。					
20. 通常以幽默的方式化解尴尬局面。					

计分：消极应对：2、4、6、7、10、12、13、17、19；
积极应对：1、3、5、8、9、11、14、15、18、20。

将各题的分数加起来，比较两类应对方式的得分的大小，可以判断你是以哪种应对方式为主。

第三节　教师心理健康的维护技巧

教师心理健康的维护也是一个系统工程，一方面需要各级政府高度重视，出台相应政策，努力提高教师待遇，为教师的成长和发展提供广阔的空间；社会媒介应加大宣传力度，正确引导人们对学校和教师的评价导向，改变对教师完美无缺的评价标准，营造尊重、理解、关心、宽容教师的社会氛围，为教师的教育教学和生活营造良好的社会支持环境；学校要建立人性化的、客观公正、正面激励的评价制度；关注教师心理健康，建立教师心理健康档案管理系统，积极而有针对性地开展教师心理辅导和心理健康教育讲座，健全学校心理问题的一级防御机制，从而构建起"社会要支持—学校要关心—家长要理解—学生要信任"的有助于教师心理健康的良好社会环境。

社会和学校方面的改变对教师来说都是客观的、无法控制的，教师能有效控制和改变的是个人自身方面。下面着重介绍一些有效的心理健康自我维护技巧。

一、认知调整技巧

星期六的早晨，一位牧师在准备他的讲道，他的儿子在旁边吵闹不休。牧师便把一幅世界地图撕成碎片，要求儿子把这些碎片拼拢。他满以为这件事会占据儿子一上午的时间，不料，刚过10分钟，儿子就来敲他的房门，告诉他地图已经拼好。儿子说："这非常容易，在地图背面有一个人的照片，我把这个人的照片拼在一起，然后把它翻转过来，我想如果这个人的照片是正确的，那么背面的世界也就是正确的。"牧师高兴地说："你也替我准备好了明天的讲道——如果一个人是正确的，他的世界也就会是正确的。"

"你是对的，世界便是对的。"当一个教师总是感到学生跟自己过不去、和同事处不好、领导爱找自己的岔子、学生家长难以打交道时，首先应当想想是不是自己的认识出了问题，是否需要调整一下对自己、对他人、对职业乃至对世界的认识和看法。

（一）正确认识自我

自我概念是个人心目中对自己的印象，包括对自己身体、能力、性格、态度、思想等方面的认识。个体只有树立正确而稳定的自我概念，才能正确认识自己，客观评价自己，合理要求自己，进而正确对待他人对自己的评价，做自己认为该做的事，了解并愉悦地接受自己的优点和缺点，不给自己设定高不可攀的目标。有研究者通过对教师进行两个月的自我认知干预的活动，包括寻找自我，了解自我，分析自我，评价自我，总结过去我、现实我、理想我等环节，有效降低了焦虑、强迫、人际敏感等心理不健康的程度①。

（二）正确认识教师职业

年轻教师小王入行没几年，便患上了严重的咽喉炎，许多医生说这是教师的职业病，是长期用嗓造成的。后来王老师经人介绍得到一位声乐老师的帮助，这位声乐老师说："你们讲课的和我们唱歌的都有一个共同的名称，叫'嗓音工作者'。可奇怪的是，我们的嗓子越用越好，你们的嗓子却越用越糟。这并不是用嗓过多造成的，而是发声方法不同，我们是用科学的方法发声，而你们中的许多人是用自毁的方法发声。"在这位老师的训练下，王老师掌握了科学发声的基本技能，从此不再得咽喉炎了，声音也美化了，长时间讲课仍能轻松自然，空闲的时候还会唱上几嗓子。

---

① 罗小兰. 自我认知干预对教师心理健康的影响［J］. 心理科学，2009，32（1）：248-250.

人们通常把身心健康问题归因于职业类别，认为有些职业有益于身心健康，有些职业有损于身心健康。殊不知"怎么干"比"干什么"更重要，工作动机、心态和方法不同，工作效果也就不同，对身心健康就会产生不一样的影响。

教师不仅要认识教师职业的重要意义和在社会发展中的重要作用，还要用辩证的观点来分析教师职业的苦与乐、得与失，并从中解读教师职业的责任，认识教师职业的使命，寻找实现自身价值的用武之地。唯有如此，才能努力追求职业理想，坚定职业信念，崇尚职业荣誉感，担负起从业重任，并在从业过程中领略到教师职业的乐趣，获得精神上的满足，甚至以苦为乐、以失为得，产生愉悦感、成功感等职业情感。这种被激活了的职业情感又会成为教师全面辩证认识职业的动力，从而形成一种良性循环。

(三) 处理角色冲突

社会心理学研究表明，所有对他人高度负责的角色，都要经历相当多的内在冲突与不安全感。教师的职业是一种与社会文化传递、发展密切相关和对年青一代成长高度负责的职业，因此教师这一职业很容易出现角色冲突，下面这个案例也许很有代表性：

张老师是一名有15年教龄的中学女教师，她一直对工作勤勤恳恳，对学生很负责，富有爱心、耐心和宽容心，在学校一直保持精神饱满的形象。由于学校工作忙，她回家感到很疲倦，很少做家务，甚至动不动就发脾气，对孩子也很少关心。家人抱怨时，张老师觉得很委屈，说在学校因为有领导和同事，为了工作顺利不得不表现好些，在家里就应该休息好，家是避风港，家人应该理解自己。后来随着孩子慢慢长大，她也觉得应该对孩子多加管教，但总是很严厉很急躁，也很挑剔，对孩子不像对学生那样有耐心和宽容心，于是经常和孩子发生冲突，对待丈夫和父母时也经常用老师对待学生的态度和口吻，经常以命令式的语气对事情翻来覆去地解释，引起家庭沟通不畅，和其他成人交流也这样。张老师自己觉得这是教师职业习惯，无法改变，而且改变了就不能很好地和学生交流，不改变却又难以和其他人愉快交流。在学校殚精竭虑忙于工作，回家后身心俱疲，却得不到理解，为此她很痛苦，不知道该怎么办。

角色冲突是指个人被要求扮演与自我设定的价值观不一致的社会角色，或同时扮演两种以上相互矛盾的角色时所产生的内心冲突。上例中张老师的角色冲突集中表现在职业角色抑制了家庭角色，这种冲突为她带来了很大的困扰。张老师在学校中基本上能达到她的职业要求，工作表现良好，但是回到家里，她不能灵活转换角色，继续沉浸在工作角色之中，使用工作中的交流方式，忽视了做为普通母亲、妻子应该担当的角色，令家人难以接受，家庭关系紧张。张老师所遇到的困境比较普遍，那么，教师在实际生活中应该如何将职业角色和家庭角色进行统一、融合、灵活转换呢？

1. 明确自己的角色定位

教师要全面、深刻地认识自己在实际生活中扮演着哪些角色，每个角色又有哪些责任和义务，然后根据不同的角色需要，主动调整自己的心理和行为，以适应其角色需要。教师可以自己拿出一张白纸，以书写的形式来帮助自己整理思绪，明确自己的角色定位。

首先，写下职业、家庭、社会三个大的角色类型，然后在每个类型里面再细分出一些具体的角色，如上述案例中的张老师的家庭角色就包括母亲、妻子、儿女，工作角色包括老师、研究者等，社会角色可能有党员、义工等等；

第二，在每个角色后面详细写出该角色的任务和要求，并对照自己的情况看看自己哪些地方做得好，哪些要求还未达到，在实际生活中注意在自己做得不够好的角色上多努力一些。

第三，给每个角色的重要性排序，以便在遇到角色冲突的时候能作出合理的选择。

2. 改变追求完美的倾向

教师中普遍存在一种追求完美的性格倾向，这是造成角色冲突的重要个性因素。追求完美是一把双刃剑，它一方面促使人不断上进、获得成功，另一方面也使人难以放松和自我满足。有研究显示，有些优秀的女教师甚至比那些成绩平平的一般女性更容易对自己不满。她们试图通过做得更好，来减少对自己的不满感。她们承担更多的任务，做出更多的业绩，这样的结果往往是家庭角色更不能兼顾，内心的角色冲突更为激烈。所以，教师要学会正确认识和评价自己，追求合理的工作和生活理念。"花未全开月未圆"，这是佛家追寻的世间最好境界，即什么事都不要追求尽善尽美、完美无缺，要学会欣赏现有的成绩和状态。具体可以每天晚上睡觉前想一下今天有哪些收获和进步，哪怕是做成功了一件小事，都可以在心里由衷地赞美自己。不要过多地去同别人比较，只要和自己以前相比有进步，一直保持这种进步的状态就好。

（四）摒弃不良的认知，形成积极的认知方式

不良的认知是指那些缺乏根据的、不符合实际的负面想法或观念，它会严重影响心理健康。美国心理治疗专家比尔·利特尔经过研究认为，一个人若有以下心理或做法，必定会促使他自寻烦恼、无事生非。

1. 盯着消极面，牢牢记住有多少次受到不公正的待遇，或者记着有多少次别人对你说话的态度不友善。这样把注意力集中在那些不好的、吃亏的事情上，就会用这种消极的思维方法来给自己制造烦恼。

2. 做不可能实现的梦，习惯于抱有不切实际的希望。把自己的目标制定得

高不可攀，结果往往是灰心丧气。

3. 把其他人都看得一文不值。这样的人首先嫌弃自己，一旦贬低了自己的价值，就会觉得其他人也同样浅薄，于是对他们不屑一顾，自己也变得众叛亲离。

4. 制造隔阂，绝不去赞扬别人，不使用任何鼓励之辞，相反经常喋喋不休地批评、挑刺、埋怨、小题大做。

5. 以殉难者自居，过度地承担劳动，然后对自己说："没有一个人真正心疼我，对我们家来说，我不过是个仆人而已。"经常这样想，必定会烦恼异常，而且还能使周围的人感到讨厌，令你的感觉变得更糟。

6. "我早就知道会如此。"如果预料到有什么坏事会出现，它们多半是会兑现的。

7. 滚雪球式地扩大事态。当问题第一次出现时就正视它，它就很容易化为乌有。反之，如果让问题像滚雪球一样不断地扩大下去，事态便会被扩大。

8. 把别人的问题揽到自己身上。如果把别人的问题揽到自己身上而自怨自艾，把某些人不喜欢你的事实也统统归因于自己，那么要不了多久，你就会忧郁成疾。

在生活中容易出现"当局者迷"的现象，如何识别自己的观念是否是合理的呢？不合理观念有三种特征，即绝对化要求、过分概括化以及糟糕至极。一个观念只要具有其中一个特征，就是不合理的。

绝对化要求是指个体以自己的意愿为出发点，认为某一事物必定会发生或必定不会发生的偏激认知方式。这种特征通常是与"必须"和"应该"这类词联系在一起的，如"我必须获得成功"、"别人必须友好地对待我"等等。

过分概括化是一种以偏概全的不合理思维方式，它是个体对自己或别人不合理的评价，其典型特征是以一件或几件事来评价自身或他人的整体价值。例如，一些人面对失败的结果常常认为自己"一无是处"或"毫无价值"。

糟糕至极是认为事物的可能后果非常可怕、非常糟糕、甚至是一种灾难的思维方式。

不合理信念在人们的头脑中往往是根深蒂固、不易改变的。但如果人们以新的、合理的信念，不断去代替之前的不合理信念，并且有意识地在各种情景当中重复练习新的合理信念，也许就能形成积极的认知方式，摒弃那些不合理的信念。

针对上述不合理信念的三个特征，可以用相对应的积极观念来代替他们。绝对化要求明显是不可能实现的，因为客观事物的发展有其自身规律，不可能依个人意志为转移，一个人不可能在每一件事情上都获得成功，他周围的人和事物的表现和发展也不会依他的意愿而改变。过分概况化的不合理信念可以改变为，世界上没有一个人能达到十全十美的境地，因此人都有犯错误的可能，所以应该用对具体事件的评价来代替对整个人的评价,也就是说评价一个人的行为而不是去评价一个人。糟糕至极的想法可以改变为,没有一件事情是百分之百糟糕透顶的,所以有些事情虽然我们不希望它发生,但如果发生了,也要努力接受现实。

二、情绪管理技巧

(一) 宣泄、调控不良情绪

如果能拥有积极的认知方式,那么不良情绪就不容易产生,但人都有七情六欲,生活中难免出现一些消极情绪,因此,学会合理地宣泄、调控消极情绪,在生活中才能笑口常开。

1. 遗忘法

在现实生活中,有些人在消极情感产生后,老是郁积于心,耿耿于怀,放不开,丢不下。结果只能使这种消极情绪不断蔓延,日益严重,甚至在很长一段时间里沉溺其中,形成抑郁症。遗忘法的具体办法是:如果某件事情引起了自己的不快,就不要老去想这件事,也尽量不要去发生这件事的场所,或者收起某件令你伤心的物品等等。这样暂时的淡漠、离开、遗忘,对缓解消极情感有较好的作用。

2. 转移法

有意识地把自己的情绪转移到另一个方向上去,使情绪得以缓解。一般来说,能对教师的情感产生强烈刺激的事情,通常都与他们切身利益有很大关系,比如晋升职称、评选优先、班级荣誉等,要让他们很快忘掉这些不愉快的事情常常是很困难的,因此,更有效的办法是进行积极的转移,做其他的事。不一定非要马上把悲伤转移成高兴,可以看一场球赛令自己兴奋激动,也可以看一场温馨的电影,让心情保持平和。

3. 宣泄法

把自己压抑的情绪向合适的对象释放出来,不要郁积在胸。如可以向亲朋好友倾诉,求得支持,或者一个人大哭一场,或者做做家务、写写日记,只要选择适合自己而又不给别人造成妨碍的方法来宣泄就可以了。这样可以减轻心理压力,求得心理平衡。

4. 音乐调节法

音乐可以调节人体大脑皮层的生理机能,使人体分泌出有益健康的激素和乙酰胆碱等物质,提高体内生物酶的活性。音乐还能调节血液循环和活化神经细胞,并能使肠胃蠕动趋向规律化,令唾液和胰岛素分泌也相应增加,从而促进机体新陈代谢,增强抗病能力。除此之外,音乐在调节情绪方面还起着重要的作用。当心情烦躁时,听听轻松的音乐,不舒畅的心情可以得到缓解。工作有压力时,听一些独奏的管弦乐曲,可以减轻紧张感,节奏鲜明的音乐能振奋人的精神,而缓慢、悠扬的乐曲又会对人起到松弛和催眠作用。具体各种情绪适用的调节音乐如下：

情绪类别	作者	曲名
调节焦虑情绪	贝多芬	《田园》、《月光》
	巴赫	《康搭搭》
	格里格	《a 小调奏鸣曲》
	舒伯特	《第六交响曲》
	海顿	《F 大调四重奏》
	弗朗克	《d 小调交响曲》
调节低沉自卑的情绪	贝多芬	《第六交响曲》（命运）
	冼星海	《黄河大合唱》
	张寒晖	《松花江上》
	麦新	《大刀进行曲》、《长江之歌》
	刘天华	二胡曲《光明行》
	比才	《卡门序曲》
	柴科夫斯基	《第六交响曲》（悲怆）
	博克里尼	大提琴《A 大调第六奏鸣曲》
	比尔·狄盖特	《国际歌》
调节失眠、神经衰弱	舒曼	小提琴小夜曲《幻想曲》、《圣母颂》、《摇篮曲》
	莫扎特	《催眠曲》
	门德尔松	《仲夏夜之梦》
	德彪西	钢琴协奏曲《梦》
	舒伯特	《小夜曲》
调节忧愁情绪	西贝柳丝	《悲怆圆舞曲》
	莫扎特	《b 小调第 14 交响曲》
	格什温	《蓝色狂想曲》
能够使情绪稳定	肖邦	《圆舞曲》
	柴科夫斯基	《花之圆舞曲》
	瓦格纳	《春之歌》
	巴托克	《a 小调四重奏》
	勃拉姆斯	《第二交响曲》
	门德尔松	《第四交响曲》

(续表)

情绪类别	作者	曲名
调节紧张不安情绪		《春江花月夜》
	舒曼	《梦幻曲》
	约翰·斯特劳斯	《蓝色多瑙河》
		古筝曲《平湖秋月》、二胡曲《烛影摇红》、《二泉映月》

除了以上乐曲，也可以选择自己喜欢的其他音乐来调节情绪。运用音乐调节情绪的时候，不是仅仅听，还可自我哼唱，即有意识地、肌肉放松地哼唱歌曲、乐曲或者别的带旋律的曲调，久而久之会对身心有极大的好处。哼唱有利于解除疲劳，不论这种疲劳是肉体上还是精神上的。另外，哼唱还有利于气的运行和血的流通，因为哼唱的音乐有固定节奏，这就打破了正常的呼吸节奏，起到了调节气息的作用。

（二）培养积极情绪

宣泄消极情绪只是情绪管理的一个方面，另一个方面是主动去培养积极情绪。心理学研究认为积极情绪来源于遗传、环境和自身的意志努力（兰伟彬，常经营，2008）。遗传因素我们不可改变，环境因素我们能够部分地改变，意志努力则是完全由自己控制的，因此，培养积极情绪可以从环境和意志努力这两方面来进行。环境包括很多方面，既有声音、光线、颜色等物理环境，也有气氛、风气等心理环境。在家里，我们可以通过灯光或窗帘来调整房间的光线，放一些舒缓的音乐、布置一些色调柔和的家具等都能够改善物理环境，而心理环境则需要大家一起努力，如班主任老师可以多在班上强调团结的力量，鼓励大家齐心协力，以此来创造一种积极的班级氛围，在与同事相处中多一些会心的眼神、真诚的微笑，形成良好、融洽的气氛。在意志努力方面，可以更加果断、坚强，在生活中主动作出选择，并为自己的选择负责，全身心地投入工作。积极日志是一个培养积极情绪的好方法，准备一个精致的小本子，每天睡觉前回忆并记录下今天令自己开心或者令自己受到鼓舞的事，然后分析一下开心、鼓舞的原因并体会这种充满希望、感恩、满意或快乐的心情，然后带着微笑入睡。长期坚持写积极日志，积极情绪会在不知不觉间表现出来，心理健康水平也会随着积极情绪而提高。

三、压力应对策略

（一）以问题为中心

压力应对可分为情绪定向应对和问题定向应对。当感到有压力时，人们会陷入一些负面的认知和情绪当中，所以往往无法集中注意力去解决问题，这种情况就是情绪应对。而比较积极、有效的应对方式是问题定向的应对方式，即处理引起压力的事件本身，分析问题、思考解决问题的办法，最后着手解决。具体方法是，将需要解决的问题和事件一一列出，按照重要性和紧迫性排序，然后将注意力聚焦到最重要和最紧迫的事情，并开始考虑解决的方法。写出这件事情的解决需要做哪些相关的事、需要联系哪些相关的人、哪些人能够在哪些方面给你提供帮助等等，这样一步步地系统整理、计划之后，也许困扰你的事情能够变得明朗起来，压力也会减少一些。计划好了之后就要坚定不移地执行。完成这件事情也许是一个长期或者复杂艰难的过程，所以对你走的每一步、做的每一件小事，你都要不断给自己鼓励，提醒自己"我离目标又进了一步！"

（二）幽默疗法

遇到尴尬困境，不妨用幽默的态度予以化解。例如，争辩、吵架在日常生活中是难免的，有人往往"硬碰硬"，不甘下风，使矛盾愈加激化。而风趣、幽默则能使人从负性情绪中很快解脱出来，让人重新获得心理上的平衡。医学研究表明，善用幽默的人比较健康，因为幽默能使人心情舒畅，调节人的神经中枢，增强血液循环，解除疲劳及烦恼。心理学家认为，幽默有助于获得自我嘲解的乐趣，使紧张的心情放松，释放心头的压抑感，摆脱困境，缓和气氛，防御现实带来的痛苦和不幸，排泄内心的积郁。幽默既能抗衡痛苦，又能增加自信，堪称一项高尚的心理防御措施。

下面是一位初中女教师的记录：

有一次上课有个学生在下面说话，我就批评他，他就跟我嚷起来了。我当时特别生气，跟他说："我的忍耐是有限度的，实在不行，咱们找政教处解决。"结果他背起书包就走。我说"回来！"他不听，班长过去拽他，他还走。我过去一下子把他拽住，突然冒出一句："你走了，我们大家会想念你的，我也会想念你的。"大家就笑了，气氛也缓和下来。他也笑了，回到座位上坐下来。

这位教师在突发事件中保持冷静，很好地运用了幽默的方法，一下子缓和了班级的紧张气氛，使老师和同学都解了围。

（三）放松技巧

1. 深呼吸

深呼吸是一种快捷有效、简单可行的减压方式。教师可以在上课前做几个深呼吸，以最佳的精神状态面对学生。遇到问题时，找一个空气清新的地方做几个深呼吸。可以采用腹部呼吸法，在吸气时腹部缓缓鼓起，呼气时腹部慢慢凹下，持续5至10分钟。这种呼吸方法能够增加大脑含氧量，既能使头脑变得更加清晰、灵活，也能使紧张的情绪得到放松和舒缓，这两方面的改善都有利于问题得到更好的解决，从而释放压力。

2. 自我暗示

人们在遇到压力事件时，非常容易陷入消极的情绪当中，对事物的看法、判断也会偏离理性，这时候首先要合理宣泄这些消极情绪，接着唤起内心的理性部分，用理性的观点、看法来给自己积极的暗示，如"别人遇到这件事也会有些不安和焦虑，这是正常的，我调整一下就好了"、"我一定能想出好方法的，如果不能，多请教一下别人，集思广益，一定能解决这个问题"、"即使这次失败，也没有多大关系，只能说明我在这一件事情上失败了，并不代表我整个人都是失败的"。

3. 情境想象

压力大的时候，教师可以通过想象来放松。想象能够使人宣泄紧张感，缓解压力，得到精神休息。想象的场景可以是平静、美丽的大自然，如静谧的森林、美丽芬芳的花丛、浩瀚的大海、温柔的海浪，还可以想象自己把压力和烦恼都抛开，安静地休息。想象不仅可以缓解精神压力，还能够给自己激励，例如，想象自己用心地、聚精会神地工作或学习，然后满意地微笑的样子，频繁地想象这些积极、美好的情景，能够为自己积累很大的心理力量，使工作和生活更加充满激情与活力。

4. 肌肉放松练习

当工作一天全身疲乏时，或者因工作和人际关系压力造成心里紧张时，肌肉放松练习能够给人愉快、舒适的感觉。经过放松练习之后，会感到头脑清醒、心情平静、全身舒适、精力充沛。具体做法如下：

选择一个安静、整洁、光线柔和的环境。坐在沙发上或平躺在床上，尽量使自己感到舒适愉快，轻轻闭上眼睛。按照下面的程序进行练习，每个步骤做完都重复一次。

（1）深吸一口气（保持10秒），再慢慢将废气全部呼出（停5秒）。

（2）伸出前臂，握紧拳头，用力紧握，体验双手紧张的感觉（保持10秒），然后放松，尽量放松双手，体验放松后的感觉，你可能感到沉重、轻松、温暖，这些都是放松的感觉，认真体验这种感觉（停5秒）。

（3）弯曲双臂，用力绷紧双臂的肌肉，保持一会儿，体验双臂肌肉的紧张（保持10秒），然后彻底放松，体验双臂放松的感觉（停5秒）。

（4）伸直双脚，脚趾用力内扣（保持10秒），然后彻底放松你的双脚（停5秒）。

（5）脚尖用劲向上翘，脚跟向下向后紧压，绷紧小腿部的肌肉（保持10秒），彻底放松，用心体验这种放松的感觉（停5秒）。

（6）脚跟向前向下紧压，绷紧大腿肌肉（保持10秒），彻底放松（停5秒）。

（7）将注意力集中到脸部，将额部、双眼、牙齿、下巴依次收紧然后彻底放松，收紧时保持10秒，放松后停5秒，体验放松的感觉。

（8）用力往后扩展双肩，保持10秒后放松还原；尽量上提双肩，保持10秒后还原；向内收紧双肩，同样保持10秒后放松。

（9）向上抬起双腿，弯曲腰部，保持10秒后彻底放松。

四、构建良好的人际关系

教师的多重职业角色决定了教师人际关系的复杂性，而人际关系又是重要的心理应激源，教师的很多心理问题都是由人际关系引发的，因此构建良好的人际关系对教师维护心理健康有重要意义。学者们经过研究总结出以下人际交往的法则：

1. 对等律：人们喜欢同样喜欢自己的人。敬人者，人恒爱之。

2. 接近律：感情来自于接触，多与人打交道才能产生人际吸引。

3. 递进律：人们更喜欢那些对自己的喜欢不断增加的人，更讨厌那些对自己的喜欢不断减少的人。

4. 黄金定律：你希望别人怎样对待你，你就怎样对待别人。

5. 白金法则：别人希望你怎样对待他，你就怎样对待他。

6. 钻石定律：永远记住别人对你的好处，迅速忘记你给别人的好处。

以上法则是针对人际交往的总体而言的，需要在具体的人际交往中不断践行。在教师的实际工作和生活中，主要应该构建好与学生、家长、同事这三方面的人际关系。

（一）与学生的交往

1. 了解、满足学生的需要，培养自身良好品质

马斯洛的需要层次理论告诉我们，任何一个健康人都有需要，基本需要满足后，更高的需要才会出现。对学生来说，与教师平等、互尊、合作、友好等需要得到满足后，其自尊、自重、自我实现等需要才会得到发展。当学生的情感需要得到满足后，在和谐的学习环境里感到自身的价值，人格得到尊重和承认，才能轻松、愉快地投入学习，避免无谓的争端、烦恼和恐惧。教师要用积极的情感让学生的情感需要得到满足，使师生关系平等、和谐，让教学成为愉快的合作。

教师应当了解学生的需要，明确学生最喜欢什么样的教师。从学生角度来看，受欢迎的教师具有这些人格特点：有同情心、和蔼可亲、乐于助人、待人平等。但不同年龄段学生喜欢的教师品质各有侧重点，如小学生喜欢教师像妈妈一样爱护关心学生，会讲故事，爱跟学生一起玩；中学生喜欢教师知识渊博、有学问、语言生动、教学方法灵活、处理问题实事求是、行为举止大方、有风度等。教师应根据学生的需要，培养自身良好的人格品质，做受学生欢迎的良师益友。

2. 对学生的积极预期

首先，教师应当全方位地接纳学生，学生是处于发展中的人，在发展、成长的过程中存在一些问题和缺点是很正常的，教师应该宽容、大度，不要过于苛

求。相反，教师也要使学生明白，一个教师要让所有学生感到满意是很困难的，对于教师在教学中的疏忽，学生也应有所体谅。其次，教师要给予学生充分的信任，相信每个学生的内心都是渴望向积极方向发展的。很多教师习惯性地去关注学生的缺点和问题，久而久之就对学生有消极的预期，认为学生天性调皮、懒惰。其实，教师不妨换一个角度，关注学生身上优秀的地方，并给予及时、具体的肯定，这样不仅能够建立良好的师生关系，而且对学生自信的激发和潜力的发挥也极有帮助。

3. 与学生交流注意场合

教育学生光有热情是不够的，还需要一定的技巧。如与学生谈话要注意时机与场合，在全班同学面前最好不要过于严厉地批评个别同学，在某个学生处于激愤状态时要注意疏导其情绪，当他平静下来后再与之进行一次诚恳的谈话。

4. 避免破坏教师的形象

教师在学生心目中的形象需要长期的建立与维护，稍有不慎，教师在学生心目中的形象就可能一落千丈。教法单调、呆板，对课堂秩序控制不力等，是学生对教师产生否定态度的主要原因。在管理中专制独断，教育学生时讽刺挖苦或态度急躁，对待学生不公平、偏心，教育方式简单生硬等表现，都会令学生反感，从而影响师生关系。教师忽视行为细节，不修边幅或服饰装扮过于时尚、夸张，言行举止随意、粗俗或者煞有介事、做作、经常迟到或拖堂等，都会破坏教师在学生心目中的威信。

(二) 与家长的交往

1. 尊重、信任家长

首先，教师与家长在人格上是完全平等的，教师要尊重家长作为教育者的主体地位，应该为家长了解孩子的情况提供便利，允许家长听课、查阅作业、观察孩子在课堂上的表现等。其次，教师要尊重家长是孩子生命中最亲近的人这一事实，充分尊重家长在教养孩子上的成就，尊重家长在各自岗位上的成就，特别要尊重每一位家长的人格。

2. 注意与家长的沟通

教师与家长的沟通交流对于孩子的教育非常重要，一方面，教师与家长沟通交流时，态度要谦和、举止要有礼貌，要营造和谐的互动氛围，比如在与家长交换意见的过程中，教师要善于把握时机和方式，表扬学生要中肯，向家长提出建议时语气要委婉，如"你是否认为这样做更好"、"我们不妨那样试试看"等。如果教师居高临下，盛气凌人，对家长不尊重，甚至训斥家长，把学生发生问题的责任全推给家长，则容易使家长把压抑的怒气发泄到学生头上，反而会加深师生间的矛盾。另一方面，教师要注意与家长沟通的频率与质量。信息沟通不畅是造成家长对教师不理解的重要原因。比如，有些家长对教师的教育不理解，认为是教师专门找碴儿。这时，教师要与家长保持联系，让家长了解学生在学校的表现，及时向家长反馈学生在学校的学习、生活状况。为了保持与家长的沟通，教师可以通过联系本、一封信、电子邮件等形式向家长传递信息，并且虚心、诚恳地请家长对自己的教育工作提出意见和建议。

3. 指导家教方法

现在的学生大多是独生子女，孩子成了父母唯一的寄托，很多家长望子成龙心切，但在履行家教职责时又存在不少误区，如不理解、不尊重孩子，对孩子实行高压政策，把自己的意愿强加给孩子等等，由于家长自己教育的方式方法不当，对教师的教育也有诸多不满。因此，教师对家长进行家庭教育方法指导是与家长建立良好关系的重要方式之一。首先，要向家长宣传有关家庭教育的理论知识，让家长从总体上把握家庭教育的正确方向。其次，要向家长传授正确的家庭教育方法，让家长明确教育方法要符合孩子的身心特点，要根据孩子的兴趣发展他们的个性与特长，在对孩子的教育和要求上要与孩子的身心发展水平相适应，既不要揠苗助长，也不能听之任之、放任自流。第三，要帮助家长明确学校教育和家庭教育各自的职责和作用。有些家长把教育子女的责任完全推给学校，有的又过分注重家庭教育，对学校的教育持怀疑态度。对前者，教师要让家长明白，学校教育代替不了家庭教育，家庭是亲子关系形成、良好人格塑造的重要场所，家长要关心子女各方面的健康成长，要做孩子的表率；对后者，教师要向他们讲清学校教育的特点和优势，并指出家长对学校教育持怀疑态度将给子女的学习造成消极影响。

（三）与同事的交往

1. 正确认识差异，保持心理平衡

教师间在年龄、学识、情趣、能力、个性、职称等方面都客观地存在着差异，只有正确认识这些差异才能摆正自己的位置，正确对待别人的成就、荣誉，才不至于心理失衡。通过对差异的了解，教师应该认识到每个人都是一个独特的个体，不需要去嫉妒或羡慕别人，也不需要妄自菲薄。

2. 正确认识竞争与合作

第一，要辩证地看待自己已有的成绩，做到谦虚谨慎、戒骄戒躁，不要浅尝辄止、故步自封。第二，要看到自己的每一点进步中都包含着其他人的心血，现有的成绩不是单凭个人努力的结果，其中也凝结着领导的关心、同事的帮助、前辈的无私传授、学校创造的条件，要常怀感恩之心。第三，要认识到竞争是客观存在的，尽量形成一种良性的竞争氛围，认识到竞争也要符合一定的规范，竞争的目的是促进教育教学的进步和个人的发展。

3. 及时排除人际冲突

人都有交往和被尊重的需要，如果同事之间有什么误会或不愉快，完全可以找一个恰当的时机进行真诚、恳切的沟通，澄清误解，化解矛盾。相信每一位理性的教师都愿意主动消除冲突，与大家和睦相处。如果意识到自己的错误，那么真诚地道歉是很有必要的。

五、培养兴趣爱好，保持身体健康

教师拥有良好的兴趣爱好，不仅可以在教学中发挥意想不到的作用，还能使教师获得心理上的成就感和满足感。同时，它还可以陶冶教师的思想情操，消除教师的疲劳，对教师的心理健康大有裨益（湛业锋，2006）。教师可以利用双休日假期及茶余饭后走出家门、校门，走向社会，走向大自然，培养一项或几项属于自己的兴趣爱好，如听音乐、看书、种植花卉、运动等，使自己在紧张的工作之余，身心得以锻炼，心理负荷得以释放。

（一）以兴趣为基础，选择业余爱好

教师发展业余兴趣爱好要以兴趣为基础，当一个人做自己喜欢做的事情时，会带着极度兴奋和长久的热情沉醉在其中，能够从中体会到快乐和满足。当然兴趣也不是与生俱来的，也许有些东西你一开始只是稍微有些兴趣，然而越是深入接触和了解，就会越舍不得放手，从有趣到兴趣，再到志趣，这是所有业余爱好者都经历过的一个过程。所以教师可以试着去了解自己感兴趣的活动，主动参与，慢慢培养兴趣爱好，丰富自己的业余生活。

（二）适当锻炼身体，保持健康的生活方式

教师职业需要耗费大量生理能量，这种耗费虽然单位强度不大，却是慢性的、持续不断的。劳心者如果不注重劳身，生理功能就会下降，长期处于亚健康状态，心情也会变得焦虑、烦躁。因此，锻炼身体不仅能强健体魄，还有益于心理健康，让你享受到生活的乐趣。运动医学专家认为，要想保持持久的精力，需要经常运动，以增加体能储存，每周散步 3 至 4 次，每次 30 至 45 分钟，或一星期进行 3 至 4 次 30 分钟的温和的户外运动，都是必要的。刚开始时，你也许会感到运动后更为疲劳，这正说明你的机体需要调整，坚持一段时间后便会慢慢适应，身体和心理都会在运动中得到适当的放松。

如果你不满足于一般的运动，希望进一步将平时的锻炼转化成一种有规律的健身习惯，可以参照下面的步骤。

洛杉矶赛达斯—西奈健康系统的一位体育锻炼爱好者兼临床心理学家认为，只要采用以下七个简单的措施，就可以使锻炼的计划演变成一种健康的习惯。

1. 马上开始。让医生检查一下身体状况是否适合运动，适合哪些运动项目，然后就开始锻炼。

2. 从简单运动做起。不必在第一次做运动时就跑马拉松，选择一项你感兴趣的、简单、常见的运动项目就好，如跳绳、慢跑等。

3. 旨在成功。一旦运动目标设定，就应努力实现。你取得的每一个成功，都是对坚持下去的重大激励。

4. 对自己的运动进行研究。在看体育杂志或体育节目时，将注意力集中于你自己从事的活动方面。

5. 不要过量过度。大汗淋漓之后，应当适度放松，注意把握"运动的平衡"。

6. 坚持不懈，持之以恒。把锻炼身体看做一件很重要的事，克服懒惰，坚持下去。

7. 使锻炼成为生活的一部分，与喜爱同样运动的人交朋友。

（三）科学用脑，注意劳逸结合

教师是脑力劳动者，特别要注意用脑卫生。脑的健康是心理健康的物质基础，一旦大脑机能失调，就会对心理活动产生深刻而广泛的影响，无法保持心理健康。讲究用脑卫生，首先必须用脑适度，避免过度疲劳。用脑过度，不仅会使工作效率下降，还会损伤脑细胞及其机能，导致头疼、健忘、失眠等症状。用脑也要合理，避免过分单调。单调刻板的学习和工作方式会使大脑很快由兴奋转入抑制，产生枯燥、厌烦的情绪，活动效率下降。如果注意转换学习或活动的内容，原先处于抑制的脑细胞便会兴奋起来，活动效率就会增强。

【建议参考资料】

1. 刘晓明，孙文影. 教师心理健康教育——师生心理成长丛书［M］. 北京：中国轻工业出版社，2008.

2. 方方. 教师心理健康研究［M］. 北京：人民教育出版社，2003.

3. 郭成，吴明霞. 中学教师心理健康自我维护技巧［M］. 成都：四川教育出版社，2008.

4. 张大均，刘衍玲. 小学教师心理健康自我维护技巧［M］. 成都：四川教育出版社，2009.

【问题与思考】

1. 教师心理健康的内涵是什么？判断教师心理健康的标准有哪些？
2. 影响教师心理健康的个人主观因素有哪些？
3. 试举例说明如何宣泄不良情绪。
4. 你认为哪些有效的方法能消除教师工作的压力？

图书在版编目(CIP)数据

教育心理学/张大均,郭成主编. —北京:开明出版社,2012.10(2020.11重印)
(新世纪心理与心理健康教育文库)
ISBN 978-7-5131-0229-2

Ⅰ.①教… Ⅱ.①张… ②郭… Ⅲ.①教育心理学 Ⅳ.①G44

中国版本图书馆 CIP 数据核字(2011)第 119651 号

责任编辑：吴晨紫　陈璘彬　范英　王桢

书　名：教育心理学
出品人：焦向英
出　版：开明出版社
　　　　（北京海淀区西三环北路25号 邮编100089）
经　销：全国新华书店
印　刷：天津行知印刷有限公司
开　本：700×1000　1/16
印　张：19.75
字　数：328 千字
版　次：2012 年 10 月 北京第 1 版
印　次：2020 年 11 月 第 3 次印刷
定　价：47.00 元

印刷、装订质量问题，出版社负责调换货　联系电话：(010)88817647